中青文库　　　　本书得到中国青年政治学院出版基金资助

传统思想与现代诠释

刘国民◎著

中国社会科学出版社

图书在版编目(CIP)数据

传统思想与现代诠释/刘国民著. —北京:中国社会科学出版社,2012.3
ISBN 978 - 7 - 5161 - 0558 - 0

Ⅰ.①传…　Ⅱ.①刘…　Ⅲ.①哲学思想—中国—文集　Ⅳ.①B2 - 53

中国版本图书馆 CIP 数据核字(2012)第 026088 号

责任编辑　李炳青
责任校对　王雪梅
封面设计　回归线视觉传达
技术编辑　张汉林

出版发行	中国社会科学出版社	出版人	赵剑英
社　　址	北京鼓楼西大街甲 158 号	邮　编	100720
电　　话	010 - 64073836(编辑)　64058741(宣传)　64070619(网站)		
	010 - 64030272(批发)　64046282(团购)　84029450(零售)		
网　　址	http://www.csspw.cn(中文域名:中国社科网)		
经　　销	新华书店		
印　　刷	北京市大兴区新魏印刷厂	装　订	廊坊市广阳区广增装订厂
版　　次	2012 年 3 月第 1 版	印　次	2012 年 3 月第 1 次印刷
开　　本	710×1000　1/16		
印　　张	23	插　页	2
字　　数	374 千字		
定　　价	62.00 元		

《中青文库》编辑说明

　　中国青年政治学院是共青团中央直属的一所普通高等学校。它于 1985 年 12 月在中央团校的基础上成立，经过二十多年的发展，目前已形成了包括本科教育、研究生教育、留学生教育、继续教育和团干部培训等多形式、多层次的教育格局。与其他已有百年历史的高校相比，中国青年政治学院进入国民教育序列的历史还显得比较短。因此，在高等教育跨越式发展的浪潮中，尽快提高学校的教学与学术水平就成为学校建设与发展的关键。2002 年，学校制定了教师学术著作出版基金资助条例，旨在鼓励教师的个性化研究与著述，更期之以兼具人文精神与思想智慧的精品的涌现。出版基金创设之初，有学术丛书和学术译丛两个系列，意在开掘本校资源及域外精华。随着年轻教师的剧增和学校科研支持力度的加大，2007 年又增设了博士论文文库系列，用以鼓励新人，成就学术。三个系列共同构成了对教师学术研究成果的多层次支持体系。

　　8 年来，学校共资助教师出版学术著作近百部，内容涉及哲学、政治学、法学、社会学、经济学、文学艺术、历史学、管理学、新闻与传播等十多个学科。学校资助出版的初具规模，激励了教师，活跃了校内的学术气氛，并产生了很好的社会影响。2010 年，校学术委员会将遴选出的一批学术著作，辑为《中青文库》，予以资助出版，一则用以教师学术成果的集中展示；二则希冀能以此为发端，突出学校特色，渐成风格与品牌。同时，为了倡导并鼓励学生关注社会，重视实践，寓科学研究于专业学习之中，文库还将学校长期以来组织的"智慧星火——中青学子学术支持计划"中的学生获奖作品辑为两本，一并收录在内。

《中青文库》编辑说明

在《中青文库》的编审过程中，中国社会科学出版社的编辑人员认真负责，用力颇勤，在此一并表示感谢！

中国青年政治学院科研处

2011 年 11 月

目　　录

自　序

　　这 20 篇文章，都是作为独立性的论文来写作的，所以存在某些材料和论点的重复在所难免。虽然文章的内容各不相同，但皆有一个共同的基础，即从解释学的角度展开对中国传统思想文化的现代诠释。

　　前面的 4 篇文章，是我博士论文所研究的课题，主要是运用哲学解释学的理论分析董仲舒对《春秋》、《公羊传》的解释。董仲舒之经学诠释的一般特征是主观性强，所谓"过度诠释"；经典之义具有开放性，所谓"《诗》无达诂"。他之解释目的：一是建构他自己的思想体系，并为其思想体系建立经典的根据；二是论证大一统皇权专制政治的合理性，且通经致用，以解决现实社会政治的重要问题。他的解释根据（意义生成的根据）是"间距化"：一是《春秋》之辞字面义与深层义的"间距化"；二是《春秋》所记之事与事实真相的"间距化"；三是《春秋》之常与变的"间距化"；四是《春秋》本义与《公羊传》所阐释《春秋》之义的"间距化"。"间距化"是解释的障碍，是误解的原因；但也是一种积极的建设性和生产性的要素，能使诠释者充分发挥其主观能动性，以填补意义间距的空间。董仲舒经学解释的较强主观性，与他在解释过程中张扬的主体性有关；而其主观性、主体性的突出，又与他标举的解释方法相联系。他的解释方法之一是"见其指者，不任其辞"，《春秋》有"微言大义"，微言与大义之间有间距，解释者必须发挥其主观能动性，突破文辞字面义的限制，以把握深微的《春秋》大义。其解释方法之二是"推见至隐"，《春秋》所记之事与事实真相不合，即"讳"，讳之背后的事实真相及其意义隐约幽微，故要推见至隐，"具见其表里"（《史记·封禅书》），突破表面的事而深及其里。其解释方法之三是"原心贵志"，特别重视追及一个人之行为动机的隐微之地。

中间的 7 篇文章，是我现时正在着力研究的课题。新儒家徐复观（1903—1982），是港台治中国思想史的著名学者。他生活于 20 世纪最为动荡的中国，曾置身于国民党政治权力的上层。20 世纪 50 年代，他毅然与现实的政治决绝，走进大学，归心学术，最终成为新儒家的重镇。徐复观怀抱着一颗由动乱时代所激发出来的"感愤之心"，铭记其师熊十力之言"亡国族者常先自亡其文化"，对民族思想文化所面临的困境怀有一种强烈的危机感、忧患意识和担当精神，立志通过救中国文化来救中国。他的《中国人性论史》、《中国艺术精神》、《中国思想史论集》、《两汉思想史》（卷一，卷二，卷三）、《中国思想史论集续编》、《中国文学论集》、《中国经学史的基础》等著作，对中国传统的思想文化展开了独特而富有创造性的现代诠释。其一，徐复观的学术性格是由古典的注释走向思想史的把握，由书本走向现实的社会、政治和人生。其二，徐复观在解释古代思想家的思想时，不仅建构他们的思想体系，而且从他们的时代背景、学问传承、人生遭遇和个性人格，揭示其思想形成的重要原因。古代思想家之抽象的思想与其时代背景、人生遭遇和个性人格内在地结合起来，他们之活生生的人与活生生的思想构成了"立体的完整生命体"。其三，徐复观对中国传统思想文化怀有一种深厚的感情，他深入发掘文化传统中的现代意义和价值。他对传统思想文化的解释，不仅是事实的描述，也是一种价值的认同，即他把传统思想文化当作自己安身立命、修己治人的价值系统。其四，徐复观的解释具有强烈的批判精神。他深刻地揭示出二千多年来专制政治的基本特性，对专制政治的挞伐不遗余力。他认为，在中国的过去，政治中存有一个基本的矛盾问题，政治的理念，民才是主体；而政治的现实，则君又是主体，这种二重的主体性便是无可调和的对立。其五，徐复观的解释富有创新性。他的许多观点与传统乃至时下的说法不同。这来自于他顺着材料自身而归纳和概括出来的；来自于他以逻辑为导引，以自己的思想为基础，以社会、政治和人生的问题为验证。

接下来的 2 篇文章是专门论述陈鼓应先生对老庄之仁义礼的解释。陈鼓应认为，在一个大道流行的完美状态中，仁义礼本就蕴涵在大道里，行仁由义是自然自得自适，如"鱼相忘乎江湖"；因此，老子、庄子不仅不排斥仁义礼，反而对仁义礼采取肯定的态度；老庄批评的礼是流于形式而虚伪的异化之礼。根据陈先生的观点，道家的道德与儒家的仁义道德没有实质的分别。这种解释遮蔽了老庄的真正观点：在大道流行的理想状态中，根本不存在仁义礼；理想状态崩坏而大道废弃时，才迫切需要仁义礼来救治，仁义礼是衰世的产物，背离大道之真实、质朴、虚静的特性，因而予以否定。我的父母弟妹皆生活在穷困的乡村。平时，如果没有紧要的事情，我们各自忙各自的，没有往来，彼此相忘自由而不施行孝悌慈爱。一旦父母弟妹在农村陷入困境，我们就不能够相忘了，电话不断，来往频繁，迫切需要孝悌慈爱来救助和爱护。

接下来的两篇文章是我硕士论文所研究的问题。司马迁不仅是史学家、文学家，也是一位思想家；《史记》有丰富深刻的思想内涵而有待于阐释。根据哲学解释学的观点，文本没有一元性的原意，文本的意义有多元性和开放性；解释者不是被动地复制文本的原意，而是发挥其主观能动性，对文本的意义进行创造性的解释，文本常释常新。这肯定了解释者在解释文本过程中的能动性、创造性。解释者总是结合他自己的时代经验、思想情感、个性人格和人生遭遇，而展开对司马迁《史记》的解释。解释者"突出"文本的某种意义，一方面是文本蕴涵这种意义；另一方面是解释者有这样的先见、前见，"突出"的内容正是解释者感受最深、理解最透的，故不遗余力地予以发挥，陶渊明所谓"不求甚解，每有会意，便欣然忘食"（《五柳先生传》）。哲学解释学所谓"视域融合"：解释者视域与文本视域相融合，一方面是解释者的思想向文本的渗透；另一方面是文本影响了解释者的思想，二者互动的、双向回流的解释活动创造了文本的意义。在《史记》的解释中，司马迁之坚强不屈的品格、"好学深思，心知其意"的求知精神、幽怨的情怀、"信而见疑，忠而被谤"的不幸命运，深深地影响着我，有的已内化到我的生命当中。港台著名学者牟宗三说："生命之学问，总赖真生命与真性情以契接。无真生命与真性情，不独生命之学问无意义，即任何学问亦开发不出也。"（《才性与玄理》"自序"）

最后的几篇文章主要侧重于对中国古代文学作品的解释。文学以真挚的感情打动人，情感是美丽的；哲学以精深的思想启迪人，思想是美丽的。情感之美与思想之美相融合。闻一多先生说："并且文学是要和哲学不分彼此的，才庄严，才伟大。哲学的起点便是文学的核心。只有浅薄的、庸琐的、渺小的文学，才专门注意花叶的美茂，而忘掉了那最原始、最宝贵的类似哲学的仁子。"（《庄子》）文学的发生和发展，是从"大文学"的同一状态中觉醒过来而逐渐显现自身之独立价值的过程，所谓个体化的过程。一是文学力量的成长过程。文学在此过程中总是受到哲学（经学）、史学的限制，如过分突出文学的美刺目的即是受到经学的影响，排斥文学的想象和虚构是受到史学求真、求实的制约，因而文学在发展中产生了突破限制以完成自己的需要。二是文学的孤独感逐渐增强的过程。当文学的个体化达到较高的程度时，文学自身的独特价值获得了充分而自由的展现，但文学也失去了与哲学、史学的联系，从而表现出片面化、孤独化的倾向。文学在面对自身与其他学科的分离及由此而来之强有力的冲击和威胁时，又会产生放弃自身特质的冲动，试图把自己融合在哲学、史学当中，以克服其孤独感和软弱感而找到归宿和安宁。因此，在当今文学的个体化已达到相当高的程度时，文学希求回到大文学的观念当中，实在是文学自身的必然要求。《时间性在中国古代文学中的诗意展现》一文，即是在文学作品中追问哲学之时间性的问题。自然和人事的变迁，是时间存在的前提和根据；时间是统摄过去、现在、将来为一体的，这一方面表明三者的连续性，另一方面展示其变异性；将来包含着可能性的意蕴，具有优先性。我们的时间意识总是基于现在，而展开对曾在逝去的伤怀与对将来的筹划当中。时间的本质揭示了时间流逝与自然和人事变化的内在联系，把时间流逝与主体心灵及其生活经验、生命体验结合起来，从而蕴涵着丰富的、活生生的内容。

　　1997年9月，我带着一身的泥土，卑怯地从农村的一个中学，来到湖北大学，跟从何新文教授攻读古代文学的硕士学位。2000年9月，我又战战兢兢地来到首都师范大学，跟从赵敏俐教授攻读古代文学的博士学位。六年的学习生活，使我走上了学术研究的路途。我的两位导师出于爱护之深和希望之切，严格地要求我，这是我今日能取得一些成果的重要原因。2003年7月，我来到中国青年政治学院中文系工作。八年多的教书生涯，使我坚信这里就是我的人生归宿，"托身已得所，千载不相违"（陶渊明《饮酒》）。我真诚地感谢中国青年政治学院一直以来对我的关爱和帮助，真诚地感谢中国青年政治学院对本书出版的资助。我深知，个体是渺小的，目前我得到的一点成绩和声誉，只是偶然的幸运。因此，个体在学术研究与为人处世中要始终保持"敬"的态度。敬是贯彻于道德活动与知识活动中的共同精神状态，是一种负责、谨慎、凝敛、反省、贯通的精神状态。黄勉斋在《朱熹行状》中称赞朱子说："穷理以致其知，反躬以践其实，居敬者所以成始成终也。谓致知不以敬则昏惑纷扰，无以察义理之归；躬行不以敬则怠惰放肆，无以致义理之实。"

本书是我十多年以来学术研究的一些成果，虽得之不易而敝帚自珍，但并没有"文章千古事"的要求；它也许不过是一片历史中的云烟，将随着时空的迁逝而归于寂灭。唐人崔颢诗曰："绿窗明月在，青史古人空。"这不能不令人感慨伤怀。王维《孟城坳》曰："新家孟城坳，古木余衰柳。来者复为谁？空悲昔人有。"人生如寄，来去匆匆。昔人之有，今日已无；今人之有，将来亦将归无。将来之人何必悲今人之所有呢？今人亦何必悲昔人之所有呢？

一 "以义传经"

——《公羊传》对《春秋》的解释

根据《春秋公羊传注疏》，《公羊传》为汉人公羊寿所著。公羊寿是文景时期的学者。《汉书·艺文志》"《公羊传》十一卷"，班固自注曰"公羊子，齐人"，颜师古注曰"名高"。徐彦疏引戴宏序曰："子夏传与公羊高，高传与其子平，平传与其子地，地传与其子敢，敢传与其子寿。至汉景帝时，寿及其弟子齐人胡毋子都著于竹帛。"① 这表明，《公羊传》在公羊寿、胡毋生之前是口授单传，到公羊寿才著之于竹帛而成书。戴宏之说实不可信，一是《公羊传》约有二万七千多字，仅仅靠口头上传授，是不可能的事情；二是胡毋子都与董仲舒同治《公羊传》而不相师，说明《公羊传》早已写定成书，而传习者非一人。港台著名学者徐复观认为，《公羊传》并非是汉人公羊寿著于竹帛，"则此传之成立，合理的推测，应当是孔门中属于齐国这一系统的第三代弟子，就口口相传地加以整理，记录了下来，有如《论语》成立有《齐论》、《鲁论》的情形一样。先有了这样著于竹帛的'原传'，在传承中又有若干人对'原传'作解释上的补充，被最后写定的人，和'原传'抄在一起，这便是汉初《公羊传》的共同祖本"，公羊寿不过是补充解释者之一。②

据《史记·儒林列传》记载，汉初传承《公羊传》的共有两家。其一是董仲舒，"董仲舒，广川人也。以治《春秋》，孝景时为博士……故汉兴至于五世之间，唯董仲舒名为明于《春秋》，其传公羊氏也"。其二是胡毋生，"胡毋生，齐人也。孝景时为博士，以老归教授。齐之言《春秋》者多受胡毋生，

---

① 公羊寿传，何休解诂，徐彦疏：《春秋公羊传注疏》，北京大学出版社1999年版，第3—4页。
② 徐复观：《汉代思想史》（第二卷），华东师范大学出版社2001年版，第200页。

公孙弘亦颇受焉"。武帝时，朝廷推重董仲舒的《春秋》公羊学，"瑕丘江生为《穀梁春秋》。自公孙弘得用，尝集比其义，卒用董仲舒"。朝廷重视公羊学的原因可能有二：一是公孙弘传承公羊学，他以《春秋》白衣为天子三公，因而凭借其政治权势以推重《公羊传》；二是公羊学专讲《春秋》的微言大义，以经世治国，对现实的社会政治有重要的意义。董仲舒其人、其学及其弟子皆受到朝廷的重用，《史记·儒林列传》："仲舒弟子遂者：兰陵褚大，广川殷忠，温吕步舒。褚大至梁相。步舒至长史，持节使决淮南狱，于诸侯擅专断，不报，以《春秋》之义正之，天子皆以为是。弟子通者，至于命大夫；为郎、谒者、掌故者以百数。而董仲舒子及孙皆以学至大官。"《汉书·儒林传》："胡毋生，字子都，齐人也。治《公羊春秋》，为景帝博士。与董仲舒同业，仲舒著书称其德。年老，归教于齐，齐之言《春秋》者宗事之，公孙弘亦颇受焉。而董生为江都相，自有传。弟子遂之者，兰陵褚大，东平赢公，广川段仲[1]，温吕步舒。（褚）大至梁相，步舒丞相长史，唯赢公守学不失师法，为昭帝谏大夫，授东海孟卿、鲁眭孟。孟为符节令，坐说灾异诛，自有传。"胡毋生与董仲舒各治《公羊春秋》，皆取得了突出的成就。胡毋生比仲舒年长，仲舒非常尊重他。他们不是师生关系，也不是同授于一师的同学关系。[2]

（一）

《公羊传》是以比较完整的经典注释形式解释《春秋》的，这主要表现在四个方面。首先，按顺序逐条解释经文，从隐公元年始，至哀公十四年止；但《公羊传》并不是对《春秋》所有经文加以解释，《春秋》经文总数约有1870条，《公羊传》解释的约有570条，有经无传的有1300余条。其次，《公羊传》没有无经之传。这与《左传》不同，《左传》有些重要的记事不见于《春秋》。有的学者否定《左传》为解经之作，即以此为理由之一。[3] 再次，《公羊

---

[1] 《史记·儒林列传》"广川殷忠"与《汉书·儒林传》"广川段仲"，应是同一人。

[2] 清人凌曙《春秋繁露注序》曰"自高至寿，五叶相承，师法不坠。寿乃一传而为胡毋生，再传而为董仲舒"，以董仲舒为胡毋生的弟子。

[3] 王和：《左传的成书年代与编纂过程》，《中国史研究》2003年第4期。

传》是以"问难"的形式解经，即首先提出问题，然后予以回答。这种解经形式有利于发挥解释者的主导作用。最后，《公羊传》以《春秋》文本为对象，而不是借解释来阐发和建构自己的思想体系。

《公羊传》解释《春秋》的内容有四：

其一，名物制度的训释。《公羊传》成立的时代与《春秋》相距较远。《春秋》所记的典章制度渐渐失传，故《公羊传》重视对周之典章、礼乐制度的诠释。《公羊传》隐公元年"立嫡以长不以贤，立子以贵不以长。桓何以贵？母贵也。母贵则子何以贵？子以母贵，母以子贵"。这是说明周代宗法的嫡长子制。《公羊传》隐公元年"赗者何？丧事有赗。赗者，盖以马以乘马束帛。车马曰赗，货财曰赙，衣被曰襚"。这是对周之丧事名物的解释。

其二，历史事实的补充。《左传》以史传经，对《春秋》标题式的记事详加叙述；《公羊传》以义传经，重在阐发《春秋》的微言大义。但是，《公羊传》也注意补充历史事实，其中比较详细地叙述历史事件的传文有50余条，其他传文也或多或少地记录了部分史实。因为《公羊传》亦知道义从事出、书法依据史实，离开了具体的历史事实而仅以书法言义乃是空言说经。赵生群教授说："解释经文，不能离开史实。《公羊》、《穀梁》两传的作者也深明其理"，"《公羊传》大约有570条，《穀梁传》大约有750条。两书虽不像《左传》那样以补充事实为主，但大多数条目都涉及史实或与史实有关联"①。

《公羊传》的成书或较《左传》晚，因而历史事实不清，或不录，或简录，或运用文学性的手法叙述得生动传神。例如《春秋》僖公二年"虞师、晋师灭下阳"。

《左传》僖公二年：

> 晋荀息请以屈产之乘与垂棘之璧假道于虞，以伐虢。公曰："是吾宝也。"对曰："若得道于虞，犹外府也。"公曰："宫之奇存焉。"对曰："宫之奇之为人也，懦而不能强谏。且少长于君，君昵之。虽谏，将不听。"乃使荀息假道于虞，曰："冀为不道，入自颠𬨎，伐鄍三门。冀之既

---

① 赵生群：《〈春秋〉经传研究》，上海古籍出版社2000年版，第233页。

病，则亦唯君故。今虢为不道，保于逆旅，以侵敝邑之南鄙。敢请假道，以请罪于虢。"虞公许之，且请先伐虢。宫之奇谏，不听，遂起师。夏，晋里克、荀息帅师会虞师，伐虢，灭下阳。先书虞，贿故也。

《公羊传》僖公二年：

虞，微国也，何为序乎大国之上？使虞首恶也。何为使虞首恶？虞受赂，假灭国者道。以取亡焉。其受赂奈何？献公朝诸大夫而问焉，曰："寡人夜者寝而不寐，其意也何？"诸大夫有进对者曰："寝不安与？其诸侍御有不在侧者与？"献公不应。荀息进曰："虞郭见与？"献公揖而进之，遂与之入而谋曰："吾欲攻郭，则虞救之；攻虞，则郭救之，如之何？愿与子虑之。"荀息对曰："君若用臣之谋，则今日取郭，而明日取虞尔，君何忧焉？"献公曰："然则奈何？"荀息曰："请以屈产之乘，与垂棘之白璧，往，必可得也。则宝出之内藏，藏之外府；马出之内厩，系之外厩尔，君何丧焉？"献公曰："诺。虽然，宫之奇存焉，如之何？"荀息曰："宫之奇，知则知矣。虽然，虞公贪而好宝，见宝，必不从其言。请终以往。"于是终以往。虞公见宝，许诺。宫之奇果谏："记曰：'唇亡则齿寒。'虞郭之相救，非相为赐。则晋今日取郭，而明日虞从而亡尔，君请勿许也。"虞公不从其言，终假之道以取郭。还，四年，反取虞。虞公抱宝牵马而至，荀息见曰："臣之谋何如？"献公曰："子之谋则已行矣，宝则吾宝也，虽然，吾马之齿亦已长矣。"盖戏之也。夏阳者何？郭之邑也。何为不系于郭？国之也。何为国之？君存焉尔。

《公羊传》的文学性叙事首先表现在叙述更为细致生动，文字量比《左传》大；其次是运用对话的方式，人物的语言富有个性化，生动传神；再次，"唇亡则齿寒"的譬喻以及献公之戏言，生动而富有情趣。

其三，《春秋》书法的归纳和揭示。《春秋》书法，即《春秋》笔法，是《春秋》记事的规则。《公羊传》认为，《春秋》有书法，书法蕴涵着褒贬是非的评价以及《春秋》大义，且书法是隐晦的。①

其四，《春秋》大义的阐发。这是《公羊传》解释《春秋》的主要内容。名物制度的训释、历史事实的补充、书法的归纳和揭示，最终皆指向《春秋》大义的阐发。

《公羊传》哀公十四年：

> 君子何为为《春秋》？拨乱世，反诸正，莫近诸《春秋》，则未知其为是欤？其诸君子乐道尧、舜之道欤？末不亦乐乎尧、舜之知君子也？制《春秋》之义以俟后圣，以君子之为，亦有乐乎此也。②

君子（即孔子）作《春秋》，以尧、舜之道为依据（君子乐道尧、舜之道），而制《春秋》之义。《春秋》之义是儒家关于王道政治的思想，为后圣所取法。这构成了《公羊传》解释《春秋》的理由之一。

《春秋》昭公十二年"春，齐高偃帅师，纳北燕伯于阳"。《公羊传》曰：

> 伯于阳者何？公子阳生也。子（即孔子）曰："我乃知之矣。"在侧者曰："子苟知之，何以不革。"曰："如尔所不知何？《春秋》之信史也。其序，则齐桓、晋文，其会，则主会者为之也，其词，则丘有罪焉耳。"③

"《春秋》之信史也"，表明孔子尊重历史事实。"其词"，即《春秋》记录历史事实之辞。"其词则丘有罪焉耳"，孔子在《春秋》之辞中寄寓了"其义"，即"其义则丘窃取之也"（《孟子·离娄下》），但《春秋》之辞蕴涵的

---

① 傅修延教授归纳"《春秋》笔法"的基本内容有四：一是寓褒贬于动词；二是示臧否于称谓；三是明善恶于笔削；四是图回护于曲笔。参见《先秦叙事研究》，东方出版社1999年版，第182—184页。
② 本文征引《公羊传》的文字，根据公羊寿传，何休解诂，徐彦疏《春秋公羊传注疏》，北京大学出版社1999年版。
③ 这与《孟子·离娄下》一段文字大略相同："王者之迹熄而《诗》亡，《诗》亡然后《春秋》作。晋之《乘》，楚之《梼杌》，鲁之《春秋》，一也。其事则齐桓、晋文，其文则史。孔子曰：'其义则丘窃取之矣。'"笔者认为，《孟子》本于《公羊传》，一是因为《公羊传》的成书时间早于《孟子》，二是因为《孟子》这段话更有理论性和系统性（其事、其文、其义）。

"其义"深微难明，为一般人所误解，故孔子说"后世知丘者以《春秋》，而罪丘者亦以《春秋》"（《史记·孔子世家》）。这构成了《公羊传》解释《春秋》的又一理由。

《春秋》隐公"元年春，王正月"。《公羊传》解释说：

> 元年者何？君之始年也。春者何？岁之始也。王者孰谓？谓文王也。何为先言王而后言正月？王正月也。何言乎王正月？大一统也。公何以不言即位？成公意也。

《公羊传》解释《春秋》的基本内容有三：一是《春秋》之辞的解释，"元年者何？君之始年也"；二是《春秋》之辞序的解释，"何为先言王而后言正月"；三是笔削，即书与不书（记录与不记录）的解释，"公何以不言即位"，即《春秋》为何不书"公即位"。本文正是从此三个方面探讨《公羊传》对《春秋》的理解和解释。

（二）

《春秋》之辞简约，《荀子·劝学》谓"《春秋》之微也"。《公羊传》认为，《春秋》之辞隐含了丰富深刻的意义，故非常重视对《春秋》之辞的解释。

《春秋》桓公三年"齐侯、卫侯胥命于蒲"。

《公羊传》曰："胥命者何？相命也。何言乎相命？近正也。此其为近正奈何？古者不盟，结言而退。""胥命"的字面义是"相命"（盟不歃血，结言相誓）。《公羊传》认为，《春秋》言"胥命"具有深刻的意义：齐侯、卫侯胥命，近古之结言而退，《春秋》法古，以之为正，故书其事以拨乱（今虽盟以歃血，但常常叛盟背信）反正。

《春秋》桓公元年"郑伯以璧假许田"。

《公羊传》："其言以璧假之何？易之也。易之则其言假之何？为恭也。何为为恭，有天子之存，则诸侯不得专地也。"郑伯实际上以璧易（交换）许田，但《春秋》不用"易"而用"假"（借）。《公羊传》认为，《春秋》言"假"蕴涵了"诸侯不得专地"的尊王之义。

《春秋》庄公三十年"秋七月，齐人降鄣"。

《公羊传》："鄣者何？纪之遗邑也。降之者何？取之也。取之则何为不言取之？为桓公讳也。外取邑不书，此何以书？尽也。""齐人降鄣"，即鄣向齐人投降。《公羊传》认为，齐人实际上是取鄣，违背"不与诸侯专地"的《春秋》大义；但为了尊齐桓公为诸侯霸主，而以"降"为桓公讳。因此，"降"隐含了为桓公讳的深层义。

"胥命"、"假"、"降"的字面义清楚明白，但在《春秋》特定语境中含有丰富深刻的意义。我们把辞在一般语境中所指的意义称为辞的字面义，把辞在《春秋》特定语境中所产生的意义称为辞的深层义。通过《公羊传》的解释，《春秋》之文辞有字面义与深层义两个层次，且字面义与深层义有一段较长的距离，即二者之间并没有直接引申的意义联系，故从辞的字面义很难到达其深层义。例如，我们通过"假"之字面义"借"，很难理解"诸侯不得专地"的深层义。

《春秋》庄公六年"公至（致）自伐卫"。

《公羊传》解释说：

> 何为或言致会？或言致伐？得意致会，不得意致伐。卫侯朔入于卫，何以致伐？不敢胜天子也。

《公羊传》辨析了"致会"、"致伐"在《春秋》特定语境中的意义："得意致会，不得意致伐。"此特定意义（深层义）与"致会"、"致伐"的字面义（在一般语境中）没有直接的联系。那么《公羊传》是如何获得"致会"、"致伐"的深层义？首先，《公羊传》比较了《春秋》所记的同类之事。《春秋》僖公二十六年"公以楚师伐齐，取谷。会至自伐齐"。《公羊传》："此已取谷矣，何以致伐？未得乎取谷也。何为未得乎取谷？曰：'患之起，必自此始也。'"《春秋》襄公十一年"公会晋侯、宋公、卫侯、曹伯、齐世子光、莒子、邾娄子、滕子、薛伯、杞伯、小邾娄子伐郑，会于萧鱼。公致自会"。《公羊传》曰："此伐郑也，其言会于萧鱼何？盖郑与会尔。"上面三件事，皆是战伐之事，或用"致会"，或用"致伐"。其次，《公羊传》分析了这几件事，指出"致会"、"致伐"的深层含义。庄公六年"致伐"，因为"不敢胜天子也"，故不得意。僖公二十六年"致伐"造成"患之起，必自此始也"的恶果，故不得意。襄公十一年"致会"，是郑国主动请求，故得意。

《春秋》隐公元年三月"公及邾娄仪父盟于昧"。

《公羊传》解释说：

> 及者何？与也。会、及、暨皆与也。何为或言会，或言及，或言暨？会，犹最也。及，犹汲汲也。暨，犹暨暨也。及，我欲之，暨，不得已也。

就字面义而言，三者皆是"与"。《公羊传》辨析了它们的深层含义："及"是急切、主动之意，"暨"是被迫之意。在一般语境中，"及"、"暨"是"与"，约定俗成，易于理解；在《春秋》特定语境中，"及"是"主动急切"，"暨"是"被迫"，难以解释。字面义"与"和深层义"主动急切"、"被迫"不是直接引申的关系。《公羊传》如何获得其深层义？首先，《公羊传》是依据它们的字面义。其次，《公羊传》比较《春秋》定公十年"齐公之弟辰，暨宋仲佗、石彄出奔陈"，而推本其事，阐释其义。宋仲佗、石彄出奔陈，是被迫的，故"暨"获得被迫的深层义。仪父主动急切与隐公相会，所以"及"获得了急切、主动的深层义。

综上所述，《春秋》之辞有两个意义层次：字面义与深层义。字面义是辞在一般语境中所指的意义，具有普遍性、稳定性。深层义是辞在《春秋》特定语境中的意义，指向《春秋》之义。《春秋》之辞的字面义与深层义有一段较大的距离而产生"间距化"，故很难通过字面义而把握深层义以及《春秋》之义。

通过《公羊传》的解释，《春秋》之辞深层义的获得有三种途径：

其一，《春秋》之辞的字面义。《公羊传》常常通过《春秋》之辞字面义的解释以到达其深层义，"胥命者何？相命也。何言乎相命？近正也"，"胥命"由字面义"相命也"到达深层义"近正也"。但《春秋》之辞的字面义与深层义有一段较大的距离，字面义很难到达深层义。因此，读者既要通过其字面义，又要突破其字面义，以把握其深层义以及《春秋》之义，即《庄子·外物》所谓"言者所以在意，得意而忘言"。

其二，根据同类相应的原则，类比类推《春秋》所记的同类之事。类比即同类相比，以辨析同中之异；类推即同类相推，同类性质相同，所以由此知彼。"致会"、"致伐"深层义的辨析，就是通过类比类推这几件同类之事而获得的。

其三，推本其事，义从事出。"及"、"暨"的深层义在类比类推中来自于具体特定的事件当中。推本其事，是《公羊传》获得《春秋》之辞深层义的主要途径，但此途径在《公羊传》的解释中隐而不彰而有待于澄明。

（三）

辞序（词序）是指辞在语句中排列的先后次序，属于句法结构的范畴，主要表示句法结构的意义。但通过《公羊传》的解释，《春秋》辞序已突破了句法结构的表层意义，而向深层的《春秋》大义进展。《公羊传》在解释《春秋》时，非常重视对《春秋》之辞先后顺序的解释。

《春秋》僖公十六年"春，王正月，戊申，朔，陨石于宋五。是月，六鹢退飞，过宋都"。

《公羊传》曰：

> 何为先言陨而后言石？陨石记闻，闻其填然，视之则石，察之则五。……何为先言六而后言鹢？六鹢退飞，记见也，视之则六，察之则鹢，徐而察之则退飞。

根据人之先闻、再视、后察的经验，《公羊传》解释"陨、石、五"的先后之序；根据人之先视、再察、后徐察的事实，解释"六、鹢、退飞"的辞序。这是对辞序很精密的分析。董仲舒在《春秋繁露·深察名号》里发挥说：

《春秋》辨物之理，以正其名。名物如其真，不失秋毫之末。故名陨石，则后其五，言退鹢，则先其六。圣人之谨于正名如此。

董仲舒认为，"陨五石"、"六鹢退飞"的辞序符合人认识事物的实际，即名实相符，所谓"名物如其真"、"名者，圣人之所以真万物也"，他由此阐发了《春秋》"正名"的思想。

《春秋》定公二年"夏，五月，壬辰，雉门及两观灾"。此句的表层义是，雉门及两观皆受火灾，火由雉门起，烧到两观。

《公羊传》解释说：

其言雉门及两观灾何？两观微也。然则何为不言雉门灾及两观？主灾者两观也。主灾者两观，则何为后言之？不以微及大也。何以书？记灾也。

《公羊传》认为，此句之深层义是，火由两观起，烧到雉门，可是由于雉门尊而两观微（何休解诂曰：雉门两观皆天子之制，门为其主，观为其饰，故微也），所以先序雉门而后言两观。因此，雉门与两观的先后之序，表现了尊卑等级的大义，即"不以微及大也"。

《春秋》哀公十三年"公会晋侯及吴子于黄池"。

《公羊传》曰：

吴何以称子？吴主会也。吴主会，则何为先言晋侯？不与夷狄之主中国也。

吴主会，称吴子，应序吴子于晋侯之前而表示尊贵；但《春秋》先序晋侯而后序吴子，隐含了"内诸夏而外夷狄"的《春秋》大义。

《春秋》庄公二十八年"齐人伐卫。卫人及齐人战，卫人败绩"。

《公羊传》曰：

《春秋》伐者为客，（见）伐者为主，故使卫主之也。

"卫人及齐人战"的表层义不过是卫人同齐人战，但《公羊传》认为，"卫人"、"齐人"的先后之序具有深层义：齐人先挑起战争，故序卫人于齐人之前而使卫人主之，以表示《春秋》恶战伐而贬齐的大义。此辞序的深层义相当深微，难以理解。

《春秋》僖公二年"虞师、晋师灭夏阳"。此句的表层义是虞师、晋师灭夏阳。从句法结构上看，虞师和晋师是并列关系，其先后之序可以改变。

《公羊传》解释说：

虞，微国也，何为序乎大国之上？使虞首恶也。何为使虞首恶？虞受赂，假灭国者道。以取亡焉。

虞师、晋师的先后次序具有深微的大义：按尊卑之序，虞为小国，应序于晋师之后，但虞受贿而假道于晋，夏阳为晋所灭，为了贬斥虞的首恶之罪，故序虞师于晋师之前。

《春秋》庄公七年"秋，大水，无麦苗"。"无麦苗"的表层义是无麦之苗（麦苗是偏正关系）。

《公羊传》曰：

无苗，则何为先言无麦，而后言无苗？一灾不书，待无麦，然后书无苗。何以书？记灾也。

《公羊传》认为，"无麦苗"是无麦、无苗（麦苗是联合关系），根据常理，先无苗，后无麦，即"无苗麦"（苗麦是联合关系），但《春秋》先言无麦，后说无苗，即"无麦苗"，颠倒了苗麦的次序而不合常理。《公羊传》阐释了"无麦苗"的深层意义："待无麦，然后书无苗"，即见到无麦，再追述无苗，故谓"无麦苗"，这是因为《春秋》一灾不书，无麦、无苗是两灾，所以书。

《公羊传》对"无麦苗"辞序的阐释很令人费解。首先，麦苗秋生长，夏成熟，《春秋》书"无麦苗"的时间是秋天，而不是夏天，故"待无麦，然后书无苗"不能成立。其次，无麦苗是无麦之苗，麦修饰苗，是偏正关系，不是无麦无苗的联合关系。再次，《春秋》所记一灾甚多，没有一灾不书的笔法。此辞序的解释牵强附会，但我们由此可知，《公羊传》努力阐释《春秋》辞序的深层义，其深层义相当隐微，很难根据其表层义而理解。

《春秋》庄公二十八年"冬，筑微。大无麦禾"。

《公羊传》曰：

> 冬，既见无麦禾矣，何为先言筑微，而后言无麦禾？讳以凶年造邑也。

根据辞序的表层义，鲁国"筑微"造邑在先，"大无麦禾"在后。《公羊传》认为，此句的深层义是，鲁国冬天先见大无麦禾，而后造邑，这是在凶年里造邑，劳民、苦民，为《春秋》所贬斥，但《春秋》内讳，故颠倒二者的次序，即先书造邑后书无麦禾，从而为鲁隐藏了凶年造邑之事，此是"讳"。①

通过《公羊传》的解释，《春秋》辞序有两个意义层次：表层义与深层义。表层义是辞序的结构意义；深层义是辞序在《春秋》特定语境中获得的意义，直指《春秋》之义。《春秋》僖公二年"虞师、晋师灭夏阳"。虞师、晋师是并列关系，其先后之序在一般语境中可以互换，所表达的结构义不变，这是辞序的表层义（结构义）。在《春秋》特定语境中，先序虞师含有"贬虞之首恶"的深层含义。《春秋》庄公二十八年"冬，筑微。大无麦禾"。先序"筑微"，后序"大无麦禾"；其结构义（表层义）表示"筑微"在"大无麦禾"前。《公羊传》认为，是先无麦禾，后鲁国造邑，即凶年造邑而劳民苦

---

① 《春秋》之讳并非掩盖事实的真相，《春秋》经文已暗示所记之事与史实不符，从而启发解释者"精心达思"以把握事实的真相及《春秋》之义。这表明讳与掩盖事实真相同中有异。首先，二者皆与事实真相背离。其次，讳在对事件的表述中暗示了事件的不真实，即微言，所谓"讳而不隐"；掩盖事实真相则无此暗示性。再次，讳的目的一面是讳恶，一面是讥讽，而掩盖事实真相则完全是讳恶。

民，为《春秋》所贬，但《春秋》内讳，故颠倒二者的次序，即先书造邑后书无麦禾，为鲁隐藏凶年造邑之事。此辞序的深层义曲折隐晦，很难通过辞序的表层义而获得。

《春秋》襄公二十三年"叔孙豹帅师救晋，次于雍渝"。《公羊传》解释曰："何为先言救而后言次？先通君命也。"

《春秋》僖公元年"齐师、宋师、曹师次于聂北，救邢"。《公羊传》解释曰："救不言次，此其言次何？不及事也。不及事者何？邢已亡矣。……何为先言次而后言救？君也。君则何以称师何？不与诸侯专封也。"

就辞序表层义（结构义）而言，"救、次"先后之序表示这两个动作发生的先后。《公羊传》认为，"救、次"先后之序具有深层义："先言救而后言次"，表示大夫统率军队，需先通君命；"先言次而后言救"，意谓"不及事也"。我们很难理解《公羊传》阐释"救、次"的深层义。这是因为辞序的表层义与深层义具有相当的距离，而产生意义的"间距化"。《春秋》辞序的深层义是如何获得的呢？首先，辞序的表层义（结构义）。其次，类比类推，《公羊传》比较了《春秋》襄公二十三年"叔孙豹帅师救晋，次于雍渝"与《春秋》僖公元年"齐师、宋师、曹师次于聂北，救邢"。再次，推本其事。先次后救表示"不及事也"，因为僖公元年夏六月"邢迁于陈仪"表明邢已被灭，故僖公元年正月的救刑是"不及事也"。先救后次表示"先通君命也"，因为襄公二十三年叔孙豹救晋，统帅是大夫，故谓"先通君命也"。

（四）

书与不书，即笔削。《史记·孔子世家》曰："至于为《春秋》，笔则笔，削则削，子夏之徒不能赞一辞。""笔则笔，削则削"，即书与不书；大到对某事的书与不书，小到对某事发生的时间、地点等的书与不书。一般而言，书与不书是表示对事实的知与不知，正如《左传》二十四年"春，王正月，秦伯纳之（纳晋文公重耳），不书（《春秋》未记这件事），不告入也（未告鲁史臣，故不知而未录）"。但《公羊传》认为，在《春秋》特定语境中，书与不书，不是表示对史实的知与不知，而是蕴涵了丰富深刻的意义，"子夏之徒不能赞一辞"。

《春秋》文公十八年"冬，十月，子卒"。

《公羊传》曰："子卒者孰谓？谓子赤也。何以不书日？隐之也。何隐尔？弑也。弑则何以不日？不忍言也（臣子伤痛君父）。"没有记子赤死之日，或不知，或知而未记；但《公羊传》认为，《春秋》不记子赤死之日有深刻的意义：讳子赤被弑，且伤痛之。这即是"日月褒贬说"。《春秋》隐公元年"公子益师卒"。《公羊传》："何以不日？远也。所见异辞，所闻异辞，所传闻异辞。"公子益师是所传闻之世的人，远（不仅指时间，而且指血缘），恩衰义缺，故不记录他的卒日。

《春秋》隐公二年"夫人子氏薨"。

《公羊传》解释说："夫人子氏者何？隐公之母也。何以不书葬？成公意也。何成乎公之意？子将不终为君，故母亦不终为夫人也。"后面的经文，未书"夫人子氏葬"。《公羊传》认为，《春秋》不书隐公之母葬，隐含了"成公意"的深层义，即成隐公将返位于桓公之意。

《春秋》隐公六年"冬，宋人取长葛"。

《公羊传》解释说："外取邑不书，此何以书？久也。"在《公羊传》看来，《春秋》书这件事，意在贬斥宋人久暴师苦众于外，不在知而记之。

《春秋》隐公十一年"冬，十有一月，壬辰，公薨"。

《公羊传》曰：

> 何以不书葬？隐之也。何隐尔？弑也。弑则何以不书葬？《春秋》君弑，贼不讨，不书葬，以为无臣子也。……公薨何以不地？不忍言也。隐何以无正月？隐将让乎桓，故不有其正月也。

经文不书隐公葬。《公羊传》认为，不书葬具有深层的意义：讳隐公为桓公所弑之事和贬斥臣子不讨弑君之贼。隐公薨未书地点，《公羊传》认为这是伤痛隐公被弑。除《春秋》隐公元年书王正月外，隐公其余年份皆未书王正月。《公羊传》认为这是褒隐公将让位于桓。因此，在《春秋》特定语境中，不书葬、不地、无正月所具有的深层义丰富而深刻，决非一般人所能解释。

《春秋》僖公二十二年"冬，十有一月，己巳，朔，宋公及楚人战于泓，宋师败绩"。

《公羊传》曰：

　　偏战者日尔，此其言朔何？《春秋》辞繁而不杀者，正也。何正尔？宋公与楚人期战于泓之阳。楚人济泓而来。有司复曰："请迫其未毕济而击之。"宋公曰："不可。吾闻之也，君子不厄人。吾虽丧国之余，寡人不忍行也。"既济，未毕陈。有司复曰："请迫其未毕陈而击之。"宋公曰："不可。吾闻之也，君子不鼓不成列。"已陈，然后襄公鼓之，宋师大败。故君子大其不鼓不成列，临大事而不忘大礼，有君而无臣。以为虽文王之战，亦不过此也。

　　根据《春秋》桓公十七年"五月丙午，及齐师战于奚"，并没有书"朔"，则此处书"朔"隐含了褒宋襄公"君子大其不鼓不成列，临大事而不忘大礼"的大义。

　　书与不书的深层义很难通过表层义而达到，那么如何获得深层义？

　　首先，《公羊传》类比类推同类之事。"何以不书葬"，即表明同类之事书葬，例如《春秋》闵公元年"葬我君庄公"。

　　其次，推本其事。隐公为桓公立，将返位桓，但被桓弑。《公羊传》知道这段史实，褒隐公贤，有让德，贬桓公不知隐公之意，急于即位而弑隐公。以此历史事实为依据，《公羊传》阐释了这条经文里书与不书的深层义。

　　综上所述，《春秋》书与不书具有两个意义层次：表层义与深层义。表层义是对某事实的知与不知，深层义非常隐晦，书与不书的表层义与深层义是分离的，其深层义是通过三种途径而获得的：表层义，类比类推，推本其事。

（五）

　　上文指出，《公羊传》通过类比类推的方法，解释《春秋》之辞、辞序、笔削的深层义以及《春秋》之义。根据同类相应的原则，《春秋》在记录同类之事时使用的辞、辞序、笔削是相同的，这就形成了《春秋》之辞、辞序、笔削的一般性，所谓《春秋》的书法（或笔法）。① 书，即通过辞、辞序、笔削来记事；法，即规则、法则，具有一般性。书法，即《春秋》记事的一般法则。例如，《公羊传》庄公十五年"州不若国，国不若氏，氏不若人，人不若名，名不若字，字不若子"。这是所谓"七等褒贬之辞"，构成《春秋》称谓的书法。首先，《公羊传》类比类推了《春秋》中的称谓，归纳、揭示出这一书法。其次，书法具有一般性，可以类推到同类之中。《春秋》宣公十一年"楚人杀陈夏征舒"；《公羊传》曰"此楚子也。其称人何？贬。何为贬？不予外讨也"。基于"七等褒贬之辞"，称楚子为"楚人"是贬，所谓一字褒贬。

鲁国十二公的即位是同类之事，但是《春秋》未书隐、庄、闵、僖即位，而书其他诸公即位。《公羊传》在类比类推中归纳出《春秋》书与不书即位的一般书法：人君正常即位，《春秋》书即位，例如文公、成公、襄公、昭公、定公、哀公；继弑君而立的不书即位，例如庄公、闵公、僖公。《公羊传》庄公元年：

> 公何以不言即位？《春秋》君弑，子不言即位。君弑则子何以不言即位？隐之也。孰隐？隐子也。

庄公不书即位，是伤痛桓公被齐侯所杀。

根据《公羊传》所归纳的一般书法，隐公非继弑君而立，应书即位；桓公、宣公继弑君而立，不应书即位。显然，这三例背离了即位的一般书法，所谓书法之变。在《公羊传》看来，书法之变不是对一般书法的否定，它们的存在都是合理的，书法之变表示同中有异。《公羊传》隐公元年："公何以不言即位？成公意也。何成乎公之意？公将平国反之桓。""公何以不言即位"，这是根据一般书法对书法之变的质疑，接着解释书法之变的根据：隐公即位是为了桓公，并将反位于桓，《春秋》褒隐公有让德，所以不书隐公即位。《公羊

---

① 《春秋》之义是否由书法而见呢？徐复观说："《春秋》的文字，既出于鲁史之旧，则所谓书法，也应分为三部分，一部分是鲁史之旧的书法，另一部分是孔子的书法，再一部分是作传的人由揣测而来的书法。三部分混合在一起，难于辨认；但由此得出既不应完全拘守书法，也不应完全否定书法的结论。"参见《两汉思想史》（第三卷），华东师范大学出版社 2001 年版，第 156 页。

传》桓公元年:"继弑君不言即位,此其言即位何?如其意也。"《公羊传》说,隐公将反位于桓公,但桓公急于即位,弑君而立,《春秋》书即位著明桓弑隐公之恶。《公羊传》宣公元年:"继弑君不言即位,此其言即位何?其意也。"这是著明宣公篡未逾年之君(子赤)的罪恶。[①]

概之,一般书法与书法之变是对立的统一:对立是指书法之变与一般书法相矛盾;但它们是统一的,即它们的存在都是合理的。一般书法容易理解,书法之变难以解释,故《公羊传》重视对书法之变的诠释,所谓"别嫌疑,明是非也"。

《春秋》僖公七年"郑杀其大夫申侯";《公羊传》曰"君杀大夫之辞也"。这是对"君杀大夫"书法的揭示。《春秋》僖公五年"晋侯杀其世子申生";《公羊传》谓"何为直称晋侯以杀?杀世子,母弟直称君者,甚之也"。《公羊传》认为,这两件事是同类,皆是国君杀臣,但书法不同,一称"郑",一称"晋侯"。书法之变意味着意义有变,事之同中有异。《公羊传》认为,"杀世子,母弟直称君者,甚之也",即晋侯杀其亲生儿子,甚不合《春秋》亲亲之义,所以称晋侯而不称晋。这是对晋侯的贬绝。这样,《公羊传》既弥缝了书法之异,又阐发了《春秋》的亲亲之义。在同类事的比较中,首先辨析书法之同异,其次由书法之同异分析事之同异,最后揭示意义的同中之异。

《春秋》隐公四年"卫人杀州吁于濮";《公羊传》"其称人何?讨贼之辞也",揭示了"讨贼"的一般书法。《春秋》僖公十年"晋杀其大夫里克"。《公羊传》曰:"里克弑二君,则何为不以讨贼之辞言之?"这两件事是同类的,同类相应,书法应是相同的,但《春秋》称晋而不称晋人,不合讨贼书法,这是书法之变,故《公羊传》质疑之,所谓"别嫌疑也"。书法之变意味着同中有异。《公羊传》曰:"惠公之大夫也。然则孰立惠公?里克也。里克杀奚齐、卓子,逆惠公而入。"推本其事,同类事中有异,里克弑二君是为了立惠公,二人声气相同,故惠公不以里克为贼而杀之。

人君薨葬是国家大事,其书法是人君正常死亡则书葬,人君被弑而贼不讨

[①] 《春秋》文公十八年"冬十月,子卒"。《公羊传》曰:"子卒者孰谓?谓子赤也。何以不日?隐之也。何隐尔?弑也。弑则何以不日?不忍言也。"

不书葬。《公羊传》隐公十一年："何以不书葬？隐之也。何隐尔？弑也。弑则何以不书葬？《春秋》君弑，贼不讨，不书葬，以为无臣子也。"这是对一般书法及其意义的揭示。《春秋》昭公十九年"夏，五月，戊辰，许世子止弑其君买"，"冬，葬许悼公"。许世子弑君，《春秋》未书讨其罪，而书葬许悼公，这是书法之变。《公羊传》："贼未讨，何以书葬？不成于弑也。何为不成于弑？止进药而药杀也。止进药而药杀，则何为加弑焉尔？讥子道之不尽也。"许止进药其父，其父饮药而死，许止并非有意弑杀其父，只是进药而未尝药，没有尽子之道，这是对书法之变及其意义的解释。

就形式而言，《春秋》书法主要表现在辞、辞序、笔削的运用上，《春秋》书法是《春秋》之辞、辞序、笔削的一般化（不具有一般化，则不能谓之书法）。对内容来说，《春秋》书法具有两个意义层次：一是书法的表层义，即一般性的辞、辞序、笔削的表层义；一是书法的深层义，即一般性的辞、辞序、笔削的深层义以及《春秋》大义。因此，《春秋》书法是形式和内容的统一，内容（书法的意义）更为重要。[①]《春秋》书法的表层义与深层义是分离的，故其深层义以及《春秋》之义是隐晦的。

综上所述，一般书法是常，书法之变是变。《公羊传》不断概括常，又不断揭示变，常因变而显，变因常而著。常与变并不冲突，变不是对常的否定，而是在特殊情况下对常的权变。常得到合理的解释，变亦得到合理的解释。通过《公羊传》解释，《春秋》书法的常变观，使书法及其意义具有很大的灵活性和变通性，这为《公羊传》解释《春秋》书法的深层义以及《春秋》之义带来较大的自由。

（六）

根据上面的分析，我们得出几点结论。

[①] 《春秋》书法又称《春秋》义法，《春秋》义法是《春秋》叙事一般规则的意义根据。傅修延说："《春秋》笔法又称《春秋》义法，后者更能反映出它的本质：它不纯粹是一种关于叙事形式的规则，在某种意义上说，它是尊王攘夷之礼法在叙事中的存在；更进一步说，它是秩序礼仪观念在叙事中的体现。"参见《先秦叙事研究》，东方出版社1999年版，第187页。

其一，《公羊传》通过《春秋》之辞、辞序、笔削、书法阐释《春秋》之义。在《春秋》特定语境中，辞、辞序、笔削、书法具有表层义与深层义两个层次。由于表层义与深层义有一段距离而产生意义的"间距化"，所以很难通过表层义把握深层义以及《春秋》之义。因此，《春秋》之辞、辞序、笔削、书法的深层义以及《春秋》之义隐晦而难于理解，所谓"微言大义"。

其二，《春秋》之辞、辞序、笔削、书法深层义的获得通过三种途径：表层义，类比类推，推本其事。前两个途径是显明的，后一个途径是隐含的。表层义与深层义以及《春秋》之义有间距，《公羊传》实际上很难从表层义达到深层义以及《春秋》之义。但在解释的形式上，它首先分析表层义，然后达到深层义以及《春秋》之义。实质上，《公羊传》获得的深层义以及《春秋》之义主要是通过推本其事，但这一途径隐而不彰。《春秋》的记事是提纲标题式的。《左传》以事传经，首先详细地叙述《春秋》所记之事，然后解释《春秋》之义，这是典型的"义由事出"。《公羊传》解释《春秋》，缺少"历史的意味"，多未及历史事实的叙述，有时叙述史实也很简略，主要从《春秋》之辞、辞序、笔削、书法阐释《春秋》之义。实际上，《公羊传》是大略知道史实的，且据此解释《春秋》之义；但由于没有叙述史实或很简略，故"义由事出"的途径相当隐晦。

《春秋》隐公元年"夏，五月，郑伯克段于鄢"。《左传》首先对此事的经过作了具体而完整的叙述，然后解释了《春秋》之义。《公羊传》："克之者何？杀之也。杀之，则何为谓之克？大郑伯之恶也。何为大郑伯之恶？母欲立之，已杀之，如勿与而已矣。段者何？郑伯之弟也。何以不称弟？当国也。"《公羊传》的解释仅涉及"母欲立之，已杀之，如勿与而已矣"的史实，重在通过《春秋》之辞揭示《春秋》大义。实际上，《公羊传》知道此事，且据此事分析《春秋》之义。

《春秋》僖公二十八年"天王狩于河阳"。《左传》："是会也，晋侯召王，以诸侯见，且使王狩。仲尼曰：'以臣召君，不可以训。'故书曰：'天王狩于河阳。'言非其地也，且明德也。"《左传》首先把史实叙述清楚，再揭示《春秋》之义。《公羊传》曰："狩不书，此何以书？不予再致天子也。"表面上看，《公羊传》通过《春秋》之辞、书与不书而获得《春秋》之义；实际上，它知道此事的真相，并从中得出尊王之义，但对此事实只字不提。要之，《公羊传》阐释的《春秋》之义，虽通过三个途径，但最基本的途径是本于具体的历史事实，所谓"义由事出"。赵生群先生说："《公羊》、《穀梁》虽然没有叙述具体事件，但同样是以史实为依据来阐释经义的。"① 此言得之。

其三，《公羊传》解释《春秋》时表现了较强的主观性。一是《春秋》之辞、辞序、笔削、书法的表层义与深层义以及《春秋》之义的"间距化"。"间距化"是理解的障碍和误解的原因，构成了解释的根据；但"间距化"不只是消极的因素，也是一种积极的建设性和生产性要素，它使解释者充分发挥主观能动性以填补意义间距的空间。法国当代哲学家利科尔说："人类经验的历史真实性的根本特征，即在间距中并通过间距而交流。"② 这为《公羊传》发挥其主观思想提供了较大的意义空间。二是一般书法与书法之变的对立统一，为《公羊传》解释《春秋》之义带来较大的灵活性和变通性。

参考文献：

[1] 公羊寿传，何休解诂，徐彦疏：《春秋公羊传注疏》，北京大学出版社 1999 年版。

[2] 徐复观：《汉代思想史》（第二卷，第三卷），华东师范大学出版社 2001 年版。

[3] 傅修延：《先秦叙事研究》，东方出版社 1999 年版。

[4] 赵生群：《〈春秋〉经传研究》，上海古籍出版社 2000 年版。

[5] 洪汉鼎：《诠释学——它的历史和当代发展》，人民出版社 2001 年版。

---

① 赵生群：《〈春秋〉经传研究》，上海古籍出版社 2000 年版，第 276 页。

② 参见洪汉鼎《诠释学——它的历史和当代发展》，人民出版社 2001 年版，第 301 页。

二 "过度诠释"

——董仲舒解释《春秋》、《公羊传》的目的

董仲舒的《春秋繁露》，共十七卷，凡八十二篇，始《楚庄王》，终《天道施》；内阙文第三十九、第四十、第五十四，实存七十九篇。《春秋繁露》的内容大约分为两部分：第一部分是董仲舒的《春秋》学，即仲舒在《公羊传》的基础上对《春秋》重新加以解释，以建构其公羊学的思想体系；第二部分是董仲舒所建立的天的哲学，即仲舒以天道的阴阳四时五行，作一切问题的解释、判断的根据。

"奉天而法古"（《春秋繁露·楚庄王》），是董仲舒哲学思想的基本内容。"奉天"，即法天道，"道之大原出于天"（《汉书·董仲舒传》），天道是人道的根据，董仲舒建立了天人相应的哲学体系，即天的哲学。"法古"，即法《春秋》之道。《春秋》是圣人孔子所作，"孔子作《春秋》，上揆之天道，下质诸人情"（《汉书·董仲舒传》）。《春秋》之道上法天道，下切人情，是人道之大者，董仲舒由此建立了春秋公羊学。

（一）

董仲舒的经学解释，即是对《春秋》、《公羊传》的解释。《公羊传》解释《春秋》，董仲舒传承《公羊传》，但他不是一位严格尊崇师法的传经之儒，他在《公羊传》的基础上进一步解释了《春秋》。清人苏舆说："本书（即《春秋繁露》）之于《传》（即《公羊传》），阐发为多，亦有推补之者，如此及非逢丑父之类是也。有救正之者，如贤齐襄复贤纪侯之类是也。有特略之者，如

杀子赤弗忍书日，外不用时月日例是也。"① 在当前的学术界，学人详尽地阐发了董仲舒之公羊学的思想体系，但从解释学角度研究董仲舒的春秋公羊学还是一个方兴未艾的论题。因此，本文将在西方解释理论的观照下具体分析董仲舒的经学诠释实践，以期揭示其一般的特征，为"创建中国解释学"② 稍尽抛砖引玉之劳。

董仲舒解释《春秋》、《公羊传》的主要特征是什么呢？

其一，没有采用经典注释的形式，即不是按经文的顺序逐条解释经文，这与《公羊传》不同。③ 董仲舒是以专题的形式解释《春秋》、《公羊传》的。他或以某问题为中心，然后组织经传文材料加以说明和论证；或把相关的经传文材料组合起来，以表现某主题。例如，《灭国》上下篇，董仲舒把《春秋》"弑君三十六，亡国五十二"的历史事实组合到一起，分析了诸侯国君灭国亡身的主要原因。《三代改制质文》以受命改制为中心问题，组织《春秋》经传的史实和大义以阐释《春秋》改制的思想。《王道》首先阐发《春秋》贵元的思想，王是国之元，所以"王正则元气和顺、风雨时、景星见、黄龙下"、"王不正，则上变天，贼气并现"。接着论述王正则嘉瑞至，王不正则灾异降，把《春秋》所记的灾异组合起来，"《春秋》异之。以此见悖论之征"。进而把《春秋》中天子不正而逐渐衰微的史实组合起来，得出结论："如天子之为，以此之故，弑君三十六，亡国五十二，细恶不绝之所致也。"最后详细地列举了诸侯国君的行为不合礼义，而导致亡国灭身的历史事实，揭示"亡者自亡也，非人亡也"的《春秋》之义。④

董仲舒以专题的形式解释《春秋》经传，能把某一主题说得较为完整透彻。但这种解释经典的形式易于驰骋解释者的主观思想。首先是主题的选择。《春秋》之历史事实所表现的主题不胜枚举，选择（突出）某一主题依赖于解释者的主观要求。德国解释学家伽达默尔重视理解"突出"现象。他认为，

---

① 苏舆：《春秋繁露义证》，中华书局1992年版，第2页。

② 汤一介：《再论创建中国解释学问题》，《中国社会科学》2000年第1期。

③ 《公羊传》是以经典注释的形式解释《春秋》。首先，按顺序逐条解释经文，从隐公元年始，至哀公十四年止；其次，没有无经之传，这与《左传》不同，《左传》有许多重要的记事不见于经。

④ 《春秋》僖公十九年"梁亡"。《公羊传》解释曰："此未有伐者，其言梁亡何？自亡也。其自亡奈何？鱼烂而亡也。"

"突出"一种东西，正是解释者的前见所发挥的作用，也是"视域"的聚焦。①
其次是历史事实的选择。《春秋》所记的史实纷繁众多，选择历史事实以说明
某主题，或从历史事实中阐发某思想，依赖于诠释者的主观先见，即诠释者是
带着他自己的理论负荷和价值负荷，在众多历史事实中选择他所需要的事实。
英国当代历史学家卡尔说："正如历史学家从事实的汪洋大海中选择出对自己
的目的有意义的那些事实一样，他从大量的因果关系中抽出那些，而且也只抽
出那些有历史意义的因果关系，而历史意义的标准是他自己使这些因果关系适
合于他的合理的说明与解释的类型的能力。"② 从"对自己的目的有意义"的
角度选择历史事实，即是说明这种选择是带有史家的主观要求的。

其二，任何文本一经存在，必置于一种特定的历史时空中，文本的意义受
历史条件的制约而表现出历史性，这是文本的历史性。解释者总是处在他自己
的时代背景、思想氛围和个人经验中来解释文本，这构成了解释者的历史性。
文本的历史性与解释者的历史性形成一段距离。历史距离使解释者与文本之间
产生紧张冲突，是阐释文本意义的障碍。解释者不能消除其历史性，而总是带
着其历史性来解释文本。伽达默尔由此提出了"视域融合"的重要概念。③
"视域融合"是指文本历史视域与解释者历史视域的融合。解释过程就是文本
的历史性与解释者的历史性在冲突中融合的过程。一方面是解释者的思想向文
本的渗透，另一方面是文本影响了解释者的思想，二者互动的、双向回流的诠
释活动创造了新的文本意义。这是解释者结合他自己的时空条件和个人经验，
而展开对文本意义的解释。但文本的实在与文本理解的实在是对立统一的，即
文本的客观性与解释者的主观性应从冲突走向融合。

仲舒在解释《春秋》、《公羊传》时未达到视域的融合，而表现出较强的
主观性。法国当代社会学家艾科认为，诠释文本有两种方式，一种是"诠释文
本"，一种是"使用文本"；"使用文本"是指诠释者出于不同之目的对文本较

---

① 参见王中江《"原意"、"先见"及其解释的"客观性"》，收入胡军等主编《诠释与建构》，北
京大学出版社 2001 年版，第 193 页。
② 卡尔：《历史是什么?》，商务印书馆 1981 年版，第 114 页。
③ 参见洪汉鼎《诠释学——它的历史和当代发展》，人民出版社 2001 年版，第 232—237 页。

自由地使用，而很少受到限制，故常常是"过度诠释"（overinterpretation）。[1]
董仲舒的解释正表现出过度诠释的特征。学人对此亦有相当的共识。刘笑敢
说："《春秋繁露》或许可以看作是诠释性哲学著作，因为它借经抒意，建立
了自己的天人感应的思想体系，但它只是一个比较突出的个案，在当时不是一
种普遍形式的代表，后代重要的哲学著作也较少采用这种借经抒意的形式，而
是以注经的形式为主。"[2] 就诠释的形式特征而言，《春秋繁露》不是以注经的
形式诠释《春秋》；就诠释之目的而言，董仲舒是借对《春秋》经传的诠释，
以阐发他自己的思想观念，所谓"六经注我"。台湾学者徐复观说："这不仅
是把《公羊传》当作构成自己哲学的一种材料，而且是把《公羊传》当作是
进入到自己哲学系统中的一块踏脚石。……由此以构成自己的哲学系统，此时
的《公羊传》反成为刍狗了。"[3] 徐先生认为，董仲舒的解释是以他的思想体
系为主，《春秋》经传的史实和大义任他主观选择、组合、嫁接而沦为论证其
思想的工具。可惜徐先生在此并未展开具体深入的论述。笔者认为，董仲舒解
释《春秋》经传，表现了较强的主观性，首先是基于他解释《春秋》经传的
目的，其次是来自于他解释的根据和方法。本文将重点讨论董仲舒解释《春
秋》经传的基本目的。

（二）

董仲舒解释《春秋》经传的目的之一：在《公羊传》的基础上，深入地
阐发《春秋》之义，把《春秋》之义理论化、系统化。

《公羊传》以注经的形式解释《春秋》。受注经形式的制约，《公羊传》阐
发的思想既不能充分地展开，又被分割在不同的经文下，因而削弱了其思想的
理论性、系统性。例如《公羊传》所谓"三世异辞"的思想。"三世异辞"即
"所见异辞，所闻异辞，所传闻异辞"，这在《公羊传》中出现过三次：

---

[1] 艾科：《诠释与过度诠释》，北京三联书店1997年版，第83页。
[2] 刘笑敢：《经典的诠释与体系的建构》，收入胡军等主编《诠释与建构》，北京大学出版社2001
年版，第122页。
[3] 徐复观：《两汉思想史》（第二卷），华东师范大学出版社2001年版，第206页。

《公羊传》隐公元年：

> 何以不日？远也。所见异辞，所闻异辞，所传闻异辞。

《公羊传》桓公二年：

> 所见异辞，所闻异辞，所传闻异辞。隐亦远矣，何为为隐讳？隐贤而桓贱也。

《公羊传》哀公十四年：

> 《春秋》何以始乎隐？祖之所逮闻也。所见异辞，所闻异辞，所传闻异辞。

　　三世究竟如何划分呢？三世异辞的原因是什么呢？从以上《公羊传》的解释中，我们只知道，"三世异辞"的表面原因是世之远近的不同。《公羊传》定公元年"定、哀多微辞，主人习其读而问其传，则未知己之有罪焉尔"。这隐约指出了"三世异辞"的深层原因：世愈近而辞愈微。总之，《公羊传》"三世异辞"的思想被分割在不同的传文下，且解释简约，缺乏理论性、系统性。

　　董仲舒在《楚庄王》里把"三世异辞"加以理论化、系统化。首先，《春秋》十二世明确分为三世：所见世，即哀、定、昭公，共六十一年；所闻世，即襄、成、宣、文公，共八十五年；所传闻世，即僖、闵、庄、桓、隐，共九十六年。其次，董仲舒明确指出了"三世异辞"的原因：世愈远，恩义愈衰，因而辞不同；世愈近，忌讳增多，因而辞愈微。《楚庄王》曰："于所见微其辞，于所闻痛其祸，于传闻杀其恩，与情俱也。"所见之世，上以讳尊隆恩，下以避祸容身，故"微其辞"。所谓"微辞"或"微言"，即是讳，《史记·匈奴列传》曰"孔氏著《春秋》，隐桓之间则章，至定哀之际则微，为其切当世之文而罔褒，忌讳之辞也"。例如"是故逐季氏而言又雩，微其辞也"。所闻之世，君父的恩义稍衰，但仍伤痛君父之祸，即"于所闻痛其祸"。所传闻之世，恩衰义缺，即是"于传闻杀其恩"。董仲舒举例说："子般杀而书乙未，杀其恩也。"子般在所传闻之世，他被弑杀而《春秋》书日是"杀其恩"。通过董仲舒的解释，"三世异辞"的思想更具有理论性、系统性，形成了公羊学"张三世"的理论。①

通过解释《春秋》经传，董仲舒对《春秋》之义进行了理论性的概括。《楚庄王》："《春秋》之道，奉天而法古。"奉天，即法天，以天道为人道的准则；法古，即法《春秋》，以《春秋》之道为汉道的经典根据。《二端》"《春秋》至意有二端"。董仲舒认为"二端"是受命改制与灾异。受命改制论证了君权的神圣性、合理性，灾异是天对人君过失的谴告与警惧，此两方面构成了董仲舒天之哲学的重要内容。《十指》概括了《春秋》的十大要旨。

《春秋》文公二年"公子遂如齐纳币"。

《公羊传》解释说：

> 纳币不书，此何以书？讥。何讥尔？讥丧娶也。娶在三年之外，则何讥乎丧娶？三年之内不图婚。

董仲舒认为，文公于四年十一月娶，已出三年之丧（二十五月），但娶之前必纳币，文公纳币之月在守丧期间，"故谓之丧娶也"（《玉杯》）。这表明，文公在三年之丧内已有了娶的心志。董仲舒说："《春秋》之论事，莫重于志。"（《玉杯》）他继续发挥说：

> 缘此以论礼，礼之所重者在其志。志敬而节具，则君子予之知礼。志和而音雅，则君子予之知乐。志哀而居约，则君子予之知丧。故曰：非虚加之，重志之谓也。志为质，物为文。文著于质，质不居文，文安施质？质文两备，然后其礼成。文质偏行，不得有我尔之名。俱不能备，而偏行

---

① 何休认为，公羊学的"张三世"是指据乱世、升平世、太平世，"于所传闻之世，见治起于衰乱之中"，"于所闻之世，见治升平"，"至所见之世，著治太平"。参见《春秋公羊传注疏》，北京大学出版社1999年版，第26页。

之，宁有质而无文。①

礼有志文：志为心志即质，为内；文为礼仪，为外；外以内为依据，礼仪以心志为依据。礼之上者，质文两备；次之，"宁有质而无文"；下之，有文无质。董仲舒重视心志，"宁有质而无文"，"然则《春秋》之序道也，先质而后文"（《玉杯》）。董仲舒由此具体的事件，而抽象出"《春秋》之论事，莫重于志"的思想，此儒家所谓"诛心"。"《春秋》贵志"成为尔后《春秋》的普遍原则之一。

《春秋》隐公五年"春，公观鱼于棠"。

《公羊传》曰："何以书？讥。何讥尔？远也。公何为远而观鱼？登来之也。百金之鱼，公张之。登来之者何？美大之之辞也。棠者何？济上之邑也。"《公羊传》认为，《春秋》用讳的书法，暗讽隐公与民争利之事。

董仲舒在《玉英》里发挥说：

> 公观鱼于棠，何？恶也。凡人之性，莫不善义，然而不能义者，利败之也。故君子终日言不及利，欲以勿言愧之而已，愧之以塞其源也。夫处位动风化者，徒言利之名尔，犹恶之，况求利乎？故天王使人求赙求金，皆为大恶而书。今非直使人也，亲自求之，是为甚恶。讥何故言观鱼？犹言观社也，皆讳大恶之辞也。

讳并非是掩盖统治者的罪恶，而是运用暗讽的形式委婉地讥刺统治者的过失。董仲舒批评统治者与民争利的罪行。作为统治者必须好义舍利，决不能与民争利，《天人三册》所谓"尔好义，则民乡仁而俗善；尔好利，则民好邪而俗败"、"夫惶惶求财利常恐乏匮者，庶人之意也；惶惶求仁义常恐不能化民者，大夫之意也"（《汉书·董仲舒传》）。

---

① 本文征引《春秋繁露》的文字，根据苏舆《春秋繁露义证》，中华书局 1992 年版。

（三）

董仲舒解释《春秋》经传的目的之二：通过解释《春秋》、《公羊传》，建构他自己的思想体系，并为其思想体系建立经典的根据。

"屈民而伸君，屈君而伸天"（《玉杯》）是董仲舒天的哲学的中心内容。《春秋》、《公羊传》没有这种思想。如何为这一中心思想在《春秋》经传中建立根据呢？他煞费苦心地选择了《公羊传》文公九年的一段文字：

> 未称王，何以知其即位？以诸侯之逾年即位，亦知天子之逾年即位也。以天子三年然后称王，亦知诸侯于其封内三年称子也。逾年称公矣，则何为于其封内三年称子？缘民臣之心，不可一日无君；缘终始之义，一年不二君。不可旷年无君。缘孝子之心，则三年不忍当也。

这段文字里出现了"天子"、"民臣"、"年"，但没有出现单独的"天"。《玉杯》曰：

> 《春秋》之法，以人随君，以君随天。曰：缘民臣之心，不可一日无君。一日不可无君，而犹三年称子者，为君心之未当立也。此非以人随君耶？孝子之心，三年不当。三年不当而逾年即位者，与天数俱终始也。此非以君随天耶？故屈民而伸君，屈君而伸天，《春秋》之大义也。

仲舒认为：年是天的表征，人君即位服从年之终始，即服从于天，所谓"屈君而伸天"；民臣之心，不可一日无君，但民臣要服从君之孝心，故君三年称子，这是"屈民而伸君"。

《公羊传》的这段文字是就具体的问题而论，其字面义平实明白。董仲舒从这具体问题里概括出一般法则，他所阐释的《春秋》之义深微隐晦。这段文字的字面义与董仲舒所阐释的《春秋》之义并没有直接的联系，二者之间产生了意义的"间距化"。"间距化"不是消极的因素，而是一种积极的建设性和生产性要素；它使解释者充分发挥主观能动性以填补间距的空间。法国哲学家利科尔认为，“人类经验的历史真实性的根本特征，即在间距中并通过间距而交流。”① 仲舒正是预设了《春秋》经传之辞字面义与《春秋》之义的“间距化”。以此为据，他突破了经传文的字面义，指向文辞之外的《春秋》之义，而文辞之外的《春秋》之义正符合他自己的主观思想。董仲舒说：

> 辞不能及，皆在于指，非精心达思者，其孰能知之。……由是观之，见其指者，不任其辞。不任其辞，然后可与适道矣。(《竹林》)

“辞”，即《春秋》文辞的字面义；“指”，意旨，即《春秋》之义。文辞的字面义与《春秋》之义产生了间距化，因而不能直接从文辞的字面义把握《春秋》之义，即“辞不能及，皆在于指”，故必须“见其指者，不任其辞”。这样，董仲舒突破了文辞字面义的限制，而较自由地发挥其主观思想。

董仲舒对“性”的解释建构了他之人性论的基本内容，并为其以德教化的思想奠定了人性论的基础。《深察名号》曰：

> 今世暗于性，言之者不同，胡不试反性之名。性之名非生与？如其生之自然之资谓之性。性者质也。诘性之质于善之名，能中之与？既不能中矣，而尚谓之质善，何哉？性之名不得离质。离质如毛，则非性已，不可不察也。

性之名即性之字面义是“如其生之自然之资”，生而即有的本能。性之质即性之深层义，是圣人所发的天意。性之字面义与深层义相分离，即“性之名离质”、“今世暗于性”，故“不可不察也”。首先，董仲舒深察与“性”密切联系的“民”和“心”。“民，瞑也”，即民未觉醒。“心，栣也”，“栣”是禁止之意，“栣众恶于内，弗使得发于外者，心也。故心之为名栣也”。其次，董仲舒认为“天人一也”，“身之名，取诸天。天两有阴阳之施，身亦两有贪仁

① 参见洪汉鼎《诠释学——它的历史和当代发展》，人民出版社2001年版，第301页。

之性"。本此，他推见性之深层义：性有善恶，善主恶从；性之善是质，质朴
而为觉醒，这皆有待于道德教化。

《春秋》"元年春，王正月"。《公羊传》解释说："元年者何？君之始年
也。春者何？岁之始也。王者孰谓？谓文王也。何为先言王而后言正月？王正
月也。何言乎王正月？大一统也。"《公羊传》认为：王即文王，文王是受命
之君，他制定了周之历法，正月是历法的首要者；《春秋》"王正月"表明周
文王颁布历法，诸侯皆用周历，以历法的统一表示政治的大一统。《公羊传》
成立于战国初中期。当时，诸侯混战，杀人盈野，杀人盈城，人们迫切要求政
治的一统。但是，《公羊传》的政治大一统是西周之诸侯分权的一统，而不是
秦汉之中央集权的一统。因此，《公羊传》的大一统观念与西汉大一统的思想
存在着相当的距离。董仲舒在解释中对"《春秋》大一统"的思想进行了实质
的转换。首先，政治大一统由诸侯分权的一统而转换成皇权专制的中央集权的
一统。其次，西汉文景之后，诸侯国的力量受到了削弱，它们对中央政权不再
构成大的威胁；而思想的一统与法制的一统成为社会政治的主要问题。因此，
董仲舒特别重视思想的一统。他说：

> 《春秋》大一统者，天地之常经，古今之通义也。今师异道，人异论，
> 百家殊方，指意不同，是以上亡以持一统；法制数变，下不知所守。臣愚
> 以为诸不在六艺之科孔子之术者，皆绝其道，勿使并进。邪辟之说灭息，
> 然后统纪可一而法度可明，民知所从矣。(《汉书·董仲舒传》)

思想的大一统即以儒家思想统一百家思想，这是《公羊传》所未曾想到
的。要之，通过重新解释《春秋》、《公羊传》，董仲舒为他自己的大一统思想
建立了经典的根据。

《春秋》产生于春秋战国之际，《春秋》之义受历史条件的制约而具有历
史性。董仲舒是在他自己的时代背景、思想氛围以及个人经验中诠释《春秋》
的，这构成了董仲舒的历史性。由于历史的距离，董仲舒与《春秋》文本不可
避免地产生紧张冲突。这种紧张冲突是董仲舒阐释《春秋》文本意义的障碍。
但是，董仲舒诠释《春秋》，并不是自觉地以解释《春秋》本义为目的，而是

以建构他自己的思想体系为主要目的。因此，历史的距离对他诠释《春秋》所造成的障碍较小，反而更有利于驰骋他的主观思想。董仲舒对《春秋》大一统思想的解释，没有认真分析《春秋》大一统的本义，也不考虑它与自己大一统思想的紧张性，而是以自己的大一统思想为归宿，这突出地表现了他解释的主观性。

（四）

伽达默尔揭示了解释学的一个重要功能，即应用功能。我们对任何文本的解释，都是在某一特定的历史条件下进行的；因此，对文本意义的理解和解释一开始就受到现实政治和学术思想的制约。伽达默尔强调了理解和应用的统一，理解文本总是知道如何把这种文本的意义应用于我们现实的具体境域和问题中；但是，应用决不是理解之后才开始的过程，决不是那种先理解，然后再把理解的东西应用于现实的所谓的应用，而是应用从一开始就整个地规定了理解的活动。① 因此，解释在任何时候都包含一种旨在对过去和现在进行沟通的具体应用，应用功能表现了解释学与时俱进的品格。

董仲舒解释《春秋》经传的目的之三，是通过对儒家思想的改造和发展，为大一统的皇权专制政治确立理论根据，以适应现实社会政治和学术的要求，并通经致用，以理论化、系统化的《春秋》之义解决现实社会政治的重要问题。因此，现实政治和学术的要求规定了他对《春秋》、《公羊传》的解释，这体现了解释学的应用功能。

战国后期，邹衍创立的"五德转移说"风行于世。② 秦始皇统一六国，接受了五德转移说，以为秦得水德，向天下昭示秦受天命为王。《史记·秦始皇

---

① 参见洪汉鼎《诠释学——它的历史和当代发展》，人民出版社 2001 年版，第 238—240 页。

② 邹衍以五德转移解释历史朝代的更替，其学说部分保存于《吕氏春秋·应同》："凡帝王者之将兴也，天必先见祥乎下民。黄帝之时，天先见大螾大蝼。黄帝曰：'土气胜。'土气胜，故其色尚黄，其事则土。及禹之时，天先见草木秋冬不杀。禹曰：'木气胜。'木气胜，故其色尚青，其事则木。及汤之时，天先见金刃生於水。汤曰：'金气胜。'金气胜，故其色尚白，其事则金。及文王之时，天先见火赤乌衔丹书集于周社。文王曰：'火气胜。'火气胜，故其色尚赤，其事则火。代火者必将水，天且先见水气胜。水气胜，故其色尚黑，其事则水。"

本纪》："始皇推终始五德之传，以为周得火德，秦代周德，从所不胜。方今水德之始，改年始，朝贺皆自十月朔。衣服旄旌节旗皆上黑。数以六为纪，符、法冠皆六寸，而舆六尺，六尺为步，乘六马。更名河曰德水，以为水德之始。刚毅戾深，事皆决于法，刻削毋仁恩和义，然后合五德之数。"始皇的水德之运仅有十五年，高祖刘邦便亡秦而得天下，"亦自以为获水德之瑞"（《史记·历书》）。文帝时，贾谊认为秦为水德，汉应为土德；鲁儒生公孙臣亦以为汉得土德，而丞相张苍坚持汉为水德。水德、土德之争闹得沸沸扬扬。终文、景两朝，汉家仍未定为土德。武帝即位，这位好大喜功的皇帝，凭借汉家的全盛基业与对太平之世礼乐昌盛的无限神往，"向儒术，招贤良，赵绾、王臧等以文学为公卿，欲议古立明堂城南，以朝诸侯，草巡狩，封禅，改历服色事"（《史记·封禅书》）。当时的公卿大夫，都以为封禅改制是汉家的盛事，充满了无限的期待。

在这种政治和学术的背景下，董仲舒要为"受命改制"建立经典的权威根据，以适应现实社会政治和学术的要求。他在《春秋》、《公羊传》中，寻找阐发"受命改制"思想的突破口。《春秋》隐公元年"王正月"；《公羊传》说，王是周文王。董仲舒认为，文王是周的受命之王，正月是历法之首，是受命改制的重要内容；文王受天命为王，然后改正朔，这即表明受命之王必须改制。《三代改制质文》曰：

> 何以谓之王正月？曰：王者必受命而后王。王者必改正朔，易服色，制礼乐，一统于天下，所以明易姓，非继人，通以己受之于天也。王者受命而王，制此月以应变，故作科以奉天地，故谓之王正月也。

董仲舒阐发了受命改制的重要意义：新王受命改制，表示王权天授，从而向世人昭示王权的合理性和神圣性。这论证了西汉大一统皇权专制政治的合理性和神圣性。董仲舒进一步具体地阐明了改制的基本内容，创立了"三统循环说"，并认为汉家当正黑统。

西汉士大夫多服膺生死荣辱之说，即宁可自杀身亡，亦不肯在耻辱中求生，"刑不上大夫"，在下狱受辱之前即自杀。这种为了保持气节而自杀身亡的行为被视为"死节"。汉初的贾谊首倡以礼节培养大臣的耻辱感和人格尊严感。他在《新书·阶级》里说:"廉丑礼节以治君子,故有赐死而无戮辱","故古者礼不及庶人,刑不至君子,所以厉宠臣之节也"。景帝时,一代名将周亚夫因"不逊"得罪景帝,"初,吏捕条侯,条侯欲自杀,夫人止之,以故不得死,遂入廷尉。因不食五日,呕血而死"(《史记·绛侯周勃世家》)。武帝即位,王臧和赵绾发动尊儒运动,窦太后不悦儒术,得王臧、赵绾之过,尽下吏,二人皆自杀身亡。武帝的宠臣张汤也难逃自杀的命运。在这种"死节"的风气下,董仲舒对《春秋》经传的解释必然打上时代的深深印迹。

《春秋》成公二年,发生了历史上著名的"鞌之战"。《公羊传》较详细地叙述了逢丑父救齐顷公而被杀之事,但未明确地褒贬丑父。董仲舒认为,《春秋》是贬丑父,因为丑父的行为陷顷公于不义。在董仲舒看来,顷公战败之后,应以身殉国,但丑父让他逃走,给顷公加上了战败而逃的恶名。《竹林》曰:

> 国灭君死之,正也。正也者,正于天之为人性命也。天之为人性命,使行仁义而羞可耻,非若鸟兽然,苟为生,苟为利而已。是故《春秋》推天施而顺人理,以至尊为不可以加于至辱大羞,故获者绝之。

董仲舒贬绝了顷公战败逃亡而不能自杀的行为,由此发挥出"夫冒大辱以生,其情无乐,故贤人不为也"、"故君子生以辱,不如死以荣"(《竹林》)的生死观。这种生死荣辱之说固然受到儒家"士可杀不可辱"的影响,但传统思想只有在时代的要求下才能得以张扬,西汉士大夫的死节风尚制约着董仲舒对《春秋》大义的诠释。

《春秋》庄公四年"纪侯大去其国"。

《公羊传》曰:

> 大去者何?灭也。孰灭之?齐灭之。何为不言齐灭之?为襄公讳也。《春秋》为贤者讳。何贤乎襄公?复仇也。何仇尔?远祖也。……远祖者,几世乎?九世矣。九世犹可以复仇乎?虽百世可也。

这是有名的齐襄公复九世之仇的故事。《公羊传》重在阐发复仇思想。复仇思想风行于春秋战国。范雎为己复仇,逼杀了仇人魏齐(《史记·范雎蔡泽列传》)。伍子胥为父兄复仇忍辱负重,最终带领吴军攻入楚之郢都,"乃掘楚平王墓,出其尸,鞭之三百然后已"(《史记·伍子胥列传》)。但在西汉大一统的专制政治下,复仇的风气已不复存在,而士大夫"死节"的风气却非常盛行。因此,董仲舒很重视对君子"死节"的诠释。他认为,《春秋》书"大去"是为纪侯讳,齐将复仇,纪侯自知力不加而志抗拒之,谓其弟"我宗庙之主,不可以不死也。汝以酅往,服罪于齐,请以立五庙,使我先君岁时有所依归",于是率领一国之众,保卫国家,"上下同心而俱死之"。仲舒美之曰:"《春秋》贤死义,且得众心也,故为讳灭。以为之讳,见其贤之也。以其贤之也,见其中仁义也","国灭君死之,正也,何贤乎纪侯"(《玉英》)。这正是对"君子死以荣"的诠释。

《春秋》隐公元年"元年春,王正月";《公羊传》谓"元年者何?君之始年也"。《公羊传》的解释平实确切,并无另外的深义。但董仲舒推见至隐,深入阐发"元"的含义,发挥出"《春秋》大元(以元为大)"的思想:

> 臣谨案《春秋》谓一元之意,一者万物之所从始也,元者辞之所谓大也。谓一为元者,视大始而欲正本也。《春秋》深探其本,而反自贵者始。故为人君者,正心以正朝廷,正朝廷以正百官,正百官以正万民,正万民以正四方。(《汉书·董仲舒传》)

《春秋》书鲁国十二公即位之年为元年,即"谓一为元者"。即位之年是第一年,为何变一为元呢?这是表示重视"开始"。"一"也表示开始,但"元者辞之所谓大也","元"具有始正、本正的深层意义。人君是国之始、本,故必须正。因此,"元"的表层含义是始、本、原;"元"的深层意义是正,即始正、本正、原正。《王道》:"元者,始也,言本正也。"

《玉英》曰:

> 是故《春秋》之道,以元之深正天之端,以天之端正王之政,以王之

政正诸侯之即位，以诸侯之即位正境内之治，五者俱正而化大行。

董仲舒对"元"的解释一方面受传统思想中重元的影响，另一方面也受现实政治背景的作用。《史记·秦本纪》："（秦惠王）十四年，更为元年。"秦惠王改元的原因，不得而知。《史记·孝文本纪》："十七年，得玉杯，刻曰'人主延寿'。于是天子始更为元年，令天下大酺。"文帝的改元有得符瑞而重新开始的意义；得符瑞，是国家兴盛的预兆；改元年，表明国家从此开始，将越来越兴盛富强。因此，改元有始善、首善的深层意义。景帝继承文帝之志，两次改元，八年改为中元，十四年改为后元。皇帝建年号开始于武帝，他以元建年号，"建元"、"元光"、"元狩"、"元鼎"、"元封"。元与皇帝的改元、建号联系起来，而具有神圣的意义。因此，元与皇帝之改元、建号相联系，元、本之义随天地而终始，皆加强人之重始正、本正的神圣责任感。董仲舒"《春秋》大元"的思想正是在这种背景下展开的。

文质之辨是西汉儒生极意发挥的重大论题。一般而言，文指外在的形式，质指内在的本质，外在的形式以内在的本质为依据。孔子首先以文质解释礼。礼之文指各种礼仪形式，礼之质指内在的精神实质。孔子不仅重视礼之文而且重视礼之质，即"文质彬彬"。《论语·八佾》："人而不仁，如礼何？人而不仁，如乐何？"孔子明确指出仁是礼的内在根据。在三代礼乐的诠释中，他赋予了礼之内在的精神本质——仁。

邹衍以文质解释政教。《汉书·严安传》："臣闻邹子曰：'政教文质者，所以云救也，当时则用，过则舍之，有易则易之。'"政教之文是指偏重于外在强制的礼治与法治；政教之质是指偏重于内在德性自觉的德治，即以德化民，以仁义教化万民。就社会政治而言，周之末年，繁文缛礼，礼完全流于形式而有文无质。秦继周大乱后，不但没有以质救文，反而以严刑酷法统治人民，是"文之至也"。刑法之治即政教之文，使人民失去了仁义之质，民风习俗败坏。因此，必须实行德治，重视万民内在仁义之质的觉醒。以质救文正是当时现实政治的要求。就学术思想而言，西汉的知识分子多反秦反法。汉初陆贾《新语·道基》曰："天地，危而不倾，佚而不乱者，仁义之所治也。"贾谊总结了秦之二世败亡的原因是"仁义不施也"。司马迁说：

夏之政忠。忠之敝，小人以野，故殷人承之以敬。敬之敝，小人以鬼，故周人承之以文。文之敝，小人以僿，故救僿莫若以忠。三王之道若循环，终而复始。周秦之间，可谓文敝矣。秦政不改，反酷刑法，岂不缪乎？故汉兴，承敝易变，使人不倦，得天统矣。(《史记·高祖本纪》)

要之，以仁义之质救刑法之文亦是西汉儒生的基本要求。在这种现实政治和学术的要求下，董仲舒诠释《春秋》经传，必然要充分阐发文质之辨的思想。他说："然则《春秋》之序道也，先质而后文"(《玉杯》)，"承周之文而反之质，一指也"(《十指》)，"此《春秋》之救文以质也"(《王道》)。《春秋》为汉立法，《春秋》贵质反质即汉道贵质反质。《春秋》"承周文而反之质"，为现实政治和学术的反质建立了经典的根据。董仲舒《天人三策》曰：

夏因于虞，而独不言所损益者，其道如一而所上同也。道之大原出于天，天不变，道亦不变，是以禹继舜，舜继尧，三圣相受而守一道，亡救弊之政也，故不言其所损益。由是观之，继治世者其道同，继乱世者其道变。今汉继大乱之后，若宜少损周之文致，用夏之忠者。

质言之，现实社会政治和学术的反质规定了董仲舒对《春秋》经传的诠释。这充分表现了诠释过程中的一般特征——理解、解释、应用的统一。

综上所述，董仲舒在解释《春秋》、《公羊传》时表现了较强的主观性，这主要是基于他解释之目的。其一，通过解释，董仲舒把《春秋》经传之义理论化、系统化。其二，通过解释，他建构了自己的思想体系，并为其思想体系建立经典的根据。其三，通过解释，董仲舒论证了大一统皇权专制政治的合理性，且通经致用，以理论化、系统化的《春秋》之义解决现实社会政治的重要问题，充分发挥解释学与时俱进的应用功能。

参考文献：

[1] 苏舆：《春秋繁露义证》，中华书局1992年版。

〔2〕公羊寿传，何休解诂，徐彦疏：《春秋公羊传注疏》，北京大学出版社 1999 年版。

〔3〕刘笑敢：《经典的诠释与体系的建构》，收入胡军等主编《诠释与建构》，北京大学出版社 2001 年版。

〔4〕徐复观：《两汉思想史》（第二卷），华东师范大学出版社 2001 年版。

〔5〕洪汉鼎：《诠释学——它的历史和当代发展》，人民出版社 2001 年版。

三 "间距化"

——董仲舒解释《春秋》、《公羊传》的根据

文本即是任何由书写所固定下来的话语。由于书写，原是瞬间的话语为固定不变的文本所取代。在对话情境中的谈话—回答（谈话者—听者）的关系，变成了书写—阅读（作者—读者）的关系，解释问题出现了。利科尔分析了从谈话到文本的两种形式的"间距化"：一是文本的客观意义不是其作者的主观意向，而有待于读者的猜测和建构；二是因为书写话语与对话语境的截断，表明解释的开放性和无限性。① 因此，利科尔对"间距化"的态度与传统诠释学家施莱尔马赫所谓"间距化是理解的障碍和误解的原因"根本不同，即间距化不是一种消极的因素，而是一种积极的建设性和生产性要素，它是理解和解释的条件。要之，间距化是文本意义生成的根据。

（一）

海德格尔说："把某物作为某物加以解释，这在本质上是通过前有、前见和前把握来进行的。"② 理解不是对文本无前提的理解，而是基于解释者之前结构的前理解，理解的前结构将成为解释者无可争议的先入之见。伽达默尔继承了他的老师海德格尔理解的前结构的思想。他认为理解的前结构至少包括前见、权威和传统等三个要素。这三个要素在传统诠释学中是作为否定性的因素，而有阻碍正确理解的消极作用。但在伽达默尔看来，它们构成了理解的必

---

① 参见洪汉鼎《诠释学——它的历史和当代发展》，人民出版社 2001 年版，第 300—303 页。
② 同上书，第 204 页。

要条件，即没有理解的前结构，理解和解释就不可能成立。海德格尔和伽达默尔对理解前结构的揭示，并非出于主观之见，而是客观地描述了理解过程的一般特征。笔者认为，董仲舒对《春秋》、《公羊传》的诠释，也是基于其前有、前见之上。

《春秋繁露·三代改制质文》：

> 故《春秋》应天作新王之事，时正黑统。王鲁，尚黑，绌夏，亲周，故宋。……《春秋》作新王之事，变周之制，当正黑统。而殷周为王者之后，绌夏改号禹谓之帝，录其后以小国，故曰：绌夏存周，以《春秋》当新王。（下引《春秋繁露》，只注篇名）

"以《春秋》当新王"，是董仲舒的重大发明，是他诠释《春秋》的先入之见，构成了他诠释《春秋》之前结构的重要内容。

在先秦诸子中，孟子首先提出孔子作《春秋》，且谓之"天子之事也"，但未得到诸子的响应，甚至"《春秋》三传"亦未明言。荀子没有说孔子作《春秋》。他认为"《春秋》之微也"，揭示了《春秋》言辞简约的特点，未深论《春秋》的意义。汉初的儒者贾谊把《春秋》作为"六艺"之一。《新书·傅职》："或称《春秋》，而为之耸善而抑恶，以革劝其心。"《新书·道德说》曰："《春秋》者，守往事之合德之理与不合，而纪其成败，以为来事师法，故曰'《春秋》者，此之纪者也。'"贾谊把《春秋》视为"前事不忘，后事之师也"的历史记录，具有"惩恶而劝善"的作用。约产生于景武之际的《淮南子·主术训》认为，孔子作《春秋》，"以成王道"，孔子是"素王"、"圣人"。

董仲舒《天人三策》曰："孔子作《春秋》，先正王而系万事，见素王之文焉。"孔子成为"素王"。素王即空王，无天子实际的政治地位和权势，而有天子之名和天子之德，且有以《春秋》是非褒贬的言论之权。这大大提高了孔子的地位，肯定了孔子作《春秋》的重大意义。因此，董仲舒"以《春秋》当新王"，实是以孔子当新王。孔子为新王，新王受命于天，必有受命之符。受命之符是新王受命于天的符瑞，表明王权天授的神圣性和合法性。孔子的受命之符是什么呢？《符瑞》曰："有非力之所能致而自至者，西狩获麟，受命之符是也。然后托乎《春秋》正不正之间，而明改制之义。"他认为，鲁哀公十四年春，西狩获麟是孔子受命的符瑞。《公羊传》鲁哀公十四年：

> 何以书？记异也。何异尔？非中国之兽也。然则孰狩之？薪采者也。薪采者则微者也，何为以狩言之？大之也。何为大之？为获麟大之也。何为为获麟大之？麟者，仁兽也。有王者则至，无王者则不至。有以告者曰："有麕而角者。"孔子曰："孰为来哉！孰为来哉！"反袂拭面涕沾袍……西狩获麟，孔子曰："吾道穷矣。"

《公羊传》认为，麟是仁兽，有王者则至，无王者则不至，时为乱世，天下无王，麟不应至而至；孔子感伤时世而泪涕沾袍，"吾道穷矣"表现了孔子未行道于世的黯然神伤，故作《春秋》以寓王道。《公羊传》显然没有麟是孔子的符瑞之意。董仲舒推见至隐：天下大乱，未有王者，麟是孔子受命为王的符瑞。

孔子受命为新王，不是实际掌握天下的统治权，而是制作《春秋》。《春秋》是素王孔子制定的新王朝的法典。孔子受命作《春秋》，必须改制。按三统循环论，《春秋》继周当为正黑统；正朔法夏正，以十三月为岁首；服色尚黑；周尚文，《春秋》反质。通过董仲舒的解释，孔子被神圣化了，《春秋》被法典化了，孔子作《春秋》之事也被神圣化了。这构成了董仲舒诠释《春秋》之前见的神圣内容。

《春秋》是一部书，如何能当新王？董仲舒认为，《春秋》是一个象征的新朝代，汉是实际的新朝代；孔子为素王，汉之天子是实际的天子。因此，孔子之《春秋》与汉紧密地联系起来，即《春秋》之道是汉道，即《春秋》为汉立法，即《春秋》是汉之政治制度的大经大法。《春秋》之道、之义是汉代的法典，故诠释《春秋》具有与时俱进的现实意义。这成为董仲舒诠释《春秋》之前见的现实内容。

孔子之《春秋》记载了春秋时代242年的历史。孟子认为，《春秋》与晋之《乘》和楚之《梼杌》在"其事"、"其文"上没有什么不同，不同的是孔子所作《春秋》寄寓了"其义"。孟子突出了《春秋》之义。《公羊传》哀公十四年"君子何为为《春秋》？拨乱世，反诸正，莫近诸《春秋》。则未知其为是与？其诸君子乐道尧、舜之道与？末不亦乐乎尧、舜之知君子也？制《春秋》之义，以俟后圣，以君子之为，亦有乐乎此也。"孔子之作《春秋》是乐尧舜之道，尧舜之道正是儒家永恒追求的王道政治。《春秋》蕴涵着"道"、"义"，有待于后世君主来取法。《俞序》曰：

> 仲尼之作《春秋》也，上探天端正王公之位，万民之所欲，下明得失，起贤才，以待后圣。故引史记，理往事，正是非，见王公。史记十二公之间，皆衰世之事，故门人惑。孔子曰："吾因其行事而加乎王心焉。"以为见之空言，不如行事博深切明。

董仲舒认为，《春秋》上深察天道以为王道的根据，正人君以正万民；下建立是非得失的标准及道德行为的规范而待后圣所法。孔子并非空言说义，而是"因其行事而加乎王心"。"行事"即历史往事，"王心"即王道大义，孔子寓王心于行事之中。董仲舒同样突出了《春秋》之义。《史记·太史公自序》曰：

> 余闻董生曰："周道衰废，孔子为鲁司寇，诸侯害之，大夫壅之。孔子知言之不用，道之不行也，是非二百四十二年之中，以为天下仪表，贬天子，退诸侯，讨大夫，以达王事而已矣。子曰：'我欲载之空言，不如见之于行事之深切著明也。'夫《春秋》上明三王之道，下辨人事之纪，别嫌疑，明是非，定犹豫，善善恶恶，贤贤贱不肖，存亡国，继绝世，补敝起废，王道之大者也。"

董生即董仲舒。司马迁、董仲舒认为，《春秋》是"王道之大者也"、"以为天下仪表，贬天子，退诸侯，讨大夫，以达王事而已矣"。

概之，《春秋》之道、之义，即尧舜之道、儒家的王道大义；《春秋》之道、之义是常道和常义，"百世不易之道也"。董仲舒充分地肯定了《春秋》

之道、之义的重要地位和重大意义，构成了他诠释《春秋》之前结构的主要内容。

（二）

《春秋》文本的主要特征是什么呢？《荀子·劝学》曰："《春秋》之微也。"《荀子·儒效》曰："《春秋》言是其微也。"荀子指出《春秋》之微的特征。《左传》成公十四年："故君子曰：'《春秋》之称，微而显，志而晦，婉而成章，尽而不污，惩恶而劝善。非圣人谁能修之？'"《左传》揭示了《春秋》之微、晦、婉与显、志、章之对立统一的特征，实非一般人所能够理解。一般而言，《春秋》之微，是指简约的《春秋》之辞，隐含了丰富深刻的意义，所谓"微言大义"。这种说法似乎是矛盾的：一是文辞简约往往意义简单；二是简约的文辞难有深微的《春秋》大义。

《公羊传》在解释《春秋》的实践中，揭示了《春秋》之微的特征及其原因。《公羊传》认为，《春秋》之辞有字面义与深层义两个层次，深层义即《春秋》之义；字面义与深层义相分离，而产生了"间距化"（alienating distanciation），通过字面义很难理解深层义，故深层义即《春秋》之义是深微隐晦的。这是造成《春秋》微言大义的主要原因。例如《春秋》隐公"元年春，王正月"。《公羊传》曰：

> 元年者何？君之始年也。春者何？岁之始也。王者孰谓？谓文王也。何为先言王而后言正月？王正月也。何言乎王正月？大一统也。

"王正月"的字面义简单明白，即隐公元年正月。《公羊传》认为，王是周文王，文王是受命之君，他制定了周之历法，正月是历法的首要者，"王正月"以周历统一诸侯之历表明"《春秋》大一统"的思想。这是"王正月"的深层义。其字面义与深层义相间距，两者之间没有必然的逻辑联系。《春秋》隐公元年"郑伯克段于鄢"。《公羊传》："克之者何？杀之也。杀之，则何为谓之克？大郑伯之恶也。""克"即"杀"，这是字面义；但"克"隐含了

"大郑伯之恶"的《春秋》之义。"克"的字面义与深层义没有直接引申的关系，两者之间产生了意义的间距。我们很难从"克"的字面义，到达"大郑伯之恶"的深层义，深层义即《春秋》之义是相当隐晦的。

董仲舒传承《春秋》、《公羊传》，他在《公羊传》基础上进一步解释《春秋》。① 他对《春秋》微言大义的内容，进行了更为丰富的阐释。笔者认为，"间距化"构成了董仲舒解释《春秋》、《公羊传》的根据，即意义生成的根据。

首先，"间距化"是理解和解释的障碍，是误解的原因。德国哲学家施莱尔马赫说："哪里有误解，哪里就有诠释学。"他把诠释学看作是"避免误解的技艺学"②。董仲舒在《春秋繁露》里反复说"别嫌疑，明是非"。"嫌疑"即使人疑惑、误解的《春秋》之辞、之事、之义。"间距化"是"嫌疑"产生的根本原因。因此，仲舒解释《春秋》，即是"别嫌疑"。《玉杯》云"《春秋》之道，视人所惑，为立说以大明之"。《竹林》曰"是非难别者在此。此其嫌疑相似而不同理者，不可不察"。《玉英》谓"《春秋》理百物，辨品类，别嫌微，修本末者也"。《盟会要》"别嫌疑之行，以明正世义"。《重政》"明其义之所审，勿使嫌疑，是乃圣人所贵而已矣"。《十指》"别嫌疑，异同类，一指也"。

其次，"间距化"又不是消极的因素，而是一种积极的建设性和生产性要素；它使诠释者充分发挥其主观能动性，以填补意义间距的空间。法国哲学家利科尔认为："人类经验的历史真实性的根本特征，即在间距中并通过间距而交流。"③ "间距化"使董仲舒突破了字面义，而指向深层义，深层义即《春秋》之义正符合他自己的主观思想。"间距化"为董仲舒发挥主观思想提供了较大的空间，故他的解释表现出较强的主观性。

再次，"间距化"是意义生成的根据，主要有四个方面的内容：一是《春秋》之辞的字面义与深层义的"间距化"；二是《春秋》所记之事与事实真相

① 《史记·儒林列传》："故汉兴至于五世之间，唯董仲舒名为明于《春秋》，其传公羊氏也。"

② 施莱尔马赫：《1819年讲演纲要》，收入洪汉鼎主编《理解与解释：诠释学经典文选》，东方出版社2001年版，第58—60页。

③ 参见洪汉鼎《诠释学——它的历史和当代发展》，人民出版社2001年版，第301页。

的"间距化";三是《春秋》之常与变的"间距化";四是《春秋》本义与《公羊传》所阐释《春秋》之义的"间距化"。

（三）

《精华》曰："《春秋》慎辞，谨于名伦等物者也。是故小夷言伐而不得言战，大夷言战而不得言获，中国言获而不得言执，各有辞也。有小夷避大夷而不得言战，大夷避中国而不得言获，中国避天子而不得言执，名伦弗予，嫌于相臣之辞也。是故大小不逾等，贵贱如其伦，义之正也。"《春秋》用辞非常精确，"战"和"伐"的字面义相近，"获"和"执"的字面义相近，但其实具有不同伦理等级的深层意义：言外则小夷言战，大夷言伐；言内则诸侯言获，天子言执。《精华》："今《春秋》之为学也，道往而明来者也。然而其辞体天之微，故难知也。"《春秋》之辞，体现了深微的天意、天道，而难以知晓。这是把《春秋》之辞与神圣、神秘的天道和天意连接起来。

《春秋》之辞，即名号。董仲舒在《深察名号》里阐述了名号论："治天下之端，在审辨大。辨大之端，在深察名号。"深察名号，即儒家所谓正名，是治天下之始（本）。①他的名号论有命名和正名两部分。首先，名由圣人所命，圣人命名便规定了名之内涵，名之内涵揭示了人和事物的本质，而人和事物的本质受命于天，故圣人所命之名揭示了人和事物的本质以及天意，"名者，圣人之所以真万物也"，"名则圣人所发天意"，"是故事各顺于名，名各顺于天，天人之际，合而为一"。其次，名号所具有的人和事物的本质以及天意、天道深微隐晦，难以察知，所以必须"深察名号"，即正名。如何正名呢？这就要求从名号之辞入手，推求其深层的本质内涵以及天意。

董仲舒举"民"为例。民之号的表层义是指广大的中民，民之本质内涵以及天意是什么呢？他说："民之号，取之瞑也。使性而已善，则何故以瞑为号？……性有似目，目卧幽而瞑，待觉而后见。当其未觉，可谓有见质，而不可谓见。今万民之性，如瞑者待觉，教之然后善。当其未觉，可谓有善质，而

---

① 孔子曰："名不正，则言不顺；言不顺，则事不成。"（《论语·子路》）

不可谓善，与目之瞑而觉，一概之比也。静心徐察之，其言可见矣。性而瞑之未觉，天所为也。效天所为，为之起号，故谓之民。""民之号，取之瞑也"，民之性有善质而未觉醒，依赖于后天的仁义教化而使之为善、成善，这是民之内涵以及天意。通过仲舒的解释，民之表层义与本质内涵以及天意有一段较大的距离，即两者之间没有直接的联系，而产生了意义的间距化。

《深察名号》："深察王号之大意，其中有五科：皇科、方科、匡科、黄科、往科。合此五科以一言，谓之王。王者皇也，王者方也，王者匡也，王者黄也，王者往也。"王之名（表层义）是指人君，但王之实（深层义或者本质内涵以及天意）隐含了五层含义，是非常丰富深刻的。王之表层义与深层义相间距，深层义是深微隐晦的。

《春秋》为圣人孔子所作，《春秋》之辞（即名号），蕴涵了丰富深刻的王道大义以及天意。《竹林》曰："辞不能及，皆在于指，非精心达思者，其孰能知之！……由是观之，见其指者，不任其辞。不任其辞，然后可与适道矣。"董仲舒认为，通过"辞"的字面义很难理解"指"（即"辞"的深层义以及《春秋》之义）。这表明"辞"的字面义与深层义以及《春秋》之义有一段较大的距离而产生"间距化"。因此，解释者需从"辞"的字面义入手，而又要突破"辞"的字面义，从而把握"指"，所谓"见其指者，不任其辞"。[①]

综上所述，《春秋》之辞具有字面义与深层义两个层次，字面义与深层义产生了"间距化"，解释者必须突破字面义，把握深层义以及《春秋》之义。"间距化"是导致《春秋》之义深微隐晦的主要原因，构成了解释《春秋》之意义生成的根据，它使解释者能够充分发挥主观能动性，以填补意义间距的空间。

《春秋》隐公元年"春，王正月"。董仲舒说：

> 臣谨案《春秋》之文，求王道之端，得之于正。正次王，王次春。春者，天之所为也；正者，王之所为也。其意曰：上承天之所为，而下以正

---

① 这与《孟子·万章》所谓"故说诗者，不以文害辞，不以辞害志，以意逆志，是为得之"相一致。

其所为，正王道之端云尔。然则王者欲有所为，宜求其端于天。（《汉书·董仲舒传》）

《春秋》之辞的字面义简单明白。董仲舒认为，"春"代表天，其次序在"王"之先，表明天比王尊贵，所以王必须尊天、法天；"正"的次序在"王"之后，表明王要端正自己的行为。他由此阐发了王道之本，即上法天道而下正自己。董仲舒的阐释是非常丰富深刻的。《春秋》之辞的字面义与他所阐发的《春秋》之义相间距。我们一方面深深地感受到他阐发的《春秋》之义深微隐晦；另一方面又认为他的解释具有相当强烈的主观性。正是"间距化"为董仲舒发挥其主观思想留下了相当大的空间。

（四）

《玉英》曰：

> 《春秋》之书事时，诡其实以有避也。其书人时，易其名以有讳也。故诡晋文得志之实，以代讳避致王也。诡莒子号谓之人，避隐公也。易庆父之名谓之仲孙，变盛谓之成，讳大恶也。然则说《春秋》者，入则诡辞，随其委曲而后得之。

书事诡其实，书人易其名，即"讳"。

《春秋》僖公二十八年"天王狩于河阳"。《史记·孔子世家》曰："践土之会，实召周天子，而《春秋》讳之曰'天王狩于河阳'。"董仲舒说："晋文再致天子，讳致言狩"（《王道》），"故诡晋文得志之实，以代讳避致王也"（《玉英》）。此事真相不是天子自狩河阳，而是晋文两次召周天子。董仲舒认为：《春秋》未如实记录这件事，即《春秋》所记之事与事实真相不合，这是讳；但"天王狩于河阳"已暗示了这件事的不真实，因为《春秋》一般不书天子狩，即《公羊传》"狩不书，此何以书？不予再致天子也"；《春秋》讳此事的深层意义是尊周天子而退诸侯。

《春秋》隐公八年"公及莒人盟于包来"。《公羊传》"公何为与微者盟，称人则从不疑也"。这件事的真实情况：莒子不肯与隐公结盟，隐公降低身份，从莒子盟。隐公的这种行为不光彩，《春秋》为之讳，书莒子为莒人，莒人微，则从隐公结盟不疑惑。仲舒谓"莒人疑我（使我疑惑），贬而称人"（《观德》）。《春秋》所记之事、人与事实真相不符。但讳不是掩盖事实真相。"公及莒人盟于包来"之辞暗示了讳，因为公与微者结盟不合情理。

《春秋》闵公元年"冬，齐仲孙来"；《公羊传》解释说："齐仲孙者何？公子庆父也。公子庆父，则何为谓之齐仲孙？系之齐也。何为系之齐？外之也。何为外之？《春秋》为尊者讳，为亲者讳，为贤者讳。"《公羊传》认为，齐仲孙即是从鲁亡奔到齐的公子庆父，《春秋》采用讳的书法而易其名，讳的目的是为尊者闵公、贤者季子。这似乎讲不通，公子庆父在鲁国作乱，弑子般，杀公子牙，可以说是大逆不道，《春秋》易其名不是为他讳，而是为闵公和季子讳。《左传》的解释颇合乎事理：

> 冬，齐仲孙湫来省难。书曰"仲孙"，亦嘉之也。仲孙归曰："不去庆父，鲁难未已。"公曰："若之何而去之？"对曰："难不已，将自毙，君其待之。"公曰："鲁可取乎？"对曰："不可，犹秉周礼。周礼，所以本也。臣闻之，国将亡，本必先颠，而后枝叶从之。鲁不弃周礼，未可动也。君其务宁鲁难而亲之。亲有礼，因重固，间携贰，覆昏乱，霸王之器也。"

齐仲孙，即实书其人，名"仲孙"是褒词，嘉仲孙劝阻齐侯不要趁鲁乱而伐鲁。

要之，《春秋》之讳并非掩盖事实的真相，《春秋》经文已暗示所记之事与史实不符，从而启发解释者"精心达思"以把握事实的真相以及《春秋》之义。这表明讳与掩盖事实真相同中有异。首先，二者皆与事实真相背离。其次，讳在对事件的表述中已暗示了事件的不真实，即微言，所谓"讳而不隐"（《楚庄王》），而掩盖事实真相则没有这种暗示性。再次，讳的目的一面是讳恶，一面是讥讽，而掩盖事实真相则完全是讳恶。周桂钿先生说："讳，简单地说，就是要掩盖事实真相。"① 此论失之于简单化。徐复观先生说："按讳即是认为'这是见不得人的事'，所以也是贬的一种方式。"②

《春秋》为什么要使用讳的书法呢？《春秋》之讳是不是与"《春秋》之信史也"（《公羊传》昭公十二年）相矛盾呢？《公羊传》定公元年谓"定、哀多微辞。主人习其读而问其传，则未知己之有罪焉尔"。何休《解诂》曰："此孔子畏时君，上以讳尊隆恩，下以避害容身，慎之至也。"③《史记·匈奴列传》曰："孔氏著《春秋》，隐桓之间则章，至定哀之际则微，为其切当世之文而罔褒，忌讳之辞也。"董仲舒在《楚庄王》里说：

> 义不讪上，智不危身。故远者以义讳，近者以智畏。畏与义兼，则世逾近而言逾谨矣。此定哀之所以微其辞。以故用则天下平，不用则安其身，《春秋》之道也。

《春秋》之讳，一是表现臣子敬重君亲之意，所谓"讳尊隆恩"、"义不讪上"；二是臣子免遭政治权势的压制和打击，所谓"避害容身"、"智不危身"。讳与掩盖事实真相不同，并不贬损"《春秋》之信史"的权威。因此，《春秋》之讳是合理的。

讳即《春秋》所记之事与事实真相的"间距化"，是《春秋》之微的表征之一。但讳并非掩盖事实真相，《春秋》经文已暗示事件的不真实。不知事实的真相就不能正确地解释《春秋》之义。因此，《春秋》之讳成为理解《春秋》之义的一道障碍。

《春秋》昭公二十五年"秋，七月，上辛，大雩。季辛，又雩"。《楚庄王》曰："是故逐季氏而言又雩，微其辞也。""又雩"，非雩也，其真相是昭公匆忙聚集人以逐季氏，但他自己反而被季氏所逐。《春秋》所记之事与事实真相不符，即所谓"微其辞"，即讳。但《春秋》之辞暗示了此事的不真实：根据常理，一月不得两次举雩。此讳之目的：一是为昭公遮丑；二是讥刺昭公

① 周桂钿：《董学探微》，北京师范大学出版社 1989 年版，第 240 页。
② 徐复观：《两汉思想史》（第二卷），华东师范大学出版社 2001 年版，第 267 页。
③ 公羊寿传，何休解诂，徐彦疏：《春秋公羊传注疏》，北京大学出版社 1999 年版，第 546 页。

开始时不削减季氏的权力而任其发展，等到事情危急时又不善于谋划而匆忙行动，结果自己反而被季氏所逐，在昭公二十八年客死于齐之乾侯。

《春秋》庄公八年"夏，师及齐师围成，成降于齐师"。《公羊传》："成者何？盛也。盛则何为谓之成？讳灭同姓也。何为不言降吾师？避之也。"《春秋》之书"成"是诡其名，实际上是"盛"。这是《春秋》所记之事与事实真相的背离。如何知道这是讳呢？因为春秋时代没有"成"这个国家，而《春秋》出现了"盛"这个国家。事实的真相到底是什么？这就要对《春秋》所记之事"合而通之"。《春秋》文公十二年"春，王正月，盛伯来奔"；《公羊传》"春王正月，盛伯来奔。盛伯者何？失地之君也。何以不名？兄弟辞也"。《公羊传》认为《春秋》称盛伯是褒，褒"盛伯来奔"，则盛与鲁应为同姓。《观德》曰："盛伯、郜子俱当绝，而独不名，为其与我同姓兄弟也。"董仲舒认为，盛是鲁的同姓，鲁灭盛，不合亲亲之义，《春秋》讳鲁之大恶，"变盛谓之成"（《玉英》）。

《春秋》庄公三年"纪季以酅入于齐"。《公羊传》曰："纪季者何？纪侯之弟也。何以不名？贤也。何贤乎纪季？服罪也。其服罪奈何？鲁子曰：'请后五庙以存姑姊妹。'"《公羊传》的解释较为简单，令人产生嫌疑。董仲舒认为，《春秋》书"纪季"是贤纪季之辞，但如果纪季以酅入于齐，就犯了三大罪（大夫专地，公子去国，君子避外难），如何能贤季纪呢？仲舒认为，这种矛盾的记录实际上暗示了《春秋》所记之事与事实真相不合，即"诡其实"，讳。他"推见至隐"而得到此事真相：纪侯使纪季以酅入于齐。《春秋》为何不如实记述这件事呢？他推求说：

> 齐将复仇，纪侯自知力不加而志据之，故谓其弟曰："我宗庙之主，不可以不死也。汝以酅往，服罪于齐，请以立五庙，使我先君岁时有所依归。"率一国之众，以卫九世之主。襄公逐之不去，求之弗予，上下同心而俱死之。故谓之大去。《春秋》贤死义，且得众心也，故为讳灭。以为之讳，见其贤之也。以其贤之也，见其中仁义也。（《玉英》）

仲舒认为，这是为纪侯讳，讳的意义是"《春秋》贤死义，且得众心也"、

"国灭君死之，正也，何贤乎纪侯"。根据上面分析，首先，《春秋》之讳深微幽渺，使人产生嫌疑，故必须加以解释。其次，讳所产生的"间距化"，有待于解释者根据自己的观点来填补意义间距的空间。周桂钿说："董仲舒利用'讳'，来帮助做'六经注我'的工作，同时还利用'讳'来弥缝圣人经典中的裂痕。"① 此言得之。

（五）

常和变的关系即经和权的关系。《论语·子罕》："子曰：'可与共学，未可与适道；可与适道，未可与立；可与立，未可与权。'"孔子一方面肯定行权的合理性，另一方面又坚持行权要建立在"共学"、"适道"、"立"的基础上。这是坚持以经为主、以权为辅的经权关系，即子夏谓"大德不逾闲，小德出入可也"（《论语·子张》）。《孟子·离娄》："男女授受不亲，礼也；嫂溺，援之以手者，权也。"权背礼，但合于善。《公羊传》桓公十一年：

> 权者何？权者反于经，然后有善者也。权之所设，舍死亡无所设。行权有道，自贬损以行权，不害人以行权。杀人以自生，亡人以自存，君子不为也。

《公羊传》对权的设定非常严格，即除非在面对死亡时才能行权，"权之所设，舍死亡无所设"。经和权是对立的，即权反于经，但又是统一的，即皆归于善，皆有存在的合理性。

董仲舒说：

> 权之端焉，不可不察也。夫权虽反经，亦必在可以然之域。不在可以然之域，故虽死亡，终弗为也，公子目夷是也。故诸侯父子兄弟不宜立而立者，《春秋》视其国与宜立之君无以异也。此皆在可以然之域也。至于

---

① 周桂钿：《董学探微》，北京师范大学出版社 1989 年版，第 242 页。

鄆取乎莒，以之为同居，目曰：莒人灭鄆，此在不可以然之域也。故诸侯在不可以然之域者，谓之大德，大德无逾闲者，谓正经。诸侯在可以然之域者，谓之小德，小德出入可也。权谲也，尚归之以奉巨经也。（《玉英》）

根据《公羊传》僖公二十一年记录，公子目夷代宋公守国，自立为君，虽不符合礼，但是为了宋国，归于善，是行权。[①] 当时，宋公处于国灭身亡的境况中，公子目夷行权符合"权之所设，舍死亡无所"，但董仲舒以"在可以然之域"说明。首先，仲舒很重视"权"，他所揭示的权之内涵基本上是继承儒家的经权之说：大德为经，小德为权，经主权辅；权不合于经（经权对立），但有其存在的合理性（经权统一）。其次，仲舒认为，行权要在"可以然之域"，比《公羊传》谓"权之所设，舍死亡无所设"更为宽广。

《春秋》宣公十二年"晋荀林父帅师及楚子战于邲，晋师败绩"。《竹林》曰："《春秋》之常辞也，不予夷狄而予中国为礼，至邲之战，偏然反之，何也？曰：《春秋》无通辞，从变而移。今晋变而为夷狄，楚变而为君子，故移其辞以从其事。"董仲舒认为，《春秋》书楚子，不是常辞，是变辞；《春秋》"内诸夏而外夷狄"，常辞是"楚"或"楚人"；《春秋》用变辞的原因，是楚庄王在邲之战中成为君子，故称"子"褒之。他说："夫庄王之舍郑，有可贵之美，晋人不知其善，而欲击之。所救已解，如挑与之战，此无善善之心，而轻救民之意也，是以贱之。而不使得与贤者为礼。"（《竹林》）

因此，董仲舒建立了常变之辞的理论：《春秋》没有通辞（通用不变之辞），是常辞与变辞的对立和统一，常辞为主，变辞为辅，变辞不合常辞，但有其存在的合理性。表面上看，这是对《春秋》文辞之权威性的贬损。实际

---

① 《公羊传》僖公二十一年："此楚子也，其称人何？贬。何为贬？为执宋公贬。何为为执宋公贬？宋公与楚子期以乘车之会，公子目夷谏曰：'楚，夷国也，强而无义，请君以兵车之会往。'宋公曰：'不可。吾与之约以乘车之会，自我为之，自我堕之，曰不可。'终以乘车之会往，楚人果伏兵车，执宋公以伐宋。宋公谓公子目夷曰：'子归守国矣，国，子之国也。吾不从子之言，以至乎此。'公子目夷复曰：'君虽不言国，国固臣之国也。'于是归设守械而守国。楚人谓宋人曰：'子不与我国，吾将杀子君矣。'宋人应之曰：'吾赖社稷之神灵，吾国已有君矣。'楚人知虽杀宋公犹不得宋国，于是释宋公。宋公释乎执，走之卫。公子目夷复曰：'国为君守之，君何为不入？'然后逆襄公归。"

上，这一方面为《春秋》之辞的前后矛盾建立了合理的理论根据，弥缝了《春秋》之辞互相冲突的裂痕；另一方面也为他解释《春秋》之辞予以更大的灵活性。

《精华》："《春秋》固有常义，又有应变。"《春秋》之义没有一成不变的通义，是常义与变义的结合。《竹林》曰："故说《春秋》者，无以平定之常义，疑变故之大则，义几可谕矣。"变义不合常义，表面上是矛盾的，但深层地看，变义有其合理性，不能否定变义。董仲舒说，司马子反违君臣之常义，"内专政而外擅名也。专政则轻君，擅名则不臣"，但《春秋》未贬绝他，反而褒扬他，因为他的行为表现了仁爱之德的变义，"为其有惨怛之恩，不忍饿一国之民，使之相食。推恩者远之为大，为仁者自然为美"（《竹林》）。变义不合君臣之义，但归于仁爱民众之善。《竹林》："《春秋》之道，固有常有变，变用于变，常用于常，各止其科，非相妨也。"《春秋》之道是常道与变道的对立和统一。《玉英》曰："《春秋》有经礼，有变礼。为如安性平心者，经礼也。至有于性，虽不安，于心，虽不平，于道，无以易之，此变礼也。"《春秋》之礼亦是经礼与变礼的对立和统一。

董仲舒把常变经权的思想贯彻到《春秋》之辞、之礼、之义、之道中。《春秋》之辞是表层，《春秋》之礼、之义、之道是《春秋》之辞的意义根据，是深层。因此，诠释《春秋》之常变，必须从常变之辞开始，进而阐释常变之礼、之义、之道。常辞、常礼、常义、常道是合理的，这易于理解。变辞、变礼、变义、变道亦是合理的，这难以解释。这种常与变的"间距化"是理解的障碍，构成了董仲舒解释《春秋》的根据，也是《春秋》之微的表征之一。因此，董仲舒重视对《春秋》之变辞、变义的诠释。

《春秋》僖公九年"晋里克弑其君之子奚齐"。《精华》曰：

> 《春秋》之法，未逾年之君称子，盖人心之正也。至里克杀奚齐，避此正辞而称君之子，何也？曰：所闻《诗》无达诂，《易》无达占，《春秋》无达辞，从变从义，而一以奉天。

奚齐即位不到一年，是未逾年之君，应称"子"，这是常辞。但《春秋》

谓"君之子",这不合常辞,是变辞。"《春秋》无达辞",《春秋》之辞是常辞和变辞的对立统一。辞有常变,辞之依据是义,即"从变从义",故义有常变。义之最后的根据是天,"一以奉天",即天意有常有变。这是把常变之辨组入到天的哲学的大系统里,加强了常变的权威性、合法性。《春秋》为何不称奚齐"子"(常辞)而称"君之子"(变辞)呢?董仲舒推本其义:"晋,《春秋》之同姓也。骊姬一谋而三君死之,天下之所共痛也。本其所为为之者,蔽于所欲得位而不见其难也。《春秋》疾其所蔽,故去其正辞,徒言君之子而已。"《春秋》称奚齐"君之子"是否具有这样深刻的意义呢?《公羊传》解释说:"此未逾年之君,其言弑其君之子奚齐何?杀未逾年君之号也。"《公羊传》认为"君之子"是"杀未逾年君之号",并没有董仲舒所阐发的深微含义。要之,常与变的间距化,一方面是解释的根据,另一方面又为董仲舒发挥其主观思想提供了空间。

(六)

《公羊传》解释《春秋》,董仲舒传承《公羊传》。但他认为,《公羊传》有时未能深刻地阐发《春秋》之义,即《公羊传》解释的意义与《春秋》本义存在着距离。这种经传的"间距化"构成了董仲舒解释的又一根据。

首先,经传在一些历史事实上相分离。《春秋》宣公二年"晋赵盾弑其君夷獝";《公羊传》宣公六年"赵盾弑君,此其复见何?亲弑君者,赵穿也。亲弑君者赵穿,则何为加之赵盾?不讨贼也"。《春秋》谓赵盾弑君,但《公羊传》认为赵盾未亲弑君。《春秋》昭公二十五年"秋,七月,上辛,大雩。季辛,又雩";《公羊传》"又雩者何?又雩者,非雩也,聚众以逐季氏也"。《春秋》谓"又雩",《公羊传》认为"又雩"是昭公聚众以逐季氏。经传在史实上的分离,贬损了经传的经典性、权威性。这一部分内容最使人产生嫌疑,也具有特别重要的意义。在董仲舒看来,《公羊传》并未合理地解释经传某些史实分离的深层原因。因此,他重视对这一部分内容的重新诠释。在《玉杯》里,他把赵盾弑君复见与许止弑君书君葬相比,全面而深入地分析了经传史实分离的原因。在《楚庄王》里,他以"义不訕上,智不畏身"的《春秋》

之道，解释了《春秋》不直书"昭公聚众以逐季氏"的深层原因。

其次，义从事出，经传在史实上的间距将产生其在意义上的间距。《春秋》桓公二年"宋督弑其君与夷"；《公羊传》隐公三年谓"庄公冯弑与夷"。这是经传在史实上的背离。董仲舒说："经曰：'宋督弑其君与夷。'《传》言：'庄公冯杀之。'不可及于经，何也？曰：非不可及于经，其及之端眇，不足以类钩之，故难知也。《传》曰：'臧孙许与晋郤克同时而聘乎齐。'按经无有，岂不微哉。"（《玉英》）表面上看，经传在史实上是背离的；深层地看，经传具有联系，"非不可及于经，其及之端眇"。董仲舒认为，《公羊传》没有分析经传的"端眇"联系，更未深刻地阐释经传史实"间距化"所蕴涵的《春秋》大义。故他由经传事实的间距推本《春秋》之义的间距：

> 今此《传》言庄公冯，而于经不书，亦以有避也。是以不书聘乎齐，避所羞也。不书庄公冯杀，避所善也。是故让者《春秋》之所善。宣公不与其子而与其弟，其弟亦不与子而反之兄子，虽不中法，皆有让高，不可弃也。故君子为之讳不居正之谓避；其后也乱。移之宋督以存善志。此亦《春秋》之义，善无遗也。若直书其篡，则宣穆之高灭，而善之无所见矣。（《玉英》）

与夷是宣公之子。宣公没有把君位传给他，而是传给其弟穆公。穆公把君位传给与夷，而没有传给其子庄公冯。后来，庄公冯弑其君与夷。董仲舒认为，如果直书庄公冯弑君，则损害了宣公、穆公的让德，故"移之宋督以存善志"。董仲舒进一步发挥说：

> 难者曰：为贤者讳，皆言之，为宣穆讳，独弗言，何也？曰：不成于贤也。其为善不法，不可取，亦不可弃。弃之则弃善志也，取之则害王法。故不弃亦不载，以意见之而已。苟志于仁无恶，此之谓也。（《玉英》）

《春秋》为贤者讳，应称贤者之名，但经文没有，其主要原因是，宣、穆之让虽是善，但不正，即《公羊传》隐公三年"故君子大居正。宋之祸，宣公为之也"。董仲舒推见至隐，在他的解释下，《春秋》蕴涵了相当丰富深刻的含义。

经传的"间距化"成为董仲舒在《公羊传》基础上进一步地解释《春秋》的根据。清人苏舆说："本书（《春秋繁露》）之于《传》（《公羊传》），阐发为多，亦有推补之者，如此及非逢丑父之类是也。有救正之者，如贤齐襄复贤纪侯之类是也。有特略之者，如杀子赤弗忍书日，外不用时月日例是也。"①董仲舒对《公羊传》的"推补"、"救正"、"特略"正是建立在经传"间距化"的基础上。董仲舒解释《春秋》的基本目的，是建构他自己的思想体系且为大一统的皇权专制政治建立理论的根据。因此，他的解释是"六经注我"，有较强的主观性。经传的"间距化"正为他发挥其主观思想提供了相当大的空间。

《春秋》文公九年"春，毛伯来求金"。《公羊传》曰："毛伯者何？天子之大夫也。何以不称使？当丧未君也。逾年矣，何以谓之未君？即位矣，而未称王也。未称王，何以知其即位？以诸侯之逾年即位，亦知天子之逾年即位也。以天子三年然后称王，亦知诸侯于其封内三年称子也。逾年称公矣，则何为于其封内三年称子？缘民臣之心，不可一日无君；缘终始之义，一年不二君。不可旷年无君。缘孝子之心，则三年不忍当也。"

董仲舒说：

> 《春秋》之法，以人随君，以君随天。曰：缘民臣之心，不可一日无君。一日不可无君，而犹三年称子者，为君心之未当立也。此非以人随君耶？孝子之心，三年不当。三年不当而逾年即位者，与天数俱终始也。此非以君随天耶？故屈民而伸君，屈君而伸天，《春秋》之大义也。（《玉杯》）

《公羊传》旨在解释礼，此外没有什么深意。但董仲舒在《公羊传》的基

---

① 苏舆：《春秋繁露义证》，中华书局1992年版，第2页。

础上深刻地阐发了"屈民而伸君，屈君而伸天"的重大思想。显然，董仲舒阐发的《春秋》之义与《公羊传》解释的意义不同。实际上，正是预设了经传的"间距化"，他才敢于突破《公羊传》的意义，而阐发深微幽渺的《春秋》之义，此所谓《春秋》之义正符合他自己的主观思想。徐复观先生说："这不仅是把《公羊传》当作构成自己哲学的一种材料，而是把《公羊传》当作是进入到自己哲学系统中的一块踏脚石。……由此以构成自己的哲学系统，此时的《公羊传》反成为刍狗了。"① 徐先生之言或许过于偏激，但无可否认，董仲舒在解释《春秋》经传时表现出较强的主观性，经传的"间距化"无疑为他发表"一家之言"提供了自由的空间。

综上所述，董仲舒传承《春秋》、《公羊传》，并且在《公羊传》基础上进一步解释《春秋》。他解释《春秋》经传的根据是"间距化"：其一，《春秋》之辞的字面义与深层义"间距化"；其二，《春秋》所记之事与事实真相的"间距化"；其三，《春秋》之常与变的"间距化"；其四，《春秋》本义与《公羊传》阐释《春秋》之义的"间距化"。首先，"间距化"是理解和解释的障碍，是误解的原因；其次，"间距化"不是一种消极的因素，而是一种积极的建设性和生产性要素；它使诠释者充分发挥主观能动性，以填补意义间距的空间。"间距化"为董仲舒发表"一家之言"提供了较为自由的意义空间。

参考文献：

［1］洪汉鼎：《诠释学——它的历史和当代发展》，人民出版社 2001 年版。

［2］周桂钿：《董学探微》，北京师范大学出版社 1989 年版。

［3］徐复观：《两汉思想史》（第二卷），华东师范大学出版社 2001 年版。

［4］苏舆：《春秋繁露义证》，中华书局 1992 年版。

［5］公羊寿传，何休解诂，徐彦疏：《春秋公羊传注疏》，北京大学出版社 1999 年版。

---

① 徐复观：《两汉思想史》（第二卷），华东师范大学出版社 2001 年版，第 206 页。

四 "推见至隐"

——董仲舒解释《春秋》、《公羊传》的方法

《史记·儒林列传》曰:"故汉兴至于五世之间,唯董仲舒名为明于《春秋》,其传公羊氏也。"司马迁认为,汉兴至武帝之世,董仲舒最精于《春秋》公羊学,且以此著名于儒林。董仲舒传承《春秋》公羊学,但他不是一位传经之儒,而是思想家之儒。他通过重新解释《春秋》、《公羊传》,以建构其公羊学思想体系,并为大一统的皇权专制政治确立理论根据,且通经致用,以《春秋》之义解决现实社会政治的重要问题。陈其泰先生说,公羊学的特征之一是"解释性","公羊学说专讲'微言大义',对《春秋》或《公羊传》中简略的文字,大胆地阐释、发挥,故公羊学说可视为中国古代一门解释学"[①]。董仲舒在解释《春秋》和《公羊传》中,表现出较强的主观性。他解释的较强主观性,与他在解释过程中张扬的主体性相关联;而其主观性、主体性的突出,又与他标举的解释方法相联系。

西方解释学分为两派:一是方法论解释学;一是哲学解释学。方法论解释学把方法置于首位,宣称解释者能使用合理的方法,正确解释文本的本义。这表明解释者能够支配和主宰解释活动,肯定了解释者在解释过程中的主体性;解释者之主体性的突出往往使其解释具有较强的主观性。哲学解释学排斥解释的方法,正如德国哲学家伽达默尔所说:"像古老的诠释学那样作为一门关于理解的'技艺学',并不是我的目的。我并不想炮制一套规则体系来描述甚或指导精神科学的方法论程序。"[②] 哲学解释学认为,解释者在解释的过程中受

---

① 陈其泰:《春秋公羊学体系的形成及其特征》,《山东大学学报》2002 年第 6 期。
② 参见洪汉鼎《诠释学——它的历史和当代发展》,人民出版社 2001 年版,第 236 页。

到其先见、历史性等因素的制约，很难支配实际的解释活动。伽达默尔说："理解甚至根本不能被认为是一种主体性的行为，而是要被认为是一种置身于传统事件中的行动，在这行动中，过去和现在经常地得以被中介。"① 理解不是人的主体性活动，而是人的存在方式。按照德国哲学家海德格尔的观点，人首先不是作为主体而生活在世界上，而是"被抛入"世界之中；理解既然是"此在"的存在方式，理解就是被抛，故"此在"不能够控制理解，这贬损了解释者在理解过程中的主体性。要之，方法论解释学把解释者的主体性、解释的主观性和解释方法内在地结合起来，这正是中国传统解释学的基本特征。

董仲舒在解释《春秋》、《公羊传》中，提出许多重要的解释方法。在他看来，通过运用这些解释方法，解释者能够正确地阐释《春秋》的"微言大义"。他之解释方法的提出，与他在解释过程中所表现的自信和主体性相关联。他之主体性的突出，往往会导致其解释的较强主观性；且他所提出的解释方法，更有利于其主观思想的发挥。黄开国说："董氏能从《公羊》中发挥出自己的学说，与其方法密不可分。他的这一方法，在西汉今文经学中极具代表性，更给其后二千年经学发展以深远的影响，大凡在经学义理方面有所成就的经学家，都或直接或间接、或明或暗、或自觉或不自觉地运用了董氏这一方法。"② 董仲舒经学解释的主观性、主体性的突出以及对解释方法的重视，实际上是儒家高扬的主体人格精神向解释活动的渗透。本文具体讨论董仲舒的一般解释方法，一是说明他的公羊学思想体系是如何动态地形成的；二是确证他解释的主观性和主体性与其解释方法的内在关联。

（一）"见其指者，不任其辞"

董仲舒在《春秋繁露·竹林》中说："夫德不足以亲近，而文不足以来远，而断断以战伐为之者，此固《春秋》所甚疾已，皆非义也。"③（下引《春秋繁露》，只注篇名）这是董仲舒对孟子"《春秋》无义战"的认定，但他又

---

① 参见洪汉鼎《诠释学——它的历史和当代发展》，人民出版社2001年版，第238页。
② 黄开国：《董仲舒〈公羊〉学方法论》，《哲学研究》2001年第11期，第54页。
③ 本文征引《春秋繁露》的文字，根据清人苏舆撰《春秋繁露义证》，中华书局1992年版。

认为《春秋》中的复仇之战是正义的，这就产生了矛盾。他解释说，《春秋》不义之战众多而复仇正义之战只有两次，故以"《春秋》无义战"概之，就如同《春秋》庄公七年书"无麦苗"，其实田亩仍有数茎。他的解释本于孟子。《孟子·万章上》曰："《云汉》之诗曰：'周余黎民，靡有孑遗。'信斯言也，是周无遗民也。"孟子认为，这两句诗的字面义是一个人也未留下，但诗人之志是周余黎民极少，这是以多概少，但由此出现了诗之文辞的字面义与诗人之志部分矛盾的情况。孟子的结论是："故说《诗》者不以文害辞，不以辞害志。以意逆志，是为得之。"文辞的字面义与诗人之志有部分矛盾，即有一定的意义间距，解释者要把握诗人之志，不能过分拘泥于文辞，还要依靠主观之意的推想。董仲舒说：

> 辞不能及，皆在于指，非精心达思者，其孰能知之。……由是观之，见其指者，不任其辞。不任其辞，然后可与适道矣。（《竹林》）

"辞"，文辞，即文辞的字面义；"指"，意旨，即《春秋》之义，《春秋》文本的解释是通过《春秋》文辞把握《春秋》义。但文辞的字面义与《春秋》之义有一定的间距，不能直接从文辞的字面义到达《春秋》之义，即"辞不能及，皆在于指"。解释者要精心达思，充分发挥其主观能动性，突破《春秋》文辞字面义的限制，以把握深微的《春秋》大义，即"见其指者，不任其辞"。港台学者徐复观认为，"不任其辞"是完全不受辞的限制以驰骋读者的主观思想。[①] 笔者认为，"不任其辞"，一方面是从《春秋》文辞入手，另一方面又要突破其限制；相对于孟子"以意逆志"，董仲舒"见其指者，不任其辞"的方法，更强调了解释者的主观能动性（主体性）。

《春秋》隐公元年"春，王正月"，这是《春秋》的首句。《公羊传》："元年者何？君之始年也。春者何？岁之始也。王者孰谓？谓文王也。何为先言王而后言正月？王正月也。何言乎王正月？大一统也。"[②]"正月"是历法之

---

① 徐复观：《两汉思想史》（第二卷），华东师范大学出版社2001年版，第206页。

② 本文征引《公羊传》的文字，根据李学勤主编《春秋公羊传注疏》，北京大学出版社1999年版。

首，周文王颁布历法，诸侯皆用周历，以历法的统一表示政治的大一统。《公羊传》重始而从中发挥出"大一统"的思想。仲舒认为，"元年春，王正月"具有微言大义：

> 臣谨案《春秋》之文，求王道之端，得之于正。正次王，王次春。春者，天之所为也；正者，王之所为也。其意曰：上承天之所为，而下以正其所为，正王道之端云尔。然则王者欲有所为，宜求其端于天。（《天人三策》，见于《汉书·董仲舒传》）

《春秋》之辞的字面义简单明了，《公羊传》的解释已有曲折，董仲舒变本加厉地要从《春秋》"元年春，王正月"里发挥《春秋》大义，求王道之本。他据"春"、"王"、"正"三字的先后之序，阐发出王上应法天，下以正己的王道大义。他认为，"春"代表天，其次序在"王"之先，表明天比王尊贵，王必须尊天、法天；"正"的次序在"王"之后，表明王要端正自己的行为。人君法天，"道之大原出于天，天不变，道亦不变"（《天人三策》）。王先正己，才能正人。孔子曰："政者，正也。子帅以正，孰敢不正？"（《论语·颜渊》）

董仲舒进一步地解释"元年春，王正月，公即位"：

> 谓一元者，大始也。……是故《春秋》之道，以元之深正天之端，以天之端正王之政，以王之政正诸侯之即位，以诸侯之即位正境内之治。五者俱正，而化大行。（《玉英》）

> 臣谨案《春秋》谓一元之意，一者万物之所从始也，元者辞之所谓大也。谓一为元者，视大始而欲正本也。《春秋》深探其本，而反自贵者始。故为人君者，正心以正朝廷，正朝廷以正百官，正百官以正万民，正万民以正四方。（《天人三策》）

在"元年春，王正月，公即位"经文里，"元"的位置在最首，故仲舒说，"谓一元者，大始也"，"元者辞之所谓大也"。元是大始、大本，他由此阐发了《春秋》贵元的思想，"《春秋》何贵乎元而言之？元者，始也"（《王道》）。贵元即贵始，贵本；本正，万事万物无不正，因而"《春秋》深探其本"。元是大本，仲舒根据"元、天、王、公"的辞序阐释说，正元才能正天，正天才能正王，正王才能正公（诸侯），正公才能正人民，此即"五者俱正"，而教化大行，王道终矣。

要之，董仲舒从《春秋》"元年春，王正月，公即位"首句里，运用"见其指者，不任其辞"的解释方法，根据"春"、"王"、"正"与"元"、"春"、"王"、"正"的辞序，深入地阐释了深刻而丰富的《春秋》大义。他的解释，一方面依据《春秋》文辞，另一方面又突破《春秋》文辞的限制，且突破的力度甚大；他所阐释的《春秋》大义与《春秋》文辞的字面义之间有较大的间距。他充分发挥自己的主观能动性，以填补意义间距的空间，其解释的主观性较强。实际上，他所阐发的《春秋》大义，正是他的思想，他是借《春秋》建立自己的思想体系，且获得经典的神圣和权威根据。

（二）"推见至隐"

《史记·司马相如列传》"太史公曰：《春秋》推见至隐"。《史记集解》引韦昭言："推见事至于隐讳，谓若晋文召天子，经言'狩河阳'之属。"《春秋》僖公二十八年"天王狩于河阳"。《公羊传》谓"狩不书，此何以书？不予再致天子也"。《史记·孔子世家》："践土之会，实召周天子，而《春秋》讳之曰'天王狩于河阳'。"董仲舒说："晋文再致天子，讳致言狩"（《王道》），"故诡晋文得志之实，以代讳避致王也"（《玉英》）。《春秋》记录此事是天子在河阳打猎，但此事的真相不是天子自狩河阳，而是晋文公两次召周天子到河阳。《春秋》没有如实地记录这件事，而采用"讳"的笔法，这是因为《春秋》贬晋文公而尊周天子，不予诸侯两次招致周天子。

"讳"，即《春秋》所记之事与事实真相不合。这似乎违背"《春秋》之信史"的实录原则，但讳决非掩盖和歪曲历史的真实，在《春秋》记事的矛盾言辞中已暗示所记之事与事实真相不符，所谓"讳而不隐"。《春秋》"天王狩于河阳"已暗示这件事的不真实，因为《春秋》一般不书天子狩，此处书天子狩，与《春秋》书法相矛盾，表明所记之事可能非真。因此，"讳"，从表面上看，所记之事、所说之言是真事、真言；但深入地看，所记之事、所说之言本身呈现出一种矛盾，而令人困惑和质疑，从而暗示表面之言、之事非真。《公羊传》闵公元年"《春秋》为尊者讳，为亲者讳，为贤者讳"。讳之目的，一方面是讳恶，另一方面是讥讽。港台学者徐复观先生说："按讳即是认为'这是见不得人的事'，所以也是贬的一种方式。"①《春秋》为何要用讳的书法呢？《公羊传》定公元年："定、哀多微辞。主人习其读而问其传，则未知己之有罪焉尔。"《史记·匈奴列传》曰："孔氏著《春秋》，隐桓之间则章，至定哀之际则微，为其切当世之文而罔褒，忌讳之辞也。"董仲舒说："义不讪上，智不危身。故远者以义讳，近者以智畏。畏与义兼，则世逾近而言逾谨矣。此定哀之所以微其辞。以故用则天下平，不用则安其身，《春秋》之道也。"（《楚庄王》）《春秋》之讳：一是表现臣子敬重君亲之意；二是臣子避免政治权势的压制打击。

讳与掩盖事实真相不同，并不贬损"《春秋》之信史"的实录原则，《春秋》之讳是合理的。仲舒认为，讳之背后的事实真相及其意义隐约幽微，凡是用讳皆有深刻的意义，故必须推见至隐，突破表面的言和事，以把握历史的真言、真事以及讳所隐藏的动机和目的。

《春秋》庄公三年"纪季以酅入于齐"。董仲舒认为，"纪季以酅入于齐"，是"讳"，因为《春秋》文辞有矛盾：如果纪季以酅入于齐，则犯了三罪，即大夫专地、公子去国、君子避外难，但《春秋》称"纪季"，是贤之文辞。这表明，纪季没有做此事，即《春秋》所记之事与历史真相不符。董仲舒接着推见事实真相："贤者不为是。是故托贤于纪季，以见季之弗为也。纪季弗为而纪侯使之可知矣。"（《玉英》）这件事的真相是，纪侯使纪季以酅入于齐。《春秋》为何不直书此事？董仲舒进一步推见至隐，揭示讳隐含的动机目的，这是贤纪侯，"今纪侯《春秋》之所贵也，是以听其入齐之志，而诡其服罪之辞也，移之纪季"。《春秋》为何贤纪侯呢？仲舒认为，纪侯叫他的弟弟纪季以酅入于齐，以保存其家族和宗庙，他自己率领余下的民众，誓死保卫国家，

---

① 徐复观：《两汉思想史》（第二卷），华东师范大学出版社2001年版，第267页。

"率一国之众，以卫九世之主。襄公逐之不去，求之弗予，上下同心而俱死之。故谓之大去。《春秋》贤死义，且得众心也，故为讳灭。以为之讳，见其贤之也。以其贤之也，见其中仁义也"（《玉英》）。在这段话里，董仲舒称赞"国灭君死之，正也，何贤乎纪侯"（《玉英》），既说明贤纪侯的原因，又指出《春秋》庄公四年"纪侯大去其国"，是为纪侯讳，"大去"即是讳国灭身亡。

通过董仲舒的推见至隐，《春秋》"纪季以酅入于齐"，具有微言大义。他从此事的具体解释中抽象出普遍的方法：

> 《春秋》之书事时，诡其实以有避也。其书人时，易其名以有讳也。故诡晋文得志之实，以代讳避致王也。诡莒子号谓之人，避隐公也。易庆父之名谓之仲孙，变盛谓之成，讳大恶也。然则说《春秋》者，入则诡辞，随其委曲而后得之。（《玉英》）

书事诡其实，书人易其名，即"讳"，《春秋》所记之事、之人背离事实真相，解释者要从"诡辞"、"讳"中把握事实的真相，揭示《春秋》大义。

《春秋》昭公二十五年"秋，七月，上辛，大雩。季辛，又雩"。董仲舒解释说："是故逐季氏而言又雩，微其辞也。"（《楚庄王》）所谓"微其辞"，即讳，表明《春秋》所记之事与事实真相不符。《春秋》所记"又雩"，非雩（求雨之祭）也，其真相是昭公匆忙聚集徒人驱逐季氏，结果他自己反而被季氏所逐。但讳并非掩盖事实的真相，在"上辛，大雩。季辛，又雩"的矛盾文辞里，已暗示此事的不真实，因为常理，一月不得两次行雩祭。此讳之目的，表面上是为昭公讳恶，实际上有深微的《春秋》大义。仲舒说："恶无故自来，君子不耻，内省不疚，何忧于志，是已矣。今《春秋》耻之者，昭公有以取之也。臣陵其君，始于文而甚于昭。公受乱陵夷，而无惧惕之心，嚣嚣然轻计妄讨，犯大礼而取同姓，接不义而重自轻也。"（《楚庄王》）昭公被逐之耻，是自取之；昭公时，臣陵其君更甚，但昭公没有反省、警惧之心，没有采取合理的行为制止之，反而轻计妄讨季氏，最终被季氏逐到乾侯，流亡在外达八年之久，最后客死他乡，"出走八年，死乃得归。身亡子危，困之至也"（《楚庄王》）。董仲舒对昭公的贬斥，义正词严，激愤之情溢于言表。

要之，"推见至隐"的解释方法，要求解释者充分发挥其主观能动性，以推见"讳"所隐藏的历史事实及其背后的《春秋》大义。

（三）"原心贵志"

《公羊传》贵"意"，董仲舒谓"心之所之谓意"（《循天之道》）。意，心志，即行为的动机和目的。行为的动机和目的深藏于内，与行为本身及其结果有两种基本关系：一是行为的动机和目的未表现于外在的行为；二是行为的动机和目的与行为本身及其结果不一致。儒家重视行为的动机和目的是否纯正，所谓"诛心"之论。董仲舒继承《公羊传》"贵意"的传统，发展出"原心贵志"的解释方法，以推究人之内在的心志（行为的动机和目的）。

《春秋》隐公元年"春，王正月"。《公羊传》曰：

> 公何以不言即位？成公意也。何成乎公之意？公将平国而反之桓。何为反之桓？桓幼而贵，隐长而卑。其为尊卑也微，国人莫知，隐长又贤，诸大夫扳隐而立之。隐于是焉而辞立，则未知桓之将必得立也。且如桓立，则恐诸大夫之不能相幼君也。故凡隐之立，为桓立也。

隐公即位，但"桓幼而贵，隐长而卑"，隐公不该即位。《公羊传》推究隐公即位的动机和目的：隐公暂时即位，等桓公成人之后，再反位于桓公，即为了桓公而即位。因此，从隐公即位的行为上，他应遭到贬斥，但他即位的动机和目的是善的，《公羊传》褒隐公的心志，解释《春秋》不书"公即位"，是成就隐公将反位于桓的心意，即"成公意"。"成公意"在《公羊传》里反复出现。[①]"成公意"推及隐公内在的心志，但隐公的行为结果与其内在的心志矛盾复杂：一是隐公不想即位，但实际上即位了；二是隐公想让位于桓，但并未表现为实际的行为。《春秋》桓公元年"春，王正月，公即位"。《公羊

[①] 《公羊传》隐公二年"夫人子氏者何？隐公之母也。何以不书葬？成公意也"，《公羊传》隐公五年"隐为桓立，故为桓祭其母也。然则何言尔？成公意也"等。

传》曰："继弑君不言即位，此其言即位何？如其意也。"这是深责桓公弑杀隐公，迫不及待地想即位的心志。"成公意"、"如其意"表明，《公羊传》贵意。

《春秋》庄公三十二年"秋，七月，癸巳，公子牙卒"；《公羊传》"公子牙今将尔，辞何为与亲弑者同？君亲无将，将而诛焉"。"将"即心志、念头。对于君亲，臣子如果动了弑杀的念头（未付之行动），就如同弑杀一样予以诛杀。公子牙有弑君之心，与弑杀者同，《春秋》严词诛绝。"将而不免，遏恶也"（《公羊传》闵公元年），臣子动了弑杀君亲的念头而诛绝，是为了从根本上阻止其罪恶。《公羊传》昭公元年："今将尔，词何为与亲弑者同？君亲无将，将而必诛焉。"董仲舒说："君亲无将，将而诛。"（《王道》）"君亲无将，将而诛焉"，一是特别重视追及一个人行为动机的隐微之地，二是体现了专制政治"尊君卑臣"的思想。

董仲舒在《精华》里说：

> 《春秋》之听狱也，必本其事而原其志。志邪者不待成，首恶者罪特重，本直者其论轻。

这是"《春秋》决狱"的典型一例。仲舒认为，《春秋》之断狱，要"原其志"，即推究其内在的动机和目的，《汉书·薛宣传》"《春秋》之义，原心定罪"。首先，已付之行动，形成了行动的结果，要分析行为的动机和目的。心存善志而行为造成了恶果，不应严厉贬斥，所谓"本直者其论轻"。心存恶志而行为产生了善果，也要贬绝，《汉书·薛宣传》"《春秋》之义，意恶功遂，不免于诛"。心存恶志，行为又造成恶果，须特加诛绝，所谓"首恶者罪特重"。其次，未付之行动，要推究其内在的心志；如果心志是恶的，则加以诛绝，所谓"志邪者不待成"，"君亲无将，将而诛"。如公子牙没有弑君的行为，但推其心志，有弑君的念头，所以《春秋》贬绝之。

董仲舒在《玉杯》里分析了赵盾弑君之事。《春秋》宣公二年"晋赵盾弑其君夷獋"。这是《春秋》贬绝赵盾弑君之罪。但从历史事实来看，赵盾没有弑君，亲弑君者是赵穿。《公羊传》："赵盾弑君，此其复见何？亲弑君者，赵穿也。亲弑君者赵穿，则何为加之赵盾？不讨贼也。"这是责赵盾在君主被杀后没有讨贼。董仲舒对赵盾颇为同情，他深推其心志："今案盾事而观其心，愿而不刑，合而信之，非篡弑之邻也。按盾辞号乎天，苟内不诚，安能如是？是故训其终始无弑之志。"赵盾没有弑君之志，据"《春秋》之好微欤？其贵志也"（《玉杯》），应稍赦之，"君子原心，赦而不诛"。

《春秋》桓公二年"宋督弑其君与夷"；《公羊传》隐公三年"庄公冯弑与夷。故君子大居正。宋之祸，宣公为之也"。宣公让位于其弟穆公，穆公又让位于其兄宣公之子与夷，结果穆公之子庄公冯弑杀与夷。《公羊传》认为，宋国遭遇的弑君之祸起于宣公，故贬宣公"不居正"。《玉英》："不书庄公冯杀，避所善也。是故让者《春秋》之所善。宣公不与其子而与其弟，其弟亦不与子而反之兄子，虽不中法，皆有让高，不可弃也。故君子为之讳不居正之谓避，其后也乱。移之宋督以存善志。"但仲舒认为，《春秋》不书庄公冯弑杀与夷，是为宣公讳，宣公的行为虽造成了后面的恶果，但他让位的动机和目的是善的，《春秋》贵志，"移之宋督以存善志"。

《春秋》文公二年"公子遂如齐纳币"。《公羊传》曰："纳币不书，此何以书？讥。何讥尔？讥丧娶也。娶在三年之外，则何讥乎丧娶？三年之内不图婚。"董仲舒认为，文公于四年十一月娶，已出三年之丧，并非"丧娶"，但文公纳币之月在守丧期间，"《春秋》之论事，莫重于志。今娶必纳币，纳币之月在丧分，故谓之丧娶也"（《玉杯》）。这表明文公在三年之丧内已有了娶的心志，故看成是"丧娶"，必须严加诛绝。

综上所述，董仲舒在解释《春秋》、《公羊传》时，继承和发扬《公羊传》"贵意"的思想，提出"原心贵志"的解释方法，"《春秋》之论事，莫重于志"，"《春秋》之好微欤，其贵志也"（《玉杯》）。"原心贵志"的方法，需要解释者发挥其主观能动性，从行为者的言行中深察其内在的心志。徐复观先生说："《公羊春秋》，特别重视追及一个人的行为动机的隐微之地。此即'《春秋》推见至隐'，这在《春秋繁露》的第一部分，表现得很清楚。……个人立身行己在动机的隐微之地，下一番反省澄汰的功夫，当然是好的。但在政治上，也要追及到动机隐微之地，以此为判罪的原则，则社会上可死者必众，冤死者亦也必众。"① 今日之论罪，也追及其行为的动机和目的，有故意伤人、杀人与过失伤人、杀人之分。

（四）"伍其比，偶其类"

董仲舒和《公羊传》皆运用类比、类推的方法解释《春秋》。类比是同类相比：在比较中，辨析同中之异、异中之同。类推是同类相推：因为是同类，故可以从某一事物具有某种性质，类推出同类的事物也有某种性质。类比重视事物之异，类推重视事物之同；二者相互结合，即类比中包含着类推，类推中包含着类比。这种解释方法在《公羊传》、《春秋繁露》中主要表现在两个方面：一是某数件事的性质似相同，但《春秋》书法不同，褒贬及《春秋》之义也不同，故需深入辨析事、书法、义之异；二是某数件事的性质基本相同，则《春秋》书法相同，褒贬以及《春秋》之义也相同。

《公羊传》解释《春秋》，不断地训释和归纳《春秋》书法，这主要是运用类比类推的方法。《春秋》桓公元年"春，王正月，公即位"；《公羊传》谓"继弑君不言即位，此其言即位何？如其意也"。鲁国十二公的即位之事似是同类之事，书法应同；但隐、庄、闵、僖未书即位，桓、文、宣、成、襄、昭、定、哀书即位，《春秋》书法不同。《公羊传》由书法不同比较即位之事的异同：先君是正常死亡的，继体之君书即位；先君被弑而亡，继体之君不书即位，即"继弑君不言即位"。由事之异同辨析义之异同：先君被弑，即位之君内心伤痛，因此不书即位，即《公羊传》庄公元年"君弑则子何以不言即位？隐之也。孰隐？隐子也"。桓公是继弑君即位，同类相推，则不应书桓公即位；但《春秋》书即位。这是同类之事而书法不同，因此必须加以比较、辨析事义之异同。隐公即位是为桓立，将让位于桓，但桓不能深察隐公之意，迫不及待地弑君而立；《春秋》书即位，"如其意也"，即著明桓公弑杀隐公而急于即位之意，这是贬桓公。这正是在层层类比类推中剖析《春秋》之义。

《公羊传》在解释实践中运用类比类推的方法，董仲舒明确地提出了"伍

---

① 徐复观：《两汉思想史》（第二卷），华东师范大学出版社 2001 年版，第 188 页。

其比，偶其类"的解释方法，并自觉地运用到实践中。《玉杯》曰：

> 《春秋》论十二世之事，人道浃而王道备。法布二百四十二年之中，
> 相为左右，以成文采。其居参错，非袭古也。是故论《春秋》者，合而通
> 之，缘而求之，伍其比，偶其类，览其绪，屠其赘，是以人道浃而王
> 法立。

《春秋》所记之事纷繁众多，但有书法和义法。"合而通之"，即对《春秋》之事、书法、义法会合全书以贯通之。合通的方法是"伍其比，偶其类"，即把同类的事、书法、义法加以类比和类推：事、书法、义法虽繁多，但归为统类，一以贯之；且由此及彼，以一知万，《楚庄王》"是故为《春秋》者，得一端而多连之，见一空而博贯之，则天下尽矣"，由一端、一孔类比类推到万端、万孔，那么天下之事、义尽涵容于《春秋》之中，所谓"《春秋》文成数万，其指数千。万物之散聚皆在《春秋》"（《史记·太史公自序》）。

《春秋》宣公十一年"楚人杀陈夏征舒"；《公羊传》："此楚子也，其称人何？贬。何为贬？不与外讨也。"《春秋》昭公四年"楚子……伐吴，执齐庆封，杀之"；《公羊传》："此伐吴也，其言执齐封何？为齐诛也。其为齐诛奈何？庆封走之吴，吴封之于防。然则何为不言伐防？不与诸侯专封。庆封之罪何？胁齐君而乱齐国也。"

这两件事的性质似相同，但《春秋》褒贬之辞不同，一贬为楚人，一褒为楚子。《公羊传》只解释了"楚人"之贬，而未解释"楚子"之褒。《公羊传》的解释使人产生嫌疑：这两件事的性质基本相同，根据《春秋》不予诸侯专讨、专封的尊王之义，为何昭公四年褒为楚子而宣公十一年贬为楚人呢？

董仲舒把这两件事相比较，这是同类之事相比；事同辞应同，但辞不同，这是辞比；辞不同，则义有变，这是义比。他深推事、义之隐微而辨析其异同：宣公十一年，夏征舒弑其君，罪重而明，楚庄王诛夏征舒，复陈，存亡继绝，功著而行贤，但庄王专讨之罪不明；庆封为崔杼党羽，"胁齐君而乱齐国"，未亲弑君，因而罪不明，楚灵王怀恶而讨，罪明而功不著、行不贤。董仲舒说：

68

《春秋》常于其嫌得者，见其不得也。……《春秋》之用辞，已明者去之，未明者著之。今诸侯之不得专讨，固已明矣。而庆封之罪未有所见也，故称楚子以伯讨之，着其罪之宜死，以为天下大禁。曰：人臣之行，贬主之位，乱国之臣，虽不篡杀，其罪皆宜死，比于此其云尔也。(《楚庄王》)

《春秋》"别嫌疑，明是非"，"常于众人之所善，见其恶焉；于众人之所忽，见其美焉"①，贬庄王为人，明其专讨之罪；褒灵王为子，著其霸讨之功，且明庆封弑君之罪。庄王行贤，《春秋》尚不予专讨；灵王怀恶，更不予专讨，所以不贬灵王为人，仍责其专讨之罪，这是同类相推。仲舒继承了《公羊传》不予诸侯专封、专讨的思想，进一步发挥了君臣之义："人臣之行，贬主之位，乱国之臣，虽不篡弑，其罪皆宜死，比于此其云尔也。"这是把尊君卑臣之义推向现实的专制政治，这是同类相比相推。

《春秋》桓公十一年"宋人执祭仲"。《公羊传》以事传经，详述了这件事的经过。祭仲在宋人的逼迫下，私自答应宋人的要求，出其君忽而立突。《公羊传》认为，祭仲的行为虽失人臣之道，但"从其言，则君可以生易死，国可以存易亡"，故许祭仲为权变并释曰"权者，反于经然后有善者也"。《春秋》成公二年，晋、鲁、卫、曹四国联军与齐侯战于鞌，齐师败绩。《公羊传》详述其经过，逢丑父和齐顷公逃亡，丑父居顷公之位，假装顷公，两次使顷公取饮，顷公因此逸而不反，逃脱了晋之追捕，而丑父被晋军诛杀，《公羊传》称丑父之名而贬之。这两件事的性质基本相同，丑父和祭仲俱枉正而存其君，而且丑父杀身以存其君，更为可贵，为何《公羊传》贤祭仲而非丑父呢？

董仲舒在《竹林》中把这两件事予以辨析，推见至隐。君存虽重要，但更重要的是，君存是荣还是辱？祭仲使其君忽让位于突，不仅存其君，而且使其君有让位美德，即"祭仲措其君于人所甚贵以生其君"。丑父所为，其君固然存身，但君存蒙受了战败而逃的恶名，"丑父措其君于人所甚贱以生其君"。董

---

① 苏舆：《春秋繁露义证》，中华书局1992年版，第3页。

仲舒认为，顷公慢侮诸侯，失礼大矣，战败逃亡，"冒大辱以生"，违背了《公羊传》襄公六年"国灭，君死之，正也"；丑父应与顷公俱死，"故君子生以辱，不如死以荣"、"天施之在人者，使人有廉耻。有廉耻者，不生于大辱。大辱莫甚于去南面之位而束获为虏也"（《竹林》）。因此，祭仲与丑父的存君行为表面上相同，实际上迥然有别，故《春秋》褒贬不同。

《春秋》有七次指明某建筑物发生了火灾。董仲舒常立足于某特定的建筑物，而予以解释。桓公十四年"御廪灾"。御廪是储藏祭祀宗庙用米的仓库，它发生了火灾，意味着鲁君不能守宗庙，故鲁君不君。他以为，"先是四国共伐鲁，大破之于龙门。百姓伤者未廖，怨咎未复，而君臣俱惰，内怠政事，外侮四邻，非能保守宗庙终其天年者也，故天灾御廪以戒之"①。宣公十六年"成周宣谢灾"，《公羊传》以为是宣宫之谢，"乐器藏焉尔"。周宣王中兴时，礼乐自天子出，而现在周天子名存实亡，礼乐征伐自诸侯出。董仲舒说："十五年王札子杀召伯、毛伯，天子不能诛。天戒若曰，不能行政令，何以礼乐为而藏之？"

定、哀之际发生了三次火灾。其时，季氏专权，鲁君愚弱，又不能用圣人孔子，国家混乱，民不聊生。董仲舒在解释这三次火灾时，皆基于季氏专权、不用孔子等政治人事。定公二年"雉门及两观灾"，《公羊传》昭公二十五年以"两观"为僭天子物。仲舒说："此皆奢僭过度者也。先是，季氏逐昭公，昭公死于外。定公即位，既不能诛季氏，又用其邪说，淫于女乐，而退孔子。天戒若曰，去高显而奢僭者。"天灾奢僭之物，即表明天欲除奢僭之物，暗示定公除去奢僭之臣。哀公三年"桓宫、僖宫灾"，他以为"此二宫不当立，违礼者也。哀公又以季氏之故不用孔子"。桓、僖为远祖，"于传闻杀其恩"（《楚庄王》），不应再劳民伤财，保留其庙宇，故说"此二宫不当立，违礼者也"。天除去违礼者，意在警告哀公去身边的违礼大臣，用贤人孔子。哀公四年"蒲社灾"，《公羊传》谓蒲社为"亡国之社"。他说："亡国之社，所以为戒也。天戒若曰，国将危亡，不用戒矣。《春秋》火灾，屡于定、哀之间，不用圣人而纵骄臣，将以亡国，不明甚也。"

---

① 董仲舒对《春秋》之灾异的解释，见于《汉书·五行志》。

《汉书·五行志》保存了仲舒议论西汉建元六年辽东高庙灾、高园便殿火之事：

> 《春秋》之道举往以明来，是故天下有物，视《春秋》所举与同比者，精微眇以存其意，通伦类以贯其理，天地之变，国家之事，粲然皆见，亡所疑矣。……故定公二年五月两观灾……至哀公二年五月，桓公、僖公灾……故四年六月，亳社灾……天皆燔其不当立者，以示鲁，欲其去乱臣而用圣人也。……今高庙不当居辽东，高园殿不当居陵旁，于礼亦不当立，与鲁所灾同。其不当立久矣，至于陛下时天乃灾之者，殆其时可也。昔秦受亡周之敝，而亡以化之；汉受亡秦之敝，又亡以化之。夫继二敝之后，承其下流，兼受其猥，难治甚矣。又多兄弟亲戚骨肉之连，骄扬奢侈，恣睢者众，所谓重难之时者也下。陛下正当大敝之后，又遭重难之时，甚可忧也。故天灾若语陛下："当今之世，虽敝而重难，非以太平至公，不能治出。视亲戚贵属在诸侯远正最甚者，忍而诛之，如吾燔辽东高庙乃可；视近臣在国中处旁侧及贵而不正者，忍而诛之，如吾燔高园殿乃可"云尔。在外而不正者，虽贵如高庙，犹灾燔之，况诸侯乎！在内不正者，虽贵如高园殿，犹燔灾之，况大臣乎！此天意也。

董仲舒以《春秋》灾异为立论的根据，以言后世的灾异。他运用类比类推的方法，把古与今相连，以言建元六年的灾异。定哀之际的火灾与建元六年的火灾是同类的事；事为同类，则同类之事所蕴涵的意义相同。因此，他认为建元六年的灾异所昭示的意义：表层意义是辽东高庙与高园便殿皆不当立；深层意义是诛杀远离正道的诸侯和近臣。董仲舒认为：灾异与人事有因果的联系，《春秋》所记的每次灾异皆与政治人事相对应；《春秋》灾异甚多，是因为那个时代的社会政治秩序很混乱，君不君，臣不臣，父不父，子不子，百姓愁怨沸腾，生活于水深火热之中。他言《春秋》灾异的目的：一是指责春秋时代之人君的失道；二是遣告和警惧人君，要以《春秋》为鉴，反省、改正自己的过失，走向有道政治的坦途。董仲舒说："《春秋》之道举往以明来，是故天下有物，视《春秋》所举与同比者，精微眇以存其意，通伦类以贯其理，天地之

变，国家之事，粲然皆见，亡所疑矣。"（《汉书·五行志》）

要之，类比类推的解经方法，有利于董仲舒充分发挥其主观能动性，精心达思，深入阐释《春秋》之事、书法、义法的异同，从而"别嫌疑、明是非"。

（五）"察终原始"

历史在"逝者如斯夫"的时间之流中运行，由此产生了"以事系日，以日系月，以月系时，以时系年"的"依时记事"。《春秋》正是运用这种方法，把纷繁的历史事件镶嵌在时间的网络中，使它们得以有条不紊地呈现。但是，这种编年体的叙事方法，很难明确地揭示某些相关历史事件在时间纵向中的发展脉络及因果关系。《公羊传》诠释《春秋》，重在发明《春秋》记载的某一历史事件所蕴涵的意义。董仲舒诠释《春秋》、《公羊传》，重视把相关的历史事件贯通起来，分析和揭示它们之间的因果关系，在成败得失的结果中追寻造成结果的原因，这即是"察终原始"的解释方法。

《史记·十二诸侯年表》"儒者断其义，驰说者骋其辞，不务综其终始"。这是批评儒家的"不务综其终始"。董仲舒说："《春秋》记天下之得失，而见所以然之故。甚幽而明，无传而著，不可不察也。"（《竹林》）"所以然"即得失的原因，不可不察。《十指》"见事变之所（以）至者，一指也"，深察事变所至的原因，"则得失审矣"。董仲舒认为，人的行为与结果是正向的因果关系，故人不仅要对自己的行为负责，而且要对行为所产生的吉凶福祸的结果负责。《春秋》所记的是天子诸侯之事。天子诸侯的行为不仅关系着自己的荣辱得失，而且关系着天下国家的治乱成败，故董仲舒特别重视分析天子诸侯的行为与结果的因果关系。历史事件的因果关系正是历史之所以成立的根据。

在《春秋》十二公中，鲁昭公是一位备受争议的历史人物。他不满季氏的专权，聚众以逐季氏。结果他反被季氏逐出鲁国，流亡在外达八年之久，最后客死他乡，"困之至也"。董仲舒把《春秋》、《公羊传》记录的有关历史事件"合而通之"，分析了造成昭公最终穷途末路的根本原因。

《春秋》昭公二年"冬，公如晋，至河乃复"；《公羊传》谓"其言至河乃复何？不敢进也"。昭公至河乃复是不敢进，不敢进是畏晋，畏晋是可耻的，《春秋》以"至河乃复"讳昭公畏晋之耻。《春秋》昭公二十三年"冬，公如晋。至河，公有疾，乃复"；《公羊传》"何言乎公有疾乃复？杀耻也"。《公羊传》认为，昭公畏晋而不敢进，《春秋》"公有疾乃复"是讳昭公畏晋之耻。但《公羊传》并未揭示昭公畏晋的原因以及耻辱的内容。董仲舒在《楚庄王》中根据一系列事件对昭公畏晋之耻作了深入的分析。如果晋恶而不可亲进，公不敢至晋，乃人之常情，"辱若可避，避之而已"，则昭公畏晋并不可耻，即"恶无故自来，君子不耻"。如果祸恶由自己的行为招致，则君子以之为耻，"今《春秋》耻之者，昭公有以自取也"。董仲舒认为，昭公畏晋之辱以及流亡之大耻，皆是由他行为的失德造成的。首先，鲁国大夫的专权开始于文公，发展于宣、成、襄，昭公即位之后，没有忧患惧惕之心，更未实行有效的办法抑制大夫专权，"公受乱陵夷，而无惧惕之心"。其次，"犯大礼而娶同姓"。再次，不用孔子辅助。最后，昭公"嚣嚣然轻计妄讨"。由于昭公不正，"是故季氏专其位，而大国莫之正"。最终，昭公"出走八年，死乃得归。身亡子危，困之至也。君子不耻其困，而耻其所以穷"①。董仲舒对昭公的贬斥，义正词严，激愤之情溢于言表。

《春秋》成公三年冬，"郑伐许"；成公四年冬，"郑伯伐许"。董仲舒以这两事为中心把郑国前后发生的有关事件贯通起来，揭示了郑伯父子穷困的原因。

董仲舒认为，《春秋》成公三年未称郑爵，是贬郑为夷狄。这是本于《春秋》昭公十二年"晋伐鲜虞"，仲舒谓"奚恶乎晋而同夷狄也"（《楚庄王》）。《春秋》成公二年"八月，庚寅，卫侯遨卒"，"冬，楚师、郑师侵卫"，"十有一月，丙申，公及楚人、秦人、宋人、陈人、卫人、郑人、齐人、曹人、邾娄人、薛人、鄫人盟于蜀"。董仲舒把这几件事联系起来予以分析：卫侯八月去世，此年冬天，郑伯坚与楚伐卫，是为伐人之丧，伐丧违背了《春秋》之义；郑与诸侯盟于蜀，成公三年伐许，是叛盟也；郑伯坚伐丧叛盟，无义无信，大

---

① 昭公二十五年九月己亥"公逊于齐，次于杨州"，昭公三十二年"十有二月己未，公薨于乾侯"，前后共八年。

恶之，贬之为夷狄。① 仲舒认为，《春秋》之法，未逾年之君称子不称爵，"郑伯伐许"，称郑伯坚的儿子费为伯，是贬郑伯费失子之道。《春秋》成公四年三月，郑伯坚卒，费居大丧期间，本应内心沉痛，思念亲恩。但在这一年冬天，郑伯费伐许，则费守丧未逾年就伐许。这是居丧伐人，既失恩于亲，又冒犯中国。董仲舒说："父伐人丧，子以丧伐人，父加不义于人，子施失恩于亲，以侵中国，是父负故恶于前，己起大恶于后。"（《竹林》）诸侯怒而憎之，谋共击之，郑乃恐惧，在成公五年冬离开楚而与诸夏盟于虫牢。郑首鼠两端、朝秦暮楚，既冒犯诸夏又得罪楚国，因而楚与中国夹而击之。成公六年夏，郑伯费在内外交困中抑郁而死，但郑国仍逃脱不了灾难。成公六年秋，"楚公子婴齐率师伐郑"；冬，"晋栾书率师侵郑"。成公七年秋，"楚公子婴齐率师伐郑"。成公十年春，"卫侯之弟黑背率师侵郑"，以报郑伯坚伐丧之仇；夏，"公会晋侯、齐侯、宋公、卫侯、曹侯伐郑"。董仲舒说：

> 郑罢疲危亡，终身愁苦。吾本其端，无义而败，由轻心然。孔子曰："道千乘之国，敬事而信。"知其为得失之大也，故敬而慎之。今郑伯既无子恩，又不熟计，一举兵不当，被患无穷，自取之也。是以生不得称子，去其义也；死不得书葬，见其穷也。（《竹林》）

"自取之也"，即国破身亡且为《春秋》所贬绝是由自己的行为过失造成的。

在历史的长河中，原因和结果构成了其发展的基本脉络。面对结果，我们总是苦苦追寻导致这种结果的原因。但原因又是多方面的，有近因、远因，有显因、隐因，有直接原因、间接原因，有主观原因、客观原因，等等。原因纷繁复杂，使我们难以理解和把握；历史的丰富性和复杂性正表现于此。董仲舒认为，《春秋》在记天下得失时，非常注意揭示产生得失的原因；这些原因，或在结果出现之前还不够显明，或湮没在众多的历史事件中鲜为人知；但这些原因已经预示和规定了某种必然或应然的结果，只要细心考察，就能理解和把

---

① 参见《春秋繁露·竹林》。

握历史发展中的一般趋向。

齐顷公一生命运的转折点是成公二年鞌之战。董仲舒原始察终,深刻分析了顷公命运转折的原因。顷公是齐桓公之孙,即位之初,承桓公之霸的余威,国力强盛,地位尊贵,他无忧患之虑而生骄奢之心。《春秋》宣公十二年"晋人、宋人、卫人、曹人同盟于清丘";宣公十七年"公会晋侯、卫侯、曹伯、邾娄子同盟于断道"。顷公未参加这两次诸侯会盟,"即位九年,未尝肯一与会同之事"(《竹林》)。《春秋》成公二年"春,齐侯伐我北鄙","夏四月,丙戌,卫孙良夫师师及齐师战于新筑,卫师败绩"。这两次战争的胜利助长了顷公的嚣张气焰,"因得气而无敌国以兴患也"(《竹林》)。晋鲁大国往聘,顷公及其母"慢而弗敬其使者"(《竹林》)。《公羊传》成公二年:"前此者,晋郤克与臧孙许同时而聘于齐。萧同侄子者,齐君之母也。踊于棓而窥客,则客或跛或眇,于是使跛者逆跛者,使眇者逆眇者。二大夫出,相与踦闾而语,移日然后相去。齐人皆曰:'患之起,必自此始。'二大夫归,相与率师为鞌之战,齐师大败。"晋鲁卫曹四国联军与顷公战于鞌,齐师大败,顷公几被俘获,丧师辱身,为天下所耻笑。

鞌之战以后,齐顷公非常恐惧。《春秋》成公五年"公会晋侯、齐侯、宋公、卫侯、郑伯、曹伯、邾娄子、杞伯同盟于虫牢"。《春秋》成公七年"公会晋侯、齐侯、宋公、卫侯、曹伯、莒子、邾娄子、杞伯救郑。八月,戊辰,同盟于马陵。公至自会"。《春秋》成公九年"公会晋侯、齐侯、宋公、卫侯、郑伯、曹伯、莒子、杞伯同盟于蒲"。顷公外敬诸侯,从会与盟,前后数次积极主动地参加了诸侯的会盟。《公羊传》成公八年"鞌之战,齐师大败。齐侯归,吊死视疾,七年不饮酒,不食肉"。因此,顷公卒终其身,国家安宁。董仲舒感慨地说:"是福之本生于忧,而祸起于喜也。呜呼!物之所由然,其于人切近,可不省耶!"(《竹林》)顷公有骄奢之志而败亡,有忧患之心而安宁,即孟子所谓"生于忧患而死于安乐"(《孟子·告子下》)。

上面的这些历史事件,皆淹没于《春秋》众多的历史事件之中,很难把握它们之间的发展脉络及其因果关联。董仲舒诠释《春秋》、《公羊传》,原始察终,把这些历史事件加以组合,揭示它们之间的因果联系,阐发深微的《春秋》之义。

综上所述，董仲舒在解释《春秋》、《公羊传》中，表现出较强的主观性。他解释的较强主观性，与他在解释过程中张扬的主体性关联；而其主观性、主体性的突出，又与他标举的解释方法相联系。其解释方法之一是"见其指者，不任其辞"。《春秋》有"微言大义"，微言与大义之间存在间距，解释者必须发挥其主观能动性，突破文辞字面义的限制，以把握深微的《春秋》大义。其解释方法之二是"推见至隐"。《春秋》所记之事与事实真相不合，所谓"讳"，讳之背后的事实真相及其意义隐约幽微，故须推见至隐，突破表面的言和事，以把握历史的真言、真事。其解释方法之三是"原心贵志"，特重视追及一个人之行为动机的隐微之地。其解释方法之四是"伍其比，偶其类"，把同类的事、书法、义法加以类比和类推，辨析同中之异、异中之同。其解释方法之五是"察终原始"，即把湮没在《春秋》编年史中的相关历史事件组合起来，揭示它们之间的因果联系，阐发深微的《春秋》之义。

参考文献：

［1］陈其泰：《春秋公羊学体系的形成及其特征》，《山东大学学报》2002 年第 6 期。

［2］洪汉鼎：《诠释学——它的历史和当代发展》，人民出版社 2001 年版。

［3］黄开国：《董仲舒〈公羊〉学方法论》，《哲学研究》2001 年第 11 期。

［4］徐复观：《两汉思想史》（第二卷），华东师范大学出版社 2001 年版。

［5］苏舆：《春秋繁露义证》，中华书局 1992 年版。

［6］公羊寿传，何休解诂，徐彦疏：《春秋公羊传注疏》，北京大学出版社 1999 年版。

五　"立体的完整生命体"

——徐复观解释中国古代思想的方法

现代新儒家徐复观（1903—1982），是港台治中国思想史的著名学者。他生活于20世纪最为动荡的中国，曾置身于国民党政治权力的上层，受到蒋介石的知遇，参与密笏。20世纪50年代，他毅然与现实的政治决绝，从政治走向学术，最终成为新儒家的重镇。他的《中国人性论史》、《中国艺术精神》、《两汉思想史》（卷一，卷二，卷三）、《中国思想史论集》、《中国思想史论集续编》、《中国文学论集》、《中国文学论集续编》、《中国经学史的基础》等，对中国传统的思想文化展开了独特而富有创造性的现代诠释。徐复观先生怀着一颗由动乱时代所激发出来的"感愤之心"，铭记其师熊十力之言"亡国族者常先自亡其文化"。他对民族思想文化所面临的困境，具有一种强烈的危机感、忧患意识和担当精神，立志通过救中国文化来救中国。

陈少明教授在《经典世界中的人、事、物》一文中提出开拓新的中国哲学论域，即从叙事性较强的文本入手，尝试对经典作不以范畴为中心的哲学性探究，而是直接面对经典世界的生活经验，把观念置入具体的背景中去理解，或者更进一步，从古典的生活经验中，发掘未经明言而隐含其中的思想观念；文章从叙事的中心——人、事、物三个方面进行了富有深度和启发意义的论述。① 陈教授意在纠偏补弊：现代大多数思想史和哲学史的著作主要以概念为中心，归纳和推演思想人物的思想体系，而忽视分析思想人物的个性气质、人生遭遇及其生活的时代背景。有的著作对思想人物的人格及其时代背景有所论及，但并没有建立它们与其思想之间的内在关联。因此，思想

---

① 陈少明：《经典世界中的人、事、物》，《中国社会科学》2005年第5期。

人物是一群只有观念而无性格的思想玩偶。黑格尔曾在《哲学史讲演录》里说，哲学史的研究要以思想结构（体系）为对象，创造者的个性是无关紧要的。就西方的学术性格而言，黑格尔之言是有道理的。西方的哲学主要是思辨的形而上学，是观念的逻辑推演，与思想家本人的性格和遭遇没有多大的关系。德国著名的哲学家康德，一生非常平淡，深居简出，终身未娶，一辈子过着单调刻板的学者生活——起床、喝咖啡、写作、讲学、进餐、散步，没有参与什么重大的历史事变，也没有什么突出的人格风采，但这并不妨碍他哲学理论的创造。但是，中国古代的思想家不同，他们是一群为人生而学问的思想家，他们是直接以社会生活、个人生活为对象、为出发点、为归结点。因此，如何能合理地阐释中国古代先哲的思想，是一个重要的问题。笔者认为，陈教授之"开拓新的中国哲学论域"的观点值得商讨：直接面对经验本身而理解思想观念，较为深切，但具体生活经验中的思想观念是零散的，且有不少的夹杂和矛盾，故纯粹概念的建立与以概念为中心的思想体系的建构，也是相当必要的。

（一）

港台学者徐复观是治中国思想史的名家。他的《两汉思想史》三卷本对两汉思想家贾谊、董仲舒、司马迁、扬雄和王充等，展开了独创性的解释。徐先生有丰富的思想史的解释实践，又有多篇文章探讨治中国思想史的方法。这些珍贵的宝藏有待于我们去发掘。本文主要探讨徐先生解释中国传统思想的基本方法，以期为当下思想史的研究提供借鉴，也是回应陈教授关于开拓新的中国哲学论域的问题。

徐先生认为，西方哲学家具有严密的思想结构（体系），且容易把握，因为他们思想结构的展开，即是他们著作的展开；但中国古代思想家很少有意识地以有组织的文章结构来表达他们的思想结构，他们的中心观点分散在许多文字的单元之中而难以系统地把握；西方哲学家以思辨为主，思辨的本身形成一逻辑的结构；但中国古代的思想家是出自内外生活的体验，因而具体性多于抽象性，他们的思想结构处于潜伏的状态；因此，治中国思想史的学者，首先要从文本中抽象出各种观念而建立概念，然后建构以概念为中心的思想体系。[①]
但从文本中得出的概念和建构的思想体系毕竟是抽象的东西，与具体的生命总
有一段距离。徐先生在《有关思想史的若干问题》一文中说：

> 但若仅仅停顿在这里，则所得的还只是由纸上得来的抽象的东西。古
> 人的思想活动，乃是有血有肉的具体的存在。此种抽象的东西，与具体的
> 存在总有一种距离。因此，由古人之书以发现其抽象的思想后，更要由此
> 抽象的思想以见到在此思想后面活生生的人，看到此人精神成长的过程，
> 看到此人性情所得的陶养，看到此人在纵的方面所得的传承，看到此人在
> 横的方面所吸取的时代。……所以治思想史的人，先由文字实物的具体以
> 走向思想的抽象，再由思想的抽象以走向人生、时代的具体。经过此种层
> 层研究，然后其人、其书将重新活跃于我们的心目之上，活跃于我们的时
> 代之中。我们不仅是在读古人的书，而是在与古人对话。[②]

研究古代的思想家，不仅要归纳和建构他的思想体系，而且要理解和把握
他的个性气质、人生遭遇及其所处的时代背景。这样，古代的思想家就不是思
想上抽象的人物，而是一个有思想、有个性、有自己独特人生的历史上的具体
人物。他是一个活生生的人，他的思想是活生生的思想；活生生的人与活生生
的思想，构成徐先生所说的"立体的完整生命体"[③]。

徐先生在《王充论考》一文中开篇说：

> 一个人的思想的形成，常决定于四大因素，一为其本人的气质，二为其
> 学问的传承与其功夫的深浅，三为其时代的背景，四为其生平的遭遇。此四
> 大因素对各思想家的影响力，有或多或少的不同；而四大因素之中，又互相
> 影响，不可作孤立的单纯的断定。气质可以影响一个人治学的方向；而学问
> 亦可变化一个人对气质控御的效能，这是可以得到一般的承认的。处于同一

---

① 徐复观：《中国思想史论集》，上海书店出版社2004年版，第2页。
② 同上书，第93—94页。
③ 徐复观：《中国人性论史》，上海三联书店2001年版，第3页。

时代，受到同一遭遇，因气质与学问功力的不同，各人的感受、认取、心境，亦因之而各异。反之，时代及遭遇，对于人的气质的熏陶，与学问的取向，同样可以发生很大的影响，这也应当可以得到一般的承认。①

从思想创作的角度来看，古代思想家的思想主要受思想家本人的个性气质、人生遭遇、学问的传承及其所处时代背景的影响。因此，思想史学者要解释古代思想人物的思想，则必须把握思想人物的个性气质和人生遭遇，关注时代的政治和学术背景与思想人物之思想的互动，且内在地把抽象的思想与四大因素紧密地结合起来。

综上所述，徐先生治中国思想史的方法，即是把抽象的思想结构与思想家的人格、生平遭遇、学问的传承和时代背景紧密地结合起来；思想家其人及思想构成了"立体的完整生命体"。徐先生之解释方法的合理性和有效性表现在哪些方面呢？

首先，徐先生认为，西方哲学是来自形而上的思辨，是客观的逻辑推演，其超越性相当强烈，因而脱离现实的世界，与思想家的人格、遭遇没有什么联系；但"中国的思想家系出自内外生活的体验，因而具体性多于抽象性"②。他说："传统的义理之学，是要直接对自己人格的修养负责，对世道人心负责，其最后的根源是各个人的心、各个人的性，义理是要经过个人在生活中的认取证验，生活中所认取证验的即是最高的根据。"③ 因此，传统的义理（思想）之学，本身不是走思辨的路，而是通过内的实践或外的实践所得出的结论。质言之，中国古代的思想主要是关于现实社会、政治和人生的学问，其现实性和世俗性强。徐先生批评有的学者不了解中国思想的这种特性。他在《向孔子的思想性格回归》一文中说："一切民族的文化都从宗教开始，都从天道、天命开始，但中国文化的特色，是从天道、天命一步一步地向下落，落在具体的人的生命、行为之上。讲中国哲学的先生们……有如熊师十力以及唐君毅先生，却是反其道而行，要从具体生命、行为层层向上推，推到形而上的天命、天道

---

① 徐复观：《两汉思想史》（第二卷），华东师范大学出版社2001年版，第344页。
② 徐复观：《中国思想史论集》，上海书店出版社2004年版，第2页。
③ 同上书，第309页。

处立足，以为不如此便立足不稳。"① 熊、唐过分突出中国传统思想的超越性，不合孔子思想的性格。他说："因此，孔子思想的合理性，不是形式逻辑的合理性，而是具体生命中的理性所展现的合理性。孔子思想的统一，是由具体生命理性的展开、升华的统一，展开、升华中的层级性。这不是逻辑推理的线状系统，而是活跃着生命的立体系统。"② "生命的立体系统"，即"立体的完整生命体"。李维武说："从'心的文化'出发，徐复观力主消解形而上学。在他看来，消解形而上学正是中国文化的自身特点，也正是中国文化与西方文化的一个根本不同之点。"③ 要而言之，中国哲学非出于思辨，而出于由功夫所得的体验和反省；中国思想家不善于作纯粹抽象的思辨，而是从具体的生活经验中体悟哲学的观念。④

其次，徐先生认为，中国古代的思想家不是一群"为知识而知识"的纯粹求知者；他们是以知识为达到"修己治人"的手段，即《大学》谓"修身、齐家、治国、平天下"之内圣外王。⑤ 这是一种主客融合的方式。他们的思想不是一种对象性的客观存在，而是思想家赖以安身立命的价值系统。质言之，中国古代思想家把从生活实践反思和抽象的思想，又落实到自己的人生实践中，成为自己安身立命和修己治人的人生哲学，所谓"以心体之，以身践之"⑥。因此，他们的思想与人生体验和人格修养有紧密的联系。

（二）

在影响思想家之思想形成的四大因素中，时代背景是最为普遍而深远的；

① 徐复观：《中国思想史论集续篇》，上海书店出版社 2004 年版，第 282—283 页。
② 同上书，第 289 页。
③ 李维武：《徐复观学术思想评传》，北京图书馆出版社 2001 年版，第 171 页。
④ 徐复观对冯友兰的中国哲学史多有批评："冯对中国哲学史的方向根本摸错了。他要在中国文化中找出与西方所谓哲学相合的东西来写成中国哲学史，殊不知西方哲学既非一途；而以思辨为主之正统，已被科学逼得走投无路。中国哲学非出于思辨，而出于由功夫所得之体验。以西方哲学为标准来看中国哲学，则中国哲学非常幼稚，且皆与中国哲学之中心论题无关。但由 19 世纪后期科学所加于西方哲学之窘境来看，则今日可以说中国有哲学而西方只是观念的游戏。冯在这种根本地方弄错了，所以他所写的只是无关痛痒的废话。简言之，他尚未入中国哲学之门。"参见黄俊杰《徐复观的思想方法论及其实践》，收入《战后台湾的教育与思想》，台湾东大图书公司 1992 年版，第 371—372 页。
⑤ 徐复观：《中国思想史论集》，上海书店出版社 2004 年版，第 307 页。
⑥ 同上书，第 306 页。

而在时代背景中，尤以政治为突出。徐先生说："一切知识分子所担当的文化思想，都可以说是他们所生存的时代的反映。在近三百年，时代中最巨大最显著的力量是经济。但在我国，一直在鸦片战争以前，甚至于一直到现在，各时代中最巨大最显著的力量都是政治。"① 在中国古代乃至现代的中国，政治是第一位的，所谓"政治挂帅"。中国古代的政治是大一统的皇权专制政治，在学术和政治的互动中，强势的专制政治对学术思想的影响尤为深巨。徐先生说："因此，对此种大一统的一人专制政治的彻底把握，应当是了解两汉思想史的前提条件，甚至也是了解两汉以后的思想史的前提条件。"② 同时，中国古代的思想家往往具有双重身份——"士大夫"，他们既是朝廷的官吏，又是学术的传承和创造者，政治和学术的结合非常紧密。因此，徐先生的著作，特别重视阐释时代的政治与思想家之思想形成的互动关系。③

徐复观在研究董仲舒时，首先将其天的哲学置于西汉大一统的专制政治趋于成熟的历史背景中加以衡量。徐先生说："他（仲舒）的这一意图，与大一统专制政治的趋于成熟，有密切关系。他一方面是在思想上、观念上，肯定此一体制的合理性。同时，又想给此一体制以新的内容，新的理想。这便构成他的天的哲学大系统的现实意义。"④ 董仲舒深刻地认识到专制政治有两大问题需要加以转化。其一，他一方面维护专制之主的独尊地位；另一方面又觉得大一统专制皇帝的喜怒哀乐成为最高政治权力的权源，而对于统治机构以及天下的影响太大。因此，仲舒以受命之符论证皇权的神圣性和合理性，而以灾异谴告把皇权抑压在天命之下，从而限制皇帝的胡作非为。其二，作为汉代大一统专制政治的重大工具，是继承秦代的刑法。武帝任用的酷吏，一个比一个更下流，一个比一个更残暴，形成了武帝时代的酷吏政治。对此，董仲舒痛心疾首，希望通过神圣的天道把政治的方向改途易辙。仲舒认为，天道之大者在阴阳，天道任阳而不任阴，任德不任刑，天道是人道的根据，故人道尚德而不尚刑。因

---

① 徐复观：《两汉思想史》（第一卷），华东师范大学出版社 2001 年版，第 166 页。

② 同上书，第 173 页。

③ 徐先生认为，人的思想与现实之间，经过不断地互动而形成一个结构的整体。因此，在徐先生的许多著作中，特别重视思想的社会性与现实性的一面，对于思想的超越性，较为忽视。

④ 徐复观：《两汉思想史》（第二卷），华东师范大学出版社 2001 年版，第 183 页。

此，董仲舒之天的哲学的形成主要是出自现实的皇权专制。今人多不从历史背景中考察董仲舒之天人感应思想的形成原因和历史意义，而斥之为迷信和虚妄。徐复观先生同情地说："但如何能扭转此由人民血肉所形成的专制机构，也只有希望拿到'天'的下面去加以解决。可以说，近代对统治者权力的限制，求之于宪法；而董氏则只有求之于天，这是形成他的天的哲学的真实背景。"①

通过徐先生的解释，我们可以了解，董仲舒之天的哲学形成的时代原因和历史意义。为了适应专制政治的要求，董仲舒不得不对现实的专制政治有所承认；这是政治和学术思想相融合的方面。但他又要限制和抑压皇权，消解专制政治的不合理因素，而坚持孔孟儒家的社会政治理想；这是政治和思想相冲突的方面。从形式上看，董仲舒之天的哲学具有较强的宗教性，又发挥阴阳家的神秘观念，似与孔孟儒家的仁道精神相违背。但实质上，董仲舒之天道的基本内容，是儒家的仁义之道。天道是人道的根据，人君法天道，即法儒家之道。儒家之道获得了天道的权威根据，从而不容置疑地加强人君实行儒家之道的神圣责任感。在大一统的皇权专制政治下，人君具有至高无上的地位和权力，他们无所畏惧而为所欲为。董仲舒以天命灾异的神圣、神秘的力量，限制、抑压人君绝对的自由意志和政治行为，谴告和警惧人君的失道、失德，从而使人君反省和改正自己的过失，尊崇和实行儒家的仁义之道。

儒学是中国传统思想的主流，是关于道德政治的学问，是修身、齐家、治国、平天下的学问；儒学与现实的社会政治之间有非常紧密的联系。因此，研究中国古代的儒家思想要非常关注专制政治对它的影响。徐先生在《研究中国思想史的方法与态度问题》一文中说：

儒家思想，乃从人类现实生活的正面来对人类负责的思想。它不能逃避向自然，不能逃避向虚无空寂，也不能逃避向观念的游戏，更无租界、外国可逃，而只能硬挺挺地站在人类的现实生活中以担当人类现实生存发展的命运。在此种长期专制政治之下，其势须发生某种程度的适应性，或因受现实政治趋向的压力而渐被歪曲，歪曲既久，遂有时忘记其本来的面

① 徐复观：《两汉思想史》（第二卷），华东师范大学出版社2001年版，第183页。

目，如忘记其"天下为公"、"民贵君轻"等类之本来面目，这可以说是历史中的无可奈何之事。这只能说是专制政治压歪，并阻遏了儒家思想正常的发展，如何能倒过来说儒家思想是专制的护符。但儒家思想在长期的适应、歪曲中，仍保持其修正缓和专制的毒害，不断给予社会人生以正常的方向与信心，因而使中华民族度过了许多黑暗时代，这乃由于先秦儒家立基于道德理性的人性所建立起来的道德精神的伟大力量。①

从专制政治与儒家思想互动的角度来阐释儒学，则可以深切地理解儒家思想在发展中的坎坷历程：一是儒家思想对世运有强烈的担当精神；二是同情之理解儒家思想在发展中不断受到专制政治的歪曲和利用；三是看到儒家思想在与专制政治抗争中，一方面坚持自己的社会政治理想，另一方面不断地修正专制政治的弊端，缓和专制政治的毒害。因此，我们决不可能承认"儒家思想是专制政治护符"的错误论断。徐复观说："研究思想史的人，应就具体的材料透入于儒家思想的内部，以把握其本来面目，更进而了解它的本来面目的目的精神，在具体实现时所受的现实条件的限制及影响，尤其是在专制政治之下所受到的影响歪曲，及其在此种影响歪曲下所作的向上的挣扎，与向下的堕落的情形，这才能合于历史的真实。"②

徐先生《论〈史记〉》一文，特别突出司马迁所处的时代对他作史的巨大激发和影响作用："加强史公作史之动机，加深史公对历史之认识，及激发他对人类的责任感，乃在他所处的时代。"③ 史公经历的时代，是皇权专制政治尽量发挥出它的毒性的时代，是西汉由盛转衰的时代。武帝的欲望和野心极大，他不恤民力、财力，疯狂地向四夷征伐、扩张。他彻底地破坏宰相制度，以加强大一统的一人专制的皇权。武帝的穷兵黩武大量地消耗了社会的资材。他又破坏财经制度，不择手段地搜刮财富，导致了官场的腐败、社会的混乱。他实行严刑酷罚的酷吏之治。徐先生说："上面种种由盛而衰的混乱、残酷、破灭等情形，皆为史公所身历，不能不给史公以巨大冲击，形成了他思想的消

---

① 徐复观：《中国思想史论集》，上海书店出版社 2004 年版，第 8 页。
② 同上书，第 8—9 页。
③ 徐复观：《两汉思想史》（第三卷），华东师范大学出版社 2001 年版，第 191 页。

极一方面的纲维，加强了他作史的动机，并决定了他作史的'思来者'的宏愿。……《史记》中史公自言流涕垂涕者各一，言废书而叹者三。像这类由时代冲击而透入于历史中所流的眼泪和叹声，岂仅是个人遭遇所能解释?"①

徐先生认为，汉代承用秦法为治，刑法异常残酷，至武帝而愈演愈烈，形成了他这一代的酷吏政治；史公在人民惨怛呼号的巨大声音中，要暴露武帝"内多欲而外施仁义"的政治真实内容，要描写酷吏政治之狰狞黑暗的本来面目，要说明这种残暴政治皆是出于"上以为能"的武帝主动的要求，要指出酷吏政治必使正常政治的运行归于荒废，使社会必然堕落到人间地狱的境地；史公以恸愤之心写出《酷吏列传》，史家最大的良心，莫大于为亿万人民呼冤求救，《酷吏列传》的成立，乃史公最大的历史良心的表现。②

徐先生说："史公著书之精神，莫大于褒贬当代，以发现历史之表里。"③《封禅书》是司马迁之作史精神最突出的表现。作史莫大于显露历史的真实，但历史的真实常在里而不在表。《封禅书》"具见其表里"这句话，是司马迁作史的最大目标，最大成就。封禅是方士各种谎言的最高集结点，也是为了满足大一统皇帝侈泰之心的最高表现形式。《封禅书》进入到"今上"的武帝时代，司马迁对方士的活动，有更详细的叙述，他把方士如何玩弄武帝，武帝何以甘心被玩弄的把戏，真实地表现出来。武帝求不死的侈泰之心，宁愿被欺自欺以自成其愚妄的事与人之里，实无遁形的余地。徐先生说，通过《封禅书》，史公把掩蔽在庄严仪式后面的由专制、侈泰和愚妄结合在一起的事和人之里，表达出来，使人类能透过由专制权力所散布的虚的历史资料来把握历史的真实；由历史的真实来把握人类前进的真正大方向，这才是作为一个史家的真正责任与贡献。④

（三）

思想史的研究不只是一堆概念的分析和建构，而且要关注思想人物的人

---

① 徐复观：《两汉思想史》（第三卷），华东师范大学出版社 2001 年版，第 193 页。
② 同上书，第 240 页。
③ 同上书，第 282 页。
④ 同上书，第 225—229 页。

格。这是因为中国古代思想家之思想多是来自内外生活的体验。他们通过内心的自觉反省和社会政治实践而概括出抽象的思想，又把自己的思想落实到人生实践中。在这中间，他们个人的人格起着相当重要的作用。儒道两家的学者，不仅是儒道思想的创造者，而且是儒道思想的实践者，具有儒道的理想人格。人格的内涵是多方面的，除了知识、道德之外，还有其他的特征，它们对思想的形成有着相当的影响。徐先生在解释古代的思想家时，重视分析思想家的人格特征，并把它们与思想的形成结合起来。

班固说："仲舒遭汉承秦灭学之后，'六经'离析；下帷发愤，潜心大业，令后学有所统一，为群儒首。"（《汉书·董仲舒传》）徐先生说："为了把握董氏的思想，也应当先提醒一句，董仲舒是一位严肃方正的人。他在汉代学术上的崇高地位，和他的崇高人格有密切的关系。"[①] 仲舒少治《春秋》，景帝时为博士。景帝不任儒者，他主要以著书授徒为业。《史记·儒林列传》："进退容止，非礼不行，学士皆师尊之。"礼重视外在的节文，他的进退容止合于礼，他是一位方正严肃的人，使人敬畏而难以亲近。仲舒两次担任骄王之相（江都王、胶西王），皆以"正身而率下"、"以礼义匡正"（《汉书·董仲舒传》）而赢得骄王的敬重。"董仲舒恐久获罪，疾免归家。至卒，终不治产业，以修学著书为事。"（《史记·儒林列传》）要言之，董仲舒传承《公羊传》，公羊学重视阐释《春秋》的微言大义，非精心达思而不能推见至隐，他好学深思，精研《春秋》公羊学，其学术思想精深。董仲舒是一位"醇儒"，能深切地把握儒家的仁义之道和社会政治理想。他的经典名言是"正其义不谋其利，明其道不计其功"：正义明道本身即是目的，并不是获取功利结果的手段；正义明道可能得到功利的结果，但不进入动机的层面。董仲舒传承和发展儒家思想，且把儒家思想融进自己的生活和生命中，而成为自己的人格修养，表现在他的言行之外。

徐先生特别突出董仲舒"矫者不过其正，弗能直"（《春秋繁露·玉杯》）的性格。这种性格使他在立言时往往过于偏激，而产生相当多的流弊。徐先生

---

① 徐复观：《两汉思想史》（第二卷），华东师范大学出版社 2001 年版，第 185 页。

说："仲舒说：'矫枉者不过其正弗能直'①，实则矫枉过正，乃表明仲舒个人的性格。此一性格，在他的思想形成及语言表达上，亦必发生相当的影响。"②

其一，董仲舒解释《公羊传》的方法，是"见其指者，不任其辞"、"辞不能及，皆在于指"（《竹林》），这利于他充分地发挥自己的主观思想，故对《春秋》、《公羊传》的解释表现出较为强烈的主观性，是"过度诠释"。徐先生说，"不任其辞"，即完全不受辞的限制，这易于作主观的驰骋；不仅是把《公羊传》当作构成自己哲学的一种材料，而且是把《公羊传》当作进入自己哲学的一块踏脚石，此时的《公羊传》反成为刍狗了。③

其二，徐先生指出："他（董仲舒）最为今人所诟病的是'抑黜百家'，定儒术为一尊的主张。"④ 在今人看来，"罢黜百家，独尊儒术"是学术的独断论，妨碍了学术思想的自由发展。徐先生认为，仲舒之说的出发点是为了保证大一统政治的完整和效率，要求作为政治指针的学术思想有一个统一的内容和方向，且相较于诸子，"六艺之科，孔子之术"代表了人道主义的大方向，涵容性较大而流弊少。⑤ 但他亦承认，董仲舒之说独断偏激，有很大的流弊，"所以仲舒一时的用心过当，终于是贻害无穷的"⑥。

其三，徐先生认为，仲舒最成问题的是"屈民而伸君，屈君而伸天"之说。"屈民而伸君"背离了孔孟儒家"民为贵，君为轻"的思想。但徐先生颇为同情地说，仲舒之意，盖欲把君压抑（屈）于天之下，亦即是压抑于他所传承的儒家政治理想之下，使君能奉承以仁为心的天心，而行爱民之实；为了使他的"屈君而伸天"的主张得到皇帝的承认，便首先说出"屈民而伸君"一句。因此，站在仲舒的立场上，"屈民而伸君"是虚，是陪衬；"屈君而伸天"才是实，是主体。至于统治者及后世小儒，恰恰把它倒转过来，以致发生无穷

---

① 《春秋繁露·玉杯》曰："《春秋》为人不知恶而恬行不备也，是故重累责之，以矫枉世而直之。矫者不过其正，弗能直。"

② 徐复观：《两汉思想史》（第二卷），华东师范大学出版社 2001 年版，第 206 页。

③ 同上。

④ 徐复观：《中国思想史论集》，上海书店出版社 2004 年版，第 285 页。

⑤ 徐复观：《两汉思想史》（第二卷），华东师范大学出版社 2001 年版，第 263—264 页。

⑥ 同上书，第 264 页。

的弊害，这是仲舒所始料不及的，但立言不可不慎重。①

其四，仲舒把阳贵善而阴贱恶，运用到刑德上是可以讲得通的；但用到人伦关系上，将先秦儒家相对性的伦理关系，转变为绝对性的伦理关系，其弊害则不可胜言。这种理论直接导致了"三纲"之说。徐先生感慨地说："后世的暴君玩父恶夫，对臣子妻之压制，皆援三纲之说以自固自饰，且成为维护专制体制，封建制度的护符，而其端实自仲舒发之。立言之不可不慎，学术趋向之不可或偏，矫枉之不可过正，中庸之道之所以为人道之坦途，皆应于此得到启发。"②

其五，董仲舒传承《公羊传》，特别重视追及一个人行为动机的隐微之地，此即"《春秋》推见至隐"（《史记·司马相如列传》），《公羊传》庄公三十二年"君亲无将，将而诛焉"。这在《春秋繁露》的第一部分表现得非常突出。徐先生认为，个人立身行己在动机的隐微之地，下一番澄汰的功夫当然是好的，但在政治上追及到动机隐微之地，以此为判罪的原则，则可死者必众，冤死者也必众，"然思想之分际偶偏，具体之条文不著，其贻害之酷，即至于此，此圣人所以贵中庸之道"③。

总之，通过徐先生的解释，仲舒不是抽象的思想家，而是一个活生生的人，他的方正严肃及"矫者不过其正，弗能直"的偏激个性，给我们留下深刻的印象。这与孔子的温厚、中庸、慈爱的人格不同。仲舒人格的方正严肃、"矫枉不过其正，弗能直"，使他的立言既义正词严又过于偏激而不合中庸之道，从而产生相当多的弊害。因此，董仲舒的思想形成与他个人的性格、遭遇以及时代政治结合起来，因而是活生生的思想。

徐先生在论述扬雄的学术思想时，对扬雄的人生形态极为关注。徐先生认为，西汉知识分子的特性之一，是道德感的政治性非常强烈，这些人物的形态称为道德的政治形态；但扬雄在这一大倾向中，主要以好奇、好异之心，投下他的整个生命去追求知识，他当然也谈政治和道德问题，可有点近乎冷眼旁

---

① 徐复观：《两汉思想史》（第二卷），华东师范大学出版社2001年版，第212页。
② 同上书，第252页。
③ 同上书，第189页。

观，他是一个知识型的人生形态。① 知识型的人生形态，使他可以疏离政治，但并不疏离他求知的欲望。相反的，他对政治的疏离，正是为了实现追求知识的目的。扬雄淡泊名利，官职卑微，校书天禄阁，主要是贯彻他的求知活动。知识型的人物常表现为好奇、好胜、好深、好博。这种人生形态对扬雄的学术活动及其思想的形成具有重要的影响。

扬雄的主要学术活动，可分为三个阶段：44 岁以前是作辞赋，44 岁后是著《太玄》，58 岁之后开始写《法言》。西汉文学以辞赋为代表，辞赋盛行于武帝、宣帝时；元成时代，已为绝响。因此，扬雄作辞赋，已不关时代的风气，更不关以辞赋获得政治的晋升之阶，而是出于他个人由好奇心而来的嗜好。汉赋有两类：一类是炫耀自己才智的大赋，一类是发抒怀抱感情的骚体赋。徐先生认为，扬雄追模同乡司马相如的大赋，正是炫耀自己的才智，《甘泉》、《河东》、《长杨》、《校猎》等赋，"必推类而言，极丽靡之辞，闳侈巨衍，竞于使人不能加也"（班固《汉书·扬雄传》），只能看到作者的才智活动，但没有才智后面的思想感情。② 扬雄的辞赋以学力思索为主，颇为精深而广博。刘勰《文心雕龙》概括扬雄创作时的基本精神状态："沉寂"、"锐思"、"意深"、"覃思"、"极思"；这说出了真正知识型的人物，也必然是思考型的人物。

扬雄在辞赋后的学术活动，主要集中在《太玄》上面。这代表了他知识型性格的基本活动。扬雄草《玄》的消极性的动机是深受老子思想的影响，有感于人生祸福的无常，借用心于《太玄》，以免向外驰骛而得祸。他在《解嘲》中说："且吾闻之，炎炎者灭，隆隆者绝；观雷观火，为盈为实，天收其声，地藏其热。高明之家，鬼瞰其室。攫拿者亡，默默者存；位极者宗危，自守者身全。是故知玄知默，守道之极；爰清爰静，游神之廷；惟寂惟寞，守德之宅。"但《太玄》的成立，更有他知识上的积极动机。徐先生说："扬雄另创一套符号数式，把它看成是玄的展现，而将儒、道、律、易、历组成一个大系统，这只表现当时学术的风气，及他的知识型的性格，向未知世界的热心探

① 徐复观：《两汉思想史》（第二卷），华东师范大学出版社 2001 年版，第 283 页。
② 同上书，第 288 页。

求。"① 扬雄《太玄》建立了一种形而上学的大系统，玄渺深思，班固《答宾戏》所谓"扬雄覃思，《法言》、《太玄》"，这表现了扬雄善于思辨的知识性格。

扬雄著《法言》，主要是模拟《论语》而作。扬雄自述《法言》的动机有二：一是在消极方面破除当时不少迂怪之说，一是在积极方面阐扬他所把握到的以孔子为中心的思想。班固在《汉书·扬雄传》中说："雄见诸子各以其知舛驰，大抵诋訾圣人，即为怪迂。析辩诡辞，以挠世事，虽小辩，终破大道而惑众，使溺于所闻而不自知其非也。及太史公记六国，历楚、汉，讫麟止，不与圣人同，是非颇谬于经。故人时有问雄者，常用法应之，撰以为十三卷，像《论语》，号曰《法言》。"扬雄在《法言》中完全摆脱了《太玄》的格套，但他因建立《太玄》这种形而上的系统，不知不觉的会从形上的观点去了解孔子，而不能从中庸之道中去把握孔子的伟大，甚至有时想把孔子定位在形上的地位，以表现孔子的伟大。因此，扬雄所描绘出的孔子，多少使人感到空廓而缺乏生命的实感。徐复观说："他是背负着《太玄》的形上学架子，不知不觉地加在孔子的身上去，结果，只成为外在的摸索，而不能透视到孔子的生命、人格里面去。凡是这种形态（知识型的学者）的学者，可以了解西方哲学，但很难接近孔子，了解孔子。"② 有形而上性格的扬雄，不是从具体生活及社会生活的曲折中去把握孔子，所以他对孔子的评价往往较为抽象。徐先生说，对于儒家的仁义礼智信，扬雄对智说得非常确当；凡是从外面可以加以规定的，扬雄便说得相当恰当；而他把握最浅的是仁，因为仁是一种精神状态，要由内心体验而出，而不是由外面可以加以规定的；这是知识型思想家的基本特征。③

（四）

王充是东汉的思想家，多数学者奉之为唯物主义的思想家而过分地褒扬。徐先生《王充论考》一文，目的是使王充回到自己应有的位置，就东汉思想而

① 徐复观：《两汉思想史》（第二卷），华东师范大学出版社 2001 年版，第 305 页。
② 同上书，第 313 页。
③ 同上书，第 314 页。

言，王充的代表性不大。在影响思想形成的四大因素中，由于王充身处乡曲，沉沦下僚，始终没有机缘接触到政治权力的中心，因而也没有接触到时代学术的大问题，所以他的思想受到时代政治和学术的影响为小，而王充个人的遭遇以及性格，对他思想的形成产生的影响很大。徐先生说："就王充而论，他个人的遭遇，对于他表现在《论衡》中的思想所发生的影响之大，在中国古今思想家中，实少见其比。"①

首先，根据《自纪》，王充一生颇为失意，自以为是能著书立说的鸿儒，但一生只做过几任小官，"材大任小，职在刺割"，"充仕数不偶"，曾受到他人的污伤而罢官家居。他个人的遭遇，形成了他的命运观。本来关于人的行为与结果的关系，有较大的偶然因素，即人的行为与结果有时不能构成因果关系。行善的，未必得到善报；有才能的，未必获得富贵。因此，在人的遭遇中，似乎有一种神秘的力量支配着人的成败祸福，从而产生了"命运"的观念。孔子也承认人力所不及的"命"，"不知命，无以为君子"。孟子认为，人的富贵贫贱并不是由自己决定的，但要"求之有道，得之由命"，并不否认人的作为。可是，王充因个人遭遇的不幸，而彻底否定了人之行为与结果的关系，而一委之于神秘的命运。《命禄》："故贵贱在命，不在智愚；贫富在禄，不在顽慧。"《异虚》："故人之死生，在于命之夭寿，不在行之善恶；国之存亡，在期之长短，不在于政之得失。"关于人的命运有正命、随命、遭命之说。《命义》："正命，谓本禀之自得吉也。性然骨善，故不假操行以求福而吉自至，故曰正命。随命者，戮力操行而吉福至，纵情施欲而凶祸到，故曰随命。遭命者，行善得恶，非所冀望，逢遭于外而得凶祸，故曰遭命。"正命、遭命皆否定了人的主体性。随命之说，肯定了人的积极主动性，这当然为王充所不允许，他坚决反对随命之说。命是如何形成的呢？王充认为，命是秉气而生，即由孕育时父母合气的清浊、厚薄、强弱决定了人一生的富贵穷达的命运；气成为人的形体，故命即表现为人的形体，特别是形体中的骨相；命运决定论，一变而为人之骨相的决定论。徐先生说："他把人生的主体性，政治的主动性，

---

① 徐复观：《两汉思想史》（第二卷），华东师范大学出版社2001年版，第344页。

完全取消了，而一凭命运的命来加以解决、解释，这便形成他的命运论特色。"①

其次，王充重视儒生和文史之争，也同样是出于他自己的人生遭遇。当时地方政府的僚属，由儒生和文史两种人构成，他们之间的对立，也算是地方政治中的一个问题，但王充以儒生的进用不及文史，写下《程才》、《量知》、《谢短》、《效力》等篇，与文史较长挈短，谈得非常叮咛繁复，主要是为了自己的进身出路的问题。他又写《别通》、《超奇》，瞧不起专经之儒，而自己是通儒，是从事著述的超奇之儒。他为了伸张自己，不惜在《定贤》中，把当时一切衡定人品的标准完全推翻，只归于"立言"之上；因为他自己除了立言之外，一切皆与当时论人的标准不相符合。徐先生说："像王充这种乡曲之士，对问题不从客观的把握上出发，而只从自己遭遇的反映上出发。因此，占《论衡》很大分量的这类文章，实际上不是由客观的分析综合以构成原则性的理论，而只是为了辩解自己，伸张自己所编造出的理由。我们要衡论他的学术，不仅应把这一部分划出于学术范围之外，而且应时时记着他的这一态度，影响到他的全部思想。"②

再次，自汉武帝成立五经博士并设立博士弟子员以来，专经成为朝廷的官学，师法也成为官学的护身符，这自然形成了当时最有势力的博士学术系统及以章句为主的学术风气。但卓荦特出之士，多不以博士学术系统为然，要求在学术上获得更大的自由。他们主张通而不主张专，重视义理而瞧不起章句，他们是自由学派。研究两汉学术的重点，应当放在这一自由学派上面。扬雄、刘歆、桓谭，都是自由学派中的杰出人物。王充的一生，与太学并无关系，也未尝到京师。他根本没有沾到博士系统的边，但他也轻视专经师法这一条路，应当算是草莽中的自由学派。草莽中的自由学派，眼界较为狭小，不能接触到当时学术问题的中心。徐先生说，王充的遭遇限制了他展望时代的眼界，《论衡》中，许多是争其不必争的文章，他以最大的自信力所开陈的意见，事实上许多只可称为乡曲之见。③

---

① 徐复观：《两汉思想史》（第二卷），华东师范大学出版社 2001 年版，第 384—385 页。

② 同上书，第 356 页。

③ 同上书，第 345 页。

徐先生认为，王充的个性气质也影响了他思想的形成。王充在《自纪》中表面上是恬淡而薄于利禄，且很通达，好像不在是非得失上计较，但就《论衡》全书看，却恰恰相反，可以说他是隐痛在心，随处流露，这是理解他思想形成的一大关键。[①] 王充因在会稽受到小人的谗言而落职，心怀愤恨，便由此构成"天下万物，含太阳气而生者，皆有毒螫"、"小人皆怀毒气，阳地小人，毒尤酷烈，故南越之人，祝誓辄效"（《言毒》）的理论；在他的这套理论里，否定了汉儒阳善阴恶的通说，同时也充满了许多迷信。对佞人馋人的痛恨是应当的，但王充在这点上不是做原则性的论述，而依然不出他之遭遇和性格的反应。王充是一个重名位的人，颇好夸矜矫饰；在《须颂》、《齐世》、《宣汉》、《验符》、《别通》等篇中，他写出了古今无出其右的歌功颂德文章；他这样做的目的，无非是想由此得到朝廷的知遇，因为朝廷是他毕生梦想的天堂。

徐先生认为，王充的性格中没有孝的观念，他是一个知识型的思想家，从而决定王充在学术思想上的特点，重知识而不重伦理道德。[②]《物势》："夫天地合气，人偶自生也；犹夫妇合气，子则自生也。夫妇合气，非当时欲得生子；情欲动而合，合而生子矣。"这是把父母生子完全看成是一种纯事实的判断，根本不考虑受孕后母亲十月怀胎的辛劳，以及初生之后父母对孩子的抚育养长之恩。从这里，当然产生不出孝的观念。王充追求的学术趋向有二：一是"疾虚妄"，一是求博通，这两者皆出自求知的精神。两汉思想家多以人伦道德为出发点和归宿点，以知识为达到人伦道德的手段，所以最后总是归宿于人伦道德。王充则以追求知识为出发点，顺着知识的要求而轻视人伦道德。因此，在王充的精神中伦理道德的根器至为稀薄，但追求知识的欲望则极为强烈。当时流行的天人感应思想，主要是说皇帝的行为与天发生感应，如果皇帝的行为失道，则天出灾异以谴告警惧之，皇帝见灾异而反省和改正自己的过失。这种天人感应的思想，是出于道德的要求，是限制人君的胡作非为，让人君有改正的机会，让人臣有说话的机会。这种出于人伦道德的要求，无所谓科学不科学。但王充只有知识而没有人伦道德的要求，因而他以天道自然观把天人感应

---

① 徐复观：《两汉思想史》（第二卷），华东师范大学出版社 2001 年版，第 348—349 页。
② 同上书，第 356—357 页。

之说完全推翻。徐先生说:"皇帝、朝廷,是王充精神中的理想国,是他千方百计所追求的。一旦由他的自然的天道观,把感应灾异之说打倒了,而一切归于不可知,亦无可奈何的命运,这对于皇帝,对于朝廷,的确是精神上的一大解放,同时在政治上也是他的一大贡献。"①

综上所述,徐先生的解释,把王充的哲学思想与他个人的遭遇、个性气质内在地结合起来,尤其突出其人生遭遇对其思想形成的重要影响。王充是一个知识型的思想家,人伦道德的根器至为稀薄,他否定人之行为与结果的因果关系,形成了强烈的命运观,他推翻天人感应的思想,主张自然无为的天道观。

(五)

徐先生认为,思想史的研究不只是一堆概念的分析和建构,此种抽象的东西,与具体的生命总有一段距离,古人的思想活动乃是有血有肉的具体存在;因此,由古人的书发现其思想之后,更要由其抽象的思想见到在其思想后面活生生的人,看到此人精神成长的过程,看到此人所受时代的影响,从而把古人的思想与其活生生的时代以及具体的生命紧密地结合起来。台湾学者黄俊杰把此种解释方法称为"结构的整体性":抽象的思想与当时的现实以及思想家的具体生命,经由不断地互动而形成一个结构的整体。②

徐先生《〈淮南子〉与刘安的时代》一文,把《淮南子》抽象的思想与活生生的时代以及刘安及其宾客的具体生命紧密地结合起来。大多数《淮南子》的研究著作,主要是抽象地概括《淮南子》的哲学思想。这有两种表现:一是把《淮南子》看作一部哲学的著作,脱离其产生的历史脉络而概括其思想;二是虽简单地涉及《淮南子》的时代背景、刘安及其宾客的生活情况,但并没有建立其与《淮南子》思想的内在关联。有的解释者希望找出它们之间的联系,但使之惶惑的是,《淮南子》标榜自然无为,而他们现实之目的是谋反复仇,这不啻两相背离。王云度先生说:"可是,刘安及其群臣宾客在政治上图谋不

---

① 徐复观:《两汉思想史》(第二卷),华东师范大学出版社 2001 年版,第 381 页。
② 黄俊杰:《战后台湾的教育与思想》,台湾东大图书公司 1992 年版,第 366 页。

轨的行径，显然是与他们所撰《淮南子》的思想观点不符。……所以如何把图谋不轨的诸侯王与具有道家'自然'、'无为'思想的思想家、讲究'养生'、'全性'的神仙家统一起来认识，就成为全面、正确评价刘安的关键性观点。"① 王先生提出此关键点，但终其全书也未给予合理的解释。

徐先生的解释，首先分析了《淮南子》产生的政治和学术背景：一是专制皇权对诸侯王的压制和打击，二是学术思想的相对自由。汉廷出于"强干弱枝"的要求，不断侵夺诸侯王的政治军事权力，削减他们的土地和人民；诸侯王稍有过失，则深文周纳，不惜以诬陷谋反的卑劣手段加以诛绝。刘安生活在此一严峻深迫的政治形势下，再加上自己二世冤屈的特殊背景，因而时时受到汉廷的侧目，刘安内心的畏惧、忧患之情是非常深切的。汉初士人承战国的流风余韵，奔走于诸侯王之间，以换取衣食并希望得到重用而展示其才能，他们往往聚集在诸侯王周围，与诸侯王形成实际的君臣关系，而疏远甚至对抗中央朝廷，故这些游士为中央朝廷所深恶。随着对诸侯王的猜忌和打击，也势必威胁、摧残到游士自身。聚集在淮南王身边的一批士人，更是受到朝廷的嫉恨，他们内心的忧惧与危机感是相当深重的。徐先生认为，刘安及其宾客正是在此种危机深迫的心态下同著《淮南子》，一方面表达他们烦冤悲愤的心情，另一方面表达他们追求独立自由的愿望。② 但当时学术思想的相对自由，使刘安及其宾客能广泛地集结各家思想，故《淮南子》是以儒、道两家思想为主的杂家。由于刘安及其宾客受专制政治的压制，而迫切要求独立和自由，故他们在《淮南子》中充分发挥老庄"自然无为"的思想。《庄子》追求精神自由的思想最契合刘安及其宾客的心境，所以《淮南子》发挥《庄子》的思想最宏。

通过徐先生的解释，时代背景、刘安及其宾客的创作心态和动机目的与《淮南子》的思想，构成了一个有内在联系的整体。这是具体复杂的、活生生的解释。徐先生笔下的刘安及其宾客都是历史中具体的人物，而不是思想中抽象的人物。他最后说："不过我毫不掩饰地说，我对此书，断续地花费了不少时间，作了三次的资料整理。但一直到我拿起笔来写这篇文章时，我还是抱着

---

① 王云度：《刘安评传》，南京大学出版社1997年版，第15页。
② 徐复观：《两汉思想史》（第二卷），华东师范大学出版社2001年版，第112—113页。

一副厌恶的心理。当我在写的过程中，渐渐发现了那一批以大悲剧收场的宾客们活动的面影，不知不觉地以感激之情，代替了原来的厌恶心理，而在结束这篇文章时，不免感到有一番惆怅。深入到古人的世界以读通一部书，真是太困难了。"① 真正地读懂一部书，不仅是抽象地归纳和概括他们的思想，还要深入到当时的时代中去，深入到他们的内心世界中去。

综上所述，港台学者徐复观是治中国思想史的名家。他治中国思想史的基本方法，是把思想家之抽象的思想与思想家之人格、生平遭遇及其所处的时代背景紧密地结合起来；思想家之活生生的人与活生生的思想构成了"立体的完整生命体"。这种解释具有重要的意义：首先，思想家之思想因与其个人的遭遇、人格及其所处的时代结合起来，而使思想家的思想非常丰富和深刻；且在它们的互动中，展现出思想产生之艰难曲折的动态发展历程。其次，思想家不仅有自己的思想，也有自己独特的人格和独特的人生遭遇，他们是一群有生命的、活生生的人；他们的思想，他们的时代，他们不幸坎坷的人生遭遇，他们的面影和独特的个性情感，是这样的真实感人，而长久地驻留在我们的心中。

参考文献：

［1］陈少明：《经典世界中的人、事、物》，上海三联书店 2008 年版。

［2］徐复观：《中国思想史论集》，上海书店出版社 2004 年版。

［3］王云度：《刘安评传》，南京大学出版社 1997 年版。

［4］徐复观：《两汉思想史》（第二卷），华东师范大学出版社 2001 年版。

［5］徐复观：《中国思想史论集续篇》，上海书店出版社 2004 年版。

［6］徐复观：《两汉思想史》（第一卷），华东师范大学出版社 2001 年版。

［7］徐复观：《两汉思想史》（第三卷），华东师范大学出版社 2001 年版。

［8］黄俊杰：《战后台湾的教育与思想》，台湾东大图书公司 1992 年版。

［9］李维武：《徐复观学术思想评传》，北京图书馆出版社 2001 年版。

---

① 徐复观：《两汉思想史》（第二卷），华东师范大学出版社 2001 年版，第 177 页。

六 “思想史上的伟绩”

——徐复观对刘安及其《淮南子》的解释

吕不韦在秦将统一天下之际，集合其门下的宾客，综合当时流行的各家思想，以撰成《吕氏春秋》。《史记·吕不韦列传》曰：“当是时，魏有信陵君，楚有春申君，赵有平原君，齐有孟尝君，皆下士喜宾客以相倾。吕不韦以秦之强，羞不如，亦招致士，厚遇之，至食客三千人。是时诸侯多辩士，如荀卿之徒，著书布天下。吕不韦乃使其客人人著所闻，集论以为八览、六论、十二纪，二十余万言。以为备天地万物古今之事，号曰《吕氏春秋》。布咸阳市门，悬千金其上，延诸侯游士宾客有能增损一字者予千金。”受吕不韦所作《吕氏春秋》的影响，把汉初思想作另一次大集结的，则为刘安及其宾客所集体著作的《淮南子》。《汉书·淮南衡山济北王传》曰：

> 淮南王安为人好书，鼓琴，不喜弋猎狗马驰骋，亦欲以行阴德拊循百姓，流名誉。招致宾客方术之士数千人，作为《内书》二十一篇，《外书》甚众，又有《中篇》八卷，言神仙黄白之术，亦二十余万言。时武帝方好艺文，以安属为诸父，辩博善为文辞，甚尊重之。每为报书及赐，常召司马相如等视草乃遣。初，安入朝，献所作《内篇》，新出，上爱秘之。使为《离骚传》，旦受诏，日食时上。又献《颂德》及《长安都国颂》。每宴见，谈说得失及方技赋颂，昏暮然后罢。

刘安入朝，是建元二年，《内书》二十一篇，即是《淮南子》，应成书于此年。著《内书》二十一篇的，应属于淮南宾客中的若干人，或即如高诱在《淮南注解叙》中所说的“遂与苏飞、李尚、左吴、田由、雷被、毛被、伍被、晋昌等八人，及诸儒大山、小山之徒，共讲论道德，总统仁义，而著此书"。

《淮南子·要略》曰：

> 若刘氏之书，观天地之象，通古今之事，权事而立制，度形而施宜，原道之心，合三王之风，以储与扈冶，玄眇之中，精摇靡览，弃其畛挈，斟其淑静，以统天下，理万物，应变化，通殊类，非循一迹之路，守一隅之指，拘系牵连之物，而不与世推移也。故置之寻常而不塞，布之天下而不窕。[①]

刘安及其宾客集体所著作的《淮南子》，"可算得思想史上的伟绩"[②]，历代学者进行了不断的解释。根据哲学解释学的观点，解释是解释者视域与文本视域的融合，所谓"视域融合"：一方面是解释者的思想向文本的渗透，另一方面是文本影响了解释者的思想，二者互动的、双向回流的诠释活动创造了新的文本意义。这是解释者结合他自己的时空条件和个人经验，而展开对文本意义的解释，故文本意义具有多元性和开放性。历代学者对《淮南子》的解释正表现出多元性和开放性的特点。

港台学者徐复观先生是治中国思想史的名家。他的《两汉思想史》三卷本对两汉学术思想作了全面而深入的阐释，是20世纪中国学术界研究两汉学术思想的经典著作。《两汉思想史》（第二卷）有一篇《〈淮南子〉与刘安的时代》的文章，其观点多有创新，其解释也具有鲜明的特点。本文通过探讨徐复观对《淮南子》的解释，期望能一叶知秋以窥见徐先生治中国思想史的独特性格。

（一）

刘安是否谋反，这是解释《淮南子》的首要问题。在《史记·淮南衡山

---

① 何宁：《淮南子集释》，中华书局1998年版，第1462—1463页。
② 徐复观：《两汉思想史》（第二卷），华东师范大学出版社2001年版，第108页。

列传》里，司马迁把刘安从世家降为列传，即包含了对刘安的价值评价。就列传的内容来说，司马迁详细地叙述了刘安以及太子迁谋反不法的诸多事实。司马迁在"太史公自序"里又明确地指出："淮南、衡山亲为骨肉，疆土千里，列为诸侯，不务遵藩臣职以承辅天子，而专挟邪僻之计，谋为叛逆，仍父子再亡国，各不终其身，为天下笑。"刘安于元狩元年（前122）因谋反事被诛，其时司马迁20多岁，他对此事的真实情况应该是清楚的。司马迁作《史记》，"其文直，其事核，不虚美，不隐恶，故谓之实录"（《汉书·司马迁传》）。因此，大多数学者认定刘安的谋反是实。①

徐复观先生认为，刘安在帝室中是"二世含冤"的一系，他的"谋反"实际上是朝廷的诬陷。高祖八年（前199），刘邦率兵击韩王信，经过赵国。赵王张敖献美人给刘邦，美人得幸而怀妊。九年，赵相贯高等谋反之事被发觉，汉廷逮捕贯高等人，赵王及美人也一起下狱，美人在狱中生下刘长。美人之弟通过辟阳侯审食其转告高祖，高祖不理会，美人愤恨而自杀。高祖后悔，令吕后收养了刘长。刘长尚在襁褓之中，他的生母就含冤而死。高祖十一年，刘长2岁左右，被封为淮南王。文帝即位（前179），刘长19岁。他"有材力，力能扛鼎"，骄恣任性，因辟阳侯没有为他母亲说情而用铁椎椎杀了辟阳侯。当时，薄太后以及太子大臣皆畏惧刘长，引起了文帝和大臣的猜忌。文帝六年，诸大臣说："长不奉法度，不听天子诏，乃阴聚徒党及谋反者，厚养亡命，欲以有为。"刘长被废迁徙蜀地，在道中发愤不食而死。刘长死后，文帝问袁盎怎么办。袁盎说："独斩丞相御史以谢天下乃可。"徐先生认为，袁盎是朝中大臣，素以忠正显名，他当文帝之面说出此不敬语，而文帝不以为侮，即表明诸大臣是诬陷刘长，刘长的"谋反"实际上是一个冤狱。要之，刘安的祖母和父亲皆含冤而死。刘长有四子，长子刘安，在刘长死时仅6岁。文帝十六年，刘安被封为淮南王。汉武帝即位初年，刘安入朝献所作《淮南内篇》（即《淮南子》），且奉命作《离骚传》。元狩元年（前122），刘安之孙刘建上书汉廷告太子迁谋反，刘安所信任的伍被，"自诣吏，因告与淮南王谋反，反踪迹

---

① 参见金春峰《两汉思想史》，中国社会科学出版社2006年版，第181页；王云度《刘安评传》，南京大学出版社1997年版，第21—23页。

具如此"。公孙弘等大臣以为，"淮南王安甚大逆无道，谋反明白，当伏诛"。刘安自杀，追随在刘安周围的一大批宾客也惨遭屠戮。

《史记·淮南衡山列传》记录了刘安诸多的谋反事实，而司马迁又是以"不虚美，不隐恶，故谓之实录"著称。徐复观如何解释刘安的谋反是出于汉廷的诬陷呢？徐先生认为，《史记·淮南衡山列传》隐含了司马迁的"微言"。他在《论史记》一文中揭示了司马迁"以微言侧笔，暴露人与事真实"的书法。所谓微言，即隐约之言，与彰明较著之言相反。为了不冒犯权势者的忌讳而引起阻挠和灾祸，司马迁以微言的书法暗示历史的真实。《史记·匈奴列传》曰："孔氏著《春秋》，隐、桓之间则彰，至定、哀之际则微。为其切当世之文，而罔褒，忌讳之辞也。"因此，解释者当推见至隐，以把握微言背后的真实内容，这是历史解释的关键。①

首先，徐先生认为，刘安著《淮南子》，作《离骚传》，是一位博学理智之士，但《史记》本传把他写成一个童呆愚稚之辈；二者间的矛盾，即是微言的所在。韩兆琦先生论述《史记》的矛盾性书法说："就是有意造成一种前后文的矛盾，令人读而生疑，以达到披露隐情的目的。"② 建元一、二年，刘安入朝，武安侯田蚡迎之霸上说："方今上无太子，大王亲高皇帝孙，行仁义，天下莫不闻。即宫车一日晏驾，非大王当谁立者！"刘安大喜，"厚遗武安侯金财物。阴结宾客，拊循百姓，为叛逆事"。武帝才即位，只有十七八岁，春秋正富，为何断定武帝不能生子呢？田蚡是武帝的亲舅舅，正受到重用，很难说出这样的话。刘安也不可能相信此话，更不可能因此话而谋叛逆之事。刘安被汉廷削地之后，"诸使道从长安来，为妄妖言，言上无男，汉不治，即喜；即言汉廷治，有男，王怒，以为妄言，非也"。武帝有没有太子当是事实，刘安岂因使者的妄说而或悲或喜？纵然武帝没有太子，帝位也未必为他所有，为何患得患失？这样的淮南王真是一个童稚之人。徐先生认为，《史记》有意造成这种矛盾，即是暗含以上的记录并非事实，而是出于汉廷的诬陷之词。

其次，伍被参与密笏，深受刘安的重用；他与刘安的秘密谋划只有他们两

---

① 徐复观：《两汉思想史》（第三卷），华东师范大学出版社 2001 年版，第 251—252 页。
② 韩兆琦：《史记通论》，广西师范大学出版社 1996 年版，第 59 页。

人知道。后来伍被向朝廷供认，其供词成为刘安谋反的主要证据。徐先生认为，伍被的供词是出于汉廷的严刑逼供，再加以缘饰而伪造出来的"官文书"。司马迁照录此"官文书"，即是暗示汉廷的诬陷之实。

再次，《史记》本传特别记录了胶西王端论议刘安谋反之语："淮南王安废法行邪，怀诈伪心，以乱天下，荧惑百姓，背叛宗庙，妄作妖言。《春秋》曰'臣无将，将而诛'。安罪重于将，谋反形已定。臣端所见其书节印图及他逆无道事验明白，甚大逆无道，当伏其法。"此论议引《公羊传》庄公三十二年"君亲无将，将而诛焉"、昭公元年"君亲无将，将而必诛焉"。"将"，即动机、念头，臣子如果动了弑杀君亲的念头，虽未付之行动，也必须加以诛绝。徐复观先生说："个人立身行己在动机的隐微之地，下一番反省澄汰的功夫，当然是好的。但在政治上，也要追及到动机隐微之地，以此为判罪的原则，则社会上可死者必众，冤死者也必众。"① 这暗示，淮南一狱，胶西王端等大臣追及刘安谋反的内心念头和动机，一方面是没有实证的定谳；另一方面推见动机的隐微之地，是滥杀、冤杀，"所连引与淮南王谋反列侯二千石豪杰数千人，皆以罪轻重受诛"。"谋反形（模样）已定"，即谋反的模样已具备，但没有谋反的行动。这隐含着诬陷、栽赃。汉家往往即是采用这种"莫须有"的罪名来诛杀功臣的。② 胶西王端是一个什么样的人呢？《史记·五宗世家》："端为人贼戾，又阴痿，一近妇人，病之数月。……相、二千石往者，奉汉法以治，端辄求其罪告之，无罪者诈药杀之。……故胶西小国，而所杀伤二千石甚众。"胶西王就是一个衣冠禽兽，他竟然堂而皇之地议论刘安的谋反。司马

---

① 徐复观：《两汉思想史》（第二卷），华东师范大学出版社 2001 年版，第 188 页。

② 《史记·彭越列传》："梁王怒其太仆，欲斩之。太仆亡走汉，告梁王与扈辄谋反。于是上使使掩梁王，梁王不觉，捕梁王，囚之洛阳。有司治，反形已具，请论如法。上赦以为庶人，传处蜀青衣。西至郑，逢吕后从长安来，欲之洛阳，道见彭王。彭王为吕后泣涕，自言无罪，愿处故昌邑。吕后许诺，与俱东至洛阳。吕后白上曰：'彭王壮士，今徙之蜀，此自遗患，不如遂诛之。妾谨与俱来。'于是吕后乃令其舍人告彭越复谋反。廷尉王恬开奏请族之。上乃可，遂夷越宗族，国除。"《史记·淮阴侯列传》："其舍人得罪于信，信囚，欲杀之。舍人弟上变，告信欲反状于吕后。吕后欲召，恐其党不就，乃与萧相国谋，诈令人从上所来，言豨已得死，列侯群臣皆贺。相国绐信曰：'虽疾，强入贺。'信入，吕后使武士缚信，斩之长乐钟室。信方斩，曰：'吾悔不用蒯通之计，乃为儿女子所诈，岂非天哉！'遂夷信三族。"可见，彭越和黥布的"谋反"，皆是有人上告他们有"反形"、"反状"，即反的模样。

迁突出其议，隐含着微言深意。

徐先生根据《史记》本传的"微言"，而论定刘安的谋反是出自汉廷君臣的诬陷，但汉廷为何诬陷刘安而诛之呢？首先，诸侯王的存在始终对大一统的中央集权构成强有力的威胁。诸侯国不仅容易形成割据，越出中央权力之外，而且有为的诸侯王对外招集各地的游民，对内抚爱人民，不断壮大政治经济军事力量，从而觊觎、篡夺皇权。其次，淮南王刘安是一位博学而有为的诸侯王，他招揽宾客著书立说，在淮南形成了一个学术文化中心，此学术中心的繁荣不利于中央朝廷思想文化的一统，同时他们在学术文化上的作为，笼络了一大批贤智之士，流布名誉，从而对皇权专制政治产生大的威胁。《盐铁论·晁错》引桑弘羊之言说："日者淮南、衡山修文学，招四方游士。山东儒、墨咸聚于江淮之间，讲议集论，著数十篇。然卒于背义不臣，谋叛逆，诛及宗族。"徐复观说："汉代诸侯王，发生过与学术有密切关联的两大冤狱，一为淮南王安，另一为东汉的楚王英。他们之死，都是因为宾客与学术、名誉三者结合在一起所造成的。"[①] 再次，刘安是帝室中二世含冤的一系，所以从景帝开始，就对刘安严加防范，武帝更是刻毒猜忌，终诬以谋反而诛之。

（二）

学人在研究《淮南子》时，重视阐释《淮南子》的思想体系。他们虽也涉及《淮南子》产生的时代背景与刘安及其宾客著书的动机和目的，但一方面他们下的工夫甚少，不能予以深入的分析；另一方面他们还不能把时代背景、刘安及其宾客著书的动机和目的与《淮南子》的思想紧密地结合起来。学人常引《淮南子·要略》的首段话：

> 夫作为书论者，所以纪纲道德，经纬人事，上考之天，下揆之地，中通诸理。虽未能抽引玄妙之中才，繁然足以观终始矣。总要举凡，而语不剖判纯朴，靡散大宗，惧为人之惛惛然弗能知也，故多为之辞，博为之

说。又恐人之离本就末也，故言道而不言事，则无以与世浮沉；言事而不
言道，则无以与化游息。

这段话讲得抽象笼统、夸诞诡谲，很难见出刘安及其宾客著书的真实目
的。冯友兰说："他们都是因某些原因不得志于朝廷，聚集于淮南，依附刘安。
他们在学术上发展了黄老之学思想，与官方的儒家学说作斗争；这在学术上与
中央的官方哲学成为对立面。他们反对定儒家为一尊，这在政治上与中央统一
思想的政策成为对立面。"① 此简略指出了刘安及其宾客著书之动机和目的。
徐复观在解释《淮南子》时，特别重视阐释时代背景、刘安及其宾客著书的动
机和目的。

汉廷出于"强干弱枝"的要求，不断限制诸侯王的政治军事权力，削减他
们的土地和人民；诸侯王稍有过失，则深文周纳，不惜以诬陷谋反的卑劣手段
加以诛绝。刘安生活在此一严峻深迫的政治形势下，再加上自己二世冤屈的特
殊背景，因而时时受汉廷的侧目，刘安内心的畏惧、忧患之情是非常深切的。
汉初士人承战国的流风余韵，奔走于诸侯王之间，以换取衣食并希望得到重用
而展示其才能，他们往往聚集在诸侯王周围，与诸侯王形成实际的君臣关系，
而疏远中央朝廷，有的士人甚至鼓动诸侯王割据一方。这些游士为中央朝廷所
深恶。随着对诸侯王的猜忌和打击，也势必威胁、摧残到游士自身。聚集在淮
南王身边的一批士人，更是受朝廷的嫉恨，他们内心的忧惧与危机感是相当深
重。徐先生认为，刘安及其宾客正是在此种危机深迫的心态下同著《淮南
子》。《淮南子·俶真训》曰："故世治则愚者不能独乱，世乱则智者不能独
治。身蹈于浊世之中，而责道之不行也，是犹两绊骐骥，而求其致千里
也。……今矰缴机而在上，网罟张而在下，虽欲翱翔，其势焉得？"这是把他
们所受的由朝廷而来的压迫，所感的由形势而来的危机，完全透露了出来。
《人间训》通篇强调生死祸福的无常。"患祸之所由来者，万端无方，是故圣
人深居以避辱，静安以待时。小人不知祸福之门户，妄动而絓罗网，虽曲为之
备，何足以全其身。"圣人因预知祸福而得以避害，但凡夫俗子对于祸福的转

<hr />

① 冯友兰：《中国哲学史新编》（中），人民出版社 1998 年版，第 154 页。

化是无能为力的，只有"妄动而致罗网"的悲惨结局。"福之与祸，祸之为福，化不可极，深不可测。"祸福之转化不可知，更不是由自己控制的。"夫人伪之相欺也，非直禽兽之诈计也。"只有勘破了人与人之间的关系连禽兽都不如，才可"有以倾侧偃仰世俗之间，而无伤乎蟊贼螫毒者也"（《淮南子·要略》）。徐复观先生说："这种对人生迷惘惴慄窥伺的情性，也正是随危机感而来的无可奈何的反映，也说明虚无主义形成的根源。"[①]

由于刘安及其宾客时时处于危惧之中，故他们迫切要求向中央朝廷表达其忠信而遭受猜忌的悲怨心情。根据《汉书》本传，刘安首次入朝见武帝时，武帝让刘安作《离骚传》，刘安"旦受诏，日食时上"。这表明刘安及其宾客对屈原的人生遭遇以及诗文有相当深入的研究。汉初君臣多是楚人而好楚辞，这是事情的一方面；另一方面刘安及其宾客喜欢屈原，是因为屈原"忠而被谤，信而见疑"的人生遭遇正与他们相同，因而产生了强烈的共鸣。徐复观认为，《史记》屈原本传"国风好色而不淫，小雅怨诽而不乱。若《离骚》者，可谓兼之矣。……其志洁，故其称物芳。其行廉，故死而不容。自疏濯淖污泥之中，蝉蜕于浊秽，以浮游尘埃之外，不获世之滋垢，皭然泥而不滓者也。推此志也，虽与日月争光可也"数句是采自刘安的《离骚传》，其叙述中流露出来的"信而见疑，忠而被谤"的烦冤悲愤之情，不仅是表白屈原，实际上也是表明他自己，这正是把他处境的困惑以及心理的危机感，向一位新即位的青年皇帝投诉。[②]

文景两帝实行"强干弱枝"的政策，不断侵削诸侯王的权力和土地，以加强大一统的中央集权。诸侯王的独立自由受到很大的限制。在此种压迫和限制下，刘安及其宾客一方面要求中央朝廷给予诸侯国更多的独立自由，另一方面，他们因在现实中的压制而渴望追求精神的自由。徐复观说："淮南宾客，因处境之危，被压迫之感愈甚，因而在精神上要求解放的希望，较当时一般知识分子更甚。在典籍中，代表这种精神解放而获得精神自由的思想，只有《庄子》。这便使他们觉得《庄子》是他们的代言人，而产生了特别亲切的感觉。

---

① 徐复观：《两汉思想史》（第二卷），华东师范大学出版社2001年版，第113页。
② 同上书，第112页。

游、天游、逍遥游,都是《庄子》对精神解放、精神自由的形容,所以在《淮南子》中,出现了不少来自《庄子》的相同观念。"① 刘安有《庄子略要》、《庄子后解》两书。② 今虽不可见,但由此可知刘安及其宾客在思想上与庄子的契合之深。刘安及其宾客的政治愿望是中央朝廷采取自然无为的政策,给予各诸侯国自由发展的空间,于是他们充分地发挥老庄自然无为的思想。《淮南子·原道训》:"夫有天下者,岂必摄权持势,操杀生之柄,而以行其号令耶?吾所谓有天下者,非谓此也,自得而已。"淮南宾客对世俗的政治、权势表现出极大的鄙视态度,他们要追求的是精神的"自得"(得其本性)和自由。徐先生说,《淮南子·齐俗训》"更夸大《庄子·齐物论》的一部分思想,而强调各地礼俗不同,但皆有同等的价值,不必劳心用力去加以统一,借以表达他们地方分权的愿望"③。淮南宾客要求汉廷不要实行政治思想一统的政策,而承认各地礼俗文化的平等价值,以保持诸侯王及其宾客在所封国内有自由活动的可能,亦即有独立存在的可能。

《淮南子》的写作特色是铺陈繁缛、瑰丽浮夸,这主要受两方面的影响。一是当时作赋风气的盛行,他们把作赋的铺陈瑰丽手法运用到《淮南子》的著作中。刘安及其宾客都善于作赋,一看《汉书·艺文志》所著录他们的诗赋即可知道。二是他们受《庄子》充满"谬悠之说,荒唐之言,无端涯之辞"瑰玮文风的影响。在这种夸诞诡谲的语言后面,他们有没有真实的要求?徐先生认为,由于受专制政治的猜忌和打击,刘安及其宾客不能显明地表现他们内心的真实要求,故他们通过铺陈瑰丽的言辞隐秘地表达他们危机深迫、烦冤悲愤的心情与追求独立自由的动机和目的。

综上所述,徐复观先生在解释《淮南子》时,具体深入地分析了刘安及其宾客著书的心态、动机和目的:他们在危惧深迫的危机中同著《淮南子》,他们表达了"信而见疑,忠而被谤"的悲怨情绪,他们渴望追求精神的自得和

---

① 徐复观:《两汉思想史》(第二卷),华东师范大学出版社 2001 年版,第 120 页。

② 《文选》之谢灵运《入华子冈是麻源第三谷》诗注、江文通《许徵君询》诗注、任彦昇齐竟陵王《齐竟陵文宣王行状》文注,皆引用淮南王《庄子略要》;《文选》之张景阳《七命》诗注,引用淮南王《庄子后解》。

③ 徐复观:《两汉思想史》(第二卷),华东师范大学出版社 2001 年版,第 121 页。

自由。

（三）

《淮南子》是不是"杂家"？学术界颇有争论。《汉书·艺文志》把《淮南子》归为杂家，且谓杂家是杂取儒墨名法诸家，"漫衍而无所归心"。班固之说遭到了多数《淮南子》研究者的批评；他们认为，《淮南子》不是杂家，而是黄老新道家。① 冯友兰先生说："从这两个标准看（有没有一个中心思想，是否以客观实在为对象），都不能说刘安是杂家，他有一个中心思想，那就是黄老之学。"② 冯先生认为，《淮南子》的思想是汉初的黄老之学，黄老之学即是司马谈所说的道德家，它兼容各家思想，但不是一个拼盘。冯先生引《淮南子·要略》"故言道而不言事，则无以与世浮沉；言事而不言道，则无以与化游息"，说明《淮南子》思想与先秦道家并不相同，是因为先秦道家超乎尘表之外而不谈社会的具体事物。

徐复观在阐释《淮南子》思想时，提出了许多新的见解。他说："《淮南子》一书中对当时思想的大集结，乃来自刘安宾客中的包罗宏富，而皆有平等发言的机会。当然其中是以儒道两家为主。……决非是出自道家一家的思想性格或企图。"③《淮南子》集结了当时的各家思想，其中以道家和儒家为主。儒道两家虽然在某些方面可以相互毗连，但在主要方面是各有分界、相互对立的，因而以道家根本地消融儒家思想是不可能的。因为《淮南子》思想的特殊性，即没有一个贯穿全篇的中心思想，所以徐复观在解释《淮南子》时又表现出方法的特殊性。他说："因书中儒、道两家思想的平流竞进，甚至有的是矛盾对立，不可能构成一个像《要略》所说的严密系统。……所以我想换一个角度，从全书中思想分野的角度，来探索全书的结构。"④ 儒道两家思想的分野，

---

① 参见杨有礼《信道鸿烈——〈淮南子〉与中国文化》，河南大学出版社 2001 年版，第 28—31 页；王云度《刘安评传》，南京大学出版社 1997 年版，第 21—23 页。

② 冯友兰：《中国哲学史新编》（中），人民出版社 1998 年版，第 154—155 页。

③ 徐复观：《两汉思想史》（第二卷），华东师范大学出版社 2001 年版，第 176—177 页。

④ 同上书，第 117—118 页。

主要是儒道的抗争、对立，这首先表现在对仁义礼乐的看法。《俶真训》曰："是故道散而为德，德溢而为仁义，仁义立而道德废矣!"《本经训》曰："是故知神明，然后知道德之不足为也；知道德，然后知仁义之不足行也；知仁义，然后知礼乐之不足修也。"此皆发挥《老子》三十八章"故失道而后德，失德而后仁，失仁而后义，失义而后礼。夫礼者忠信之薄而乱之首"的思想。《主术训》："国之所以存者，仁义是也。人之所以生者，行善是也。"《泛论训》曰："故仁以为经，义以为纪，此万世不更者也。"这分明是属于儒家的思想。儒道思想的分野，其次表现在对待学问知识的态度上。道家认为，学问知识扰乱精神，使精神得不到自由解放，《老子》四十八章"为学日益，为道日损"。《精神训》："藏《诗》、《书》，修文学，而不知至论之旨，则拊盆叩瓴之徒也。"这是发挥老子的思想。《修务训》在学问的问题上，多发挥《荀子·劝学》之旨，对道家反学的态度，提出正面的批评。再次，儒道思想最大的分野，则是表现在政治问题上面。《淮南子》中，凡是属于道家思想的，例如《原道训》，无不强调老子的无为而治。而《修务训》则从正面反驳："或曰：'无为者，寂然无声，漠然不动，引之不来，推之不往，如此者，乃得道之像。'吾以为不然。尝试问之矣：若夫神农、尧、舜、禹、汤，可谓圣人乎？有论者，必不能废。以五圣观之，则莫得无为明矣。"要言之，徐复观先生运用儒道分野的方法，很切合《淮南子》杂家的特性，其解析有相当的条理性和严密性；他以《淮南子》为杂家，是有坚实的根据的。

《淮南子》为何表现出儒道两家并立的特征呢？徐先生认为：首先是受当时学术背景的影响。西汉初年，道家思想在朝廷与社会上都有极大的势力；而儒家思想虽没有在朝廷得势，但是作为秦代焚书以后的反弹作用，在社会上已有强大的势力。《淮南子》成书于建元一、二年之前，这是一个对学术的评断一委之于各人的自由，而没有受到朝廷直接、间接影响的时代。因此，《淮南子》一书，不仅采集宏博，而且儒家思想在《淮南子》一书中所占的地位，深入地看并不次于道家。① 其次，刘安宾客中应分为两大类：一类是以道家思想为主的，即高诱《序》说的苏飞、雷被、伍被等八人；二类是诸儒大山、小

---

① 徐复观：《两汉思想史》（第二卷），华东师范大学出版社 2001 年版，第 113—115 页。

山之徒,他们皆有平等发言的机会,因而《淮南子》出现了儒道互相抗拒的情形。

《淮南子》是以儒道两家思想为主的杂家,道家思想居于重要的地位,那么其道家是老庄的原始道家,还是汉初流行的黄老新道家?徐复观说,《淮南子》中的道家思想,于当时流行的道家思想,有一个很大的界域;汉初所承继的战国中期以后的道家思想,乃属于黄老并称这一系,它是把权谋术数以及方技迷信掺进原始道家中,是原始道家思想的变形;《淮南子》的道家是老庄的原始道家,不是汉初流行的黄老思想,不是司马谈《论六家要旨》所说的"因阴阳之大顺,采儒墨之善,撮名法之要"的道德家。这是对冯先生观点的否定。徐复观列举了以下几个理由。一是黄老尊崇道家的本祖黄帝,但《淮南子》不重视黄帝。二是《淮南子》中道家的无为而治,与西汉初年由盖公所进言于曹参的并不相同;《淮南子》的无为而治,是彻底的老庄思想,涉及整个政治基本问题的无为而治。三是高诱谓"其旨近《老子》",《要略》"考验乎老庄之要"。徐先生说:"书中引用《庄子》一书之多,及发挥庄子思想之宏,古今未有其比。至传刘安有《庄子略要》及《庄子后解》两书,今虽不可得见,亦不难由此可知刘安及其宾客在思想上与庄子契合之深,成为《淮南子》在西汉思想中的突出地位。"①《淮南子》的道家是老庄的原始道家,且庄子的思想处于更突出的地位。徐先生列出三个原因:其一,《庄子》是一部伟大而浪漫的文学作品,刘安及其宾客偏好辞赋,便自然地陶醉于《庄子》瑰玮诡谲的文风中,且以此表现其隐秘的内心要求。其二,《庄子》所表现的精神自由解放思想,正契合淮南宾客追求独立自由的心境。其三,淮南宾客夸大《齐物论》中的部分思想,以表达他们地方分权的愿望。

(四)

通过以上的分析,我们认为,徐复观在解释《淮南子》时,表现出两个基本的特性。首先,从解释的内容来看,徐先生突出了西汉大一统的皇权专制政

---

① 徐复观:《两汉思想史》(第二卷),华东师范大学出版社2001年版,第114页。

治对刘安及其宾客的压制和打击。淮南王刘安是帝室中"二世含冤"的一系，他的谋反实际上是出于朝廷的诬陷。皇权专制不能允许诸侯王的存在，更不能允许有为的诸侯王的存在。淮南王刘安好读书鼓琴，博学多才，在政治上有作为，在生活上能奋发向上，尤其在学术上有深厚的修养，在他周围形成了以儒道两家为主的文学集团，这当然触犯了专制者的大忌。武帝以及诸大臣诬以谋反的罪名，"坐死者数万人"（《史记·平准书》）。徐先生沉痛地说："几万人的大屠杀，不仅摧毁了此一学术中心，并且也阻吓消灭了知识分子在思想上、在生活上一切带有一点选择自由的可能性。"① 刘安及其宾客深切地感受到大一统皇权专制政治的压力，他们在危惧深迫的心境下共同著书，在《淮南子》中表达了他们追求精神自由的心声。

以上解释与徐复观的一贯思想是相通的。他在写《两汉思想史》时开宗明义地说："两汉思想，对先秦思想而言，实系一种大的演变。演变的根源，应当求之于政治、社会。尤以大一统的一人专制政治的确立，及平民氏性的完成，为我国尔后历史演变的重大关键；亦为把握我国两千年历史问题的重大关键。"② 徐先生指出了专制政治的几种毒性：专制皇帝的地位至高无上，几乎是人间的至上神；严刑酷罚是专制政治立国的基本精神；一切人民在专制政治下皆处于服从的地位，不允许在皇帝支配之外，保有独立乃至反抗性的社会势力；专制政治，不能允许其他人有自由意志，不能有自由发展的学术思想。③ 徐先生在《西汉知识分子对专制政治压力感》一文中，不遗余力地挞伐专制政治对知识分子的打击和摧残。知识分子没有政治选择的自由，没有思想和精神的自由。他们深切地感受到专制政治的压力，他们通过著书作文以表达他们内心的痛苦悲愤以及真实的要求。徐先生说："当然在四百三十余年中，知识分子的压力感，可以是来自多方面的。但以由大一统的一人专制政治而来的压力，才是根源性的压力，是主要的压力。因此，对此种大一统的一人专制政治的彻底把握，应当是了解两汉思想史的前提条件，甚至也是了解两汉后的思想

---

① 徐复观：《两汉思想史》（第一卷），华东师范大学出版社 2001 年版，第 108—109 页。
② 同上书，第 13 页。
③ 同上书，第 80—88 页。

史的前提条件。"①

　　其次，从解释《淮南子》的方法来看，徐先生不仅重视对《淮南子》产生时代的政治学术背景与刘安及其宾客著书的动机和目的之分析，而且把它们与《淮南子》思想阐释紧密地结合起来。《淮南子》的研究著作，很少把《淮南子》的思想与刘安及其宾客生活的时代和人生遭遇内在地联系起来。这里有两种表现：一是把《淮南子》看作一部哲学的著作，脱离其产生的历史脉络而抽象地概括其主要思想。冯友兰先生的《中国哲学史新编》和金春峰先生的《汉代思想史》皆采用这种方法。二是虽排列了《淮南子》的时代背景、刘安及其宾客的生活情况，但没有建立其与《淮南子》思想的内在关联。有的解释者希望找出它们之间的联系，但使之惶惑的是，《淮南子》标榜自然无为，而他们现实之目的是谋反复仇，这不啻两相背离。王云度说："可是，刘安及其群臣宾客在政治上图谋不轨的行径，显然是与他们所撰《淮南子》的思想观点不符的。……所以如何把图谋不轨的诸侯王与具有道家'自然'、'无为'思想的思想家、讲究'养生'、'全性'的神仙家统一起来认识，就成为全面、正确评价刘安的关键性观点。"② 王先生提出此一关键点，但终其全书也未给予合理的解释。

　　徐复观的文章，首先分析了《淮南子》时代的政治学术背景，一是专制皇权对诸侯王的压制和打击，二是学术思想的相对自由。专制皇权的压制和打击，使刘安及其宾客恐惧和惶惑，他们在危惧深迫的心态下同著《淮南子》，一方面表达他们烦冤悲愤的心情，另一方面表达他们追求独立自由的愿望。学术思想的相对自由，使刘安及其宾客能广泛地集结各家思想。当时，儒家思想在社会中有较大的势力，故《淮南子》的儒家思想具有重要的地位。由于刘安及其宾客受专制政治的压制而迫切要求独立和自由，故他们在《淮南子》中充分发挥老庄"自然无为"的思想。《庄子》追求精神自由的思想最契合刘安及其宾客的心境，所以《淮南子》发挥《庄子》的思想最宏。通过徐复观的解释，时代背景、刘安及其宾客的创作心态、动机和目的与《淮南子》的思想构

　　① 徐复观：《两汉思想史》（第一卷），华东师范大学出版社 2001 年版，第 173 页。
　　② 王云度：《刘安评传》，南京大学出版社 1997 年版，第 15 页。

成了一个具有内在联系的有机整体。这种解释是具体复杂的、活生生的解释。徐复观先生说:"但一直到我拿起笔来写这篇文章时,我还是抱着一副厌恶的心理。当我在写的过程中,渐渐发现了那一批以大悲剧收场的宾客们活动的面影,不知不觉地以感激之情,代替了原来的厌恶心理,而在结束这篇文章时,不免感到有一番怅惘。深入到古人的世界以读通一部书,真是太困难了。"①这是来自于徐先生深切体验的一段话。他笔下的刘安及其宾客,都是历史中具体的人物,而不是思想中抽象的人物。当我们读完此篇,心里同样活动着刘安及其宾客的面影,他们的思想、时代、个性和情感长久地留在我们的心中。

徐先生认为,思想史的研究不仅是一堆概念的分析和建构,此种抽象的东西,与具体的生命总有一段距离,古人的思想活动乃是有血有肉的具体存在;因此,由古人的书发现其思想之后,更要由其抽象的思想见到在其思想后面活生生的人,看到此人精神成长的过程,看到此人所受时代的影响,从而把古人的思想与其活生生的时代以及具体的生命紧密地结合起来。港台学者黄俊杰认为,徐先生此种解释方法是"结构的整体性":古人的思想与当时的现实之间,经由不断地互动而形成一个结构的整体;思想或观念不是象牙塔里的概念游戏,而是思想家面对现实问题苦思冥想的成果,故思想史研究必须处处顾及思想家所生存的具体的社会政治环境。②

综上所述,徐复观先生在解释《淮南子》时多有创见:其一,刘安在帝室中是"二世含冤"的一系,他的"谋反"实是朝廷的诬陷;其二,刘安及其宾客是在危惧深迫的心态下同著《淮南子》,他们以浮夸瑰玮的语言,表达其烦冤悲愤的感情和追求独立自由的心愿;其三,《淮南子》是集结各家思想的"杂家",以儒、道两家为主,道家并不是汉初的黄老新道家,而是老庄的原始道家,《庄子》思想更占有突出的地位。徐复观在解释《淮南子》时表现出两个基本的性格:一是从解释的内容来看,徐先生突出了西汉大一统的皇权专制政治对刘安及其宾客的压制和打击;二是解释方法上的"结构整体性",即把抽象的思想与活生生的时代以及具体的生命紧密地结合起来。

---

① 徐复观:《两汉思想史》(第二卷),华东师范大学出版社 2001 年版,第 177 页。
② 黄俊杰:《战后台湾的教育与思想》,台湾东大图书公司 1992 年版,第 366—368 页。

参考文献：

［1］何宁：《淮南子集释》，中华书局 1998 年版。

［2］徐复观：《两汉思想史》（第二卷），华东师范大学出版社 2001 年版。

［3］徐复观：《两汉思想史》（第三卷），华东师范大学出版社 2001 年版。

［4］韩兆琦：《史记通论》，广西师范大学出版社 1996 年版。

［5］徐复观：《两汉思想史》（第一卷），华东师范大学出版社 2001 年版。

［6］冯友兰：《中国哲学史新编》（中），人民出版社 1998 年版。

［7］王云度：《刘安评传》，南京大学出版社 1997 年版。

［8］黄俊杰：《战后台湾的教育与思想》，台湾东大图书公司 1992 年版。

七　"贬天子,退诸侯,讨大夫"

——徐复观对《史记》的"突出"解释

港台著名学者徐复观先生是治中国思想史的名家。他在《研究中国思想史的方法与态度问题》一文中说:

> 任何解释,一定会比原文献上的范围说得较宽、较深,因而常常把原文献可能含有但不曾明白说出来的,也把它说了出来。不如此,便不能尽到解释的责任。所以有人曾批评我:"你的解释,恐怕是自己的思想而不是古人的思想。最好是只叙述而不解释。"……对古人、古典的思想,常是通过某一解释者的时代经验,某一解释者的个性思想,而只能发现其全内涵中的某一面、某一部分,所以任何人的解释不能说是完全,也不能说没有错误。但所谓解释,首先是从原文献中抽象出来的。①

所谓解释,法国哲学家利科尔以为:"在于于明显的意义里解读隐蔽的意义,在于展开暗含在文字意义中的意义层次。"② 文本的思想意义是隐藏在文字材料后面的一个相当丰富复杂的"意义体"。任何解释者都不可能穷究文本的所有意义,而只是侧重于某些意义的深入阐发。解释者"突出"文本的某些意义:一方面是由于文本蕴涵这些意义,尽管其在文本中可能是间接、隐微的;另一方面,解释者又具有这样的先见、前见。德国哲学家伽达默尔认为,

---

① 徐复观:《中国思想史论集》,上海书店出版社2004年版,第3页。
② 参见洪汉鼎《诠释学——它的历史和当代发展》,人民出版社2001年版,第299页。

"突出"一种东西,正是前见所发挥的作用,也是视域的聚焦。①"突出"的内容,是解释者感受得最深、理解得最透,而与解释者的主观先见、前见深相契合,所以解释者不遗余力地予以发挥。陶渊明在《五柳先生传》里说:"好读书,不求甚解;每有会意,便欣然忘食。"所谓"会意",即读者的心意与文本的内容交相融合,故读者欣然忘食。徐复观说,解释者常常是通过自己的时代经验、个性思想来解释文本,且解释是从文本中抽象出来。这是哲学解释学所说的"视域融合"(fusion of horizons),即解释者的视域与文本的视域从冲突走向融合:一方面是解释者的思想向文本渗透,另一方面是文本影响了解释者的思想,二者互动的、双向回流的解释活动创造了文本的意义。这是解释者结合他自己的时空条件和个人经验,而展开对文本意义的解释。台湾学者黄俊杰先生说:"在徐先生看来,古代思想家的思想体系对于研究者而言,并不是一种对象性的存在。相反的,两者间是一种互为主体性的关系。研究者愈深入于自己的主体性,愈能进入他研究的古人的思想世界;而愈深入于古人的主体性的研究者,也愈能拓深自己的主体世界。"②古代思想家的思想不是一种对象性的存在,而是与徐先生构成了互动、互渗和互融的关系,即"互为主体性的关系"。

徐先生对司马迁《史记》情有独钟。他有《论〈史记〉》一文,长达八万余字,对司马迁《史记》展开了独特而创新的阐释。他还有《〈史〉、〈汉〉比较研究之一例》一文,五万多字,对《史记》、《汉书》的不同特性进行了深入的比较研究。③本文将探讨两个问题:一是徐先生在《史记》的解释中主要"突出"了哪些内容?这些内容有何重要意义?二是他所"突出"的内容,与他本人的主观先见、前见究竟有何关联?

(一) 作史的原因

司马迁为何要作《史记》?这是解释者首先需要回答的问题。一般认为,

---

① 参见王中江《"原意"、"先见"及其解释的"客观性"》,收入胡军等主编《诠释与建构》,北京大学出版社 2001 年版,第 193 页。

② 黄俊杰:《战后台湾的教育与思想》,台湾东大图书公司 1993 年版,第 365 页。

③ 这两篇文章皆见于徐复观《两汉思想史》(第三卷),华东师范大学出版社 2001 年版。

司马迁作史的原因："司马氏世典周史"的家族传统，父亲司马谈的临终遗言，因李陵之祸的个人遭遇而发愤著书等。但徐先生"突出"了司马迁所处的时代对他作史的巨大激发作用：

> 加强史公作史之动机，加深史公对历史之认识，及激发他对人类的责任感，乃在他所处的时代。对自己所处的时代麻木不仁、无所感觉的人，即是不能深入历史、把握历史的人。①

司马迁所处的时代，是皇权的专制政治尽量发挥其毒性的时代，也是西汉由盛转衰的时代。汉兴，经过六七十年的休养生息，无为而治，到武帝即位初年，国力相当强盛。武帝不恤民力、财力，疯狂地向四夷征伐、扩张。伐匈奴是当时的第一件大事，武帝会合全中国数十年储蓄的力量从事征伐匈奴，用将一决于内宠，使国家人民蒙受了莫大的损失和痛苦，故当时史公的心情大有"能言反对匈奴者，皆圣人之徒也"的慨叹。武帝彻底破坏了宰相制度，以加强大一统的一人专制的皇权，由此以凸显他的才智和好恶，而抑压天下人的才智和好恶。武帝的穷兵黩武消耗了大量的社会资材，他还破坏财经制度，不择手段地搜刮财富，导致了官场的腐败、社会政治的混乱。《平准书》："入物者补官，出货者除罪，选举陵迟，廉耻相冒，武力进用，法严令具。兴利之臣自此始也。"武帝又实行严刑酷罚的残暴政治。概括地说，武帝因席丰履厚而生奢泰之心，又由奢泰之心而生穷兵黩武之念，因穷兵黩武而大量消耗国家社会的资材，因大量消耗国家的资材而采取特殊的财经政策，因特殊的财经政策而破坏了政治社会的正常结构，因破坏了政治社会的正常结构而民不聊生，引起各地的盗贼蜂起，便不能不依靠严刑酷罚的酷吏之治、屠杀之政。

徐先生说："上面种种由盛而衰的混乱、残酷、破灭等情形，皆为史公所身历，不能不给史公以巨大冲击，形成了他思想的消极一方面的纲维，加强了他作史的动机，并决定了他作史的'思来者'的宏愿。他所作的史始于黄帝，但作史的精神，乃特注于汉代。不了解他由时代所给予他的冲击，便不能了解

---

① 徐复观：《两汉思想史》（第三卷），华东师范大学出版社 2001 年版，第 191 页。

他写汉代史时所作的部署，这点在后面还要提到。《史记》中史公自言流涕垂涕者各一，言废书而叹者三。像这类由时代冲击而透入于历史中所流的眼泪和叹声，岂仅是个人遭遇所能解释？"①

时代的动乱，现实的灾难，大大激发了司马迁的理性良心。他关注时代，忧患时代，担当时代。他想通过作史，尤其是作当代史，来揭露和批判专制政治的各种弊端，来为苦难深重的人民奔走呼号，来为现实的社会指明将来的发展方向。司马迁对动乱时代关切愈深，就愈能深入其中，而愈能透视动乱时代的真实本质，就愈能增强他对人类的责任感。汉代承用秦法为治，至武帝时刑法异常残酷，形成了他这一代的酷吏政治。《酷吏列传》叙列了张汤等数十位酷吏，一个比一个下流，一个比一个残暴，但武帝皆以为能。酷吏王温舒嗜杀成性，"至流血十余里"，他尚且不足而叹曰："嗟乎，令冬月益展一月，足吾事矣！"武帝闻之，"以为能，迁为中尉"。徐先生说，史公在人民惨怛呼号的巨大悲声中，要暴露武帝"内多欲而外施仁义"的政治真实内容，要描写酷吏政治之狰狞黑暗的本来面目，要说明这种残暴政治皆出于"上以为能"的武帝主动要求，要指出酷吏政治必使正常政治的运行归于荒废，使社会堕落成人间地狱；史家最大的良心，莫大于为亿万人民呼冤求救，《酷吏列传》的成立，乃史公最大的历史良心的表现。

今人常以为司马迁因李陵之祸的个人遭遇而发愤著书，其实这并未把握司马迁"发愤"的实质内容。司马迁所发的愤，不是一己遭遇不幸的私愤，而是站在国族人民的立场上批判武帝之专制残暴政治的公愤。徐先生说："史公说'故述往事，思来者'，'述往事'这是他所作的史。'思来者'，是想到人类将来的命运，这是他作史的动机及他想通过作史以尽到对人类的责任。这种沉郁着万均之力的三个字，一再从他口里说出来，是能由他个人的遭遇所能说明的吗？"②

徐先生"突出"了动乱时代对司马迁作史的重大影响及司马迁对时代关注、忧患和担当的精神。这正与他的时代经验和人生际遇契合。徐先生生活在

---

① 徐复观：《两汉思想史》（第三卷），华东师范大学出版社2001年版，第193页。

② 同上书，第191页。

20世纪中国最为动荡的时代。这位来自湖北东部巴河流域的农家子弟，早年求学于浠水、武昌、日本，继则投身军旅，参加抗战，进而进入政界，参与密笏，与国共两党的最高领袖接触。国民党在大陆失败后，他流亡于台港，终于走上学问之途，成为新儒家的重镇。时代的巨变以及动乱灾难，激发了他忧患和担当社会政治和文化的责任感，激发了他力图在政治上反对专制暴政而倡导民主政治、在文化上肯定儒家道德精神的理性良心。他说："一切知识分子所担当的文化思想，都可以说是他们所生存时代的反映。"① 台湾学者韦政通认为，徐先生面对动荡混乱的时代，发愤而起，展开了他"卫道论政的志业"，即"以传统主义卫道，以自由主义论政"②。

徐复观先生说：

> 我之所以拿起笔来写文章，只因身经巨变，不仅亲眼看到许多自以为是尊荣、伟大、骄傲、光辉的东西，一转眼间便都跌得云散烟消，犹如鼠肝虫臂，并且还亲眼看到无数的纯朴无知的乡农村妪，无数的天真无邪的少女青年，有的根本不知今是何世，有的还未向这世界睁开眼睛；也都在一夜之间，变成待罪的羔羊，被交付末日的审判……凡这种种，并非历史中的神话，而是一个人亲身的经历；则作为"盖人心之灵，莫不有知"的我，对此一巨变的前因后果，及此一巨变之前途归结，如何能不认真地去想，如何能不认真地去看，想了看了以后，在感叹激荡的情怀中，如何能不把想到看到的千百分之一，倾诉于在同一遭际下的人们之前。所以我正式拿起笔来写文章，是从民国卅十八年开始。③

20世纪多灾多难的中国催逼出了徐先生的那颗"感愤之心"④。所谓感愤之心，即是由灾难深重的时代激发出来的对于历史文化和社会政治危机的忧患

① 徐复观：《两汉思想史》（第一卷），华东师范大学出版社2001年版，第116页。

② 参见何信全《儒学与现代民主》，中国社会科学出版社2001年版，第113页。

③ 徐复观：《中国人的生命精神》，华东师范大学出版社2004年版，第303页。

④ 台湾学者黄俊杰认为，徐复观的"感愤之心"主要来自于时代巨变的深切感受，另一个可能的精神来源则是司马迁的启示。参见《战后台湾的教育与思想》，台湾东大图书公司1992年版，第350页。

意识和理性的批判精神。徐先生说："在悲剧时代所形成的一颗感愤之心，此时又逼着我不断地思考文化上的问题，探讨文化上的问题，越发感到'学术亡国'的倾向，比其他社会政治问题更为严重……我以感愤之心写政论性的文章，以感愤之心写文化评论性的文章，依然是以感愤之心，迫使我作闭门读书的工作。最奈何不得的就是自己这颗感愤之心。"① 这与司马迁发愤著书的思想是息息相通的。

（二）作史的精神

司马迁作史的精神是什么呢？徐先生认为，史公对"明圣盛德"、"功臣贤大夫"也作了一番发现和表彰的功夫，但在他作史的精神中占的分量不大；史公作史的精神，主要是"贬天子，退诸侯，讨大夫"，即对政治权威的理性批判精神；《史记》之所以成为"实录"的原因在此，《史记》之所以有千古不磨的真价值的原因也在此。② 造成社会动乱和人民苦难的真正原因是天子、诸侯、大夫的政治权威；历史所受的最大歪曲与是非的淆乱，也同样来自天子、诸侯、大夫的政治权威。作为史家，如果没有"贬天子，退诸侯，讨大夫"的精神，则历史的真相不明，是非不辨，人民的痛苦不伸。史公具有清明的理性批判精神，不仅能透过历史的表面复杂假象而看到历史的真实，这是他史识、史才的表现；而且不惧怕政治权威的压制打击，敢于暴露专制政治的腐朽黑暗，敢于批判政治权威的失道、失德，敢于揭示为政治权威所掩盖的历史真相，这是他史德的突出表现，即史家的历史良心。徐复观先生在《〈史〉、〈汉〉比较研究之一例》一文中说，《史记》、《汉书》的优劣并不在于是断代还是通代，而主要表现在他们作史的精神：班固作《汉书》是尊汉、颂汉，抱着"天下为汉"的思想，为汉代统治者著书，历史的是非得失放在汉家统治者面前衡定，故他对西汉的专制政治缺乏理性的批判精神，有时为了尊崇汉室，不惜掩盖历史的真实甚至歪曲历史；司马迁是抱着"天下为公"的思想，是为

---

① 徐复观：《中国人的生命精神》，华东师范大学出版社 2004 年版，第 309—310 页。
② 徐复观：《两汉思想史》（第三卷），华东师范大学出版社 2001 年版，第 196 页。

了人类将来的命运着想，是非得失皆放在人类的命运之前衡定，故他敢于批判汉代的政治权威。①

徐复观在解释司马迁所谓"究天人之际"时，特对"天"作出了深入的阐释。他认为，司马迁所说的天，与董仲舒强调的天，虽都能给人类以巨大的影响，但董氏的天是理性的，所以天对人的影响，也是合乎理性的，因而是可以通过人的理性加以解释的；司马迁之天所加于人的影响，只是一种神秘之力所加于人的影响，不能以人的理性加以解释，因而天是非理性的。② 司马迁将人类历史中不能用理性予以解释的现象称为天，即他的《悲士不遇赋》所谓"天道微哉"。《伯夷列传》曰：

> 或曰："天道无亲，常与善人。"若伯夷、叔齐，可谓善人者非邪？积仁洁行如此而饿死！且七十子之徒，仲尼独荐颜渊为好学。然回也屡空，糟糠不厌，而卒早夭。天之报施善人，其何如哉？盗跖日杀不辜，肝人之肉，暴戾恣睢，聚党数千人横行天下，竟以寿终。是遵何德哉？此其尤大彰明较著者也。若至近世，操行不轨，专犯忌讳，而终身逸乐，富厚累世不绝。或择地而蹈之，时然后出言，行不由径，非公正不发愤，而遇祸灾者，不可胜数也。余甚惑焉，傥所谓天道，是邪非邪？

徐先生说："在上面的话中，是否定理性的天；最低限度，是怀疑理性的天，而自然要归结到非理性的天上面。广大的社会，实颠倒于此非理性的天的下面。"③ 司马迁为什么怀疑"善有善报，恶有恶报"的天道呢？因为天道是人道的根据，而人间有时并不存在人道。伯夷"积仁洁行而饿死"，不少善人不仅得不到好报，反而遭受灾祸；许多恶人终身逸乐富贵，而累世不绝。既然人间有时没有人道，当然就要怀疑天道的存在了。说穿了，司马迁对天道的怀疑就是对人道的怀疑，也是对人世不公正的愤恨，更是对"善有善报，恶有恶报"的道德准则的怀疑。这是司马迁对现实社会政治之黑暗的批判，也表现了

---

① 徐复观：《两汉思想史》（第三卷），华东师范大学出版社 2001 年版，第 287 页。
② 同上书，第 196—197 页。
③ 同上书，第 198—199 页。

他对善人以及自己之悲惨命运的控诉。钱钟书先生说：

> 马迁唯不信"天道"（divine justice），故好言"天命"（blind fate）；
> 盖信有天命，即疑无天道，曰天命不可知者，乃谓天道无知尔。天道而有
> 知，则报施不爽，无复不平则鸣或饮恨吞声矣。顾事乃大谬不然，理遂大
> 惑不解。①

钱先生把天道与天命加以辨析，而认为司马迁疑天道，即相信天命的存
在。徐先生说："更深一层地看，史公之所谓天，更多的指的是大一统的专制
皇帝；皇帝的专制权力，经常是一切理性所无法达到之地。一般地不能用行为
的因果关系加以解释的偶然性的天，皆是出于政治权势。而顺着权势向上追，
追到皇权专制的权源之地便达到了天人之际的决定点。这是历史黑暗面的总根
源。"② 史公所追究的天人之际的天是幽暗无凭的，是不能予以信赖的，他由
此转出了人的自主精神，以补不可信赖之天的缺憾。徐复观揭示《伯夷列传》
的主旨说，《伯夷列传》非仅为伯夷、叔齐立传，而实为"岩学之士，趣舍有
时，若此类名湮灭而不称，悲夫"的古往今来的被权势压抑之人立传，这是对
不可信赖之天的反抗，实即是对专制权力的反抗。③"倘所谓天道，是耶非耶"
的下面，接着是"子曰'道不同不相为谋'，亦各从其志也"；史公特别强调
一个"志"，这是人的道德理性对自己所作的决断，亦即是人的道德理性为自
己做主，这样便可以从偶然性的天，实际是专制的政治权势下解脱出来，从吾
所好。必如此，而后有人的主体性可言，有人格尊严可言，有人道与历史
可言。

徐先生通过对司马迁所说之天的解释，指出天的非理性、神秘性，进而指
出天更多的是指大一统的专制皇帝，正是皇帝权源的非理性，导致了专制政治
下仕宦的升沉荣辱，大多数不是由当事者行为的因果关系所能加以解释的，只
能归结到至高无上的专制皇帝的天，从而转出知识分子不要依赖专制皇权，而

---

① 钱钟书：《管锥编》（第一卷），中华书局1986年版，第306—307页。
② 徐复观：《两汉思想史》（第三卷），华东师范大学出版社2001年版，第201页。
③ 同上。

要争取独立的主体精神。

徐先生认为，史公在政治的成王败寇、赏荣诛辱的巨大势利浪潮中，以巧妙的手法，透出历史的真实，展现历史的良心；刘邦把天下彻底地家产化，更以阴险狠毒的手段残酷杀戮韩信、黥布等功臣，史公揭示此历史的真实而予以批判。①《萧相国世家》"太史公曰"："萧相国何于秦时为刀笔吏，碌碌未有奇节。及汉兴，依日月之末光，何谨守管钥，因民之疾秦法，顺流与之更始。淮阴、黥布等皆以诛灭，而何之勋烂焉。位冠群臣，声施后世，与闳夭、散宜生等争烈矣。"刘邦以萧何为汉家的第一功臣；但司马迁认为，萧何原为刀笔之吏，才能平庸，不过依附刘邦的日月末光，因顺守成而建立了功业，他助刘邦诛杀韩信等功臣后，其功业才得以灿烂。这表明司马迁对萧何助刘邦、吕后诛杀韩信等功臣不满。《曹相国世家》记录曹参战功甚多，但在"太史公曰"中说："曹相国参攻城野战之功所以能多若此者，以与淮阴侯俱。及信已灭，而列侯成功，唯独参擅其名。"曹参诸人只能算是战将；战将的成败，决定于统帅的指挥。韩信乃是当时最伟大的统帅和战略家，曹参这种战将只有在他的指挥下，才可建立战功。《淮阴侯列传》"太史公曰"："假令韩信学道谦让，不伐己功，不矜其能，于汉家勋可以比周、召、太公之徒，后世血食矣。不务出此，而天下已集，乃谋叛逆，夷灭宗族，不亦宜乎。"司马迁以"天下已集"的微言，断言淮阴无谋反之事。②萧何、曹参必在淮阴、黥布等诛灭后而其勋始烂，但不过与周的二等大臣闳夭、散宜生争烈，韩信则与周的第一等人才周、召、太公比肩并美。韩信被诬谋叛而夷灭宗族的悲惨结局，全是因为刘邦的刻薄寡恩、阴险狠毒。

《封禅书》是司马迁作史精神最突出的表现。作史莫大于褒贬当代，莫大于显露历史的真实，但历史的真实常在里而不在表。《封禅书》中的"具见其表里"这句话，是司马迁作史的最大目标和最大成就。封禅是方士各种谎言的最高集结点，也是为了满足大一统皇帝侈泰之心的最高表现形式。历史上最先以封禅夸示功德的是秦始皇，继之者为汉武帝。但此种庄严的仪式，完全是由

① 徐复观：《两汉思想史》（第三卷），华东师范大学出版社 2001 年版，第 247 页。
② 这是"微言"，韩信在威震天下时不谋叛，而在"天下已集"时谋叛，这实不可信。关于司马迁"微言"的书法，下文有详论。

迷信堆砌而成；所谓庄严的意义，完全是由侈泰愚妄之心幻化；这是事与人的里。《封禅书》进入汉代后，尤其是进入"今上"的武帝时代，司马迁对方士的活动有更详细的叙述，他把方士如何玩弄武帝，武帝何以甘心被玩弄的把戏，真实地表现出来。武帝追求不死的侈泰之心，宁愿被欺、自欺以自成其愚妄的事与人之里，实无遁形的余地。徐先生说，通过《封禅书》，史公把掩蔽在庄严仪式后面的由专制、侈泰和愚妄结合在一起的事之里与人之里，表达出来了，使人类能透过由专制权力所散布的虚假的历史资料以把握历史的真实；由历史的真实以把握人类前进的真正大方向，这才是作为一个史家的真正责任与贡献，这正是史公作史的志尚所存。①

徐先生的解释"突出"了司马迁对专制政治与政治权威的理性批判精神。此"突出"的内容，正体现了他本人的精神特质。徐先生是以勇者型的知识分子形象出现在 20 世纪中国政治和思想的舞台上的。黄俊杰说："在当代儒者中，徐复观最见精神最引人钦佩的就是他不畏权势，一贯地站在人民的立场讨伐从古至今的中国历代专制统治者。"② 曹永洋说："徐师一生从不用他如椽的巨笔为强权服务，他落笔如刀，横扫千军万马，有千人皆废的豪迈。他只服膺良知和原则，所以拿起笔来，常常浑忘自家吉凶祸福，心中只有国族与文化。在他巨笔之前，他视权威、偶像、恶煞如无物。"③ 徐先生是一位不畏政治权势的当代儒者，他特别表现了儒家的抗议精神。他的抗议精神是针对社会政治、学术思想和知识分子风习等的诸多不合理而发的。他的抗议精神是站在国家民族的立场上，是排除了私怨和各种杂念的公心与热诚。他首先对现实政治的种种弊端展开强烈的批判：

> 人类数千年的历史文化，证明要政治清明，国家强盛，则政治指导之权，必操于社会。社会指导政治的具体途径，一为舆论，一为选举。有真正的舆论，乃有真正的选举，故舆论又为选举的先决条件。而所谓舆论，

---

① 徐复观：《两汉思想史》（第三卷），华东师范大学出版社 2001 年版，第 225—229 页。
② 黄俊杰：《儒学与现代台湾》，中国社会科学出版社 2001 年版，第 116 页。
③ 曹永洋：《徐复观教授纪念文集》，台湾时报文化出版事业有限公司 1984 年版，第 279 页。

乃系对政治的批评，不是对政治的歌颂，此乃无间于古今中外之常理。①

徐先生对学术权威也多有批评。他在《中国人的耻辱，东方人的耻辱》一文里，严厉批判胡适污蔑中国的传统文化。他有胆量，有气魄，在《写给中央研究院王院长世杰的一封公开信》中批评台湾地区的"中研院""反思想"、拉帮结派以霸占学术等弊病。他对现实的学术风气也多有批评。他执持正义和公理，以理性批判的精神，深入地探索传统学术思想的真实内容。他说："我以迟暮之年，开始学术工作，主要是为了抗拒这一时代中许多知识分子过分为了一己名利之私，不惜对中国数千年文化，实质上采取自暴自弃的态度，因而感愤兴起的。我既无现实权势，也无学术地位，只有站在学术的坚强立足点上说出我的意见，才能支持我良心上的要求，接受历史时间的考验。"②

（三）从史料走向史学

什么是史学？傅斯年认为，史学便是史料学，史学的方法即是科学的实证方法，历史学的基本工作在于对经验事实的描述，而不是对历史事实之意义的解释，不是去扶持或推倒这个运动，或那个主义。③傅斯年的史学观遭到徐先生的激烈批判。徐先生说，史家作史，不只是历史材料的搜集、考订、整理，历史材料早已成为过去，是陈年往事；史家应从史料走向史学，即史家不仅要记录历史材料，且要解释历史材料之间的因果关系，阐发历史材料背后所隐含的思想意义；历史材料的思想意义具有普遍性，能够扩充活着的人之生存广度和深度，能启发和指引活着的人之将来的发展方向。④徐先生重视历史材料的思想意义，还表现在他对乾嘉学派的批判上。他认为，乾嘉学派只在训诂、考据上用功夫，零碎饾饤，破碎大义；他们是一群缺乏思想性的学者，严格地

① 徐复观：《中国人的生命精神》，华东师范大学出版社2004年版，第304页。
② 徐复观：《两汉思想史》（第三卷），华东师范大学出版社2001年版，第1页。
③ 参见黄俊杰《战后台湾的教育与思想》，台湾东大图书公司1993年版，第358—359页。
④ 徐复观：《两汉思想史》（第三卷），华东师范大学出版社2001年版，第203—204页。

说，他们所做的根本不能算是一种完整性的"学问"。① 徐先生所治的中国古代思想史，并非不从事训诂、考据的工作，而是认为这些只是初步的工作，还必须在此基础上更进一步向前，从训诂、考据而上升到义理思想，因为"中国学问的骨干即是义理之学"。

徐先生的史学观在与《史记》文本的互相理解中得到视域的融合。他认为，司马迁作《史记》，不仅是"绌史记石室金匮之书"及"百年之间，天下遗闻古事，靡不毕集太史公"，而且阐释历史材料所具有的思想意义和价值，以标明人类行为的大准则，指示人类前进的不变之常道；因此，史公是一位伟大的思想家。徐先生说："'成一家之言'，普通只作为史公表明他所作的，不是代表官方的公文书，而是他自己私人的著作，却忽视了这是由史料走向史学的一句关键性的话。"② 作史的第一件事当然是搜集资料，但在搜集资料时不仅需要史家的历史意识、文化意识作引导，尤其重要的是史学之所以成立，乃是活着的人与死去的人能在时间上贯通，在生活上连接，以扩充活着的人生存的广度和深度；今人邀请古人的，不是史料的自身，而是史料所包含的各种意义；史料的意义须由史家发现，其意义的深浅、真假、邪正关系着史家的史德、史识和史才。徐先生在《〈史〉、〈汉〉比较之一例》一文中说："史料是一堆材料。史学是从一堆材料中把历史的关节线索及人物对历史形成的意义等疏导出来，使人对历史可以把握到一个明朗的形象；在此明朗的形象中，看出人类的大方向。所以没有价值判断便没有史学，便不能把逝去的历史重视。"③ 他批评班氏父子的《汉书》说，他们的重点则在左丘明之传，亦即在史之自身，而未尝重视史的后面意义。④ 要言之，徐先生的解释，虽也指出史公对史料的搜集、整理的辛勤之功，但更"突出"了史公重视阐释史料之思想意义的史学价值。

"本纪"是记录帝王的事迹，根据此一客观的标准，则不应为项羽立本纪。因此，司马迁立《项羽本纪》不仅有客观的标准，也有历史价值评价的意义。

---

① 徐复观：《两汉思想史》（第三卷），华东师范大学出版社 2001 年版，第 371 页。
② 同上书，第 203 页。
③ 同上书，第 315—316 页。
④ 同上书，第 288 页。

成王败寇，乃人情势利之常。刘邦得了天下，又是先入关受子婴之降的人；汉的臣子当然要降低项羽的地位，而将亡秦之功归于刘邦。可是刘邦初起，从项梁，项梁不仅资之以兵，乃得为别将；且秦军的主力为章邯，若无项羽的巨鹿一战，坑秦卒 20 余万人，刘邦何能有入关的机会？秦亡，乃亡于其主力的被歼；入关乃乘虚蹈隙，借项羽的声威，非秦亡的关键所在。但此历史的真实，在汉臣的歌功颂德中已经淹没。徐先生认为，史公立《项羽本纪》的意义有二：一是项羽在秦末风起云涌的反秦斗争中，率领五诸侯亡秦，为西楚霸王，是天下政令的实际发出者；二是司马迁把亡秦之功归于项羽，从而显露历史的真实。①

徐先生认为，史公为孔子立世家、为孔子弟子立列传，不仅在材料的搜集、整理和缀辑上特为详备，成为后世言孔子生平的基础，由此可知司马迁用力之勤；且对他们的历史意义加以衡断，这正是史学成立的根据。首先，"太史公曰"："天下君王至于贤人众矣，当时则荣，没则已焉。孔子布衣，传十余世，学者宗之。自天子王侯，中国言'六艺'者折中于夫子，可谓至圣矣！"诸子百家所代表的是个人思想；"六艺"是古代文化的总结，孔子所传承的"六艺"，是代表整个历史文化；这在学术文化中，不应将孔子与其他诸子百家置于等伦的地位，故列入世家以突出之。其次，孔子作《春秋》，是继王道大统，救政治之穷，使人类不能托命于政治，转而托命于文化，而把文化的意义置于现实政治的上位。徐先生说：

> 在他（史公）心目中，对文化的信任，远过于对政治的信任。他所了解的现实，使他相信人类的命运，在文化而不在政治，或者说，在以文化所规整的政治。所以《史记》可以说是以文化为骨干之史。②

徐先生的"突出"解释，融合了他自己的思想倾向和人生经验。他的人生之途，是由尝试政治始而最终归向学术，学术是他的立足点和归宿点。这使他

---

① 徐复观：《两汉思想史》（第三卷），华东师范大学出版社 2001 年版，第 210 页。
② 同上书，第 194 页。

相信，学术文化是在政治的上位。徐先生曾置身于政治的上层，深刻地认识到政治的腐朽和罪恶，因而对政治是非常怨恨和失望的。他生前为自己写下墓志铭："这里埋的，是曾经尝试过政治，却万分痛恨政治的一个农村的儿子——徐复观。"[1] 这促使他疏离政治而在学术研究中安身立命。1949 年以后，他漂泊香江，浪迹台湾，以中国文化作为"流浪者的灵魂的安息地方"。1958 年，他与牟宗三、张君劢、唐君毅发表了《为中国文化敬告世界人士宣言》，强调中国文化的道德人文意义。他此后的学术著作《中国人性论史》、《中国艺术精神》、《中国思想史论集》、《两汉思想史》三卷本等，深入地阐释了中国的传统文化，并坚信儒家思想是中国传统文化的命脉。1982 年 2 月 14 日，他病重时立下遗嘱："余自四十五岁以后，乃渐悟孔孟思想为中华文化命脉所寄，今以未能赴曲阜亲谒孔陵为大恨也。"因此，在徐先生的心中，思想文化的价值是置于现实政治的上位，人类不能托命于政治，但可托命于文化，托命于孔孟的文化理想。

（四）"微言"的书法

徐先生认为，史公作史具有"贬天子，退诸侯，讨大夫"的精神，但在写当代史时，为了不过分冒犯政治权威的忌讳而引起阻挠和灾祸，有时采用"微言"的书法，暴露历史的真实；所谓"微言"，即隐约之言，与彰明较著之言相反。[2]

司马迁的"微言"书法，是对孔子《春秋》之"讳"的继承。《匈奴列传》："孔氏著《春秋》，隐、桓之间则彰，至定、哀之际则微。为其切当世之文而罔褒，忌讳之辞也。"孔子生活于定、哀之世。定、哀之君恩义较厚，孔子不忍彰显他们的罪恶，而且直接揭露他们的罪恶，也易招致杀身之祸，但掩盖他们的罪恶，又违背"《春秋》之信史"的实录原则，所以孔子采用"讳"的书法。讳、微言，即隐约之言。表面上看，似乎所记之事、所说之言是真

---

① 徐复观：《中国人的生命精神》，华东师范大学出版社 2004 年版，第 4 页。
② 徐复观：《两汉思想史》（第三卷），华东师范大学出版社 2001 年版，第 251 页。

事、真言；但深入地看，所记之事、所说之言本身呈现出一种矛盾，令人困惑和质疑，从而隐约暗示表面之言、之事非真，解释者应"推见至隐"①，突破表面的言和事，以把握历史的真言、真事。

讳、微言，绝非掩盖、歪曲历史的真实；它在记事、记言的矛盾中已暗示其与事实真相不合，所谓"讳而不隐"。讳、微言之目的，表面上是讳恶，实际是讥讽；而掩盖事实真相则完全是讳恶。周桂钿先生说："讳，简单地说，就是要掩盖事实真相。"② 此论不确。徐先生说："按讳即是认为'这是见不得人的事'，所以也是贬的一种方式。"③ 讳、微言之背后的事实真相及其意义往往隐约幽微，而不为一般人了解，因而凡是用讳、微言的地方皆具有深刻的意义。徐先生认为，司马迁《史记》"以微言侧笔，暴露人与事的真实"，故解释者要推见至隐，以把握微言背后的历史真实及其重要的思想意义；这是历史解释的关键。④

在楚汉相争中，韩信是一个"得之即得天下"的统帅。他为刘邦取得天下立下了汗马之功，但他终以"谋叛"的罪名而被灭族。司马迁在《淮阴侯列传》里用"微言"的书法暗示了韩信被冤杀的悲剧命运。其一，韩信幽于长安，与陈豨密议谋反："陈豨拜为巨鹿守，辞于淮阴侯。淮阴侯携其手，避左右与之步于庭，仰天叹曰：'子可与言乎？欲与子有言也。'豨曰：'唯将军令之。'"韩信与陈豨避人携手之语，谁人知之？这种记录的矛盾，即所谓"微言"，暗示了所记之事与事实真相不符。其二，韩信平定三齐后，威震天下，这时，项羽使武涉劝诱韩信背汉助楚，全文240余字，《史记》详细载入；齐国辩士蒯通劝韩信自建三分之业，全文1100字，《史记》详载之。这两段文字竟占了《淮阴侯列传》的四分之一。这即是"微言"，表明司马迁深悉韩信谋反的冤屈。清人赵翼说："全载蒯通语，正以见淮阴之心乎为汉，虽以通之说喻百端，终确然不变，而他日之诬以反而族之者之冤痛，不可言也。"（《陔余丛考》卷五）其三，司马迁在"太史公曰"里评论韩信说："天下已集，乃谋

① 《史记·司马相如列传》"太史公曰"："《春秋》推见至隐，《易》本隐之以显。"
② 周桂钿：《董学探微》，北京师范大学出版社1989年版，第240页。
③ 徐复观：《两汉思想史》（第二卷），华东师范大学出版社2001年版，第267页。
④ 徐复观：《两汉思想史》（第三卷），华东师范大学出版社2001年版，第251页。

叛逆"，即是"微言"，韩信在威震天下时不谋反，而在"天下已集"时谋反，这实不可信。徐复观说："史公以'天下已集'的微言，断言淮阴无谋叛之事⋯⋯这是历史上以良心对阴毒者的最大教训；也是中国历史上首出的灭功诛良的最大冤狱。史公身为汉臣，但在由政治势力所形成的许多诬枉材料中，发挥了他的最大的历史良心，暴露了政治势力所掩盖下的最大历史真实。"①

《秦楚之际月表序》："故愤发其所为天下雄，安在无土不王。此乃传之所谓大圣乎？岂非天哉，岂非天哉！非大圣孰能当此受命而帝者乎？"从表面上看，"岂非天哉，岂非天哉！非大圣孰能当此受命而帝者乎"，是称赞刘邦为大圣，是受天命为帝，肯定了刘邦得天下的合理性、神圣性。徐复观认为这段话中充满"微言"。首先，刘邦是无土而王，他得天下，既未像夏、商、周积善累德十余世，又未像秦用力数世，即不能用"德"、"力"的历史理性加以理解，故汉没有得天下之理。其次，"岂非天哉，岂非天哉"，是暗指刘邦没有得天下之理，而终于得到天下，只好归结到不可用人的理性加以解释的天之力上面。再次，所谓"大圣"，即超过圣人之圣，是不能以人的理性加以理解的，这是否定刘邦得天下的合理性。最后，文中两言"大圣"、一言受天命为帝，皆用犹疑之辞，这是怀疑刘邦为大圣或受天命为帝。当时，汉家臣子齐声颂扬刘邦是"大圣"、受天命为王，而史公并不赞同，但又不便明说，故采用"微言"的书法，以免招致祸患。②

大多数学者根据《淮南衡山列传》认为，淮南王刘安的谋反是实；因为司马迁在本传中详细地叙述了刘安及其太子迁谋反不法的诸多事实。但徐复观认为，刘安在帝室中是"二世含冤"的一系，他的"谋反"实是朝廷的诬陷，淮南本传中隐含了史公的"微言"。首先，刘安著《淮南子》，作《离骚传》，是一位博学理智之士，但《史记》本传把他写成一个童呆愚稚之辈；二者间的矛盾，即微言所在。建元一、二年，刘安入朝，田蚡迎之曰："方今上无太子，大王亲高皇帝孙，行仁义，天下莫不闻。即宫车一日晏驾，非大王当谁立者！"刘安大喜，"厚遗武安侯金财物。阴结宾客，拊循百姓，为叛逆事"。武帝刚刚

---

① 徐复观：《两汉思想史》（第三卷），华东师范大学出版社 2001 年版，第 248 页。
② 同上书，第 198 页。

即位，只有十七八岁，春秋正富，为何断定武帝不能生子呢？田蚡是武帝的亲舅舅，正受到重用，很难说出这样的话。刘安也不可能信此话。刘安被汉廷削地后，"诸使道从长安来，为妄妖言，言上无男，汉不治，即喜；即言汉廷治，有男，王怒，以为妄言，非也"。武帝有没有太子当是事实，刘安岂因使者的妄说而或悲或喜？纵然武帝没有太子，帝位也未必为他所有，为何患得患失？这样的淮南王真是一个愚稚之人。《史记》有意造成这种矛盾，即是暗含以上记录并非事实，而是出于汉廷的诬陷之词。其次，《史记》本传特记录胶西王议刘安谋反之语："淮南王安废法行邪，怀诈伪心，以乱天下，荧惑百姓，背叛宗庙，妄作妖言。《春秋》曰'臣无将，将而诛'。安罪重于将，谋反形已定。臣端所见其书节印图及他逆无道事验明白，甚大逆无道，当伏其法。"据《五宗世家》，胶西王"为人贼戾"、"杀伤二千石甚众"，是没有资格议论刘安之谋反的。"臣无将，将而诛"，"将"，即动机、念头，臣子动了弑君亲之念，虽未付之行动，也必须予以诛戮。但动机、念头是隐藏于人的内心，以此为判罪的根据，则冤死者必多。以上两方面即是"微言"。徐先生认为，淮南一狱，胶西王端等大臣追及到刘安谋反的念头和动机，是没有实证的定谳。①

徐先生对《史记》的"微言"书法有相当深切的理解，是与他自己的作文境遇密切相关的。国民党在大陆败亡后，他来到台湾，开始拿起笔来在《民主评论》、《华侨日报》上发表政论性的杂文。有的文章深入地检讨了国民党失败的诸多原因，有的文章激烈地批评了国民党的专制政治，有的文章深刻地揭露了国民党上层之政治权威的腐败堕落。这些文章招致了政治权威的压制打击。徐先生"敢说敢为，一身硬骨撑天地"②，但在国民党专制统治的时代，有时为了身家性命考虑，他的批判锋芒不得不有所收敛，立言不能不有所隐讳曲折。他的这种心理状态，使他对司马迁的"微言"书法产生同情之理解。他在《学术与政治之间甲集自序》一文中说："我从未觉得我是与恶魔决斗的勇士，而只是在我的前后左右，没有安放恶魔的位置。所以每篇文字中，尽管夹

① 关于刘安"谋反"问题的详细分析，参见徐复观《两汉思想史》（第一卷），华东师范大学出版社2001年版，第107—109页。
② 与徐复观相交近六十年的涂寿眉悼念徐先生的挽联："敢说敢为，一身硬骨撑天地；何得何失，百卷诗书贯古今。"参见曹永洋《徐复观教授纪念文集》，台湾时报文化出版事业有限公司1984年版。

杂有许多的委曲，但总流露有几句真切的话，以与时代的呼吸相通。"① 所谓"夹杂有许多的委曲"，即不能直言批评，而出之于曲折隐约，但仍"流露有几句真切的话"。徐先生的名作《我所了解的蒋总统的一面》，即用"微言"的书法，隐微曲折地批评蒋介石的成功和失败皆是由于他有坚强的意志，领袖的坚强意志往往突破客观制度的制约，而突显自己的好恶和才智。

综上所述，解释者"突出"文本的某种意义，正是其前见所发挥的作用，也是其视域的聚焦。港台学者徐复观先生是研究中国思想史的名家，他对司马迁《史记》的"突出"解释是：首先，加强史公作史之动机，加深史公对历史之认识，及激发他对人类的责任感，乃在于他所处的时代；其次，史公作史的基本精神是"贬天子，退诸侯，讨大夫"，即对政治权威的理性批判精神；再次，史公作史，不仅仅是搜集、整理历史材料，而且重视阐发历史材料背后所隐含的思想意义，从史料走向史学；最后，史公在写当代史时，为了不过分冒犯政治权威的忌讳而引起阻挠和灾祸，以"微言"书法暗示历史的真实。徐先生所"突出"的内容，是与他本人的时代经验、思想倾向、人生遭遇和个性人格密切相关的。

参考文献：

［1］徐复观：《中国思想史论集》，上海书店出版社 2004 年版。

［2］黄俊杰：《战后台湾的教育与思想》，台湾东大图书公司 1993 年版。

［3］徐复观：《两汉思想史》（第三卷），华东师范大学出版社 2001 年版。

［4］徐复观：《两汉思想史》（第一卷），华东师范大学出版社 2001 年版。

［5］何信全：《儒学与现代民主》，中国社会科学出版社 2001 年版。

［6］徐复观：《中国人的生命精神》，华东师范大学出版社 2004 年版。

［7］黄俊杰：《儒学与现代台湾》，中国社会科学出版社 2001 年版。'

［8］曹永洋：《徐复观教授纪念文集》，台湾时报文化出版事业有限公司 1984 年版。

［9］周桂钿：《董学探微》，北京师范大学出版社 1989 年版。

［10］徐复观：《两汉思想史》（第二卷），华东师范大学出版社 2001 年版。

---

① 徐复观：《中国人的生命精神》，华东师范大学出版社 2004 年版，第 304 页。

八 "学术文化是在政治的上位"

——徐复观对《史记》的"突出"解释

　　解释者"突出"文本的某种意义，正是其前见所发挥的作用，也是其视域的聚焦。港台学者徐复观是治中国思想史的名家，他对司马迁《史记》的"突出"解释是：学术文化是在政治的上位，人类不能托命于政治，但可以托命于学术文化，《史记》可以说是以文化为骨干之史。徐先生所"突出"的内容，是与他本人的时代经验、思想倾向和人生遭遇密切相关的。徐先生铭记其师熊十力之言"亡国族者常先自亡其文化"，而对民族文化所面临的困境怀有一种强烈的忧患和危机意识，立志通过救中国文化来救中国。徐先生的人生之路是由尝试政治开始而最终归向学术，学术是他的立足点和归宿点。

（一）

　　哲学解释学认为：文本没有所谓的一元性的原意，文本的意义具有多元性和开放性；解释者的先见、前见是解释的必要前提；解释者要发挥其主观能动性，对文本意义进行创造性的解释。文本的思想意义是隐藏在文字材料后面的一个丰富复杂的"意义体"。任何解释者都不可能穷究文本的所有意义，而只是侧重于某些意义的阐发。因此，每一种解释皆是有限的，而不断地丰富文本的思想内涵。解释者"突出"文本的某些意义：一方面是由于文本蕴涵这些意义，尽管其在文本中可能是间接的、隐微的；另一方面，解释者有这样的先见、前见。德国哲学家伽达默尔认为，"突出"一种东西，正是前见所发挥的作用，也是视域的聚焦。①"突出"的内容是解释者感受得最深切、理解得最透彻，而与解释者的主观先见、前见深相契合，故解释者不遗余力地予以发挥。陶渊明在《五柳先生传》中说："好读书，不求甚解；每有会意，便欣然忘食。"所谓"会意"，即读者的心意与文本的内容交相融合，哲学解释学所谓"视域融合"（fusion of horizons），即解释者的视域与文本的视域从冲突走向融合：一方面是解释者的思想向文本渗透，另一方面是文本影响了解释者的思想，二者互动的、双向回流的解释活动创造了文本的意义。这是解释者结合其时代经验、思想倾向、人生遭遇和个性人格而展开对文本的解释。

现代新儒家徐复观（1903—1982），是港台治中国思想史的著名学者。他的《中国人性论史》、《中国艺术精神》、《中国思想史论集》、《两汉思想史》（卷一，卷二，卷三）、《中国思想史论集续编》、《中国文学论集》、《中国文学论集续编》等著作，对中国传统的思想文化展开了独特而富有创造性的现代解释。他在《研究中国思想史的方法与态度问题》文中说：

> 任何解释，一定会比原文献上的范围说得较宽、较深，因而常常把原文献可能含有但不曾明白说出来的，也把它说了出来。不如此，便不能尽到解释的责任。所以有人曾批评我："你的解释，恐怕是自己的思想而不是古人的思想。最好是只叙述而不解释。"……对古人、古典的思想，常是通过某一解释者的时代经验，某一解释者的个性思想，而只能发现其全内涵中的某一面、某一部分，所以任何人的解释不能说是完全，也不能说没有错误。但所谓解释，首先是从原文献中抽象出来的。②

什么是解释呢？法国哲学家利科尔说："解释是思想的工作，它在于于明显的意义里解读隐蔽的意义，在于展开暗含在文字意义中的意义层次。"③ 徐

---

① 参见王中江《"原意"、"先见"及其解释的"客观性"》，收入胡军等主编《诠释与建构》，北京大学出版社 2001 年版，第 193 页。
② 徐复观：《中国思想史论集》，上海书店出版社 2004 年版，第 3 页。
③ 利科尔：《存在与解释学》，收入洪汉鼎主编《理解与解释——诠释学经典文选》，东方出版社 2001 年版，第 256 页。

先生认为，解释者是通过他的时代经验和个性思想，而发现和阐释文本之全部内涵中的部分内容，故任何人的解释都是有限的，且解释所"突出"的某些内容是解释者视域与文本视域相融合的结果。文本含有某种意义，如果解释者没有这样的知识水平或生活经验，则往往会视而不见，或者是简单地解释而不能穷尽文本的这种意义。文本不含有某种意义，如果解释者因其主观先见、前见而投射到文本中，则解释是曲解，是牵强附会，《韩非子·外储说》所谓"郢书燕说"。台湾学者黄俊杰说："在徐先生看来，古代思想家的思想体系对于研究者而言，并不是一种对象性的存在。相反的，两者间是一种互为主体性的关系。研究者愈深入于自己的主体性，愈能进入他研究的古人的思想世界；而愈深入于古人的主体性的研究者，也愈能拓深自己的主体世界。"① 徐复观本人的主体世界与古代思想家的思想世界发生了互动、互渗和互融的关系，所谓"视域融合"。

徐复观先生对司马迁《史记》情有独钟。他的《论〈史记〉》一文，长达8万余字，对司马迁《史记》展开了独特而深入的阐释。② 本文首先探讨：徐先生在解释《史记》时所"突出"的内容是什么？他"突出"内容有何重要意义？其次分析：徐先生所"突出"的内容，与他本人的时代经验、思想倾向和人生遭遇究竟有何关联？

（二）

近三百年来，时代中最巨大、最显著的力量是经济；但在中国，一直在鸦片战争以前，甚至于一直到现在，各时代中最巨大、最显著的力量都是政治。《史记》"本纪"、"世家"，记录了帝王、诸侯的事迹。"列传"所传的历史人物，也大多是政治人物。这肯定了政治人物在历史的形成和发展中所发挥的重要作用。但《史记》也为孔子、孟子、老子、庄子、韩非子等学术人物作传。

---

① 黄俊杰：《徐复观的思想方法论及其实践》，收入黄俊杰《战后台湾的教育与思想》，台湾东大图书公司1993年版，第365页。

② 徐复观：《论〈史记〉》，收入徐复观《两汉思想史》（第三卷），上海华东师范大学出版社2001年版，第185—265页。

相对于强势的政治人物，学术人物是一个弱势群体：一方面他们的人数不多；另一方面，他们的传记简短，这主要是因为他们不受时人重视而流传下来的事迹声名甚少或湮没不闻，故司马迁为他们作传有材料缺失的困难，所谓"巧妇难为无米之炊"。徐复观在《史记》的解释中"突出"认为：

> 他（司马迁）非常重视学术文化在历史形成中的意义。凡有著作流传的，即使作为列传的材料非常缺乏，他也以各种形式为其立传。他所宗依的是孔子。但对诸子百家，都给予历史的地位，而不欲其归于泯灭。对汉初为大家所深恨的法家，也是如此。①

司马迁在《老子韩非列传》中为老子、庄子、申不害、韩非立传。老子的材料较少，且有数种传说。学人多批评《老子列传》的材料可疑，且有漏洞，因而怀疑老子本无其人，或以为著《老子》者为李耳而非老聃。徐复观说：

> 史的目的在于传信，但若某一个关键人物的材料都只是传说性的，属于可疑的性质，此时若完全放弃不用，是抹煞了"疑"中可能含有可信的部分，等于使历史上消失了这一人物；若把这种性质的材料径直写成可信的传记，这便又抹煞了"疑"中可能含有伪的部分，不忠于史学求真的良心。因此，只好把可疑的材料，依然以"疑"的态度传了下来，使历史上依然保持有这样的一个人物的存在，这是著史的人在无可奈何的情形之下，所选择的一种最谨慎的方法……综上所述，对老子的生平，我们除了以《史记·老子列传》中的正传为依据外，实在没有其他更好的依据。就《列传》中所根据的材料，我们可以得出两个结论：第一，老子与孔子同时而略早于孔子，且曾发生过关系。……第二，现行《老子》一书，《列传》认为出于老子所自著。②

---

① 徐复观：《两汉思想史》（第三卷），上海华东师范大学出版社 2001 年版，第 238 页。
② 徐复观：《中国思想史论集续编》，上海书店出版社 2004 年版，第 184—188 页。

　　徐先生肯定了《老子列传》的可信性以及重要意义，并揭示出司马迁"故疑则传疑，盖其慎也"（《史记·三代世表》）的历史著作态度。①

　　司马迁在情感上颇为厌恶法家人物，但同样为他们作传。商鞅是政治上形成的历史重要人物，司马迁自然要为他作传，但在"太史公曰"里必然提到商鞅所著的《开塞》、《耕战》之书。司马迁在《老子韩非列传》里，列举韩非所著的《孤愤》、《五蠹》、《内外储》、《说林》、《说难》十余万言，并详录其《说难》全文，且一再慨叹"然韩非知说之难，为《说难》书甚具，终死于秦，不能自脱"，"余独悲韩子为《说难》而不能自脱耳"。史公为吴起、司马穰苴立传，主要原因之一是他们所传的兵法之书，《孙子吴起列传》"太史公曰"："世俗所称师旅，皆道《孙子》十三篇，《吴起兵法》，世多有，故弗论，论其行事所施设者"；《司马穰苴列传》"太史公曰"："余读司马兵法，闳廓深远，虽三代征伐，未能竟其义，如其文也，亦少褒矣。"这表明司马迁对学术著作的特别重视。

　　在《孟子荀卿列传》中，司马迁为孟子、驺忌、驺衍、驺奭、淳于髡、慎到、环渊、接子、田骈、荀卿、公孙龙、剧子、李悝、尸子、长卢、吁子作传，"自如孟子至于吁子，世多有其书"，以墨子作结。徐复观先生说："窥其意，殆欲网罗诸子百家，以记录其历史的地位。"②

　　司马迁为屈原、贾生、司马相如等人作传，说明他重视文学在历史中的重要意义。《屈原列传》的主要特征是记叙传主的行事与议论、抒情相结合，且议论、抒情的文字占到了全文二分之一的篇幅，钱钟书所谓"反论赞之宾，为传记之主"③。究其原因：一是屈原行事的材料很少，几乎不见于先秦的任何传世典籍，但屈原的作品章章俱在，司马迁把品评作品和品评人品结合起来；二是司马迁与屈原是异代的知音，他有强烈的感情要借题发挥，杜甫诗曰："怅望千秋一洒泪，萧条异代不同时"（《咏怀古迹》）。清人李景星评论说："通篇多用虚笔，以抑郁难遏之气，写怀才不遇之感，岂独屈、贾二人合传，

---

　　① 司马迁著《史记》，效法孔子作《春秋》。《穀梁传》桓公二年"《春秋》之义，信以传信，疑以传疑"。"疑以传疑"来自于《论语·为政》"多闻阙疑"。
　　② 徐复观：《两汉思想史》（第三卷），华东师范大学出版社 2001 年版，第 238 页。
　　③ 钱钟书：《管锥编》（第一册），中华书局 1986 年版，第 306 页。

直作屈、贾、司马三人合传读可也。"(《史记评议》)虽然《屈原列传》所记录的屈原事迹简略且有矛盾，但如果没有司马迁的传记，则屈原的事迹声名恐怕湮没不闻。徐复观在其名文《西汉知识分子对专制政治的压力感》中说："《离骚》在汉代文学中所以能发生巨大的影响，一方面固然是因为出身于丰沛的政治集团，特别喜欢'楚声'，而不断加以提倡。另一方面的更大原因，乃是当时的知识分子，以屈原的'信而见疑，忠而被谤，能无怨乎'的'怨'，象征着他们自身的'怨'；以屈原的'怀石遂自投汨罗以死'的悲剧命运，象征着他们自身的命运。"[1] 西汉知识分子贾谊、刘安、司马迁、董仲舒、扬雄等，对屈原的悲剧命运是感同身受的。

徐先生认为，史公为孔子立世家，为孔子的弟子立列传，且孔子世家在材料的缀集上特为详备，由此可见史公用力之勤；他在《赞》中说"天下君王至于贤人众矣，当时则荣，没则已焉。孔子布衣，传十余世，学者宗之。自天子王侯，中国言'六艺'者折中于夫子，可谓至圣矣"，史公没有把孔子与诸子百家置于等伦的地位，而是认为孔子的地位高于诸子百家，故列入世家以突出之，因为史公认为，诸子百家所代表的是个人思想，而孔子代表了整个的历史文化。[2] 此解释说明，司马迁是以孔子所代表的儒家思想作为中国文化的主流。徐先生在评价董仲舒"罢黜百家，独尊儒术"时说："按仲舒此一建议的出发点，是为了保证大一统的完整与效率，要求作为政治指针的学术思想，有一个统一的内容与方向。而在今日看到的诸子百家中，也只有'六艺之科，孔子之术'，可以在政治上担当此种责任；因为这代表了人道主义的大方向，且含容性较大而流弊较少。"[3] 这肯定了儒家思想代表了人道主义的大方向，可以作为中国思想文化的主流，同时也表明，至圣的孔子是超越了以往的君王和贤人，即学术文化的价值是高于政治权力的。陈少明教授说："司马迁写《孔子世家》，以'布衣'为历史的主角：'天下君王至于贤人众矣，当时则荣，没则已焉。孔子布衣，传十余世，学者宗之。自天子王侯，中国言六艺者折中

---

① 徐复观：《两汉思想史》（第一卷），华东师范大学出版社2001年版，第168页。
② 徐复观：《两汉思想史》（第三卷），华东师范大学出版社2001年版，第210页。
③ 徐复观：《两汉思想史》（第二卷），华东师范大学出版社2001年版，第263—264页。

于夫子，可谓至圣矣.'正是史家关于思想价值超越于权力的宣言。"①

　　徐先生认为，史公创立《儒林列传》，在奠定中国文化的传承上有重大的意义。②某一民族，如果没有文化传承，即意味着某一民族生命的断绝，也同时意味着某一民族在人类中所负责任的消失。文化传承必须在许多文化遗产中确定一个主流，必须有一定的典籍依据。司马迁作《儒林列传》，确定了儒家思想作为中国文化的主流，确定了"六艺"成为中国文化传承的主要典籍。"六艺"，是古代文化长时期的积累和总结，具有很大的普遍性，又经过了孔子的整理，而赋予新义。因此，儒家最有资格成为中国文化的主流，"六艺"最有资格成为古代文化的典籍根据。司马迁在《儒林列传》中叙述了儒学在历史中曲折的发展历程。武帝即位，开始任儒者，明儒学。窦太后崩，武安侯田蚡为丞相，黜黄老、刑名百家之言，延文学儒者数百人。公孙弘以《春秋》白衣为天子三公，封平津侯，著《功令》，奏请"为博士官置弟子员"，并根据其学业等级录用为政府官员，"自此以来，则公卿大夫士吏彬彬多文学之士矣"。儒者有正式参与政治的途径，这是一件大事。史公叹说："余读《功令》，至于广厉学官之路，未尝不废书而叹也。"司马迁感叹的内容究竟是什么呢？后人或以为，儒者从此进入仕途，增加了官僚机构中的文化因素，使专制政治受到儒家仁义之道的影响，"公卿大夫士吏彬彬多文学之士矣"。或以为，儒者仕途通达，则道统阻滞，儒学置于政治权势之下，而更多地遭到政治权势的歪曲和利用；多数儒者成为利禄之徒，失去了以道自任的独立人格。徐先生说，史公的感叹表现了复杂矛盾的思想：一方面在大一统的专制政治下，儒学如果得不到朝廷的承认和提倡，则很难有长期生存发展的机会；另一方面，学术之权一旦操于朝廷之手，固然学术会给政治以若干影响，但政治会给学术以更大影响，限制学术的发展方向、范围，并进而歪曲学术的自身，以"阿世"代替了"救世"的目的。③因此，现实政治与学术思想的关系是复杂矛盾的。

　　徐复观在《史记》的解释中"突出"说：

---

① 陈少明：《〈论语〉的历史世界》，《中国社会科学》2010年第3期。
② 徐复观：《两汉思想史》（第三卷），华东师范大学出版社2001年版，第241页。
③ 同上书，242页。

他（司马迁）把孔子为中心的文化，与现实的政治，保持相当的距离，而把文化的意义，置于现实政治的上位……在他心目中，对文化的信任，远过于对政治的信任。他所了解的现实，使他相信人类的命运，在文化而不在政治，或者说，在以文化所规整的政治。所以《史记》可以说是以文化为骨干之史。[1]

司马迁把以孔子为中心的文化，与现实的政治保持相当的距离。这相当的距离，既不是相互分离，也不是紧密结合。如果现实政治与学术思想分离，那么学术思想本身可以得到自律的发展，但对现实政治的影响甚微。如果现实政治与学术思想结合，二者处于同一的状态，则现实政治之影响学术思想，远过于学术思想之影响现实政治；学术思想在本质上与现实政治相对立，而在形式上又有某种程度的合作，则现实政治对学术思想的歪曲，常大过于学术思想对现实政治的修正。在现实政治与学术文化的矛盾关系中，司马迁把学术文化置于现实政治的上位。《十二诸侯年表》开始于周共和元年，厉王失政，大臣共和行政；终于孔子作《春秋》。徐先生说："在史公心目中，周厉王以前，生民的命运托于政治。自厉王以后，五霸七雄，强争力战，生民在政治上无所托命，孔子不得已而'次春秋'、'以制义法，王道备，人事浃'，使生民托命于孔子的教化。换言之，史公认为共和以后，天下无政统而只有孔子的教统，所以他的断限是'自共和迄孔子'。"[2] 孔子制作《春秋》，是继王道之大统，救政治之困穷，使人类不能托命于政治，乃转而托命于由《春秋》所代表的文化。

要言之，徐先生对《史记》的"突出"解释是：司马迁重视学术人物在历史中的重要作用，《史记》可以说是以文化为骨干之史；司马迁在诸子百家中确立以孔子为代表的儒家思想作为中国文化的主流，"六艺"成为中国文化传承的主要典籍；司马迁认为学术文化是在现实政治的上位。

---

[1] 徐复观：《两汉思想史》（第三卷），华东师范大学出版社 2001 年版，第 194 页。
[2] 同上书，第 213 页。

（三）

徐先生"突出"了《史记》为文化骨干之史的重要意义，并认为学术文化是在政治的上位，人类不能托命于政治，但可以托命于学术文化。此内容的阐发虽有普遍的意义，因为政治是人类不得已的罪恶，而学术文化代表了人类前进和发展的价值理想；但也与徐先生的时代经验、思想倾向和人生遭遇有密切的关系。换言之，徐先生"突出"以上内容，是因为他有这样的先见、前见，是他的视域与《史记》文本视域相互融合的结果。

徐先生早年读了大量的线装书，对于中国传统文化有相当深入的了解。他从青年时代即卷入了革新社会政治的浪潮中，弃笔从戎，成为国民党陆军少将；投身政治，为蒋介石知遇而进入政治权力的中心。1943—1945 年间，他在重庆拜谒新儒家大师熊十力，成为其弟子，埋下了他日后矢志以文化救国的宏愿。1946 年，他以陆军少将自愿退役。1947 年，他在南京创办了一个纯学术性的刊物《学原》，与学术界互通声气。国民党在大陆败逃后，他流亡于台港。1949 年 6 月，他创办的《民主评论》在香港出刊，开始撰写政论性的杂文。他往来于台湾和香港之间，主要工作是主办《民主评论》，并为香港的《华侨日报》撰写政论性的文章。从政治走向学术，是非常艰难的。徐先生一度生活无着，主要靠卖文为生。这一时期，他写下大量的政论性杂文，为徐先生赢得了较高的声誉。这些杂文后来皆收入《政治与学术之间》（甲集和乙集）中。1952 年，台中省立农学院请他到农学院任教，讲授"国际组织与国际现势"的课程。这是一个相当偶然的机缘，但正是这个偶然的机缘使徐先生进入了大学教堂的大门。1955—1969 年间，他在台中东海大学任教长达 14 年，写下大量学术性的文章和著作。1970 年，他赴香港新亚研究所任教，直到1982 年病逝。徐先生的人生之路是由尝试政治开始而最终归向学术，学术是他的立足点和归宿点。这使他坚信，学术文化是在政治的上位，人类不能托命于政治，但可以托命于学术文化。

徐先生不同于一般纯粹做学问的学者，他曾置身于政治权力的上层，有着丰富的社会政治经验，牟宗三先生认为他"涉世深，生活面广。触处警悟，透辟过人"①。他以敏锐的眼光深刻地洞察现实政治的腐朽和罪恶，他发现那些居于政治上层的人物根本不能担当国家民族的重任。他说：

> 自民国三十年起，对时代暴风雨的预感，一直压在我的精神上，简直吐不过气来。为了想抢救危机，几年来绞尽了我的心血。从民国三十三年到三十五年，浮在表面上的党政军人物，我大体都看到了。老实说，我没有发现可以担当时代艰苦的人才。甚至不曾发现对国家社会，真正有诚意、有愿心的人物。②

徐先生对政治是非常的怨恨和失望的，他生前曾经为自己写下墓志铭："这里埋的，是曾经尝试过政治，却万分痛恨政治的一个农村的儿子——徐复观。"③这促使他渐渐地疏离现实的政治。但徐先生深知政治是人类不得已的罪恶，在中国的历史和现实中政治总是第一位的，因而又不能忘怀于政治。他希望通过学术研究来继承和振兴中国文化，以学术文化来规整政治，从而使政治走向正常之途。徐先生在此后的学术之途中撰写大量的政论性文章，来批判现实的专制政治而提倡民主政治。他在《学术与政治之间甲集自序》中说："我之所以用一篇'学术与政治之间'的文字来作这一文录的名称，正是如实地说明我没有能力和方法去追求与此一时代不相关涉的高文典册。这是人生最大的不幸。"④

徐先生在《释〈论语〉"民无信不立"》、《儒家在修己与治人上的区别及其意义》两文中一再申述：

> 孔、孟乃至先秦儒家，在修己方面所提出的标准，亦即在学术上所立的标准，和在治人方面所提出的标准，亦即在政治上所立的标准，显然是不同的。修己的、学术的标准，总是将自然生命不断地向德性上提，决不

---

① 牟宗三：《悼念徐复观先生》，收入曹永洋主编《徐复观教授纪念文集》，台湾时报文化出版事业有限公司1984年版，第13页。
② 徐复观：《徐复观文录选粹》，台湾学生书局1980年版，第304—305页。
③ 徐复观：《中国人的生命精神》，华东师范大学出版社2004年版，第4页。
④ 同上书，第303页。

在自然生命上立足，决不在自然生命的要求上安设人生的价值。治人的、政治上的标准，当然还是承认德性的标准，但这是居于第二的地位，而必以人民的自然生命的要求居于第一的地位。[①]

儒家在修己与治人上所立的标准是不同的，修己的标准高，这主要是对于士以上的人，以德性为第一位；治人的标准低，这主要是针对人民，必须先满足于其自然生命的要求。修己的标准即学术的标准，是高于治人的标准即政治的标准，故学术文化是在政治的上位。

在徐先生所处的时代，以儒家为主流的传统文化遭到了全面的批判。徐先生铭记其师熊十力之言"亡国族者常先自亡其文化"，所以文化的灭亡比亡国更为可怕。因此，他对民族文化所面临的困境怀有一种强烈的忧患和危机意识，立志通过救中国文化来救中国。1958年，徐先生与牟宗三、唐君毅、张君劢联合发表了《为中国文化敬告世界人士宣言》，充分肯定了中国传统文化的道德人文精神。他从50年代走向学术之途后，撰写了《中国人性论史》、《中国艺术精神》、《中国思想史论集》、《两汉思想史》三卷本等多部学术著作，深入阐释了中国传统文化的本质内容，并坚信儒家思想是中国传统文化的命脉。今人常以为，儒家思想是专制政治的护符，否定儒家思想在历史发展中的重大意义。徐先生说：

> 儒家思想，乃从人类现实生活的正面来对人类负责的思想。它不能逃避向自然，不能逃避向虚无空寂，也不能逃避向观念的游戏，更无租界、外国可逃，而只能硬挺挺地站在人类的现实生活中，以担当人类现实生存发展的命运。在此种长期专制政治之下，其势须发生某程度的适应性，或因受现实政治趋向的压力而渐被歪曲，歪曲既久，遂有时忘记其本来的面目，如忘记其"天下为公"、"民贵君轻"等类之本来面目，这可以说是历史中的无可奈何之事。这只能说是专制政治压歪，并阻遏了儒家思想正常的发展，如何能倒过来说儒家思想是专制的护符。但儒家思想在长期的

---

① 徐复观：《中国思想史论集续编》，上海书店出版社2004年版，第266页。

适应、歪曲中，仍保持其修正缓和专制的毒害，不断给予社会人生以正常的方向与信心，因而使中华民族度过了许多黑暗时代，这乃由于先秦儒家立基于道德理性的人性所建立起来的道德精神的伟大力量。①

从专制政治与儒家思想互动的角度来阐释儒学，则可以深切地理解儒家思想在发展中的坎坷历程：一是儒家思想对世运有强烈的忧患和担当精神；二是儒家思想在发展中不断受到专制政治的歪曲和利用；三是儒家思想在与专制政治抗争中，一方面坚持其社会政治理想，发挥其基于性善所建立的道德精神的伟大力量，另一方面不断修正专制政治的弊端，缓和专制政治的毒害，从而使中华民族度过了许多黑暗的时代。

1982 年 2 月 14 日，徐先生病重立下遗嘱："余自四十五岁以后，乃渐悟孔孟思想为中华文化命脉所寄，今以未能赴曲阜亲谒孔陵为大恨也。"② 他口占一律表达其最后的志意："中华片土尽含香，隔岁重来再病床。春雨阴阴膏草木，友情默默感时光。沉疴未死神医力，圣学虚悬寸管量。莫计平生伤往事，江湖烟雾好相忘。"思想文化的价值是置于现实政治的上位，人类不能托命于政治，但可以托命于文化；今天全世界的华人共同托命的，是中华民族的传统文化，是孔孟的文化理想。牟宗三先生也说："吾之生命依据不在现实。现实一无所有矣。试看国在哪里？家在哪里？吾所依据者华族之文化生命，孔孟之文化理想耳。"③ 牟宗三先生在《悼念徐复观先生》一文中盖棺定论地总结说："徐先生笃信孔孟之道终必光畅于斯世，无人能毁；笃信自由民主为政治之常轨，无人能悖；痛斥极权专制徒害人以害己，决不可久。"④

（四）

综上所述，徐先生在解释时，"突出"了司马迁《史记》的重要思想：把

①　徐复观：《中国思想史论集》，上海书店出版社 2004 年版，第 8 页。
②　曹永洋：《徐复观教授纪念文集》，台湾时报文化出版事业有限公司 1984 年版，第 566 页。
③　牟宗三：《五十自述》，台湾鹅湖出版社 1989 年版，第 116 页。
④　牟宗三：《悼念徐复观先生》，收入曹永洋主编《徐复观教授纪念文集》，台湾时报文化出版事业有限公司 1984 年版，第 14 页。

以孔子为中心的儒家文化置于现实政治的上位，人类不能托命于政治，但可以托命于孔孟的文化理想。司马迁在《史记》中并未明言但可能隐含这种思想，这有待于解释者的诠释。徐先生结合自己的时代经验、思想倾向和人生遭遇，而对《史记》文本可能隐含的这种思想进行了深入的阐释。"亡国族者常先自亡其文化"，徐先生立志通过救中国文化来救中国。徐先生的人生之路是由尝试政治开始而最终归向学术，学术是他的立足点和归宿点。这即是陶渊明所谓的"会意"，哲学解释学所谓的"突出"、"视域融合"。如果徐先生没有这样的先见、前见，则《史记》可能隐含的这种思想或者不能被理解，或者被理解但也得不到深度的阐释。这确证了"突出"、"视域融合"理论在文本解释中的重要实践意义。

学术文化是在政治的上位，这只是一种理念；而实际的情况是，政治总是第一位的，总是在学术文化的上位，总是压抑、限制学术文化的传承和发展。政治人物在当世获得富贵权势，声名显赫；而学术人物位卑人微，穷困潦倒，不为时人所重，他们的声名不彰不显，是非常寂寞萧条的。杜甫诗曰："千秋万世名，寂寞身后事。"（《梦李白》之二）这是司马迁《史记》所传的学术人物为什么那么简短，且多有缺失和矛盾的原因。也有少数学术人物的著作和声名能称扬于后世，但他们不仅"立名"艰难，如司马迁在《伯夷列传》里所感慨的"闾巷之人，欲砥行立名者，非附青云之士，恶能施于后世哉"；而且其死后之"沧海一粟"的浮名又如何能补偿他们生前遭遇不幸痛苦的万分之一呢？

参考文献：

[1] 徐复观：《中国思想史论集》，上海书店出版社 2004 年版。

[2] 黄俊杰：《战后台湾的教育与思想》，台湾东大图书公司 1993 年版。

[3] 徐复观：《两汉思想史》（第三卷），华东师范大学出版社 2001 年版。

[4] 徐复观：《中国思想史论集续编》，上海书店出版社 2004 年版。

[5] 钱钟书：《管锥编》（第一册），中华书局 1986 年版。

[6] 徐复观：《两汉思想史》（第一卷），华东师范大学出版社 2001 年版。

[7] 徐复观：《两汉思想史》（第二卷），华东师范大学出版社 2001 年版。

［8］陈少明：《〈论语〉的历史世界》，《中国社会科学》2010 年第 3 期。

［9］曹永洋：《徐复观教授纪念文集》，台湾时报文化出版事业有限公司 1984 年版。

［10］徐复观：《徐复观文录选粹》，台湾学生书局 1980 年版。

［11］徐复观：《中国人的生命精神》，华东师范大学出版社 2004 年版。

［12］牟宗三：《五十自述》，台湾鹅湖出版社 1989 年版。

九　先秦儒家思想发展的重要转折

——徐复观对董仲舒"天的哲学"的解释

　　港台学者徐复观是治中国思想史的名家。他的《两汉思想史》三卷本，对两汉重要的思想家陆贾、贾谊、董仲舒、司马迁、扬雄、班固、王充等，展开了深入而独特的诠释，是研究两汉思想史的经典著作。他在《两汉思想史》（卷二）的《自序》中说："我曾指出过，两汉思想，对先秦思想而言，实系学术上的巨大演变。不仅千余年来，社会政治的格局，皆由两汉所奠定。所以严格地说，不了解两汉，便不能彻底了解现代。"[①]　两汉思想对先秦思想的巨大演变，突出地表现在大儒董仲舒的思想创造上。班固说："仲舒遭汉承秦灭学之后，'六经'离析；下帷发愤，潜心大业，令后学有所统一，为群儒首。"（《汉书·董仲舒传》）班固认为，董仲舒为两汉群儒之首，建立了儒家的哲学大系。徐先生说："但董仲舒出，由其公羊春秋学对《春秋》的解释，发生了一大转折，影响到西汉其他经学在解释上的转折，乃至影响到先秦儒家思想在发展中全面的转折，在思想上的意义特为重大。而此一转折，与董氏天的哲学系统是密切相关的。"[②]　徐先生在《先秦儒家思想的转折及天的哲学的完成——董仲舒〈春秋繁露〉的研究》长文中，首次明确地提出董仲舒创立了天的哲学，汉代思想的特性是由他所塑造的，并以发展和比较的观点，深刻地揭示出董仲舒之天的哲学的独特性格及其在儒家思想发展中的重要转折意义。[③]

---

　　① 徐复观：《两汉思想史》（第二卷），华东师范大学出版社2001年版，第1页。
　　② 同上书，第182页。
　　③ 徐先生论董仲舒思想的主要文章：《先秦儒家思想的转折及天的哲学的完成——董仲舒〈春秋繁露〉的研究》，收入《两汉思想史》（第二卷）；《儒家对中国历史运命挣扎之一例——西汉政治与董仲舒》，收入《中国思想史论集》。

（一）

董仲舒少治《春秋》，景帝时为博士。景帝不任儒者，"而窦太后又好黄老之术，故诸博士具官待问，未有进者"（《史记·儒林列传》），董仲舒主要以著书授徒为业。公羊学重视阐释《春秋》大义，非精心达思不能推见至隐。在平静安宁的著述教书生涯中，董仲舒好学深思，精研《春秋》公羊学，写下许多阐发《春秋》之义的文章。他重视学问修养，又重视道德养成，学问和人格相长，知识和道德相成。

《史记》本传谓董仲舒"进退容止，非礼不行，学士皆师尊之"。《天道施》曰："君子非礼而不言，非礼而不动。好色而无礼则流，饮食而无礼则争，流争则乱。夫礼，体情而防乱者也。"[1] 礼重视外在的节文，董仲舒的进退容止合于礼，表明他是一位方正严肃的人，使人敬畏而难以亲近。弟子"传以久次相受业，或莫见其面"，也表现了他的这种性格。这与孔子温厚和蔼的风度不同。《论语·先进》记述了子路、曾皙、冉有、公西华陪孔子闲坐而谈论人生抱负的情景，气氛很融洽和亲和。仲舒两次担任骄王之相（江都王、胶西王），皆以"正身而率下"、"以礼义匡正"（《汉书·董仲舒传》）而赢得骄王的敬重。这种严肃方正的性格也表现在他的立言中。他的立言非常严厉，义正词严。《仁义法》曰："是故《春秋》为仁义法。仁之法在爱人，不在爱我。义之法在正我，不在正人。"《竹林》曰："夫冒大辱以生，其情无乐，故贤人不为也。……故君子生以辱，不如死以荣。"这突出了君子人格的不可侵犯。

终景帝之世，精深的学问、严肃方正的人格、"得天下英才而教育之"（《孟子·尽心上》）的教书职业，使董仲舒获得了学士的尊敬和赞誉。董仲舒在汉代学术史上的崇高地位，是与他崇高的人格有密切关系的。这种以学习和修身为主的生活，培养了董仲舒以道自任的自主人格，养成了他内外如一的诚信品性，也使他精于论道而疏于说事。他的前期生活与公孙弘不同。公孙弘家道贫困，少为狱吏，因罪被免后，牧豕海上，40 岁始学《春秋》杂说。这种

---

① 本文征引《春秋繁露》的文字，根据苏舆《春秋繁露义证》，中华书局 1992 年版。

生活经历使他精通世事而学问根基较为浅薄。艰难困苦的谋生生活，很难培养公孙弘守死善道的自主人格，而容易养成他善于权变、阳善阴恶的性格。

建元元年，武帝即位。在御史大夫赵绾、郎中令王臧的支持和鼓动下，第一次尊儒运动轰轰烈烈地展开了。武帝招贤良文学方正直言极谏之士。丞相卫绾奏曰："所举贤良，或治申商韩非苏秦张仪之言，乱国政，请皆罢。"（《汉书·武帝纪》）武帝安车驷马不远千里迎来了年高80余岁的大儒申公，以议立明堂之事。董仲舒为博士，官职不大，不能与赵绾、王臧之属相提并论；他以著述教书为事，不汲汲于仕途；他又是一位醇儒，言行方正，难有冒进之举。因此，在这次尊儒活动中他不是一位吹鼓手，所起的作用很小。董仲舒参加了建元元年的文学贤良对策，因为他在学问和人品上广有声誉，但策文不是《天人三策》。赵绾和王臧不久自杀，尊儒活动暂告停止。

建元四年，董仲舒出为江都相。江都王非是武帝的庶兄，江都是吴王刘濞的故地，较偏僻。江都相虽是二千石，比博士六百石高，但远离朝廷，不能算是重用。刘非"好气力，治宫观，招四方豪杰，骄奢甚"（《史记·五宗世家》）。董仲舒正身率下，以礼义匡正，不阿谀江都王。《汉书》本传记录董仲舒《对江都王》。江都王说："孔子称殷有三仁，寡人亦以为粤有三仁。"董仲舒以为粤之大夫泄庸、种、蠡行诈力而胜，不能成为三仁，意在警告江都王不要以勇力自强。这与董仲舒任德不任力的思想是一致的。

建元五年，武帝立"五经"博士，确立了"五经"在政治和学术上的权威地位。董仲舒时任江都相。建元五年之前的博士，学通行修，博学于文，称为杂学博士。建元五年之后所立的五经博士，专通一经，走向与博学相反的专经之路，其所代表的经及其传获得了法定的权威地位。徐复观说，这是博士制度的一次重要演变。[①]

元光元年，"及窦太后崩，武安侯田蚡为丞相，绌黄老、刑名百家之言，延文学儒者数百人，而公孙弘以《春秋》白衣为天子三公，封以平津侯"（《史记·儒林列传》）。公孙弘参加了这次对策，他的策文被武帝擢为第一。董仲舒在江都任上，未参加这次对策。

---

① 徐复观：《徐复观论经学史两种》，上海书店出版社2006年版，第54—61页。

元光三、四年，董仲舒离开江都，回到京师，为中大夫。

元光五年，武帝"征吏民有明当时之务、习先圣之术者"（《汉书·武帝纪》）。董仲舒参加了此次对策，策文即是《天人三策》。《天人三策》为仲舒在后世赢得了巨大的声誉，但在当时并未受到武帝的赏识，因为策文的主要思想不合武帝所行的现实政策。其一，董仲舒根据《春秋》灾异，建立天命遣告的理论，这是把君权置于天命之下，以压制人君至高无上的权力。武帝是一位自视很高、野心和欲望很大的君主，他不赞成董仲舒"屈君而伸天"之论，这埋下了仲舒因《灾异之记》而下狱论死之祸。其二，仲舒的任德不任刑以及仁义教化之道，与当时武帝实行的刑治与残民政策背道而驰。其三，仲舒批评了武帝的吏治之败，指责了官吏与民争利之弊。这切中当时社会政治的严重弊端，不能不令武帝恼怒。

元朔一、二年间，董仲舒因《灾异之记》而下狱，当死，后赦免。

《天人三策》承武帝"灾异之变，何缘而起"，建立了天命灾异遣告警惧的理论，这使武帝又敬又畏。在那个时代，人对天命灾异是半信半疑，武帝不能否定他的灾异之说。这助长了董仲舒言灾异的热情，对策之后，他居家著《灾异之记》。《灾异之记》的基本内容是解释《春秋》灾异，但议论了建元六年辽东高庙灾和高园便殿火之事。董仲舒认为建元六年的灾异所昭示的天意是：辽东高庙与高园便殿皆不当立；诛杀远离正道的诸侯和近臣。《史记·儒林列传》曰："居舍，著《灾异之记》。是时辽东高庙灾，主父偃疾之，取其书奏之天子。天子召诸生示其书，有刺讥。董仲舒弟子吕步舒不知其师书，以为下愚。于是下董仲舒吏，当死，诏赦之。于是董仲舒竟不敢复言灾异。"主父偃得到武帝的宠幸，"诏拜偃为谒者，迁为中大夫。一岁中四迁偃"（《史记》本传）。主父为武帝的心腹之臣，他深知武帝嫉恨仲舒言天命灾异之意，故他敢于窃《灾异之记》的草稿；且主父的人格已严重扭曲，如他所说"吾日暮途穷，故倒行暴施之"，故他出于对董仲舒莫名的嫉恨，取其书而奏之武帝。武帝先下仲舒狱，当死，后又赦之，原因很复杂。其一，《天人三策》大谈天命灾异以限制君权、批评时政，使武帝愤怒，借此打击仲舒而使之不要妄论灾异和政治。其二，仲舒谓辽东高庙和高园便殿不当立，烧得有理，武帝认为这是讥议先祖。其三，辽东高庙灾与诛近臣关联得勉强，且武帝正靠这些近臣而摧折大臣；当时所议之人，如主父、吕步舒等皆是近臣，他们不能容忍诛近臣之说，故以之为下愚。其四，董仲舒的诛不正诸侯之论，符合武帝强干弱枝的政策；且他议论的动机与目的纯正，能使武帝赦免他。[①]

元朔四、五年间，董仲舒出为胶西王相，主要是因为公孙弘的嫉恨。公孙弘亦治《春秋》公羊学，《史记·儒林列传》"公孙弘治《春秋》不如董仲舒"。这是公孙弘嫉恨董仲舒的原因之一。其次，就人品而言，公孙弘阿谀人主、外宽内深，董仲舒为人廉直，二人道不同不相为谋。再次，他批评公孙弘曲学阿世、从谀人主，"董仲舒以弘为从谀，弘嫉之"（《史记·儒林列传》）。最后，弘深知武帝怨恨仲舒，故他言上曰"独董仲舒可使相胶西王"。胶西为僻远小国，胶西王端是武帝的庶兄，心理变态，性格扭曲，贼戾残暴。《史记·五宗世家》："端为人贼戾，又阴痿，一近妇人，病之数月……相二千石往者，奉汉法以治，端辄求其罪告之，无罪者诈药杀之……故胶西小国，而所杀伤二千石甚众。"公孙弘欲借胶西王之手杀掉仲舒，但他正身率下，"胶西王闻仲舒大儒，善待之"（《汉书·董仲舒传》）。

元狩一、二年间，年暮体衰的董仲舒"恐久获罪，疾免居家"，结束了不得志的、险恶的仕途生涯。《士不遇赋》曰："屈意从人，非吾徒矣。正身俟时，将就木矣。悠悠偕时，岂能觉矣。心之忧欤，不期禄矣。惶惶非宁，只增辱矣。努力触藩，徒摧角矣。不出门户，庶无过矣。"他在修学著书中回归自我、安顿寂寞不遇的心灵。

现在可以看到的董仲舒言论著作，主要有《春秋繁露》，还有《汉书·董仲舒传》的《天人三策》、《对江都王》，《汉书·食货志》两条，《汉书·匈奴传》一端，《汉书·五行志》所引诸条，《艺文类聚》的《士不遇赋》，《古文苑》的《雨雹对》等。

（二）

关于仲舒的公羊《春秋》学，学人一般致力于其基本内容的概括："大一

---

① 徐复观：《两汉思想史》（第二卷），华东师范大学出版社 2001 年版，第 187—188 页。

统"思想，"张三世"之说，"通三统"之论，灾异谴告说等。这着眼于思想存在的静态方面。但徐先生在解释仲舒的公羊《春秋》学时，一是从发展和比较的观点把握他公羊学的特征，突出其公羊学与孔门传承的《公羊传》在思想发展上的转折。① 二是从解释学的角度，探讨仲舒之公羊学的建立，重视分析其公羊学的解释目的和解释方法。这是立足于仲舒之公羊学是如何形成的动态方面。

董仲舒传承《公羊传》，但他不是一位传经之儒，而是一位思想家之儒。他通过对《春秋》、《公羊传》的重新解释，建立了自己的公羊学。他的公羊学在思想内容上具有自己的特性，这主要表现在两个方面。

其一，徐先生认为，《公羊传》中没有出现一个宗教性或哲学性的天字，这表明它说的都是人道，而天道与人道并没有直接的关联；但董仲舒的公羊学，阐发出《春秋》的天道思想。② 仲舒解释《春秋》隐公元年"春，王正月"："臣谨案《春秋》之文，求王道之端，得之于正。正次王，王次春。春者，天之所为也；正者，王之所为也。其意曰：上承天之所为，而下以正其所为，正王道之端云尔。然则王者欲有所为，宜求其端于天。"（《天人三策》，见于《汉书·董仲舒传》）从"春，王正月"的辞序上来看，王置于春与正之间。春，是天之所为（一年四时是天的安排），故代表天。春在王之前（上），表明王上法天道，即天道为人道的根据；正在王之后（下），意谓王正己以正臣民。因此，所谓的"王道之端（本）"，即是人君上法天道。通过仲舒的解释，《春秋》中有天道的思想，且天道是人道的根据。

其二，《公羊传》对《春秋》所记录的日食三十六、星变五，皆不明言灾异，其明言灾异的有51处以上，其中只有两处把灾异和人事结合起来。徐先

---

① 徐复观说："只有在发展的观点中，才能把握到一个思想得以形成的线索。只有在比较的观点中，才能把握到一种思想得以存在的特性。"《自序》，见于《两汉思想史》（第二卷），华东师范大学出版社2001年版，第2页。他又说："年来我所做的这类思想史的工作，所以容易从混乱中脱出，以清理出比较清楚的条理，主要是得力于'动的观点'、'发展的观点'的应用。以动的观点代替静的观点，这是今后治思想史的人所必须努力实践的方法。"《自序》，见于《中国艺术精神》，华东师范大学出版社2001年版，第4页。

② 徐复观：《两汉思想史》（第二卷），华东师范大学出版社2001年版，第302页。

生说:"由此可知,孔门不凭灾异以言人事,即是不假天道以言人道。"① 但董仲舒的公羊学,特别重视《春秋》灾异的阐释,把灾异和人事紧密地结合起来。《汉书·五行志》保留了仲舒言《春秋》灾异与秦汉灾异的许多文字。他在《天人三策》里说:"臣谨案《春秋》之中,视前世已行之事,以观天人相与之际,甚可畏也。国家将有失道之败,而天乃先出灾害以谴告之,不知自省,又出怪异以警惧之,尚不知变,而伤败乃至。"董仲舒从《春秋》中发挥出"天人相与之际"即天人感应的理论。徐先生说:"由上所述,可知仲舒的《春秋》学,实对儒家思想的发展,加上了一层特殊的转折。并且这种转折,得到当时学术界的广大承认,此即《汉书·五行志序论》所说的'董仲舒治《公羊春秋》,始推阴阳为儒者宗'。更通过纬书及《白虎通德论》中的大量吸收而成为一般的通说。"②

《春秋》、《公羊传》中没有明确的天道、灾异思想,但董仲舒的公羊学深入阐发了此种思想。徐先生认为,这主要是因为他解释的两大特性:"第一个特性是通过《公羊》来建立当时已经成熟的大一统专制的理论根据。第二个特性是他要把《公羊》成为他天的哲学的构成的因素。"③ 但董仲舒是一位严肃方正的人,如何能把《公羊传》作为自己天的哲学的一部分呢?这首先涉及他对《春秋》、《公羊传》之性质的认定。仲舒认为,《春秋》具有微言大义,荀子所谓"《春秋》之微也"(《劝学》);《春秋》大义非常深微幽眇。《春秋繁露·精华》曰:"今《春秋》之为学也,道往而明来者也。然而其辞体天之微,故难知也。弗能察,寂若无;能察之,无物不在。"《春秋》是体现天道的,故深微难知。《竹林》曰:"《春秋》记天下之得失,而见所以然之故。甚幽而明,无传而著,不可不察也。夫泰山之为大,弗察弗见,而况微眇者乎?故案《春秋》而适往事,穷其端而视其故,得志之君子,有喜之人,不可不慎也。"《春秋》大义微眇,解释者必须深察而穷其端(本)、视其故(所以然),即"《春秋》推见至隐"。

如何深察而推见至隐?仲舒提出解释的方法。《精华》"《春秋》无达辞"。

① 徐复观:《两汉思想史》(第二卷),华东师范大学出版社2001年版,第203页。
② 同上书,第220页。
③ 同上书,第203页。

达，通也，即一成不变，《竹林》谓"《春秋》无通辞，从变而移"。《春秋》无通辞、达辞，当然就没有通义、达义，而有变辞、变义。这强调了《春秋》之辞、之义的权变观念，从而为董仲舒对《春秋》经传的创新解释提供依据。《竹林》："辞不能及，皆在于指，非精心达思者，其孰能知之。……由是观之，见其指者，不任其辞。不任其辞，然后可与适道矣。""辞"，即《春秋》文辞的字面义；"指"，意旨，即《春秋》大义。因为《春秋》深微幽眇，故不能直接从文辞的字面义把握《春秋》大义，即"辞不能及，皆在于指"；必须"见其指者，不任其辞"，即突破文辞字面义的限制而阐发《春秋》大义。这利于仲舒较自由地发挥他的主观思想。徐先生说："仲舒却强调权变的观念而把古与今连上；强调微、微眇的观念，把史与天连上。这不仅是把《公羊传》当作构成自己哲学的一种材料，而且是把《公羊传》当作是进入到自己哲学系统中的一块踏脚石。由文字以求事故之端；由端而进入于文义所不及的微眇；由微眇而接上天志；再由天志以贯通所有的人伦道德，由此已构成自己的哲学系统，此时的《公羊传》反成为刍狗了。"[1]

　　《春秋》文公九年"春，毛伯来求金"。《公羊传》曰："毛伯者何？天子之大夫也。何以不称使？当丧未君也。逾年矣，何以谓之未君？即位矣，而未称王也。未称王，何以知其即位？以诸侯之逾年即位，亦知天子之逾年即位也。以天子三年然后称王，亦知诸侯于其封内三年称子也。逾年称公矣，则何为于其封内三年称子？缘民臣之心，不可一日无君；缘终始之义，一年不二君。不可旷年无君。缘孝子之心，则三年不忍当也。"《春秋》所记之事简单明了。《公羊传》旨在解释礼，此外没有什么深意。《公羊传》的解释文字里，出现了"天子"、"民臣"、"年"，但没有出现单独的"天"。仲舒认为：年是天的表征，人君即位服从于年之终始，即服从于天，所谓"屈君而伸天"；民臣之心，不可一日无君，但民臣要服从君之孝心，故君三年称子，这是"屈民而伸君"（《玉杯》）。董仲舒在《公羊传》文字中深刻地阐发了"屈民而伸君，屈君而伸天"的重大思想，这是他天的哲学的基本内容。他的解释一方面根据"《春秋》无达辞"的权变观念，而得出与《公羊传》不同的大义；另一

---

① 徐复观：《两汉思想史》（第二卷），华东师范大学出版社2001年版，第206页。

方面通过"辞不能及，皆在于指"的方法，突破文字的字面义而发掘出《春秋》大义。实际上，所谓的《春秋》大义即是他自己的哲学思想。

综上所述，通过徐先生的解释，董仲舒公羊学的基本内容与他解释的目的和方法内在地结合起来；一方面揭示出仲舒公羊学的独特内容，并说明其公羊学是对孔门传承的《公羊传》思想的转折；另一方面分析了仲舒解释的目的和方法，阐明他公羊学思想形成的原因，且指出他对《春秋》经传的解释表现出强烈的主观性，是"过度诠释"，这不是以典籍为依据的解释，以知识的客观性要求而言，几乎可斥其为妄诞。仲舒的公羊学及其解释方法，对后世的今文经学产生了重要影响。徐先生从解释学的角度研究董仲舒的公羊学，具有开拓和创新的意义。此后，学界有多篇文章继续从事这一方面工作的探讨和研究。①这不能不令人赞佩徐先生敏锐的学术眼光与卓越的学术创新精神。

（三）

徐先生首次明确地提出董仲舒创立了"天的哲学"，并对他的天的哲学进行了系统的阐释。②他认为，古代之天由商周的宗教人格神意义，演变为孔孟儒家的道德法则意义或荀子的自然意义，都不足以构成天的哲学，因为天只是处于虚位，是存而不论的，没有人在这种地方认真地追求证验，也没有人在这种地方认真地要求由天人贯通而来的体系；但到了董仲舒，才在天的地方追求实证的意义，且以天贯通一切，构成了一个庞大的体系。③首先，仲舒继承和发展《吕氏春秋·十二纪·纪首》的格套，天由四时之运行而见，四时是春生夏长秋收冬藏。四时是如何形成的呢？阴阳二气的运行形成四时；阴阳是两种性质和功用相反相成的气体。五行之气辅助阴阳二气形成四时；五行是木、火、土、金、水，是"比相生而间相胜"的五种气。因此，阴阳五行之气是天

---

① 主要论文：周光庆的《董仲舒春秋解释方法论》，《孔子研究》2001 年第 1 期；黄开国的《董仲舒公羊学方法论》，《哲学研究》2001 年第 11 期；刘国民的《"间距化"——论董仲舒对〈春秋〉、〈公羊传〉的解释》，《孔子研究》2005 年第 5 期，等等。

② 学人一般并未把仲舒的思想命名为天的哲学，且在谈论他的思想时多着重于其天人感应的灾异理论，这只是他思想的一方面内容。

③ 徐复观：《两汉思想史》（第二卷），华东师范大学出版社 2001 年版，第 229 页。

的基本内容，天道即流行在阴阳五行之气的运行中。仲舒说："夫王者不可以不知天。知天，诗人之所难也。天意难见也，其道难理。是故明阳阴入出、实虚之处，所以观天之志。辨五行之本末、顺逆、小大、广狭，所以观天道也。"（《天地阴阳》）其次，仲舒认为，天人一也，天人同类，同类可以相推。天有阴阳，人亦有阴阳；天有五行，人亦有五行。由此，他把阴阳五行之道推向社会、政治、人生的各个方面，构成了天人相应的上下贯通的系统。

天道是人道的根据，"天道之大者在阴阳"（《天人三策》）。阴阳的关系是阳主阴从的对立统一，且阳主阴从的地位是绝对的；阴阳之天道的基本内容，是阳德阴刑、阳善阴恶、阳主阴从。把阴阳之天道推向人道之政治，天道任阳不任阴，则人道任德不任刑，即人道以德善为主，以刑罚为辅。这是肯定儒家的德治政治。《天人三策》："天道之大者在阴阳。阳为德，阴为刑；刑主杀而德主生。……以此见天之任德不任刑也。……王者承天意以从事，故任德教而不任刑。"把阴阳之天道推向人伦关系，形成人道的"三纲"。《基义》："君臣、父子、夫妇之义，皆取诸阴阳之道。君为阳，臣为阴；父为阳，子为阴；夫为阳，妻为阴。……王道之三纲，可求于天。"以阴阳之天道论人性。《深察名号》曰："天两有阴阳之施，身亦两有贪仁之性。"天道之阳善阴恶，故人性中包含着善恶；天道之阳主阴从，则人性中善主恶从。这是基本上肯定儒家的人性善。要之，人道弥纶于阴阳天道之下，具有权威性和合法性，从而加强人君实行人道的无可逃避的责任感。

五行之天道是人道的根据。《五行之义》："天有五行：一曰木，二曰火，三曰土，四曰金，五曰水。木，五行之始也；水，五行之终也；土，五行之中也。此其天次之序也。"董仲舒认为，此五行之序即是五行相生之序，木生火，木是火之父，火是木之子；火生土，火是土之父，土是火之子，等等。五行相生之序，体现的是父子关系，从而推向人道中君父臣子的人伦。把五行配入四时，木与春相配；火与夏相配，土主季夏；金与秋相配；冬与水相配。董仲舒认为，火、土皆在夏：火主两个月，火之子是土，土主一个月；火名夏，即火与夏相配；土不名一时，即土有辛劳而无名，功名归于火。他说："土者，火之子，五行莫贵于土。土与四时无所命，不与火分功名。木名春，火名夏，金名秋，水名冬。忠臣之义，孝子之行，取之土。土者，五行最贵者也，其义不可加也。"（《五行对》）作臣子的，应该贵土德，即只为君父尽职尽责，而功名皆归于君父。董仲舒由此从五行相生之说中，发挥出儒家之忠孝的人伦准则。

天道是人道的根据，天之五行是人之五官、五常、五事的根据。董仲舒的哲学是政治哲学，政治的治乱与官制密切相关。如何建立一个合理的官僚行政体系呢？如何为合理的官僚行政体系寻找到天道的根据呢？天有五行，人有五官，天人一也。他以五行相生解释五官之间互相依存的关系，以五行相胜解释五官之间互相制约的关系。《五行相生》："五行者，五官也，比相生而间相胜也。"任何一行皆为别的一行所生，又生别的一行；皆为别的一行所制约和克服，又制约和克服别的一行。五官推至百官，百官皆各尽其责，各尽其能，并且互相依存，互相制约。天有五行，人有五常，天人一也。仲舒为儒家的五常之道建立了天道的根据。他说："夫仁义礼知信五常之道，王者所当修饬也；五者修饬，故受天之祐，而享鬼神之灵，德施于方外，延及群生也。"（《天人三策》）天有五行，人有五事，天人一也。五事即貌、言、视、听、思，为人人所有，但董仲舒之五事是特指人君的貌言视听思，"夫五事者，人之所受命于天也，而王者所修而治民也"（《五行五事》）。仲舒深知在大一统的皇权专制政治之下，皇帝是政治的权源，他的言行举止决定着政治的治乱得失，决定着臣民的悲欢荣辱，故必须规定和约束皇帝的言行举止。根据同类相应，五事和五行对应：貌配木，言配金，视配火，听配水，思配土。如果人君的"五事"不正，则天将产生五行灾异以谴告和警惧人君，从而使人君反省和改正自己的过失。

天人同类，同类相感，天人同类感应。董仲舒建立了受命之符、符瑞、灾异的理论。受命之符，即开国之君受命为王的符瑞。《天人三策》："臣闻天之所大奉使之王者，必有非人力所能致而自至者，此受命之符也。天下之人同心归之，若归父母，故天瑞应诚而至。"君权神授，这论证了皇权的神圣性和合理性；但受命之符的获得是人君积善累德所致，因而加强了人君的道德责任感。人君得道，天出祥瑞；人君失道，天出灾异。灾异是董仲舒天的哲学的重要内容。《必仁且智》："天地之物有不常之变者，谓之异，小者谓之灾。灾常先至而异乃随之。灾者，天之谴也；异者，天之威也。谴之而不知，乃畏之以威。《诗》云：'畏天之威。'殆此谓也。凡灾异之本，尽生于国家之失。国家之失乃始萌芽，而天出灾害以谴告之；谴告之而不知变，乃见怪异以惊骇之，惊骇之尚不知畏恐，其殃咎乃至。以此见天意之仁而不欲陷人也。"仲舒认为，灾异是天意的表现，与人事有必然的联系。人是指人君，人君的政治行为决定了社会的治乱、人民的祸福，人事即人君所支配的社会政治人事。如果人君的行为失道，则天出灾异谴告、警惧，人君见灾异而反省、改正自己的过失，灾异自然就会消除。如果人君见灾异而不能改过自新，则天惩罚之，人君的伤败乃至。因此，天命灾异是神圣之天对皇权的抑压和限制，是对皇帝政治之失道的谴告和警惧，既限制了至高无上的皇权，又强化了人君的政治道德感。徐先生说："天人感应的价值判断，是出于对大一统的专制政治的皇帝所提出的要求。换言之，这是出于政治伦理道德所提出的要求。"①

综上所述，董仲舒之天的哲学构成了一个天人贯通的大系统，主要内容有两个方面。一是天人同类，同类相应，则把天道类推到人道，天道是人道的根据，《天人三策》所谓"道之大原在于天，天不变，道亦不变"。仲舒之天道的基本内容是儒家的仁义之道。他说，"仁之美者在于天。天，仁也。……察于天之意，无穷极之仁也"（《王道通三》）；"仁，天心，故次以天心"（《俞序》）。他的天道里也含有法家的尊君卑臣思想，这是部分地承认大一统专制政治的合理性。《阳尊阴卑》曰："是故《春秋》君不名恶，臣不名善，善皆归于君，恶皆归于臣。臣之义比于地，故为人臣之下者，视地之事天也。"人臣是地，人君是天，天高地低，君尊臣卑。地位的尊卑贵贱与道德的善恶本没有必然的联系，但仲舒认为人君尊贵即是善，人臣卑贱即是恶。这是典型的尊君卑臣的思想。二是天人同类，同类互相感应，仲舒由此言受命之符、符瑞和灾异。

徐先生突出董仲舒"天的哲学"的道德价值。

其一，从形式上看，仲舒之天的哲学有较强的宗教性，又发挥阴阳家的神秘观念，似与孔孟儒家的仁道精神相违背。但实质上，仲舒之天道的基本内容是儒家的仁义之道。天道是人道的根据，人君法天道，即法儒家之道。儒家之

---

① 徐复观：《两汉思想史》（第二卷），华东师范大学出版社 2001 年版，第 383 页。

道获得了天道的权威根据，不容置疑地加强人君实行儒家之道的神圣责任感。

其二，仲舒以天命灾异的神圣、神秘的力量，限制、抑压人君绝对的自由意志和政治行为，谴告和警惧人君的失道、失德，从而使人君反省和改正自己的过失，尊崇和实行儒家的仁义之道。因此，董仲舒之天的哲学，在今日看来虽然没有知识的意义，但实际上具有人伦道德的意义。徐复观说："当时流行的天人感应之说，主要是说由皇帝的行为而与天发生感应，终于得到或吉或凶，为祸为福的结果。在骨子里面，依然是由统治者的行为所招致的结果；这中间只加上由天的意志而来的灾祸，以作为凶或祸的结果的预报，让人臣有讲话的机会，让人君有改变行为的时间。这种出于人伦道德对行为善恶的要求，无所谓科学不科学。若谓天人感应之说不可信，由政治行为以决定政治结果，这是政治社会中的真实，而不能不加以肯定。"①

徐先生认为，董仲舒之天的哲学，是对原始儒家思想的发展的一个重要转折：一是仲舒把儒家的仁义之道镶嵌在阴阳五行之天的格套中，论证天道是人道的根据；二是仲舒之天的哲学也含有承认大一统的专制政治的内容，例如尊君卑臣和君权神授的思想；三是先秦儒家的天是道德法则性的天，但仲舒之天具有宗教人格神的意义，从而使儒家思想在发展中染上了天命灾异的神怪色彩。

（四）

徐先生认为，思想家之思想的形成主要受四大因素的影响：一是思想家所处的时代背景；二是思想家的人生遭遇；三是思想家的学问传承以及功夫的深浅；四是思想家的个性气质。② 在这四大因素中，时代背景最为重要；而在时代背景中，尤以政治背景为突出。徐复观说："一切知识分子所担当的文化思想，都可以说是他们所生存的时代的反映。在近三百年，时代中最巨大最显著的力量是经济。但在我国，一直在鸦片战争以前，甚至于一直到现在，各时代

---

① 徐复观：《两汉思想史》（第二卷），华东师范大学出版社 2001 年版，第 358 页。
② 同上书，第 344 页。

中最巨大最显著的力量都是政治。"① 中国古代的政治是大一统的皇权政治，在学术和政治的互动中，强势的专制政治对学术思想的影响尤为深巨。徐先生说："因此，对此种大一统的一人专制政治的彻底把握，应当是了解两汉思想史的前提条件，甚至也是了解两汉以后的思想史的前提条件。"② 因此，徐先生特别重视阐释专制政治对两汉思想家之思想形成的影响。

徐先生在研究董仲舒时，首先将其天的哲学置于西汉大一统的专制政治趋于成熟的历史背景中加以考量。徐先生说："他（仲舒）的这一意图，与大一统专制政治的趋于成熟，有密切关系。他一方面是在思想上、观念上，肯定此一体制的合理性。同时，又想给此一体制以新的内容，新的理想。这便构成他的天的哲学大系统的现实意义。"③ 仲舒深刻地认识到专制政治有两大问题需要加以转化。其一，他一方面维护专制之主的独尊地位，另一方面又觉得大一统专制皇帝的喜怒哀乐成为最高政治权力的权源，而对于统治机构以及天下的影响太大。因此，他以受命之符论证皇权的神圣性和合理性，而以灾异谴告警惧之说，把皇权抑压在天命之下，从而限制皇帝的胡作非为。其二，作为汉代大一统专制政治的重大工具，是继承秦代的刑法。武帝任用的酷吏，一个比一个下流，一个比一个残暴，形成了武帝时代的酷吏政治。对此，董仲舒痛心疾首，他希望通过神圣的天道把政治的方向改途易辙。董仲舒认为，天道之大者在阴阳，天道任阳而不任阴，任德不任刑，天道是人道的根据，故人道尚德而不尚刑。因此，董仲舒之天的哲学的形成主要是因为现实的皇权专制。今人多不从历史背景中考察董仲舒之天的哲学的形成原因和历史意义，而斥之为迷信和虚妄。徐先生说："但如何能扭转此由人民血肉所形成的专制机构，也只有希望拿到'天'的下面去加以解决。可以说，近代对统治者权力的限制，求之于宪法；而董氏则只有求之于天，这是形成他的天的哲学的真实背景。"④ 通过徐先生的解释，董仲舒之天的哲学的形成受到了皇权专制政治的重要影响。为了适应专制政治的要求，仲舒不得不对现实的专制政治有所承认，这是政治

---

① 徐复观：《两汉思想史》（第一卷），华东师范大学出版社 2001 年版，第 166 页。
② 同上书，第 173 页。
③ 徐复观：《两汉思想史》（第二卷），华东师范大学出版社 2001 年版，第 183 页。
④ 同上书，第 183 页。

和学术思想相融合的方面。但仲舒又要限制和抑压皇权，消解专制政治中的不合理因素，而坚持孔孟儒家的社会政治理想；这是政治和学术思想相冲突的方面。

思想史的研究不只是一堆概念的分析和建构，而且要关注思想家的人格；这是因为中国古代思想家之思想多是来自内外生活的体验，他们通过内心的自觉反省和社会政治实践而概括出抽象的思想，又把自己的思想落实到人生实践中；在这中间，他们个人的人格起着相当重要的作用。因此，思想家的个性人格对其思想的形成产生影响。徐先生在解释两汉的思想家时，重视分析他们的个性人格，并把其个性人格与其思想内在地联系起来。

徐复观先生说："为了把握董氏的思想，也应当先提醒一句，董仲舒是一位严肃方正的人。他在汉代学术上的崇高地位，和他的崇高人格有密切的关系。"① 仲舒少治《春秋》，景帝时为博士。景帝不任用儒者，他主要以著书授徒为业。《史记·儒林列传》曰："进退容止，非礼不行，学士皆师尊之。"礼重视外在的节文，他的进退容止合于礼，他是一位方正严肃的人，令人敬畏。他两次担任骄王之相（江都王、胶西王），皆以"正身而率下"、"以礼义匡正"（《汉书·董仲舒传》）而赢得骄王的敬畏。"董仲舒恐久获罪，疾免归家。至卒，终不治产业，以修学著书为事。"（《史记·儒林列传》）仲舒传承《公羊传》，重视阐释《春秋》的微言大义，非精心达思而不能推见至隐；仲舒好学深思，其学术思想非常精深，司马迁赞叹说"盖三年董仲舒不观于舍园，其精如此"。仲舒是一位"醇儒"，能深切地把握儒家的仁义之道，且把仁义之道融进他的生命中而成为其人格修养，表现在他的言行之外，因而普遍地赢得学士的尊重。他的经典名言"正其义不谋其利，明其道不计其功"：正义明道本身即是目的，不是获取功利结果的手段；正义明道可能得到功利的结果，但功利并不进入动机的层面。

徐先生特别突出董仲舒"矫者不过其正，弗能直"（《玉杯》）的性格。这种偏激的个性使他在立言时一方面义正词严，另一方面又过于偏激而表现出片面的深刻，因而产生相当多的流弊，不合儒家的中庸之道。徐先生说："仲舒

---

① 徐复观：《两汉思想史》（第二卷），华东师范大学出版社 2001 年版，第 185 页。

说：'矫枉者不过其正，弗能直'，实则矫枉过正，乃表现仲舒个人的性格。此一性格，在他的思想形成及语言表达上，亦必发生相当的影响。"① 其一，董仲舒解释《春秋》的方法："见其指者，不任其辞"，"辞不能及，皆在于指"。这是突破文字的樊篱，而驰骋自己的主观胸臆，是"过度诠释"。这种解释方法对今文经学的影响很大。徐先生说："若由他们所援据的经典以考校他们的解释，而加以知识的客观性的要求，几乎皆可斥其为妄诞。此一妄诞，至廖平的《古今学考》而达到了极点。"② 其二，仲舒最为今人诟病的是"罢黜百家"，定儒术为一尊的主张。徐先生部分肯定此说的合理性（下文详论），但也认为仲舒之说独断偏激，有较大的流弊，"所以仲舒一时的用心过当，终于是贻害无穷的"③。其三，董仲舒把阴阳观念运用到刑德是可以讲得通的，但运用到人伦关系上，将先秦儒家相对性的伦理关系，转变为绝对性的伦理关系，其弊害则不可胜言。这种理论直接导致了"三纲"之说。徐先生感慨地说："立言之不可不慎，学术趋向之不可或偏，矫枉之不可过正，中庸之道之所以为人道之坦途，皆应于此得到启发。"④

总之，通过徐先生的解释，董仲舒之天的哲学与他的时代及其个性人格、遭遇紧密地结合起立，他的思想不是抽象的，而是活生生的；他也是一个活生生的人，他的方正严肃及"矫者不过其正，弗能直"的偏激个性，与孔子的温厚、中庸、慈爱的人格不同，给我们留下相当深刻的印象。

（五）

徐先生认为，董仲舒是思想史上很难处理的一位大思想家，他的天的哲学在神秘的形式中包含了合理的内容，也表现出一定的理想，但由于受专制政治的歪曲和利用，"使他成为第一个受了专制政治的大欺骗，而自身在客观上也成了助成专制政治的历史中的罪人；实则他的动机和目的，乃至他的品格，决

---

① 徐复观：《两汉思想史》（第二卷），华东师范大学出版社2001年版，第206页。
② 同上书，第206页。
③ 同上书，第264页。
④ 同上书，第252页。

不是如此"①。徐先生颇为同情之理解董仲舒其人及思想：在解释中一方面能深及其思想建立的动机和目的，另一方面能揭示专制政治对他思想的歪曲利用与后世小儒对他思想的片面发展。

仲舒思想中最成问题的是《玉杯》所说"《春秋》之法，以人随君，以君随天。……故屈民而伸君，屈君而伸天，《春秋》之大义也"。"屈民而伸君"，民的地位是屈，君的地位是伸，这与原始儒家主张的"民为贵，君为轻"之抑君伸民的思想相悖。徐先生首先引证《春秋繁露》的材料说明，仲舒的一贯思想是站在人民的立场上衡定政治的得失，他的起心动念都是为人民着想，因而在他的心中并没有屈民伸君之意。其次，徐先生认为，"由此以推论仲舒之意，盖欲把君压抑于天之下，亦即是压抑于他所传承的儒家政治理想之下，使君能奉承以仁为心的天心，而行爱民之实"，但为了要使"屈君而伸天"的主张得到皇帝的承认，便先说出"屈民而伸君"一句，这乃有"牛鼎之意"（先迎合统治者的心理，再进而说出自己的真正主张）。因此，站在仲舒的立场上，"屈民而伸君"是虚，是陪衬，"屈君而伸天"才是实，是主体。但是，专制之君往往突出"屈民而伸君"，以加强自己的专制，这是对董仲舒思想的歪曲。徐先生说："至于统治者及后世小儒，恰恰把它倒转过来，以致发生无穷的弊害，这是仲舒所始料不及的。对于仲舒的整个思想，都应从这一角度去了解。"②

今人一般认为，仲舒把人伦关系配入到阴阳中，将先秦儒家相对性的伦理关系，转变为绝对性的伦理关系，而创立了"三纲"之说，成为维护专制政治的护符。徐先生认为，这与仲舒的初心是完全相反的，他在《基义》、《深察名号》里开始提出"三纲"一词，但他所谓的"三纲"，是指君臣、夫妇、父子各尽其分，即孔子"君君，臣臣，父父，子子"的相对性伦理关系，并非指"君为臣纲，父为子纲，夫为妻纲"；"君为臣纲，父为子纲，夫为妻纲"，是出于纬书《含文嘉》，它是演绎仲舒之说的；《含文嘉》之说被《白虎通义》所采用，遂成为后儒所奉的天经地义。徐先生说："后世的暴君顽父恶夫，对臣子妻之压制，皆援三纲之说以自固自饰，且成为维护专制体制，封建制度的

---

① 徐复观：《两汉思想史》（第二卷），华东师范大学出版社 2001 年版，第 183—184 页。
② 同上书，第 212 页。

护符，而其端实自仲舒发之。立言之不可不慎，学术趋向之不可或偏，矫枉之不可过正，中庸之道之所以为人道之坦途，皆应于此得到启发。"① 徐先生认为，董仲舒的"三纲"之说，是相对性的伦理关系，但被暴君和小人儒歪曲为"君为臣纲，父为子纲，夫为妻纲"的绝对性伦理关系。但徐先生也深叹仲舒的立言较为偏激，"矫枉过正"，从而产生较大的流弊。

《公羊传》特重视追及一个人行为动机的隐微之地，此即"《春秋》推见至隐"。《公羊传》庄公三十二年"君亲无将，将而诛焉"，"将"，即动机和念头，臣子心里如果产生了弑杀君亲的念头，即使未付之行动，也坚决予以诛绝。董仲舒继承发展此一思想，这在《春秋繁露》的第一部分表现得非常突出。《精华》："《春秋》之听狱也，必本其事而原其志。志邪者不待成，首恶者罪特重，本直者其论轻。"《春秋》之断狱，要原心贵志，深及人的动机和目的。首先，已付之行动，要本其事分析行为的动机和目的：心存善志而行为造成了恶果，不应严厉贬斥，所谓"本直者其论轻"；心存恶志而行为产生了善果，也要加以斥责；心存恶志，行为造成了恶果，必须严加诛绝，即"首恶者罪特重"。其次，未付之行动，也要推究其内在的心志；如果心志是恶的，就必须加以诛绝，所谓"志邪者不待成"。人的行为动机和目的是深藏于内的，难以为人所认定；断狱追及到动机和目的，易于狱吏的深文罗织。董仲舒之"贵志"、"诛心"的思想，在汉代的政治冤狱中发生了很大的作用。

董仲舒的弟子吕步舒持斧钺治淮南王狱，追及到人的动机和目的，以《春秋》之义断于外，此狱牵连"列侯、二千石、豪杰数千人，皆以罪轻重受诛"，《汉书·五行志》谓"坐死者数万人"。《史记·淮南衡山列传》记录论议刘安谋反之语："淮南王安废法行邪，怀诈伪心，以乱天下，荧惑百姓，背叛宗庙，妄作妖言。《春秋》曰'臣无将，将而诛'。安罪重于将，谋反形已定。臣端所见其书节印图及他逆无道事验明白，甚大逆无道，当伏其法。"此议引《春秋》"臣无将，将而诛"。徐先生认为，淮南一狱，胶西王端等大臣追及到刘安谋反的内心念头和动机，一方面是没有实证的定谳，另一方面推见

---

① 徐复观：《两汉思想史》（第二卷），华东师范大学出版社 2001 年版，第 252 页。

动机的隐微之地，是滥杀、冤杀。① 大酷吏张汤诛杀大农颜异，即是运用所谓的"腹诽"之法。腹诽是指心中有诽谤朝廷的动机和念头，因而予以诛杀。《史记·平准书》曰："汤奏当异九卿见令不便，不入言而腹诽，论死。自是之后，有腹诽之法比，而公卿大夫多谄谀取容矣。"马端临在论仲舒《春秋决事比》时沉痛地说："盖汉人专务以春秋决狱，陋儒酷吏遂得因缘假饰。往往见二传中所谓'责备'之说、'诛心'之论、'无将'之说，与其所谓巧诋深文者相类耳。圣贤之意岂有是哉！"（《文献通考》182 卷）余英时说："这才真正揭破了汉代'春秋决狱'的真相。两千年来，中国知识分子所遭到的无数'文字狱'不正是根据'诛心'、'腹诽'之类的内在罪状罗织而成的吗？"② 徐先生首先认为，董仲舒的"贵志"、"诛心"之论，对于个人立身行己在动机的隐微之地，下一番澄汰的功夫当然是好的，这即是《大学》所谓"正心诚意"；但在政治上追及到动机隐微之地，并以此为判罪的原则，则可死者必众，冤死者也必众。③ 徐先生其次说，董仲舒的初心并非这样，由马国翰所辑仲舒的《春秋决事》七条推之，其《春秋》义偏向宽厚而毫无刻削之意；然而仲舒之言也有很大的流弊，"然思想之分际偶偏，具体之条文不著，其贻害之酷，一至于此，此圣人所以贵中庸之道"④。

董仲舒《天人三策》："《春秋》大一统者，天地之常经，古今之通谊也。今师异道，人异论，百家殊方，指意不同，是以上亡以持一统；法制数变，下不知所守。臣愚以为诸不在六艺之科孔子之术者，皆绝其道，勿使并进。邪辟之说灭息，然后统纪可一而法度可明，民知所从矣。"此即"罢黜百家，独尊儒术"，成为学术史上的一大公案。在今人看来，"罢黜百家，独尊儒术"是学术的独断论，妨碍了学术思想的自由发展，故认定我国学术的不自由和不发达，皆由仲舒将学术定于一尊，负其全责。余英时说："我们把这一段文字和前面所引李斯的奏议对照一下，便可以看出这两者在形式上多么相似。两者都是要统一思想，都是要禁绝异端邪说，都是要'上有所持'而'下有所守'。

---

①　徐复观：《两汉思想史》（第二卷），华东师范大学出版社 2001 年版，第 188 页。
②　余英时：《中国思想传统的现代诠释》，江苏人民出版社 2003 年版，第 70 页。
③　徐复观：《两汉思想史》（第二卷），华东师范大学出版社 2001 年版，第 188 页。
④　同上书，第 189 页。

所不同者，董仲舒要用儒家来代替法家的正统，用'春秋大一统'来代替黄老的'一道'和法家的'一教'而已。诚然，董仲舒没有主张焚书，激烈的程度与李斯有别。李斯对付异端的是威胁，所谓'世智，力可以胜之'。董仲舒则用的是利诱，只有读儒家的经书才有官做。"① 徐先生认为，仲舒之说是要求学术思想有一个统一的内容与方向；在诸子百家中，"六艺之科，孔子之术"，是古代文化长时期的积累和总结，代表了人道主义的大方向，且含容性较大而流弊较少，因而可以作为学术文化的主流。其次认为，仲舒所说的"勿使并进"，并不是勿使流通、勿使研究而禁止诸子百家在社会上的流行，而是指朝廷不为诸子立博士。再次认为，我国学术的不发达主要是因为专制政治对学术的压制；他说："今人对我国学术不发达的原因，不归之于专制政治而一归之于仲舒，尤非事理之平。"② 但徐先生也承认，仲舒此说有较大的流弊。其一，统治者在政治上决不因仲舒的独尊儒术而实行孔子的仁义之道，徒授以统治者由政治权势把握学术、歪曲学术的途辙。其二，五经立为博士以后，往往借朝廷之力，假专经师法之名，以凌压和排挤未立博士的部门，甚至相互排挤，以保持其学术权势，于是在博士之狭隘的范围之内，少有真诚地从事学术研究的人，五经学术反而因此空虚败坏。

综上所述，港台学者徐复观首次明确地提出董仲舒创立了"天的哲学"，汉代思想的特性是由他所塑造的，并以发展和比较的观点，深刻地揭示出董仲舒天的哲学的独特性格及其在儒家思想发展中的重要转折意义，尤其突出其天的哲学所具有的道德价值。徐先生从解释学的角度研究仲舒公羊学的建立，重视分析其公羊学的解释目的和解释方法。这具有开拓和创新的意义。徐先生的解释有两个显著的特点。其一，重视分析董仲舒所处的时代、政治背景及其个性人格对他思想形成的重要影响。其二，同情之理解董仲舒其人及思想，一方面能深及其思想建立的动机和目的，另一方面能揭示专制政治对他思想的歪曲利用与后世小儒对他思想的片面发展。

---

① 余英时：《中国思想传统的现代诠释》，江苏人民出版社 2003 年版，第 71 页。
② 徐复观：《两汉思想史》（第二卷），华东师范大学出版社 2001 年版，第 264 页。

参考文献:

[1] 徐复观:《两汉思想史》(第二卷),华东师范大学出版社 2001 年版。

[2] 徐复观:《两汉思想史》(第一卷),华东师范大学出版社 2001 年版。

[3] 徐复观:《中国思想史论集》,上海书店出版社 2004 年版。

[4] 余英时:《中国思想传统的现代诠释》,江苏人民出版社 2003 年版。

十 "重知识不重伦理道德"

——徐复观对王充哲学思想的解释

王充的《论衡》，在中国哲学史上受到太高的评价。一是认为，《论衡》"疾虚妄，求真实"，具有知识理性的精神，这可以归结到"科学"。胡适在《王充的论衡》一文里，痛骂两汉是"骗子"的时代，而称赞王充的思想为"科学"。二是认为，王充是一位批判性的思想家，《论衡》有强烈的怀疑和批判精神，在"破"上成绩显著。章太炎很欣赏王充的"怀疑之论"，他给自己的著作命名为《国故论衡》。冯友兰先生说，王充是两汉最大的无神论者和唯物主义哲学家，"在两汉思想斗争的战线上，他是唯物主义阵营的主将，他的哲学体系是董仲舒哲学体系的对立面"[1]。王钟陵教授在《中国中古诗歌史》中标举王充"是故《论衡》之造也，起众书并失实，虚妄之言胜真美也"的文艺"真美"观，充分肯定其"真美"观的重大意义："它是文明战胜蒙昧、理性战胜愚昧的标志，是在文艺领域中肃清远古蒙昧、破除近世迷信的认真努力，是我们民族的思想终于穿过原始蒙昧并开始战胜近世迷信而在美学思想上的必然反映。"[2] 赵敏俐先生认为，王钟陵对王充"真美"文艺观的评价过高，且把王充的文艺观作为中国中古诗歌史逻辑起点的提法也是不准确的。[3]

港台著名学者徐复观是治中国思想史的名家。他的《两汉思想史》三卷本，对两汉重要的思想家贾谊、董仲舒、司马迁、扬雄、王充等，展开了深入而独特的诠释，是研究两汉思想史的经典著作。其中，《王充论考》一文尤为卓异。其一，徐先生对王充其人及思想的评价不高，且多有批评，这与学界把

---

[1] 冯友兰：《中国哲学史新编》（中），人民出版社1998年版，第267页。

[2] 王钟陵：《中国中古诗歌史》，人民出版社2005年版，第42页。

[3] 赵敏俐：《20世纪中国古典文学研究史》，陕西人民教育出版社1997年版，第275页。

王充奉为唯物主义的思想家、盛赞其思想为科学的观点大异其趣。徐先生在《两汉思想史》（卷二）的《自序》中说："几十年来，把王充的分量过分夸张了。本书中的《王充论考》一文，目的在使他回到自己应有的位置。在这种揭破的工作中，应当引起研究者乃至读者自身对感情与理性的反省。就东汉思想家而言，王充的代表性不大。"① 徐先生认为，王充是一位矜才负气的乡曲之士，没有突破乡曲之见而形成超越博大的精神境界，这限制了他展望时代政治和学术的视野，应当算是"草莽中的自由学派"。其二，徐先生解释王充的思想时，并非只是建构王充的思想体系，而且还关注王充的个性人格和人生遭遇，并揭示出他的个性人格和人生遭遇对其思想形成的重要影响，这在思想史方法论上具有重要意义。但学界对《王充论考》一文关注不够，未能充分阐释此文所具有的创新内容和独特意义。②

（一）

王充的生平，《论衡》中有他的《自纪》，作了系统的叙述。《后汉书》卷四十九《王充列传》曰：

> 王充字仲任，会稽上虞人也。其先自魏郡元城徙焉。充少孤，乡里称孝。后到京师，受业太学，师事扶风班彪。好博览而不守章句。家贫无书，常游洛阳市肆，阅所卖书，一见辄能诵忆，遂博通众流百家之言。后归乡里，屏居教授。仕郡为功曹，以数谏争不合去。充好论说，始若诡异，终有理实。以为俗儒守文，多失其真，乃闭门潜思，绝庆吊之礼。户牖墙壁，各置刀笔。著《论衡》八十五篇，二十余万言，释物类同异，正时俗嫌疑。刺史董勤辟为从事，转治中，自免还家。友人同郡谢夷吾上书荐充才学，肃宗特诏公车征，病不行。年渐七十，志力衰耗，乃造《养性书》十六篇。裁节嗜欲，颐神自守。永元中，病卒于家。

---

① 徐复观：《两汉思想史》（第二卷），华东师范大学出版社2001年版，第2页。
② 周桂钿教授《论王充的科学精神——评台湾学者对王充的研究》一文，对《王充论考》作了简单的分析和评价，仅涉及徐复观批评王充的"推演"方法。《北京师范大学学报》1992年第2期。

徐复观认为，《王充列传》有许多不实之处。首先，"充少孤，乡里称孝"，不可信。王充是一位知识型的学者，他的道德根器至为稀薄，在王充的思想中，根本没有孝的观念。其次，王充受业太学、师事班彪之事不可信。王充是矜夸矫饰之人，他若师事班彪，不可能不记录在《自序》里。再次，"友人同郡谢夷吾上书荐充才学，肃宗特诏公车征，病不行"决不可信，一是《自纪》没有述及，二是以王充的性格，假定真被肃宗征召，就是死在路上也是甘心的。①

两汉思想家的共同特性，是对现实政治的非常关心；两汉的政治是大一统的一人专制政治，知识分子在专制政治下感受到沉重的压力。徐先生在名文《西汉知识分子对专制政治的压力感》中认为："政治问题，不能不成为中国知识分子长期的共同问题。完全缺乏这种感受的人，便缺乏追求文化思想的动机，便不可能在思想文化上有所成就，甚至会发生反思想文化的作用"；两汉知识分子在大一统专制政治下没有政治选择的自由，失去了人格的独立和完整，他们深切地感受到来自专制政治的沉重压力，因而对现实的专制政治总是持批判的态度。②

徐先生认为，王充的《论衡》不仅论政的内容较少，且论政只涉及一部分地方政治问题，而对政治的根源性问题——大一统的一人专制政治，根本没有触及；更甚的是，《论衡》以极大的分量，"在政治方面写下了繁复而异乎寻常的歌功颂德的文章"③。王充说：

> 汉家功德，颇可观见。今上即命，未有褒载。《论衡》之人，为此毕精，故有《齐世》、《宣汉》、《恢国》、《验符》。……国德溢炽，莫有宣褒。使圣国大汉，有庸庸之名。咎在俗儒不实论也。（《须颂》）

在王充看来，东汉章帝时代，政治清明，国泰民安，知识分子应据实歌

---

① 徐复观：《两汉思想史》（第二卷），华东师范大学出版社2001年版，第346—350页。
② 徐复观：《两汉思想史》（第一卷），华东师范大学出版社2001年版，第166页。
③ 徐复观：《两汉思想史》（第二卷），华东师范大学出版社2001年版，第345页。

颂,这是他"立真破妄"的表现之一。王充在《讲说》中,再三以"凤凰麒麟难知",斥责凤凰等祥瑞为虚,这是他的原来观点;但最后却反转过来说,"案永平以来,迄于章和,甘露常降,故知众瑞皆是,而凤凰麒麟皆真也"。徐先生认为,王充不能批判现实的专制政治,反而为专制统治者歌功颂德,这难以取得思想家的资格;王充写这类歌功颂德文章的动机和目的,是想迫切地见知于朝廷,在仕途上升进,"他何以这样的无聊呢?无非想由此而得到朝廷的知遇",而到了朝廷后,能更进一步地歌功颂德。①

中国传统的知识分子,自从孔子以来,虽然重视知识,但都以知识为达到人伦道德的手段,所以最后总是归宿于人伦道德。徐先生在《扬雄论究》一文中说:"两汉突出的知识分子特性之一,是道德感的政治性,或者也可以说是政治性的道德感,非常强烈。这些人物的形态,可以概括地称为'道德的政治形态',或称为'政治的道德形态'。"②但王充以追求知识为目的,在他的人格中,在他的思想中,人伦道德的观念很薄弱;换言之,在王充的心目中,并没有真正的人伦道德的问题。这是有悖于中国传统知识分子的特性的。

"五经"是史还是经,本来不在五经典籍的本身,而在解释者认取的角度及对五经提出的要求。从历史知识的角度看五经,以得到历史知识为目的,则五经本来就是历史资料,清人章学诚所谓"六经皆史"。但五经通过孔子的整理,经孔门的传承,加上西汉、东汉诸儒的发扬,渐渐把五经看成是治国治民的大经大法;其目的不是在讲历史知识,而是在讲文武之道,在建立社会、政治和人生之道。这是出于人伦道德的要求,而不是出于历史知识的要求。但王充心中目的五经,实际上只代表古与今的一段历史知识。《谢短》曰:"夫儒生之业,五经也,南面为师,旦夕讲授章句,滑习义理,究备于五经可也。五经之后,秦、汉之事,不能知者,短也。夫知古不知今,谓之陆沉,然则儒生,所谓陆沉者也。五经之前,至于天地始开、帝王初立者,主名为谁,儒生又不知也。夫知今不知古,谓之盲瞽。五经比于上古,犹为今也。徒能说经,不晓上古,然则儒生,所谓盲瞽者也。"王充说,儒生不知五经之前的事,"夫

---

① 徐复观:《两汉思想史》(第二卷),华东师范大学出版社 2001 年版,第 351 页。
② 同上书,第 283 页。

知今不知古，谓之盲瞽"；又不知五经之后的秦汉事，"夫知古不知今，谓之陆
沉"。徐先生认为，从王充把五经看成一段历史知识说明，在王充的精神中，
伦理道德的根器至为稀薄，但追求知识的欲望则相当强烈。①

王充"自然无为"的天道观，是破除董仲舒"天人感应"说。天人感应
说具有两方面内容。一是天人同类相推，天道是人道的根据，因而人君上法天
道；董仲舒所谓的天道即是儒家的仁义之道，仁义之道因取得天道的神圣形
式，而具有权威性和合理性，从而加强人君实行仁道的无可逃避的责任感。二
是天人相互感应，人君失道，则天出灾异以谴告、警惧，人君见灾异而反省和
改正自己的过失。灾异之说增强了皇帝的压力。以中国的幅员辽阔，可以随时
都有灾异。灾异一出现，做皇帝的人就要诚惶诚恐，反省其政治行为的过失；
而大臣借此议论朝廷的得失，对失道的政治行为予以批评。因此，董仲舒之天
人感应说有重要的政治道德的意义。王充的天道观是自然无为，天是没有意志
和目的的纯物质之天，灾异是自然而然的，与社会政治人事根本没有关系。从
知识的角度而言，王充对天的认识有正确性。但从道德的角度说，这是彻底地
否定天的道德伦理力量，否定天道是人道的终极根据。从政治的角度来说，王
充的天道观把感应灾异之说打倒了，这可以为皇帝解除精神威胁，大臣也失去
了批评政治得失的一个好机会，这对于皇帝和朝廷都是精神上的一大解放。

王充之自然无为的天道观认为，天非有意生成人和万物，人和万物是在天
地之下偶然自生的。《物势》："儒者论曰：'天地故生人。'此言妄也。夫天地
合气，人偶自生也；犹夫妇合气，子则自生也。夫妇合气，非当时欲得生子；
情欲动而合，合而生子矣。且夫妇不故生子，以知天地不故生人也。……传
曰：天地不故生人，人偶自生。"从知识的角度来看，天不是有意生成万物，
有真实性，但偶然而生的"偶然"，否定了天地和万物之间的必然联系，这在
知识上也是不正确的。从价值角度来看，天地生人和万物是无意、偶然，这必
是弃置它们的行为，天人之间没有道德的温情。这背离了儒家目的论的说法：
天地生成人和万物，犹如父母精心养育子女一样，是由目的所支配的道德关
系。王充把天地生物看成像夫妇生子一样，夫妇并非有意，只是当时情欲之动

---

① 徐复观：《两汉思想史》（第二卷），华东师范大学出版社 2001 年版，第 357 页。

而偶然产生的结果。这里根本产生不出孝的伦理观念。徐先生批评说："他常以夫妇交媾比天地合气，但他从来不继续推比下去，夫妇的交媾只为了满足一时的情欲，可是由交媾而怀了孩子以至生下孩子，此时夫妇对怀妊及生下的孩子，在正常情形下，都是百般爱护的；则天对它所生的万物又将如何呢？"①因此，王充的天道观虽有知识上的一定意义，但没有伦理道德的意义，或者说根本上是反道德的。金春峰说，王充"物偶自生"思想对儒家宗法伦理的根基产生了极大的破坏作用，孔融的惊世骇俗之论"父之于子，当有何亲？论其本意，实为情欲发耳。子之于母，亦复奚为？譬如寄物缶中，出则离矣"（《后汉书·孔融列传》），应当受到王充思想的影响。②

概之，天人感应说具有重要的政治道德意义，但王充的天道自然说只有知识上的一定意义，而无政治伦理道德的要求。徐先生说："若将感应说与王充反感应说两者加以比较，则一为有根蒂之人生（人受命于天），一为漂浮之人生。一为有方向之政治社会（天道是人道的根据），一为混沌之政治社会。一为有机体之统一世界，一为无机体之分割世界（天是纯物质之天）。一为对人伦道德的严重的责任感，一为对人伦道德的幽暗的虚无感。一为要求对专制政治之控御，一为要求对专制政治之放恣。"③

（二）

重视道德必然重视行为，行为主要分为两部分：一是在大一统的专制政治中皇帝的行为问题，二是一般人的行为问题。皇帝的政治行为是否决定政治的结果呢？一般人的行为与结果是否构成因果关系呢？王充因为不重视道德，所以彻底地否定人之行为与结果的因果关系。《异虚》："故人之死生，在于命之夭寿，不在行之善恶；国之存亡，在期之长短，不在于政之得失。"国之存亡，不在政治的得失，这真是惊世骇俗之论！那么国之存亡究竟是由什么决定的呢？《治期》云："孔子曰：'道之将行也与，命也！道之将废也与，命也！'

---

① 徐复观：《两汉思想史》（第二卷），华东师范大学出版社 2001 年版，第 379 页。
② 金春峰：《汉代思想史》，中国社会科学出版社 2006 年版，第 456—457 页。
③ 徐复观：《两汉思想史》（第二卷），华东师范大学出版社 2001 年版，第 383 页。

由此言之，教之行废，国之安危，皆在命时，非人力也。……世之治乱，在时不在政；国之安危，在数不在教。贤不贤之君，明不明之政，无能损益。"国家的盛衰兴亡不在于政治的得失，不在于人君之政治行为的善恶，也不在于人君的贤和不肖，而是在于不可知的神秘之命运。这完全取消了人君对自己政治行为及其结果负责的要求。《偶会》："世谓韩信、张良辅助汉王，故秦灭汉兴，高祖得王。夫高祖命当自王，信、良之辈时当自兴，两相遭遇，若故相求。"这是否定人君主动求贤任能的要求。徐先生说："但因王充只有知识的要求，没有人伦道德的要求，便不仅把汉儒控制皇帝已发生相当效果的感应说推翻，连由行为善恶所招致的吉凶祸福的因果关系亦加以推翻了。"①

本来关于人的行为与结果的关系，有较大的偶然因素，即人的行为与结果有时不能构成因果关系。行善的，未必得到善报；有才能的，未必获得富贵。因此，在人的遭遇中，似乎有一种神秘的力量支配着人的成败祸福，从而产生了"命运"的观念。孔子也承认人力所不及的"命"，"不知命，无以为君子也"。孟子认为，人的富贵贫贱并不是由自己决定的，但要"求之有道，得之由命"，并不否认人的作为。但是，王充彻底地否定人的行为与结果的因果关系，将人的贵贱穷达一归之于神秘而不可测度的命运，剥夺了人一切的主体性。他在《命禄》里说："是故才高行厚，未必保其必富贵；智寡德薄，未可信其必贫贱。或时才高行厚，命恶，废而不进；知寡德薄，命善，兴而超逾。故夫临事知愚，操行清浊，性与才也；仕宦贵贱，治产贫富，命与时也。"关于人的命运，儒家有正命、随命、遭命之说。《命义》："正命，谓本禀之自得吉也。性然骨善，故不假操行以求福而吉自至，故曰正命。随命者，戮力操行而吉福至，纵情施欲而凶祸到，故曰随命。遭命者，行善得恶，非所冀望，逢遭于外而得凶祸，故曰遭命。"正命、遭命皆否定了人的主体性。随命之说，肯定了人的积极主动性，这为王充所不允许，因而他坚决反对随命之说。徐复观先生说："他把人生的主体性，政治的主动性，完全取消了，而一凭命运的命来加以解决和解释，这便形成他命运论的特色。"②

---

① 徐复观：《两汉思想史》（第二卷），华东师范大学出版社 2001 年版，第 358 页。
② 同上书，第 384—385 页。

命是如何形成的呢？王充认为，命是禀气而成的，《无形》"用气为性，性成命定"。所谓禀气，乃决定于生时所禀之气，《初禀》曰"人之性命，本富贵者，初禀自然之气，养育长大，富贵之命效矣"。所谓生时所禀之气，即指父母交媾时施气而言。牟宗三先生说，父母交媾合气时，气是结聚驳杂的：由气之强弱言夭寿之命，由气之厚薄言富贵之命，由气之清浊言命之贵贱、智愚、才不才，由气之清浊言性之善恶。①《命义》曰："凡人受命，在父母施气之时，已得吉凶矣。"父母交媾合气是无意的、偶然的，这决定了子女之性的善恶与命的夭、寿、贵贱、穷达，故命的形成是相当偶然的，是漂浮而没有根据的。这与现代西方存在主义哲学所谓"人的被抛"一致。命形成之后即有必然性，决定了人之贵贱穷达的结果，而取消了人在现实社会中所付出的努力。但命是神秘的，一般人如何能察知自己的命？史公在《史记·外戚世家》中说："孔子罕称命，盖难言之也。非通幽明之变，恶能识乎性命哉？"王充认为，父母受气时即形成了胎的形体，所以命即表现为人的形体，特别表现于形体中的骨相。《骨相》："人曰命难知。命甚易知。知之何用？用之骨体。人命禀于天，则有表候见于体。察表候以知命，犹察斗斛以知容矣。表候者，骨法之谓也。"对于骨法，一般人也难以知道，且骨法的解释有多重意义，因而一般人最终难以察知自己的命。徐先生认为，王充之谓命并不能真正地确定于骨相，而只能验之于事后；在未验之前，人生是茫然的，不知道自己的命；在既验之后，人生又感到是突然和偶然的；因此，在王充的命运论中，又充斥着逢遇幸偶的观念，王充实际所感受的人生，都是偶然性的人生，所以他写下了《逢遇》、《累害》、《幸偶》、《偶会》诸篇。②《幸偶》曰："凡人操行，有贤有愚，及遭祸福，有幸有不幸；举事有是有非，及触赏罚，有偶有不偶。"《命义》曰："故人之在世，有吉凶之命，有盛衰之禄，重以遭遇幸偶之逢，获从生死而卒其善恶之行，得其胸中之志，希矣。"

关于王充之命运的偶然性和必然性的关系，学者多有论述，但皆未能得到周至圆满的解释。金春峰说，王充的命定论与偶然遭逢的观念是相互矛盾的，

---

① 牟宗三：《玄理与才性》，广西师范大学出版社 2006 年版，第 7 页。
② 徐复观：《两汉思想史》（第二卷），华东师范大学出版社 2001 年版，第 389 页。

"无数不同境遇和不同'命运'的人，同时遭受同样的灾祸与命运，这对命定论确实是难以解决的矛盾。由此，王充提出了偶然性范畴，试图用偶然性来限制和修正作为宿命论的绝对必然性"①。冯友兰说，王充的命运论，接触到哲学上的一个根本问题，即必然性与偶然性的问题；在王充的思想中，他基本上是主张宿命论，认为社会中的一切现象都是出于"必然"，但在有些篇中，又好像认为社会中的现象至少有一些是出于偶然的。②两家皆认为，王充的命定论与偶然遭逢的观念相矛盾，是王充思想的缺口。徐先生说："他实际所感受的人生，都是偶然性的人生。他所强调的自然，也是偶然的性格。'偶然'的观念，贯通于他整个思想之中。……把生命完全安放在命运里面的人生，实即把生命安放在偶然里面的人生，也即是一种漂泊无根的人生，这是命运论自身的否定。"③徐先生的剖析是深刻的。夫妇交媾合气决定了人的命运，而交媾合气是相当的偶然和不确定，夫妇一念之间、一行之动从此决定了子女一生的贵贱穷通，故人之命运的形成难道不是非常偶然的吗？这种偶然的人生难道不是没有必然根源的漂浮人生吗？命的形成是偶然和不确定的，但命形成之后，即是必然的，决定了人之一生的贵贱穷达成败，取消了人在现实中的各种努力。但对于形成之后的命的必然性，虽形之于骨相，但一般人难以察知，在未验之前，不知自己的命运为何，这是相当茫然无依的人生，当既验之后，则面对既验的命，只能感觉到是相当的偶然和突然。但实际上，人所感觉的偶然人生又是命中注定的，不过是感觉而已。因此，通过徐先生的解释，王充之命的偶然性不是对必然性的否定，命的偶然性（形成时；人在形成后的表面感觉）与必然性（形成后的实际情况）合理地统一起来。

要而言之，王充的命定论，一是否定人之行为与结果的因果关系；二是认为人生是偶然的、没有根据而漂泊无依的，这皆背离了儒家的伦理道德和人文精神。

---

① 金春峰：《汉代思想史》，中国社会科学出版社 2006 年版，第 453 页。
② 冯友兰：《中国哲学史新编》（中），人民出版社 1998 年版，第 317—318 页。
③ 徐复观：《两汉思想史》（第二卷），华东师范大学出版社 2001 年版，第 389 页。

（三）

王充在学问上的目的是追求知识，以知性的判断代替偶像权威，并由此立真破妄。《佚文》曰："《诗》三百，一言以蔽之，曰：'思无邪。'《论衡》篇以十数，亦一言也，曰：'疾虚妄。'"今人多称赞王充的怀疑和批判精神，标榜王充疾虚妄、求真实的理性品格。徐先生认为，"真"有知识上的真实、艺术上的真实和道德上的真实，王充对这三种真不能予以区别地对待，而是以知识上的真实否定道德和艺术上的真实。① 在王充的生命中，完全缺乏艺术感、幽默感。他在《语增》、《儒增》、《艺增》中，对语言文字的修饰、艺术的夸张皆不能接受，认为是虚妄而不真实的。他也不能理解稍带偶然性、幽默性的记录。例如《问孔》中对《论语》"子之武城，闻弦歌之声"的故事提出了问难，他完全没有注意到孔子"杀鸡焉用牛刀"的话，是在"莞尔而笑曰"欢欣幽默的情形下说的。王充对神话也是大加贬斥。神话本身是由想象造出来的，不具有知识上的真。神话是作为某种意义、某种感情的象征，而加以使用的。对这类神话故事，人们一般不是从知识上断定真伪，而是从中认取某种意义和情感。因此，各民族的神话并不因为科学的兴起，而归于消灭。但王充只是从知识上的真，来否定神话的价值意义和感情。徐先生说："王充是道德感情、艺术感情很稀少的一个人；他便只在象征物的本身去着眼，而完全不从被象征的东西上去着眼，并由象征物的破坏，以破坏被象征的东西；这不仅在学术上并不代表什么特别意义，并且王充的这种态度，只能使历史中'人的世界'，趋于干枯寂寞。"② 王钟陵教授说："许多人认为王充不了解文学艺术的特征，把许多属于艺术上的夸张当作虚妄来批判了。但是这里首先要辨清的是，对于儒书上的这一类记载，今之论者视之为文学，而王充则看作历史。视其文学，故许其夸张增饰；看作历史，则当辨其虚美不实。"③ 王教授的辩护，恰恰说明王充把历史知识的真与文学艺术的真混为一谈了。

---

① 徐复观：《两汉思想史》（第二卷），华东师范大学出版社 2001 年版，第 364 页。
② 同上书，第 371 页。
③ 王钟陵：《中国中古诗歌史》，人民出版社 2005 年版，第 31 页。

王充以天道的自然无为，否定汉儒的天人感应之说。这是王充"立真破妄"最突出的成就。冯友兰先生说："这是一种科学的精神，也是王充唯物主义哲学的一个特点。"① 王充的天道观有一定的知识意义，但人和万物的偶然自生，否定了人和万物在天地之下生成的必然性，这不符合科学。天人感应说没有知识上的意义，但有道德政治上的意义。王充把知识的真和道德的真混而不分，以知识上的真否定天人感应之道德价值的真。徐先生说："当时流行的天人感应之说，主要是说由皇帝的行为而与天发生感应，终于得到或吉或凶，为祸为福的结果。在骨子里面，依然是由统治者的行为所招致的结果；这中间只加上由天的意志而来的灾祸，以作为凶或祸的结果的预报，让人臣有讲话的机会，让人君有改变行为的时间。这种出于人伦道德对行为善恶的要求，无所谓科学不科学。"②

徐先生认为，王充有疾虚妄求真实的学问要求，但并没有得到疾虚妄求真实的结果。结果如何，关系于所用的方法；而方法的效率，又关系于学问造诣的程度，即对问题的理解能力。王充是一位知识型的学者，"他有点近乎扬雄；但求学的机缘及个人的才力，则远为不逮"③，"他的理解能力是相当低的，而且持论甚悍"④。

王充所使用的方法主要是"类推"，但他的类推实际上是异类间的类推，即是在不同大前提之下的推论，因而他之方法的应用，觉得幼稚可笑。《自然》曰："何以知天之自然也？以天无口目也。……春观万物之生，秋观其成，天地为之乎？物自然也。如谓天地为之，为之宜用手，天地安得万万千千手，并为万万千千物乎？"他论证天道自然无为的方法是，人之有为是有口目、手，而天没有口目、手，因而天道是自然无为的。首先，如果天人同类，则可类推。但天人并非同类，则如何能够以人的怒用口目、有为用手，推论天之怒用口目、有为用手呢？其次，王充如何知道天是没有口目、手的呢？天是遥远而不能察知的，这是把耳目直接所及的现象，拿来解释本非耳目所能及的问题，

---

① 冯友兰：《中国哲学史新编》（中），人民出版社1998年版，第289页。
② 徐复观：《两汉思想史》（第二卷），华东师范大学出版社2001年版，第358页。
③ 同上书，第357页。
④ 同上书，第366页。

这阻塞了进一步追求真实之路。徐先生说:"我们承认王充的结论是正确的;但这是没有方法作基础的结论,是由事实直感而来的结论。……凡不由正确方法所得的结论,结论虽对,只是偶然性的对,不能称之为出于科学。胡适在这种地方大大恭维王充的科学,我不能了解。"①

因为王充在方法的运用上有时是混乱拙劣的,再加上他理解能力的低下,所以他不能贯彻知性的要求,反而经常笼罩在各种偶像之下不能自拔。政治是他最大的偶像。为了此一偶像,他因"颂汉"而不惜承认当代出现的符瑞的真实性,公开违反他的基本观点。为了解释自己何以有才有德而不遇,他不惜否定人之行为和结果的因果关系,而建立了一套命相哲学的大偶像。徐复观先生说:"王充自谓'《论衡》者,论之平也',各人皆有其是,有其非,是还他一个是,非还他一个非;而不为任何偶像所屈,此之谓'论之平',这是理性主义的态度。王充站在理性主义的面前,实在有点'色厉而内荏'了。"②

要之,王充因方法的混乱、理解能力的低下,所以疾虚妄的效率不高,除了破除世俗迷信的成就外,有的是疾其所不必疾;有的是在消极地破之后,没有作积极地立。③

(四)

中国哲学史的著作在论述王充的思想时,一般重视对他思想体系的建构,而忽视分析他的个性气质、人生遭遇及其生活的时代背景;有的著作也对王充的人格及其时代背景有所论及,但并没有建立它们与其思想之间的内在关联;因此,王充是一个只有观念而无性格的思想玩偶。这是遵照黑格尔在《哲学史讲演录》里所说的:哲学史的研究,要以思想结构为对象,创造者的个性是无关紧要的。就西方的学术性格而言,黑格尔之言是有道理的。西方的哲学主要

---

① 徐复观:《两汉思想史》(第二卷),华东师范大学出版社2001年版,第369页。

② 同上。

③ 例如《书虚》论"舜葬于苍梧,象为之耕;禹葬会稽,鸟为之田"为虚,但他的解答是"苍梧多象之地,会稽众鸟所居。……象自蹈土,鸟自食苹。土蹶草尽,若耕田状。壤靡泥易,人随种之;世俗则谓为舜、禹田",这种解释的"立",是完全出于想象,而不合情理。

是思辨的形而上学，是观念的逻辑推演，与思想家本人的性格和遭遇没有多大的关系。但中国古代的思想家不善于作纯粹抽象的思辨，而是从具体的生活经验中体悟哲学的观念，他们的思想与其人生体验和人格修养有紧密的联系。徐先生是治中国思想史的名家，他深切地把握到中国思想的独特性格，他解释中国思想史的基本方法：思想家之抽象的思想与思想家之人格、生平遭遇及其所处的时代背景内在地结合起来，思想家之活生生的人与活生生的思想构成了"立体的完整生命体"，思想家不是抽象的思想人物，而是有着鲜活生命的历史中的具体人物。

《王充论考》开篇中就说："一个人的思想的形成，常决定于四大因素。一为其本人的气质，二为其学问的传承与其功夫的深浅，三为其时代的背景，四为其生平的遭遇。此四大因素对各思想家的影响力，有或多或少的不同；而四大因素之中，又互相影响，不可作孤立的单纯的断定。"[1] 徐先生认为，在四大因素中，时代的政治和学术背景对王充思想的影响不大，王充的人生遭遇和个性人格对他思想的影响很大，"切就王充而论，他个人的遭遇，对于他表现在《论衡》中的思想所发生的影响之大，在中国古今思想家中，实少见其比"[2]。

其一，王充是一位乡曲之士，没有机缘接触到当时政治权力的中心，因而根本没有把握政治的根源问题——大一统的一人专制政治。他也未能接触到当时学术的中心，他不曾入过太学，不曾沾染博士系统的学风。因此，王充身处乡曲，眼界狭小，没有形成超越博大的人生境界，这限制了他展望时代政治和学术的视野，他应算是"草莽中的自由学派"。

其二，根据《自纪》，王充矜夸自己具有卓荦的才能，但一生颇为失意，只做过几任小官，"材大任小，职在刺割"，"充仕数不偶"，且遭他人的污伤而罢官家居。王充因个人遭遇的不幸而彻底否定了人之行为与结果的关系，否定了人生的主体性，而建立他的命运论，以消解和宽慰自己有才德而仕宦不偶的悲愤。徐先生说："但像王充这样，为了保护自己，而将此种观念（命运之

---

① 徐复观：《两汉思想史》（第二卷），华东师范大学出版社 2001 年版，第 344 页。
② 同上。

命）发展成为一个理论的系统（命运论），以为尔后命相说奠基础，在思想家里面，却是非常少的。"①

其三，王充重视儒生和文史之争，也同样是出于他自己的人生遭遇。当时地方政府的僚属，由儒生和文史两种人构成，他们之间的对立，也是地方政治中的一个问题。但王充以儒生的进用不及文史，便写下《程才》、《量知》、《谢短》、《效力》等篇，与文史较长挈短，谈得非常叮咛繁复，主要是为了自己进身出路的问题。他又写《别通》、《超奇》等篇，瞧不起专经之儒，而他自己是通儒，是从事著述的超奇之儒。

其四，王充为了伸张自己，不惜在《定贤》中把当时一切衡定人品的标准完全推翻，只归于"立言"之上；因为他自己除了立言之外，一切皆与当时论人的标准不相符合。徐先生说："像王充这样的乡曲之士，对问题不从客观的把握上出发，而只从自己遭遇的反映上出发。因此，占《论衡》很大分量的这类文章，实际不是由客观的分析综合以构成原则性的理论，而只是为了辩解自己，伸张自己，所编造出的理由。"② 王钟陵盛赞王充在《定贤》中，对当时统治阶级用人标准的全面抨击，而具有强烈的理性批判精神。③ 王充破除了当时所有的论人标准，究竟立了什么呢？《定贤》："观善心也。夫贤者，才能未必高也而心明，智力未必多而举是。何以观心？必以言。有善心，则有善言。"他立贤人的标准是观善心。如何观善心呢？心是深藏于内而难以察知的，荀子尚叹"人心之危，道心之微"。"何以观心？必以言。"这是以立言来观善心，来定贤人的标准。但善言并不必然地根据于善心，人在言论上是可以作伪的。因此，王充的立贤标准，同样是不合理的，且出于个人遭遇而以立言为唯一标准来定贤，也是狭隘自私的。

徐先生重视揭示王充的个性人格对其思想形成的重要作用。

首先，王充的人格中没有孝的观念，他的道德根器至为稀薄。王充在《自纪》中诋毁其祖和父。《物势》："夫妇合气，子则自生也，非当时欲得生子，情欲动而合，合而生矣。"他把父母生子完全看作一种纯事实的判断，根本不

---

① 徐复观：《两汉思想史》（第二卷），华东师范大学出版社 2001 年版，第 353 页。
② 同上书，第 356 页。
③ 王钟陵：《中国中古诗歌史》，人民出版社 2005 年版，第 32—33 页。

考虑受孕后母亲十月怀胎的辛劳，以及初生之后父母对孩子的抚育养长之恩。这里当然产生不出孝的观念，因为孝的产生，乃出于子女对父母的感恩报答之念。由此，徐先生驳斥了《后汉书·王充列传》所谓"充少孤，乡里称孝"为虚。王充的性格中没有孝的观念，他是一个知识型的思想家，从而决定王充在学术思想上的特点，重知识不重伦理道德。王充追求的学术趋向有二：一是"疾虚妄"，一是求博通，这皆出自他求知的精神，与他知识型的人格是一致的。王充以追求知识作为其出发点，顺着知识的要求而轻视人伦道德。他建立了自然无为的天道观，以完全推翻汉儒的天人感应说，这是以知识上的真实否定政治道德上的真实。不重视道德当然不重视行为，他建立了他的命运说，以否定人的行为和结果的因果关系。

其次，王充的性格颇好矜夸矫饰。他在《自纪》中自称"充性恬淡，不贪富贵"、"不好徼名于世"，但从全书看，他是一个非常看重名位的人。他在《自纪》中自夸说：

> 六岁教书，恭愿仁顺，礼敬具备，矜庄寂寥，有圣人之志。父未尝笞，母未尝非，闾里未尝让。八岁出于书馆，书馆小僮百人以上，皆以过失袒谪，或以书丑得鞭。充书日进，又无过失。手书既成，辞师受《论语》、《尚书》，日讽千字。经明德就，谢师而专门，援笔而众奇。所读文书，亦日博多。才高而不尚苟作，口辩而不好谈对，非其人，终日之言。其论说始若诡于众，极听其终，众乃是之。以笔著文，亦如此焉；操行事上，亦如此焉。

徐复观驳斥了《后汉书·王充列传》所谓"后到京师，受业太学，师事扶风班彪"、"同郡友人谢夷吾，上书荐充才学。肃宗特诏公车征，病不行"的两件事。徐先生首先从历史事实上考证王充不可能师事班彪，也没有得到谢夷吾的推荐。接着从王充的个性上予以说明。从王充《自纪》矜夸的口气中，假定他曾受业太学，岂有不加叙述之理。他把班彪的地位看得很高，太学是他毕生的梦想之地，在太学受业班彪是他一生的荣光。假定他被征召，则是莫大的荣誉，而以王充的性格，就是死在路上也是甘心的。徐复观先生说："他在文字上表现得很恬淡通达，好像不在是非得失上计较；但就《论衡》全书看，却恰恰相反，可以说是隐痛在心，随处流露，这是了解他思想形成的一大关键。"① 他在会稽受小人的谗言而落职，心怀愤恨，由此构成《言毒》"天下万物，含太阳气而生者，皆有毒螫"、"小人皆怀毒气，阳地小人，毒尤酷烈，故南越之人，祝誓辄效"的理论。在他的这套理论里，否定了汉儒阳善阴恶的通说，同时也充满了许多迷信。对佞人谗人的痛恨是应当的，但王充在这点上不是作原则性的论述，而依然不出于他之遭遇和性格的反应。朝廷是他毕生梦想的天国，为了得到朝廷的知遇，他不惜为皇权专制政治歌功颂德。

再次，王充是一个矜才负气的乡曲之士，他没有突破乡曲之见而形成超越阔大的精神境界。他将自己的才和气与乡曲的环境对立起来，以建立他个人的思维世界。在他的思维世界中，对无现实权势的学术问题，每有过分的自信，而其实都是辽东之豕。对有现实权势的政治问题，则又有过分的自卑，而朝廷便成为他毕生梦想的天国。这种过分的自信和自卑，形成了他内心的深刻的矛盾，便不能不运用自身的才和气来加以解除，以取得精神的保护，这便形成了他的命定论，以解除他自己为何不遇的忧愤。

最后，王充和扬雄皆是知识型的思想人物，但王充求学的机缘和个人的学力，则远为不逮，故王充在学术上的成就，在人品的气象和规模上，都不能与扬雄相比。因为他的学术境界不高，理解能力较低，所以他不能实现"立真破妄"的目的。

要之，徐先生的解释，把王充的思想与其个性人格、人生遭遇内在地结合起来：一方面说明王充思想形成的原因，展现他思想形成之艰难曲折的动态历程；另一方面，王充不是一位抽象的思想家，而是有着独特的个性人格与人生遭遇的思想家，王充之活生生的人与活生生的思想结合起来，从而具有生命的立体感。

（五）

综上所述，王充的《论衡》在中国哲学史上受到太高的评价。但徐复观

---

① 徐复观：《两汉思想史》（第二卷），华东师范大学出版社 2001 年版，第 348 页。

《王充论考》一文对王充其人及思想展开了多方面的批评。徐先生认为：王充以追求知识为目的，在他的人格和思想中，人伦道德的观念非常薄弱；王充的命定论彻底地否定人之行为与结果的因果关系；王充有疾虚妄、求真实的学问要求，但没有得到立真破妄的结果；王充是一位矜才负气的乡曲之士，他的乡曲之见限制了他展望时代政治和学术的视野。徐先生的解释，并非只是建构王充的思想体系，而且重视揭示王充的个性人格和人生遭遇对其思想形成的重要影响。

学人对《王充论考》一文也持有批评。一是认为，徐先生过分地突出了王充乡曲之士的特点及其对他思想的影响。金春峰先生说："徐先生太看重了王充个人的遭遇对《论衡》的影响，以为王充到处在发泄私愤。徐先生忽略了王充思想的时代意义，忽略了王充对时代、历史使命的自觉。"① 中国古代的思想家，主要是根据他们自己的生活实践来体悟和建立思想的观念，他们的人生遭遇对其思想的形成有重要的影响。徐先生从王充的人生遭遇解释其思想的形成，具有合理性，也富有创见性。但仅从人生遭遇解释其思想的形成，一方面否定了思想本身的自律性发展，另一方面也削弱了思想形成的时代、历史等普遍性因素。因此，徐先生的解释可能有点矫枉过正，正如西汉大儒董仲舒所说"矫者不过其正，弗能直"（《春秋繁露·玉杯》）。二是认为，徐先生在情感上对于王充有一种嫌恶心理，所以对王充的思想和人格进行过多的贬斥和批评。这种嫌恶心理可能来自两个方面：针对胡适把王充奉为"科学家"、冯友兰把王充看作是"唯物主义的思想家"，因而出于意气之争；王充的思想和人格不太符合徐先生个人的脾胃，主要表现在王充对朝廷的歌功颂德及其道德根器稀薄而违背传统知识分子的性格。

任何文本的解释都是解释者带着自己的思想情绪、人生体验、个性气质所作的解释；解释从来都不是客观的，那些标榜纯客观解释的人只能是自欺欺人。因此，解释者对文本的解释总是打上其个人的印记。有人曾批评徐先生："你的解释，恐怕是自己的思想而不是古人的思想。最好是只叙述而不解释。"徐先生回答：哲学上过去的事实是，伟大思想家的学说与体系不作解释便无意

---

① 金春峰：《汉代思想史》，中国社会科学出版社 2006 年版，第 463 页。

味，且没有一点解释的纯叙述，事实上是不可能的；因此，"对古人的、古典的思想，常是通过某一解释者的时代经验，某一解释者的个性思想，而只能发现其全内涵中的某一面、某一部分，所以任何人的解释不能说是完全，也不能说是没有错误"①。但这并不是说，解释者可根据其主观思想任意歪曲文本的内容，解释者对文本的解释主要分为三个部分。

首先，解释者要对文本内容从知识上予以准确、深入的分析，这是追求知识的真实，即事实评价。知识追求的真实程度，主要取决于解释者的知识修养和理解能力。徐先生说："因此，只有哲学家才能写哲学史。并且一个哲学家所写的哲学史，常常是与自己的哲学思想有关的一部分写得最好。"② 哲学家有富足的哲学知识和非常的理解能力，故能准确真实地揭示哲学文本的思想内容。反之，在哲学文本知识的解释上将产生错误，但这并非解释者的有意曲解，而是属于知识和能力欠缺的问题。因此，解释者首先要最大限度地追求文本知识上的真实（真实的程度各不相同），而不能以主观思想有意歪曲。徐先生在《研究中国思想史的方法与态度问题》一文中说："就研究思想史来说，首先是要很客观地承认此一思想"，即对于研究对象作客观的认定，这是求知的最基本要求；在此基础上，提出怀疑、评判，而不能把自己的主观成见先涂在客观的对象上面，把自己主观成见的活动当作是客观对象的活动，这自然容易作出指鹿为马的研究结论。③

其次，解释者要进行因果关系的解释。就思想史的解释而言，思想本身的因果关系容易辨明（思想结构或体系），其客观性强。但思想与现实、思想与思想家的人生遭遇和个性人格之间的关系则相当复杂，难以辨明。徐复观先生说："但历史的因果序列，不同于自然的因果序列。自然的因果单纯，容易认定何者是因，何者是果。历史则有远因、近因、直接之因、间接之因、附加之因、疑似之因、横入而偶然之因；所以确定某果是出于某因，乃极困难之事。"④ 因此，过分地突出某方面的因果关系（即把某因果关系核心化，而把

---

① 徐复观：《中国思想史论集》，上海书店出版社 2004 年版，第 3 页。
② 同上书，第 309 页。
③ 同上书，第 5—6 页。
④ 徐复观：《两汉思想史》（第二卷），华东师范大学出版社 2001 年，第 367—368 页。

其他关系边缘化），难免会有片面之嫌。例如，徐先生认定，王充的人生遭遇和个性人格对他思想产生了重要的影响，这可以作一般常识的断定，但如突出此内容，则会"矫枉过正"。

再次，解释者在事实评价和因果关系解释的基础上进行价值评价。价值评价是主体对客体是否合于主体之目的性的评价，具有主观性、相对性、不确定性。价值评价突出地表现了解释者的主观思想情绪。价值评价是必然的、必要的，但相对于事实评价的中心地位，它居于次要位置。因此，思想史家在文本解释中只有主观思想情绪的轻重之别，绝无有无之分。

徐先生的思想史著作有一个鲜明的特征，即其主观思想情绪流露得较为强烈。这不是指事实评价，而是指因果关系的解释与价值评价。[①] 徐先生说："我的这些文章，都是在时代激流之中，以感愤的心情所写出来的，对于古人的了解，也是在时代精神启发之下，所一步一步地发掘出来的。所以我常常想到克罗齐（B. Croce）的'只有现代史'的意见，因此，在我的每一篇文章中，似乎都含有若干有血有肉的东西在里面。"[②] 所谓"感愤之心"，即是由灾难深重的时代所激发出来的对历史文化和社会政治的忧患危机意识和理性的批判精神。徐先生正是带着他在悲剧时代所形成的一颗感愤之心，而不断地思考和探讨思想文化上的问题。徐先生说"知子莫如父"，父亲之所以最能了解自己的孩子，是因为他对孩子之真正深切的关心和爱护；因此，那些对时代，对思想不能深切忧患和关心的学者，也不可能真正地投入到时代与思想的激流中而予以真实深切的把握。我们从徐先生的思想史著作中，可以见出他的思想、人格和情感，这是有血有肉的解释，但这种有血有肉的解释难免会表现出较强的主观情绪。

《王充论考》一文，对王充思想的知识内容作出了准确、深入的剖析，在知识真实上达到了很高的水平。在此基础上，徐先生对王充的思想和人格进行了价值评价，虽带有较强的主观感情，但其主观感情具有相当大的普遍性。例如，关于王充的天道观，徐先生在事实内容的分析上是准确的，并没有歪曲；

---

① 其他思想史的著作，很少从人生遭遇和个性人格方面解释思想家之思想的形成，从而避免了主观性方面的批评。这正应了庄子所谓"巧者劳，智者忧"、"山木自寇，甘井先竭"的话。

② 徐复观：《中国思想史论集续编》，上海书店出版社2004年版，第5—6页。

但对王充天道观在价值的考量上则明显地带有徐先生的个性色彩。徐先生是一个非常重视政治伦理道德的学者，非常重视专制政治对学术思想以及知识分子的压制。他认为，王充的天道观打倒了汉儒通过天人感应来限制人君权力的要求，不具有伦理道德的重要意义。他的解释，削弱了王充天道观的知识意义，而突出了其天道观之反文化道德的意义。这符合中国传统思想的特性，但也暴露出传统文化中不重视科学知识的缺陷。对科学知识的重视，是现代社会的必然要求。因此，徐先生过分地突出王充缺乏道德根器的人格是较为片面的，也不符合现代社会的要求。徐先生对王充命定论之偶然性与必然性之矛盾统一的辨析是相当深刻和准确的。至于王充命运论的形成原因，无非有两个方面，一是个人的遭遇，二是历史、社会上他人的遭遇。徐先生突出王充个人的遭遇对其命运论的主要影响，有其合理性，即个人的遭遇最为深切，但徐先生特别突出此点，而忽视历史、社会的原因。徐先生痛斥王充的命定论是否定人的行为和结果的因果关系，这具有普遍性。他对王充性格中的矜夸矫饰、表面恬淡而内心十分看重名位、没有孝的观念以及眼界狭小等方面的批评，在事实上的认定都是正确的。徐先生出于自己对专制政治的痛恨、对道德的真切关怀以及他性格"任天而动"的真诚、对名利富贵的看淡，而激烈批评王充，也是带有他个人的思想情绪的。

解释者的主观情绪，最容易打动同样具有个性情绪的读者，也能使读者留下相当深刻的印象。在笔者看来，作品解释必然、当然地表现解释者自己的思想情趣，不过是思想情绪之表现的程度有所不同而已，有的程度较浅，有的浸染较深。笔者倒更喜欢那些较深地融合着解释者之人生感受的解释作品。陈寅恪先生晚年的作品，例如《柳如是别传》、《论再生缘》等，包含着他浓厚的人生感慨与他身世的坎坷不幸，读来凄婉动人。陈先生在《论再生缘》一文中，屡将自己与陈端生相对照，他觉得自己的思想、遭遇几乎与陈端生一样，都是坚持"独立之精神，自由之思想"，都是"绝世才华命偏薄"。他最后说："偶听读《再生缘》，深感陈端生之身世，因草此文，并赋两诗，附于篇末，后之览者倘亦有感于斯欤？"① 我们之所以喜爱《史记》，而不太喜爱《汉书》，

① 陈寅恪：《论再生缘》，收入《寒柳堂集》，北京三联书店 2001 年版。

其重要的原因之一是，《汉书》的叙述较为客观，其主观情绪渗透不深，难以见出班固的志趣；而《史记》在"实录"的基础上，流动着司马迁较为浓烈的思想情感及其人生感慨。当然，解释者的主观思想情绪首先要与文本的内容相渗透融合，其次应保持适度。1982 年 2 月 14 日，徐先生在病床上口述说："三十年之著作，可能有错误而绝无矫诬，常不免于一时意气之言，要其基本动心，乃涌出于感世伤时之念，此则反躬自问，可公言之天下而无所愧怍者。"① 这是徐先生对他思想史著作的最后说明："绝无矫诬"，即追求知识的真实，而从未有意歪曲古人及其思想；"一时意气之言"表明他的思想史著作，有时难免有意气之争；但其基本动心并非出于个人的私怨，而是出于对时代政治和学术文化的深切关怀和强烈忧患的意识，即"感世伤时之念"，这是可以得到我们的理解和同情的。

参考文献：

［1］冯友兰：《中国哲学史新编》（中），人民出版社 1998 年版。

［2］王钟陵：《中国中古诗歌史》，人民出版社 2005 年版。

［3］徐复观：《两汉思想史》（第二卷），华东师范大学出版社 2001 年版。

［4］徐复观：《两汉思想史》（第一卷），华东师范大学出版社 2001 年版。

［5］金春峰：《汉代思想史》，中国社会科学出版社 2006 年版。

［6］牟宗三：《玄理与才性》，广西师范大学出版社 2006 年版。

［7］徐复观：《中国人性论史》，上海三联书店 2001 年版。

［8］徐复观：《中国思想史论集》，上海书店出版社 2004 年版。

［9］徐复观：《中国思想史论集续编》，上海书店出版社 2004 年版。

---

① 徐复观：《中国思想史论集续编》，上海书店出版社 2004 年版，第 3 页。

十一 "德治"即"无为之治"
——徐复观对儒学之民主精神的发明

"德治",是儒家政治思想的基本内容。德治问题,是政治和学术领域经常讨论的主要问题之一。港台学者徐复观(1903—1982)是治中国思想史的名家,他对儒家的德治展开了一种创造性的解释。徐先生的解释,不仅丰富和深化了德治的内涵,而且把儒家的德治与现代的民主政治结合起来,这是"通古今之变"。本文将探讨以下几个问题:一是学人对德治的一般解释;二是徐先生对德治的创新解释;三是徐先生的创新解释在儒家文本中的依据;四是徐先生创新解释的目的和意义。从徐先生对德治的具体解释实践中,我们将概括他解释中国思想史的一般方法。

(一)

学人一般认为,儒家之德治的基本内涵有三。

其一,德治的最基本意思,是为政者以身作则的身教;为政者以正当的行为树立一个楷模,一个典范,人民在为政者之楷模的启发和感召下得到教育,其行为也正当。子曰:"其身正,不令而行;其身不正,虽令不从。"(《论语·子路》)身正,即人君以正当的行为树立楷模,虽不发号施令,人民也会在人君之楷模的影响下而行为正当;人君身不正,即使发号施令,人民也不会实行。[①] 身教是针对言教提出的。身教是为政者的身体力行,重于行;言教是为政者的发号施令,重于言。孔子认为身教重于言教,因为有言论,未必实有

---

① 老子也主张圣人"处无为之事,行不言之教"(《老子》第二章)。

其心，也未必能行。孔子曰："巧言令色，鲜矣仁!"（《学而》）孔子责骂其弟子宰予是"朽木不可雕也"，因为宰予言行不一。孔子曰："始吾于人也，听其言而信其行；今吾于人也，听其言而观其行。于予与改是。"（《公冶长》）楷模的建立实是人格的确立。人格是内在品性和外在言行的统一。孟子曰："君子所性，仁义礼智根于心，其生色也睟然，见于面，盎于背，施于四体，四体不言而喻。"（《孟子·尽心上》）内有仁义之心，外有仁义之行，且仁义的精神气象洋溢于人的面部、眼睛和四体。人格是有血有肉的，是感性、理性和审美的结合，富有强烈的道德感召力量。孔子曰："君子之德风，小人之德草，草上之风，必偃。"（《颜渊》）中国数千年来对于楷模的特别重视，自然是受儒家之德治思想的深刻影响。

其二，德治的转进一层意思，是为政者在治人时首先要自己有德，则基于其上的政治行为自然是正当合理的。朱熹《论语集注·为政》："德之为言得也，行道而有得于心也。"外在的正当行为本于内在的善心，即是德。《朱子语类》卷二十三："凡人作好事，若只做得一件两件，亦只是勉强，非是有得。所谓得者，谓其行之熟而心安于此也。"德，即内在的本心之善，是外在一贯正当行为的依据。要言之，德是内在德性与外在正当行为（德行）的合一：内在德性是外在德行的根据，外在德行是内在德性的展现。为政者通过修身，以培养自己良好的道德品性，这是其实行正当合理行为的根据和保证。《论语·宪问》曰：

　　　子路问君子。子曰："修己以敬。"曰："如斯而已乎?"曰："修己以安人。"曰："如斯而已乎?"曰："修己以安百姓。修己以安百姓，尧、舜其犹病诸。"

君子首先需要修己，然后才能安人、安百姓。孟子曰："君仁，莫不仁；君义，莫不义；君正，莫不正。一正君而国定矣。"（《离娄上》）人君有内在的仁义之德，则其政治行为自然是仁义的，人民在人君之仁义行为的影响下，其行为也符合仁义。德治，是指为政者以自己的有德来治国，德治即是人治。为政者之道德品格的建立固然是重要的，但道德品格因其内在性、主观性甚强，而很难客观化、外在化出来。在今日看来，为政者的政治行为不仅依靠内在的道德品格，而且有赖于一套外在的客观制度和法规，以保证其政治行为的合理性。

其三，德治的再一层意思，是德教，即为政者以仁义礼乐教化人民，觉醒其善心，培养其德性，发而为外在的德行。以德教化，即孟子谓"谨庠序之教，申之以孝悌之义"（《梁惠王上》）。董仲舒《天人三策》曰："教化大行，天下和洽，万民皆安仁乐义，各得其宜，动作应礼，从容中道。"（《汉书·董仲舒传》）人民有仁义礼智的四端之心；端，绪也，微而不著，有待于扩充；为政者以德教化，是内在地觉醒和扩充人民的善心，培养其道德品性。以德教化顺应了人性、人心之求善的内在要求，故人民心悦诚服，孟子曰"故沛然德教，溢乎四海"（《离娄上》）。这一层意思的德治是对刑法之治提出的。孔子曰："道之以政，齐之以刑，民免而无耻。道之以德，齐之以礼，有耻且格。"（《为政》）以政令、刑法治民，民虽不敢为恶，但没有耻辱之心；以德和礼教化民，则民行为正当，且有羞恶之心。刑法之治，是以政令和刑法治民，其外在性、强制性、压迫性强。以德教化的德治，是一种内发政治，人君以内在的德融和其与民之间的关系，其内在性、自觉性强。朱熹曰："政者为治之具，刑者辅治之法，德、礼则所以出治之本，而德又礼之本也。"（《论语集注·为政》）德礼是政刑之本；德治又是礼治之本。

综上所述，儒家的德治有三层含义：一是为政者成为道德的典范，对人民具有楷模的感召作用；二是为政者首先要自己有德，则立基其上的政治行为自然是正当合理的；三是为政者要以仁义礼乐教化人民，觉醒人民的善心，使他们成为善人。德治的基本要求，是为政者首先要有德，建立其道德人格，这是为政者的身教、政治行为、以德教化的前提和保证。德治的基本目的，是使人民成为有德之人。

（二）

儒家的德治，是徐复观重要的解释话语之一。他在多篇学术文章里讨论儒家的德治，且写下《孔子德治思想发微》一文，专门阐释孔子的德治思想。

徐复观在《荀子政治思想的解析》一文中说："儒家主张德治。德治的最基本意思是人君以身作则的'身教'，亦即是孔子的所谓'其身正，不令而行；其身不正，虽令不从'（《子路》）。因此，'正身'、'修身'是德治的真正内容。"① 人君正身、修身，而成为人民学习的楷模，这即是身教。徐先生在《孟子政治思想的基本结构及人治与法治问题》一文中说："《论语》上的'德治'，乃指为政者须以自己的生活作模范而言，没有后来'德治'一词的广泛意义。"② 为政者要以自己的生活作为楷模、典范而感召人民。要之，徐复观先生认为，德治的最基本意思是为政者树立道德楷模的身教。他在《孔子德治思想发微》一文中说："'为政以德'，即是人君以自己内外如一的规范性的行为来从事于政治。"③ 为政以德，即人君的正当行为须是内外合一，即外在的道德行为（德行）本于内在的道德品性（德性）。他说："作为统治者的人君也是人，而且是负有更大责任的人，则人君应完成自己的德，使首先能作为一个人而站立起来。"④ 人君首先要自己有德，要建立自己的道德人格，则立基其上的政治行为自然是正当合理的。这是德治的第二项内容。徐复观又认为，德治是为了反对刑治而提出的，刑治是由政府的强制力所施行，而德治是以仁义礼乐来教化人民的，"孔子的德治思想，与'教'的观念，是一而非二，所以后来便有'德教'的名词"⑤。他在《儒家对中国历史运命挣扎之一例》一文中说："德的另一面是对于刑罚观念，而提出教化观念。教化即是教育，所以同时便提出了实现教化的学校制度，使人民不仅是在刑罚之下成为统治者的被动的工具，而是在教化观念之下都成为人格的存在，使每一个人能为其自己而完成其人格。"⑥ 为政者不是用强权和刑罚，来规范和压制人民；而是以仁义礼乐的教化（德教），来觉醒人民的善性、善心，培养人民的道德，成就他们的道德人格，让他们成为一个真正的人而站立起来。因此，德治不重视从外面的相互关系中限制，而重视从人性中固有的仁义之德来诱导熏陶，使

---

① 徐复观：《中国思想史论集续篇》，上海书店出版社 2004 年版，第 293 页。
② 徐复观：《中国思想史论集》，上海书店出版社 2004 年版，第 116 页。
③ 同上书，第 183 页。
④ 同上书，第 185 页。
⑤ 同上书，第 192 页。
⑥ 同上书，第 282 页。

人民能够自省自觉，以尽人的义务。这是徐复观解释德治的第三项内容。

德治的以上三项内容，是一般的常见，徐复观当然不能抹杀，但他对儒家的德治又展开了一种创造性的解释。子曰："为政以德，譬如北辰，居其所而众星拱之。"（《为政》）为政以德，即是德治。在孔子的心中，尧、舜是最高的德治典型。子曰："无为而治者，其舜也与？夫何为哉？恭己正南面而已矣。"（《卫灵公》）舜实行的是无为之治，即是德治。何晏《论语集解》引"包（咸）曰：德者无为，犹北星之不移而众星拱之"，包咸以为德治是无为之治。朱熹《论语集注》曰："为政以德，则无为而天下归之。"徐复观得出结论说："德治即是无为之治。但所谓'无为'，如后所述，乃是不以自己的私意治人民，不以强制的手段治人民，而要在自己良好的影响之下，鼓励人民自为，并不是一事不作。"① 德治，即是无为之治，这真是石破天惊之语。我们知道，道家主张人君无为，是无为之治；儒家理想中的人君尧、舜、禹，都是非常辛劳的，都是大有作为的。《孟子·滕文公上》记载大禹治水，"当是时也，禹八年于外，三过其门而不入"。司马谈《论六家要旨》曰："儒者则不然。以为人主天下之仪表也，主倡而臣和，主先而臣随。如此则主劳而臣逸。"（《史记·太史公自序》）实际上，《论语》上面两章的本义是，舜恭己正南面，以其正当行为树立一个楷模，人民在他的道德楷模的感召下自觉、自然地为善，而不需制定礼法、发号施令；这即是舜的无为。徐复观的解释包含了这两章的本义，但加上了关键的一句"不以自己的私意治人民"，即为政者要消解自己的私意，而尊重和成就人民的公意，这是人君的无为。

为政者必须有德，这是德治的基本内容。为政者的德包含两个方面：首先，为政者是一个人，应当先在人的条件上站立起来，具有与民共同的德，这是为政者与民相互连接和融合的基础，所谓"人的德"；其次，为政者又是一个统治者，要尽到统治者所应尽的责任，如举贤授能等，这是"人君的德"。为政者要把人的德和人君的德结合起来。徐复观说："所以统治者最高的德，乃在于以人民的好恶为好恶，这是德治的最大考验。"② 人君的德甚多，但最

① 徐复观：《中国思想史论集》，上海书店出版社 2004 年版，第 182—183 页。
② 同上书，第 188 页。

高的德是以人民的好恶为好恶。这就要求人君必须消解自己的好恶,尊重和实现天下人民的好恶,所谓无为。但在现实的政治中,人君往往驰骋自己的好恶而压抑天下人民的好恶,所以"这是德治的最大考验"。他在《释〈论语〉"民无信不立"》一文中说:"在政治上,只要求统治者自己有德,而以尊重人民的好恶为统治者有德的最高表现。"① 徐先生在《儒家在修己与治人上的区别及其意义》一文中说:"'无为'即是不自有其好恶,这是统治者的修己。以无为去成就人民的好恶,使人民能遂其好恶以保障其基本权利,这是统治者的治人。惟修己以超越于自己的自然生命的好恶之上,才能达到成就人民好恶的治人的目的,在这种地方,修己与治人有其必然的关联。"② 人君最高的德,是消解他自己的好恶,以天下人民的好恶为好恶;这即是无为之治,即是德治。

徐复观是如何辨析儒道两家的无为之治呢?他首先认为,孔、老提倡无为,都是为了防止统治者以自己的好恶为标准去统治人民;统治者不是不做事,而是少做事、不生事、不多事,"是以人民为主,而统治者只居于辅助的地位,这便没有统治者的私意夹杂在里面。无私意之为即是无为"③。统治者的做事是因顺人民的要求,"以辅万物之自然而不敢为"(《老子》第六十四章),则人民能"自化"、"自正"。"因"、"无私"与"自化"、"自正"是老子无为之治的内容,也为儒家的德治所涵摄。他其次认为,儒家与道家之无为之治的内容没有什么不同,不同的是其所实行无为之治的原因,"儒家'无为'的基底,是作为人文世界根本的仁,而道家则系自然世界的自然。两家只在这种地方分支,但在要求人君'无为'的这一点上却是一致"④。儒家出于仁爱人民的仁心,基于尊重和信任人民的善性,要求人君无为而治,消解人君的好恶和才智,而实现人民的本性和要求,这是人文性的无为;道家则是主张顺应和实现人和万物的本性,让其本性得到充分而自由的实现,这是自然性的无为。

---

① 徐复观:《中国思想史论集续篇》,上海书店出版社 2004 年版,第 268 页。
② 同上书,第 274—275 页。
③ 徐复观:《中国思想史论集》,上海书店出版社 2004 年版,第 189 页。
④ 徐复观:《中国思想史论集续篇》,上海书店出版社 2004 年版,第 309 页。

要之，徐复观对儒家之德治的创造性解释，是德治即无为之治，人君不能以自己的私意治人，而要消解自己的好恶，尊重、顺应和实现人民的好恶。关于人君无为的思想，只有老子特别强调，儒家除了《论语·卫灵公》"无为而治者，其舜也与？夫何为哉？恭己正南面而已矣"外，没有相关的内容。《论语》此章也根本没有徐复观所创新阐释的德治内涵。那么，徐复观为何把儒家的德治解释为无为之治呢？他解释的根据和目的是什么呢？他的解释有何重要意义呢？

（三）

徐复观在《研究中国思想史的方法与态度问题》一文中说：

> 任何解释，一定会比原文献上的范围说得较宽、较深，因而常常把原文献可能含有但不曾明白说出来的，也把它说了出来。不如此，便不能尽到解释的责任。所以有人曾批评我："你的解释，恐怕是自己的思想而不是古人的思想。最好是只叙述而不解释。"……对古人、古典的思想，常是通过某一解释者的时代经验，某一解释者的个性思想，而只能发现其全内涵中的某一面、某一部分，所以任何人的解释不能说是完全，也不能说没有错误。但所谓解释，首先是从原文献中抽象出来的。①

徐先生认为，隐藏在文献后面的思想内容，是一个丰富复杂的"意义体"，解释者有责任把文献中含有但不曾明白说出的意义阐发出来；解释者的解释，又是通过其时代经验、个人思想而实现的；因此，解释过程是文献的客观视域与解释者的主观视域，从冲突走向融合的过程，所谓"视域融合"。徐先生对儒家之德治思想的创新阐释，一方面是从儒家的文献材料中抽象出来的；另一方面又受到他的时代经验、思想倾向的启发和引导。

徐复观认为，德治即无为之治，隐含于儒家的民本思想和人性善的观点

---

① 徐复观：《中国思想史论集》，上海书店出版社 2004 年版，第 3 页。

中。《大学》曰："民之所好好之，民之所恶恶之，此之谓为民父母。"为政者是人民的父母，要以人民的好恶为好恶。孟子曰："得天下有道：得其民，斯得天下矣。得其民有道：得其心，斯得民矣。得其心有道：所欲与之聚之，所恶勿施尔也。"（《离娄上》）民之所欲，与之聚之，民之所恶，勿施加之；这样，则得民心，得民心而得天下。为政者要以人民的欲恶为欲恶，则首先必须不自有欲恶，即消解自己的欲恶，而不以自己的欲恶（私意）治民；其次是尊重、顺应和成就人民的欲恶。此无为之治蕴涵于"民为贵，社稷次之，君为轻"（《孟子·尽心下》）的思想中。民为贵的具体表现是尊重民意。萧公权说："孟子贵民，故极重视民意，而认民心之向背为政权转移及政策取舍之最后标准。"① 政权的转移是政治的最大问题。徐复观认为："孟子在政治上谈'仁义'、谈'王道'的具体内容，只是要把政治从以统治者为出发点，以统治者为归结点的方向，彻底扭转过来，使其成为一切为人民而政治。……因为孟子坚持政治应以人民为出发点、为归结点，所以他明白确定政权的转移应由人民来决定。"② 政权的转移，或禅让，或征诛，皆以民心、民意为依归。《孟子·万章上》认为，舜之继承天子之位，是天与之、民与之，而不是尧与之；尧虽是天子，但天下是人民的天下，而不是尧的天下，故他无权把天下与舜；舜之得天下，首先是他有德有才，其次是尧的荐举，但尧的荐举能否实现，还要取决于天命、民心；天命虽有神圣性和神秘性，但天命的获得最终取决于民意，所谓"天视自我民视，天听自我民听"（《尚书·泰誓》）。因此，孟子认为，政权的转移应由人民来决定，即以人民为本，以人民为主。

天子如果失去民心，践踏仁义，则人民可以群起攻之。齐宣王问孟子道："汤放桀，武王伐纣，有诸?"孟子答曰："于传有之。"齐宣王曰："臣弑其君，可乎?"孟子义正词严地说："贼仁者谓之'贼'，贼义者谓之'残'。残贼之人，谓之'一夫'。闻诛一夫纣矣，未闻弑君也。"桀纣残贼仁义，丧失民心，即是独夫民贼，必须予以放逐诛杀。（《梁惠王下》）萧公权说："孟子之政治思想，遂成为针对虐政之永久抗议。"③ 如果诸侯残害人民，其他诸侯

① 萧公权：《中国政治思想史》，辽宁出版社1998年版，第85页。
② 徐复观：《中国思想史论集》，上海书店出版社2004年版，第111—112页。
③ 萧公权：《中国政治思想史》，辽宁出版社1998年版，第87页。

有责任征讨之；但诸侯的征讨应尊重民意，即以人民之心为心。齐宣王问孟子是否可以讨伐燕国。孟子答曰："取之而燕民悦，则取之。古之人有行之者，武王是也。取之而燕民不悦，则勿取。古之人有行之者，文王是也。以万乘之国伐万乘之国，箪食壶浆以迎王师，岂有它哉？避水火也。"（《梁惠王下》）齐国是否讨伐燕国，应尊重燕民之心；征讨的目的，是救燕民于水火之中。尊重燕民之心，即要求齐宣王消解自己的私心杂念。但事实是，齐宣王的征讨是为了扩张自己的土地，满足自己的私欲，以自己的好恶为好恶，而不顾燕民的好恶，最终是燕民反叛。

孟子对齐宣王说：

> 国君进贤，如不得已，将使卑逾尊，疏逾戚，可不慎与？左右皆曰贤，未可也；诸大夫皆曰贤，未可也；国人皆曰贤，然后察之。见贤焉，然后用之。左右皆曰不可，勿听；诸大夫皆曰不可，勿听；国人皆曰不可，然后察之。见不可焉，然后去之。左右皆曰可杀，勿听；诸大夫皆曰可杀，勿听；国人皆曰可杀，然后察之。见可杀焉，然后杀之。故曰国人杀之也。如此，然后可以为民父母。（《梁惠王下》）

对于用人、去人、杀人的政治权力，孟子主张保留在人民的手上。人民的好恶，决定政治的具体内容。徐复观先生说："过去，我也和许多人一样，以为孟子的'民贵君轻'思想，只是民本思想，与民主的思想尚隔一间。用萧公权氏的话说：'孟子贵民，不过是由民享以达于民有。民治之原则与制度，皆为其所未闻。'① 现在看来，民治的制度实为孟子所未闻，但民治的原则，在孟子中可看出端绪。"② 儒家的民本思想包含有民主、民治的精神和原则，但并没有形成民主的制度和法规。

德治即无为之治的主要内容有二：一是人君消解其好恶和才智；二是尊重、顺应和实现人民的好恶。以人民的好恶为好恶，基于人民的好恶是正当和

---

① 萧公权：《中国政治思想史》，辽宁出版社 1998 年版，第 87 页。
② 徐复观：《中国思想史论集》，上海书店出版社 2004 年版，第 112—113 页。

合理的。徐复观说："但孔子信任德治必然有'无为而治'的效果，则是很明显的。孔子这种信任的根据，先简单地说一句，是出于对人的信赖，对人性的信赖。孔子虽未明说人性是善的，但实际上他是认定人性是善的。"① 人性善是儒家对人性的基本认定。人之为人的本质，是人性中具有仁义礼智的四端，一方面人由此获得了尊严和价值，另一方面人是值得信赖的。因此，本于人性善之上的人民的好恶是值得肯定和信任的。人人有尊严和价值，人人值得信赖，自然可以得出人人平等的观念。人人平等，则人人可以当家做主，而实行以人民为主的政治。徐复观说："孟子因为相信人的性是善的，所以信任人民的好恶，于是人君政治的设施，遂亦要以人民的好恶为标准，这才能贯彻民本主义。"② 要之，人民有善性，具有尊严和价值，人民的好恶和要求是正当合理的，应予以尊重、顺导和实现。

（四）

德治在要求统治者以人民的好恶为好恶的政治思想上，是涵育着深刻的民主政治的精神。徐复观通过对儒家之德治的创造性解释，而把儒家的政治思想与现代的民主政治结合起来，这即是"通古今之变"。他说："德治思想实通于民主政治，也要在彻底的民主政治中才能实现。"③ 这是徐先生把德治解释为无为之治的主要目的。他的解释受到了其时代经验和个人思想的深刻影响。

自五四运动以来，儒家思想长期受到批判。批判者认为，儒家思想与专制政治是结合在一起的，是专制政治的护符，在根本上是反民主、反自由的，唯有彻底打倒孔家店，才可能建立民主政治。但徐复观说：

> 儒家思想为中国传统思想之主流，但五四运动以来，时贤动辄斥之为专制政治的维护拥戴者。若此一颠倒之见不加平反，则一接触到中国思想史的材料时，便立刻发生厌恶之情，而于不知不觉中，作主观性的恶意解

---

① 徐复观：《中国思想史论集》，上海书店出版社 2004 年版，第 187 页。
② 徐复观：《中国思想史论集续篇》，上海书店出版社 2004 年版，第 303 页。
③ 徐复观：《中国思想史论集》，上海书店出版社 2004 年版，第 195 页。

释。……儒家思想，乃从人类现实生活的正面来对人类负责的思想。它不能逃避向自然，不能逃避向虚无空寂，也不能逃避向观念的游戏，更无租界、外国可逃，而只能硬挺挺地站在人类的现实生活中以担当人类现实生存发展的命运。在此种长期专制政治之下，其势须发生某种程度的适应性，或因受现实政治趋向的压力而渐被歪曲，歪曲既久，遂有时忘记其本来的面目，如忘记其"天下为公"、"民贵君轻"等类之本来面目，这可以说是历史中的无可奈何之事。这只能说是专制政治压歪，并阻遏了儒家思想正常的发展，如何能倒过来说儒家思想是专制的护符。但儒家思想在长期的适应、歪曲中，仍保持其修正缓和专制的毒害，不断给予社会人生以正常的方向与信心，因而使中华民族度过了许多黑暗时代，这乃由于先秦儒家立基于道德理性的人性所建立起来的道德精神的伟大力量。①

徐先生严厉地批评那种儒学是专制政治护符的论调。他指出，儒学由于直接地担负现实生活的重任，而长期遭受专制政治的压制和歪曲，以致忘记其"天下为公"、"民贵君轻"的本来面目；思想史的研究者有责任透入到儒家思想的内部，了解其在专制政治下所受到的压制和歪曲，以把握其本来的面目。

徐复观主张民主政治，他认为民主政治才能救中国。② 面对传统中国二千多年的专制政治，他深刻地认识到专制政治的残酷和罪恶，揭示出专制政治的五种毒性：其一，专制皇帝的地位和权力是至高无上的；其二，专制政治所要求的，是人民根据皇帝的意志，在生活行为上整齐划一，不复有自己的自由意志和行为；其三，专制者以残酷的刑罚统治人民，把人民不当成人；其四，在专制政治下，一切人皆处于服从的地位，不允许在皇帝支配外保有独立乃至反抗性的社会势力；其五，在专制政治下，一切皆决定于皇帝的意志，不能有自律性的学术思想的发展。③

---

① 徐复观：《中国思想史论集》，上海书店出版社 2004 年版，第 7—8 页。

② 牟宗三在《悼念徐复观先生》一文中说："徐先生笃信孔孟之道终必光畅于斯世，无人能毁；笃信自由民主为政治之常轨，无人能悖；痛斥极权专制徒害人以害己，决不可久。"参见曹永洋《徐复观教授纪念文集》，台湾时报文化出版有限公司 1984 年版。

③ 徐复观：《封建政治社会的崩溃及典型专制政治的成立》，收入《两汉思想史》（第一卷），华东师范大学出版社 2001 年版，第 80—88 页。

徐复观在《中国的治道》一文里说：

> 可是，在中国过去，政治中存有一个基本的矛盾问题。政治的理念，民才是主体；而政治的现实，则君又是主体。这种二重的主体性，便是无可调和的对立。对立程度表现的大小，即形成历史上的治乱兴衰。于是中国的政治思想，总是想消解人君在政治中的主体性，以突显出天下的主体性，因而解消上述的对立。①

儒家的政治思想是民本主义，即民是政治的主体；而现实的政治是专制政治，即君是政治的主体；这便产生了儒家理念与政治现实之"二重主体性"的对立。儒家的政治思想要求在现实政治中消解人君的主体性。在皇权专制政治中，人君有至高无上的地位和权力，往往驰骋其好恶和才智，以构成其政治的主体性，这就压抑了天下人民的好恶和才智，即压制了天下人民的主体性，从而形成了人君主体性与人民主体性之"二重主体性"的矛盾。消解人君主体性的方法，是人君在政治中自我消解自己的好恶和才智，使自身处于一种无为的状态，即非主体性的状态。人君无为，人臣有为，天下人民乃有为。因此，人君主体性的消解，则天下人民的好恶和才智方得以突显；人民的主体性得以发挥，政治即是"以天下治天下"。徐复观说："人君之成其为人君，不在其才智之增加，而在将其才智转化为一种德量，才智在德量中作自我的否定，好恶也在德量中作自我的否定，使其才智与好恶不致与政治权力相结合，以构成强大的支配欲。"② 儒家要求人君有一种德量，一种自我消解自己的好恶和才智的德量，不让自己的好恶和才智与政治权力相结合，而抑压天下人民的好恶和才智。人君的主体性消解了，则人君与天下的对立得以化解，应是政治清明的时代。人君突显自己的主体性，而压抑天下的主体性，则势必造成人君与天下人民的强烈对立，政治就会陷入混乱无序的状态。徐复观说："人君要以'无为'而否定自己，以'无为'而解消自己在政治中的主体性，把自己客观化

---

① 徐复观：《中国思想史论集续篇》，上海书店出版社 2004 年版，第 308 页。
② 同上。

出来，消解于'天下'的这一政治主体性之中，以天下的才智为才智，以天下的好恶为好恶，这才解除了政治上的理念与现实的矛盾，才能出现一种'万物并育而不相害'的太平之治。"① 要之，德治即无为之治，即人君消解自己的好恶和才智，进而消解其政治中的主体性，以突显天下人民的好恶和才智，突出天下人民的政治主体性，即以天下治天下，这是以民为主的政治。

历史上聪明强干的皇帝，往往自任其好恶，自信其才智，自用其才智。专制皇帝的好恶和才智常常与最高的政治权力结合起来，而得到极度的驰骋，这便会限制、压抑天下人民的好恶和才智，从而与天下人民构成激烈的矛盾冲突。徐复观在《中国的治道》一文中说，唐德宗是一位聪明强干的皇帝，但最终导致了奉天之祸，这是他伸张自己的好恶和才智而抑压天下人民的好恶和才智的结果。像德宗这样聪明强干的皇帝，其臣下必定是一群"聪明的奴才"。不聪明，德宗看不上眼；不奴才，则无法立足。这群聪明的奴才匍匐在他的脚下，他遂以天下的人才皆在于此，"天下英雄入我彀中"，而实际上都赶不上他，更增加他的自信和狂妄。德宗自信其才智，自用其才智，而有轻人臣、天下之心，遂造成了上下隔阂，人心疑阻，即是人君与天下的尖锐化对立。陆贽说："智出庶物，有轻待人臣之心；思周万机，有独驭区宇之意。"② 这是批评德宗自任才智和自逞好恶。德宗自任才智的另一方面，则必然流为自欺好谀。陆贽形容当时的情形说："议曹以颂美为奉职，法吏以识旨为当官。"③《新唐书》本纪第七谓德宗"猜忌刻薄，以强明自任，耻见屈于正论，而忘受欺于奸谀"。徐复观总结说："总之，德宗的失败，不失败于昏庸懦劣，而失败于才智强明。照陆氏的看法，德宗的作风只能算是臣道，只可受人领导而不能算是君道，不是去领导人的。"④

作为德宗朝的贤臣陆贽，要挽救当时的政治危机，首先必须解救德宗的孤立、朝廷的孤立。孤立是由人君与天下的对立而来，对立是由于人君的好恶与才智在作祟，于是陆贽要德宗丢掉自己的好恶和才智，将自己的好恶和才智，

---

① 徐复观：《中国思想史论集续篇》，上海书店出版社2004年版，第309页。
② 陆贽：《陆贽集》，中华书局2006年版，第474页。
③ 同上书，第381页。
④ 徐复观：《中国思想史论集续篇》，上海书店出版社2004年版，第312页。

消解于天下的好恶和才智中，因而消解了人君与天下的对立，这是"无为"之治。由无为再转进一层，是德宗的罪己、悔过。罪己、悔过的真正表现是以推诚代猜嫌，以纳谏代好谀，以宽恕代忌刻。徐复观先生说："无为、罪己、改过，是消解自己的政治主体性；而推诚、纳谏、宽恕，则是为了显现'天下'的政治主体性。政治中只有一个主体性，即对立消失而天下太平。"[①] 陆贽的一部《翰苑集》，包括陆氏代德宗所说的话（为德宗撰写的诏书），及他向德宗所说的话，大约可以这样概括。

> 臣谓当今急务，在于审查群情。若群情之所甚欲者，陛下先行之；群情之所甚恶者，陛下先去之。欲恶与天下同，而天下不归者，未之有也。[②]
> 夫君天下者，必以天下之心为心，而不私其心（把自己的心解消于天下之心之中）；以天下之耳目为耳目，而不私其耳目（耳目即才智，把自己的耳目解消于天下之耳目之中）；故能通天下之志，尽天下之情。夫以天下之心为心，则我之好恶乃天下之好恶也……以天下之耳目为耳目，则天下之聪明，皆我之聪明也。[③]

儒家政治中的圣人，是要把自己消解于人民之中，使人民能实现自己的好恶，亦即是人人能养生、遂性的无为之治，"以天下之心为心，而不私其心"。这种意思的后面，蕴藏着对人性之无限的尊重，对人性之无限的依赖，而此种尊重与信赖，即所以显露圣人无限的仁心。因此，无为以及推诚、改过、纳谏，为最大的君德，是人君德治的基本内容。

儒家德治所要求的人君无为，是站在君道上而格君心之非，人君能否做到，全凭人君的道德自觉。但现代的民主政治，是从制度上、从法治上限制人君的权力，尊重民意，以民为主，从而解除人君与天下的对立，这是可以得到保证的。因此，儒家的德治，具有民主的精神，但要更进一层，向制度和法治上进展。首先，要把政治权力的根源，从君的手上移到民的手上，以"民意"

---

① 徐复观：《中国思想史论集续篇》，上海书店出版社 2004 年版，第 312 页。
② 陆贽：《陆贽集》，中华书局 2006 年版，第 367 页。
③ 同上书，第 682 页。

代替君心。其次，把虚己、无为、改过、纳谏等君德，客观化为具体的制度和法治。徐复观说："由中国的政治思想以接上民主政治，只是把对于政治之'德'客观化出来，以凝结为人人可行的制度。这是顺理成章，既自然，复容易，而毫不牵强附会的一条路。所以我常说凡是真正了解中国文化、尊重中国文化的人，必可相信今日为民主政治所努力，正是把中国'圣人有时而穷'的一条路将其接通，这是中国文化自身所必需的发展。若于此仍有所质疑，恐非所以'通古今之变'了。"①

现代的民主政治主要是本于利害之心，依靠外在的制度和法治，来建立人与人之间的关系。这是外在的、强制的，不是出于道德的自觉，因而没有内在的道德根基而安放不牢。因此，现代的民主政治应融合儒家的德治思想，从内在的仁义道德上来建立人与人之间的和谐关系，即现代的民主政治要建立在道德良心的根基之上。徐复观在《中国自由社会的创发》一文中说：

　　由孔子思想在政治方面的正常发展，必然要走上民主政治的道路，而这种民主政治是超过（不是反对）欧洲使民主政治所凭借以成立的功利主义，以奠基于人的最高理念的"仁"的基础之上，使近代的民主政治因而更能得到纯化，以解决仅从制度上所不能彻底解决的问题。站在中国人的立场，真正尊重孔子的人，即应当为民主政治而努力，使孔子的精神在政治方面能有一切实的着落。真正向往民主政治的人，即应当发掘孔子的基本精神，使民主政治能生根于伟大的传统之中，和社会各种生活得到调和。②

顺着儒家思想的正常发展，必然要走上西方的民主政治；而西方的民主政治只有与儒家的基本精神接上了头，才算真正得到了精神上的保障，安稳了它自身的基础。徐复观说："所以我认为民主政治，今后只有进一步接受儒家的思想，民主政治才能生稳根，才能发挥其最高的价值。"③ 儒家的政治思想有

①　徐复观：《中国思想史论集续篇》，上海书店出版社 2004 年版，第 325 页。
②　同上书，第 263 页。
③　徐复观：《中国思想史论集》，上海书店出版社 2004 年版，第 247 页。

民主精神，但未建立民主的制度和法治；而现代的民主政治，只有建立在儒家仁义道德的基础上才能根基牢固。

要之，徐复观把儒家的德治创造性地解释成"无为之治"，为政者要消解自己的好恶和才智，即消解自己在政治中的主体性；而尊重和实现人民的好恶和才智，突出人民在政治中的主体性；无为之治解除了为政者与人民之"二重主体性"的矛盾，肯定了以人民为主的政治。徐复观的女儿徐均琴说："父亲在病床上，忽然提及'天下为公'的思想，他自己过去没有谈到。立足于'天下为公'精神之上的民主体制原是父亲心中、笔下，延续民族命脉的唯一路途。……然则，我们民族真正得以生存的力量，是来自大众社会中胼手胝足，终岁勤苦的儿女。而我们民族在暗夜中的一点光，该就是父亲一生所代表的一声声'以百姓之心为心'所呼唤出的历史上的真是真非吧！"[1]"以百姓之心为心"，是儒家德治政治的基本内容，是徐复观终生追求的政治理想。

综上所述，徐复观先生对儒家的"德治"展开了一种创造性的解释——德治即是"无为之治"。为政者要消解自己的好恶和才智，限制自己的政治权力，使自身处于一种无为的状态，即非主体性的状态；而以人民的好恶为好恶，即"以百姓之心为心"，突出天下人民在政治中的主体性，即以天下治天下。德治即无为之治，蕴涵着深刻的民主精神。徐先生的解释，把儒家的德治与现代的民主政治结合起来：儒家的政治思想具有民主精神，但没有建立民主的制度和法治；而现代的民主政治，只有建立在儒家之仁义道德的基础上才能根基牢固。

参考文献：

[1] 徐复观：《中国思想史论集续篇》，上海书店出版社 2004 年版。

[2] 徐复观：《中国思想史论集》，上海书店出版社 2004 年版。

[3] 萧公权：《中国政治思想史》，辽宁出版社 1998 年版。

[4] 陆贽：《陆贽集》，中华书局 2006 年版。

[5] 曹永洋：《徐复观家书精选》，台湾学生书局 1993 年版。

---

① 曹永洋：《徐复观家书精选》，台湾学生书局 1993 年版，第 7—8 页。

［6］解晓东：《现代新儒学与自由主义——徐复观殷海光政治哲学比较研究》，东方出版社 2004 年版。

［7］蒋连华：《学术与政治——徐复观思想研究》，上海三联书店 2006 年版。

十二 "大道废，有仁义"

——论陈鼓应对老子之仁义礼观的解释

陈鼓应教授是治道家思想的著名学者。他对《老子》、《庄子》的文本进行了细致周密的训释、考核和翻译，厥协、整齐各家之说，成一家之言，"斯以勤矣"。他发表了一些重要的论文，提出的观点颇有新意，富于启发性。他的《论道家在中国哲学史上的主干地位——兼论道、儒、墨、法多元互补》一文，曾引起学术界广泛而深入的思考和争论。[①] 他的《先秦道家之礼观》一文，通过对《老子》、《庄子》文本的重新考辨和解释，创新地提出了老子和庄子的仁义礼观。可惜学术界对此文并没有给予足够的重视。本文一方面将条理陈先生的基本观点，另一方面会在反思和批评中建立自己的观点。[②] 敬请陈先生及方家正之。

（一）

学者一般认为，道家的创始者老子对仁义礼是批判和否定的，其主要证据是通行本《老子》的第五、第十八、第十九、第三十八章：

> 天地不仁，以万物为刍狗；圣人不仁，以百姓为刍狗。（第五章）

---

① 此文载于《哲学研究》1990 年第 1 期，曾引发了学术界的广泛讨论。陈先生在《中国文化研究》1995 年夏之卷又发表了《道家在先秦哲学上的主干地位》一文，对学术界所争论的问题作出了回答。

② 本文的讨论，基于陈先生的著作和论文如下：《老子注译及评介》、《庄子今注今译》、《从郭店简本看〈老子〉尚仁及守中的思想》、《先秦道家之礼观》。笔者注意到了陈先生的前两本著作与后两篇论文的异同。

大道废，有仁义。智慧出，有大伪。六亲不和，有孝慈。国家昏乱，有忠臣。（第十八章）

绝圣弃智，民利百倍；绝仁弃义，民复孝慈；绝巧弃利，盗贼无有。此三者为文，不足。故令有所属：见素抱朴，少私寡欲。（第十九章）

上德不德，是以有德；下德不失德，是以无德。……故失道而后德，失德而后仁，失仁而后义，失义而后礼。夫礼者，忠信之薄，而乱之首。（第三十八章）

陈先生通过对这几章的重新解读，提出了老子之新的仁义礼观。通行本《老子》第十八章有"大道废，有仁义。智慧出，有大伪"。通常的解释：大道废弃，才有仁义，故老子是崇尚大道而贬抑仁义的；智慧出现，将带来各种各样的机巧和伪饰，背离真实和质朴，所以老子是反对智慧的。但陈先生认为，"有仁义"与"有大伪"相对，使得学人们容易错误地把"仁义"和"大伪"对等地看待，从而得出老子贬抑、否定仁义的观点。他据郭店楚简《老子》而认为，通行本"智慧出，有大伪"是后人妄加。① 他对此章作出了新的解释：

从整章的结构来看，可以看出"大道"是寄寓了老子理想中最完美的状况，在一个大道流行的自然状态中，仁义本就蕴含在大道里，正如孝慈蕴含在六亲和睦、忠臣蕴含在国家安泰的情境中，但如果这个和调的状态发生变化，以致六亲不和、国家昏乱，那么孝慈和忠臣反显得特殊而难能可贵了。而所谓"大道废，有仁义"，它正面的意思是在原本的状态中，仁是以一种和谐方式自然地融合在大道之中，如鱼之"相忘于江湖"，因此无须将仁义、孝慈的伦理关系予以外化而特别加以彰显。反之，只有在理想状态失衡、社会秩序丧失了它维系伦理的功能，以致六亲失和的状态下，孝慈和仁义等德性才会如雪中送炭般显得特别珍贵。总之，自郭店本

---

① 《老子》通行本第十八章："大道废，有仁义。智慧出，有大伪。六亲不和，有孝慈。国家昏乱，有忠臣。"郭店简本《老子》（丙组）："大道废，安有仁义；六亲不和，安有孝慈；国家昏乱，有正臣。"

来看十八、十九章，老子不仅没有排斥仁义、孝慈的意思，反而是对仁义、孝慈在社会化的人际关系中采取肯定的态度。①

陈先生的解释颇值得我们思考和讨论。

其一，根据陈先生的解释，在大道流行的理想状态中，仁义是自然融合和运行其中的，而没有外化和彰显。仁义本就蕴涵在大道里，则大道和仁义没有什么实质的差别。仁义自然地融合和运行，一定是出于人的本性，否则不能自然。这表明，老子认为仁义是大道和人性的基本内容，因而是给予肯定的。

其二，陈先生认为，在六亲和、国家安的理想状态中，孝慈和忠臣蕴涵其中；在家庭不和、国家昏乱的状态下，孝慈和忠臣才特别彰显出来而难能可贵。这种解释令人困惑：同样是孝慈、忠臣的价值观念发挥作用，为何造成了和、安与不和、昏乱两种对立的状态呢？

其三，陈先生说，仁义在理想状态中是自然地融合在大道中而没有彰显出来，如"鱼相忘于江湖"。这是说，人们行仁由义自然、自得、自适而忘掉仁义，即《庄子·达生》所谓"忘足，履之适也；忘腰，带之适也；忘是非，心之适也"。

"鱼相忘于江湖"出自《庄子·大宗师》的两段文字：

> 泉涸，鱼相与处于陆，相呴以湿，相濡以沫，不如相忘于江湖。（第一段）
>
> 孔子曰："鱼相造乎水，人相造乎道。相造乎水者，穿池而养给；相造乎道者，无事而生定。故曰，鱼相忘乎江湖，人相忘乎道术。"（第二段）

陈先生分别解释第一段与第二段说："倒不如在江湖里彼此相忘"②，"鱼游于江湖之中就忘记了一切而悠哉游哉"③。"鱼相忘于江湖"究竟是什么含

---

① 陈鼓应：《先秦道家之礼观》，《中国文化研究》2000年夏之卷，第2页。
② 陈鼓应：《庄子今注今译》，中华书局1983年版，第180页。
③ 同上书，第198页。

义？是鱼在江湖里彼此相忘，是鱼在江湖里忘记水的存在而与环境相谐、相融，还是鱼在江湖里行仁由义、自得、自适忘记了仁义？"鱼相忘乎江湖，人相忘乎道术"有丰富深刻的含义，有待于阐释。

江湖是鱼的自得之场，是理想的生存状态。在江湖中，鱼顺应自己的本性，实现自己的本性，自由舒适。因为自由舒适，所以彼此相忘；因为彼此相忘，所以自由舒适。哪需要施行什么仁义呢？现在，泉水干涸，理想的生存状态即自得之场遭到了破坏，鱼陷入了生存的危机和困境中。这时，鱼不能彼此相忘了，迫切需要仁义来相互救助和爱护，所谓"相呴以湿，相濡以沫"，互相吐水沫润湿以延续生命。"人相忘于道术"，在大道流行的理想状态中，人们任性舒适自由，即"无事而生定"①；人们彼此相忘，根本不需要仁义，仁义决不是自然地融合其中。在理想状态毁坏时，人们不能彼此相忘，而迫切需要仁义来相互救助和爱护。这种解释符合常情常理。台湾著名学者牟宗三说："我们这个时代是一个没有道术的时代，所以大家都不能相忘，都找麻烦，我给你麻烦，你给我麻烦。"② 笔者的父母弟妹皆生活在穷困的乡村。平时，如果没有什么紧要的事情，我们各自忙各自的，没有往来，彼此相忘自由而不施行孝悌慈爱。一旦他们在农村里陷入了困境，我们就不能够相忘了，电话不断，来往频繁，迫切需要孝悌慈爱来救助和爱护。

要之，"鱼相忘乎江湖，人相忘乎道术"的含义：鱼在自得之场中任性自由，彼此相忘舒适而不需要仁义；人在大道流行的理想状态中足性舒适，彼此相忘自由而不存在仁义。

《庄子·天运》继承和发挥老子的这种思想：

> 曰："请问至仁。"庄子曰："至仁无亲。"大宰曰："荡闻之，无亲则不爱，不爱则不孝。谓至仁不孝，可乎？"庄子曰："不然。夫至仁尚矣，孝固不足以言之。此非过孝之言也，不及孝之言也。夫南行者至于郢，北面而不见冥山，是何也？则去之远也。故曰：以敬孝易，以爱孝难；以爱

---

① 陈先生解释说，"生"通"性"，"生定"，性分静定而安乐（成玄英疏）；或说"定"为"足"字之误，生足，即性分自足。参见《庄子今注今译》，第196页。

② 牟宗三：《中国哲学十九讲》，上海古籍出版社2005年版，第115页。

孝易，以忘亲难；忘亲易，使亲忘我难；使亲忘我易，兼忘天下难；兼忘
天下易，使天下兼忘我难。夫德遗尧、舜而不为也，利泽施于万世，天下
莫知也，岂直大息而言仁孝乎哉！夫孝悌仁义，忠信贞廉，此皆自勉以役
其德者也，不足多也……"

　　陈先生认为，这是一则言及行仁由义达到忘境的表述，所谓忘境即行仁由
义达到了自然任性的舒适境界。① 他说，"至仁无亲"，谓至仁一视同仁，无所
偏爱。② 无所偏爱，即爱是一律齐等，这难道不是仁爱吗？如按陈先生的解释，
至仁与仁爱没有什么本质区别。笔者认为，至仁的内涵不是仁爱，而是去除、
消解仁爱，即至仁乃没有仁爱。孝慈是父母与子女之间不能相忘而表现出来的
仁爱。子女不能忘掉父母，而表现出孝；父母不能忘掉子女，而表现出慈。相
较而言，父母更不能忘掉子女，所谓"忘亲易，使亲忘我难"。正是因为彼此
不能相忘而表现出孝慈，所以受到许多限制；如果忘掉，彼此则不受约束，方
能自由逍遥。可以说，忘得越多，自由就越大。因此，庄子认为，父母与子女
之间最好的状态是彼此忘掉，不相互施行孝慈亲情而舒适自由；这是"至仁无
亲"的真正意蕴。忘家进一步忘天下，天下与我彼此相忘，我方可大自由、大
逍遥。孝悌仁义、忠信贞廉悖逆大道大德，即是"自勉以役其德者也"，如何
值得肯定呢？
　　《庄子》这段文字为《老子》"六亲不和，有孝慈；国家昏乱，有忠臣"
作了较好的注脚：在六亲和、国家安的理想状态中，人们彼此相忘，任性自
由，没有孝慈和忠臣；当理想状态崩坏后，人们不能彼此相忘，迫切需要孝慈
和忠臣相互救助和爱护，再也不能任性自由逍遥了。因此，大道在六亲和、国
家安的理想状态中发挥作用；而仁义孝慈在六亲不和、国家混乱的衰世里起作
用。《老子》第八十章描述了理想之世：

　　　　小国寡民，使有什佰之器而不用，使人重死而不远徙。虽有舟舆，无

---

① 陈鼓应：《先秦道家之礼观》，《中国文化研究》2000 年夏之卷，第 5—6 页。
② 陈鼓应：《庄子今注今译》，中华书局 1983 年版，第 364 页。

所乘之；虽有甲兵，无所陈之。使民复结绳而用之。甘其食，美其服，安其居，乐其俗，邻国相望，鸡狗之声相闻，民至老死，不相往来。

小国寡民，各家自耕自织，自足自乐，"民至老死不相往来"，即彼此相忘而任性舒适，这里安设不下所谓的仁义。

概言之，在大道流行的理想状态中，人们顺应其本性，实现其本性，自由舒适，彼此相忘，根本没有仁义、孝慈和忠臣；理想状态崩坏而大道废弃时，人们不能足性，陷入生存的危机和困境中，彼此不能相忘，迫切需要仁义、孝慈、忠臣相互救助和爱护。大道和人性中根本没有仁义礼，仁义礼背离大道和人性。大道和人性的本质内涵是质朴、真实、虚静。《老子》第十九章："见素抱朴，少私寡欲。"《老子》第十六章："致虚极，守静笃。万物并作，吾以观复。夫物芸芸，各归其根。归根曰静，静曰复命。"因此，老子在实质上是否定仁义礼的，但也认可仁义礼在衰世中的消极救治作用，这种消极救治作用只能治标而不能治本，社会不断地崩坏下去，再也不能回复到大道流行的理想之世了。

陈先生认为，"智慧出，有大伪"是后人妄加。笔者同意陈先生的看法，但理由不是"有仁义"与"有大伪"相对以使学人们误解老子贬抑仁义，而是"智慧出，有大伪"一句，与整章的意义不统一。大道流行、六亲和、国家安是理想状态，理想状态崩坏（废、不和、昏乱）而产生仁义、孝慈、忠臣，但"智慧出，有大伪"的含义不同。

（二）

陈先生认为，仁义礼本就蕴含在大道里，老子是肯定仁义礼的。但是，《老子》第十九章、第五章有明确反对仁义礼的语句，他又如何解释呢？

通行本《老子》第十九章有"绝圣弃智，民利百倍；绝仁弃义，民复孝慈"数句。"绝仁弃义"是坚决明确地反对仁义，严重背离了陈先生的基本观点。当一看到郭店楚简是"绝智弃辨，民利百倍；绝伪弃诈，民复孝慈"，陈先生豁然开朗，原来通行本的"绝伪弃诈"是后人妄改为"绝仁弃义"。① 张岱年先生也坚持这种观点。② 裘锡圭先生说："原来老子既不'绝圣'，也不'绝仁弃义'。"③ 笔者也认为，"绝仁弃义"应该是"绝伪弃诈"，但理由不同。单就"绝仁弃义"看，它符合老子的基本思想，但把"绝仁弃义，民复孝慈"上下连起来，则难以理解。因为仁义与孝慈是同质的，仁义在家庭中体现为孝慈，所以"绝仁弃义，民复孝慈"讲不通。"绝伪弃诈，民复孝慈"则容易理解，即抛弃形式性和虚伪性的规范，而使民众回复内在的孝慈德性。"绝圣弃智"是否也是后人改为"绝智弃辨"的呢？如果是，则老子不绝圣，正如裘先生所说。如果不是，则圣包蕴着仁义，老子仍然是反对仁义的。笔者认为，老子是反对道德（圣）和知识（智）的，"绝圣弃智，民利百倍"、"绝智弃辨，民利百倍"符合老子的思想；但前一句包括圣和智两个方面，内容全面，后一句仅涉及智一方面，不如前句语意充足；因此，前一句更符合老子的本义，应是原句。

要之，完整地理解《老子》第十九章，虽承认"绝仁弃义"是后人妄改，但仍能得出老子是反对仁义的。圣智追求知识，标榜仁义，皆不合于老子的大道和人性；圣智、仁义是理想状态崩坏下的产物，老子主张"绝圣弃智"、"绝仁弃义"，是使民众回复质朴、真实、虚静的本性，回归到大道流行的理想状态之中。《庄子·胠箧》继承了老子的观点：

　　　削曾、史之行，钳杨、墨之口，攘弃仁义，而天下之德始玄同矣。

贬削智辨，攘弃仁义，社会回到"天下之德玄同"的状态，"天下之德玄同"即是大道流行的理想状态。④

----

① 陈鼓应：《先秦道家之礼观》，《中国文化研究》2000年夏之卷，第2页。
② 王博：《张岱年先生谈荆门郭店竹简〈老子〉》，收入陈鼓应主编《道家文化研究》第十七辑，北京三联书店1999年版，第23页。
③ 裘锡圭：《郭店〈老子〉简初探》，收入陈鼓应主编《道家文化研究》第十七辑，北京三联书店1999年版，第43页。
④ 陈先生解释"玄同"："玄妙齐同的境界，即'道'的境界。"参见《老子注译及评介》，第282页。

《老子》第五章：

　　天地不仁，以万物为刍狗；圣人不仁，以百姓为刍狗。

　　陈鼓应先生认为："天地无所偏爱，任凭万物自然生长；'圣人'无所偏爱，任凭百姓自己发展。"① 陈先生把"仁"释为"偏爱"。"仁"是儒家的核心价值观念，有普遍性，怎么可以解释为特殊的"偏爱"呢？退一步说，无所偏爱即爱一律齐等，这难道不是爱吗？陈先生后期的文章说："老子用词立意常是正言若反，其特殊用语如'天地不仁'、'圣人不仁'等，容易使望文生义者产生误解，得出相反的结论。"② "天地不仁"、"圣人不仁"是正言若反，即是"天地仁"、"圣人仁"，即仁自然融合于天地、圣人的心志和言行中，而没有外化彰显出来，所以从表面上看，天地、圣人对万物和百姓不仁。这表明老子是肯定仁义礼的。③

　　笔者认为，如果按陈先生的解释，至仁、大仁与仁爱就没有什么实质区别，且把儒家之仁解释为"偏爱"也是不正确的。实际上，至仁、大仁的内涵不是仁爱，而是去除、消解仁爱，即至仁和大仁根本没有仁爱。天地不仁，圣人不仁，即天地、圣人不对万物、百姓施行仁惠。在大道流行的理想状态中，万物、百姓皆任性生长、发展，自由舒适，根本不需要天地、圣人以仁义来救助和爱护。王弼的注释颇为确切："天地任自然，无为无造，万物自相治理，故不仁也。仁者，必造立施化，有恩有为。"④ 万物自相治理，自由生长、发展，天地不对万物作为而施行仁恩。

（三）

《老子》第三十八章：

---

　　① 陈鼓应：《老子注译及评介》，中华书局1983年版，第82页。
　　② 陈鼓应：《从郭店简本看〈老子〉尚仁及守中的思想》，收入陈鼓应主编《道家文化研究》第十七辑，北京三联书店1999年版，第70页。
　　③ 关于老子的仁义礼观，陈先生早期的《老子》注本与他的后期文章存在着较大的歧异。
　　④ 陈鼓应：《老子注译及评介》，中华书局1983年版，第78页。

　　故失道而后德，失德而后仁，失仁而后义，失义而后礼。夫礼者，忠信之薄，而乱之首。

　　通常的解释：失去了道德，而后有仁义，失去了仁义，而后有礼，故道德、仁义、礼是价值递降的层级，大道和仁义礼具有本质的区别，老子是崇尚大道而贬斥仁义礼的。但陈先生认为，老子之大道蕴涵着仁义礼，老子是肯定仁义礼的。他一方面不能承认道德与仁义礼的本质区别，另一方面不能接受道德、仁义、礼的价值递降层次。他先引《韩非子·解老》"失道而后失德，失德而后失仁，失仁而后失义，失义而后失礼"，而认为通行本《老子》缺了四个"失"字。他接着解释说：

　　　　"仁"、"义"、"礼"皆共同地根源于孕育它们的母体"道"之中，意即道德与仁义礼之间具有一种连锁的关系。一旦根源的母体发生失离，就会发生环环相扣的连锁反应，这就是所谓"失道而后失德，失德而后失仁，失仁而后失义，失义而后失礼"。①

　　陈先生之意是，大道蕴涵着仁义礼，是母体，是根本；母、本一旦崩坏，则子、末之仁义礼就连锁地崩坏。因此，道德仁义礼是彼此间不可缺失的因依相生的关系，而不是褒前贬后的层层对比的价值序级。
　　首先，笔者认为，陈先生没有举出充足的证据来证明通行本《老子》缺四个"失"字，除了《韩非子·解老》之外，帛书、通行本、《庄子·知北游》皆没有此说。其次，"失道而后失德，失德而后失仁，失仁而后失义，失义而后失礼"，也有高低不同的价值层次。尚且不论道德与仁义，就仁与礼来说，仁侧重于内在的德性，礼更重视外在的行为规范，仁比礼更具有优先性。再次，如果把道德仁义礼按本末的关系理解，则它们之间没有实质的区别，消解了它们存在的独立性。

---

　　①　陈鼓应：《先秦道家之礼观》，《中国文化研究》2000 年夏之卷，第 3 页。

通行本《老子》的意思是明确而合理的，试分析之。道德运行于理想之世，道德具有最高的价值；理想之世崩坏而至衰世，人们陷入生存困境之中，仁义产生了，以相互救助和爱护。衰世进一步崩坏至较衰之世，内在性的仁义不能救助，外在性较强的礼出现了。礼的出现表明社会已相当混乱，故老子说"夫礼者，忠信之薄，而乱之首"。"失礼而后法"，较衰之世继续崩坏至至衰之世，礼也不能救助，则需要外在性、强制性更强的刑法来维系社会的秩序，《老子》第五十七章所谓"法令滋彰，盗贼多有"。

概之，在老子看来，道德、仁义、礼法具有高低不同的价值层次，道德的价值最高，仁义次之，礼又次之，法最下。《淮南子·本经训》谓"知道德然后知仁义之不足行也。知仁义然后知礼乐之不足修也"。它们分别是在理想之世、衰世、较衰之世、至衰之世中发挥基本作用。

《老子》第三十八章：

上德不德，是以有德；下德不失德，是以无德。

《史记·酷吏列传》：

老氏称："上德不德，是以有德；下德不失德，是以无德。法令滋章，盗贼多有。"

这一段话含义深微，难以解释。此六个"德"字究竟是什么含义？是老子的真实、质朴、虚静之道德，还是孔子的仁义礼之道德呢？陈先生《老子注译及评介》说：上德的人，因任自然，不表现为形式上的德，实是有德；下德的人，执守着形式上的德，自以为不失德，实是无德。[①] 这是陈先生早期的训释，语意模糊，没有明白说出六个"德"的意义。如果根据陈先生后期的观点，大道蕴涵着仁义礼，则道家的道德与儒家的仁义道德没有实质的分别，可以混而不分。笔者按照陈先生后期的观点而疏解：上德即大道流行

---

① 陈鼓应：《老子注译及评介》，中华书局1983年版，第212—213页。

的理想之世，仁义之德自然和谐地融合其中，而没有表现出来，这是真正的有德；下德是理想状态崩坏的衰世，仁义之德外化出来，即"表现为形式上的德"，这是无德。

笔者的解释：

　　上德，即大道流行的理想之世，人们顺应自己的本性，实现自己的本性，自由舒适，人之本性是真实、质朴、虚静，不包括仁义；不德，即在理想之世，没有仁义之德。下德，即衰世，人们不能任性自由，而陷于生存的危机和困境之中；不失德，即在下德之世，不能失去即需要仁义之德来救助和保护。上德才是真正的理想之世，是以有德，下德是理想之世崩坏而为衰世，是以无德。

因此，"德"有两种内涵：上德、下德、有德、无德之"德"是老子的道德；不德、不失德之"德"是儒家的仁义道德。笔者的解释廓清了六个"德"的含义，且意义畅通明确。赵建伟说："'大道'即太上治世之道，即所谓'上德'；'仁义'则为'下德'之提倡。仁义的修治不是终极目的，但复归太上大道之世的终极目的必须经过倡导仁义的过度。"① 笔者赞同赵先生关于上德、下德的看法；但认为，在老子看来，仁义的消极治标作用最终不能复归大道流行的理想之世，人世是不断地崩坏下去，往而不返。

《老子》第三十八章"夫礼者，忠信之薄，而乱之首"、"攘臂而扔之（礼）"，坚决而明确地反对礼。陈先生对此作出了新的解释。他引《韩非子·解老》"外饰之所以谕内也"认为：在礼的外饰与谕内的层次中，礼更重视的是表达内心的实情；老子肯定的礼不是流为形式的外在规范的礼，而是表达内心情质的礼；《老子》第三十八章对礼的批判和否定，不是针对正常运行的礼，而是针对礼崩乐坏中的礼，此时的礼失去了内在的情质，外化不仅流为形式，且华而不实地相率以伪，同时演变为强民就范的工具。陈先生总结说，老子之

---

　　① 赵建伟：《郭店楚简〈老子〉校释》，收入陈鼓应主编《道家文化研究》第十七辑，北京三联书店1999年版，第269页。

礼观有两方面重大的影响：一是突出"忠信"德性为礼的重要内涵，与同时代的孔子同步深化了礼向道德范畴的转化，在中国伦理学史上有开创之功；二是在对礼的人文转化过程中，老子非常重视礼的内在情质。

正常运行的礼，是外在礼仪规范与内在情质的统一；异化运行的礼，失去了内在的情质而流于形式化、虚伪化。陈先生根据"夫礼者，忠信之薄"而认为，老子在这里所反对的是失去了内在忠信的异化之礼，"攘臂而扔之"也是异化之礼。因此，老子是肯定正常运行的礼，而反对异化运行的礼。

笔者认为，大道崩坏，理想之世变为衰世，迫切需要内在性的仁义来救治；衰世进一步堕落为较衰之世，内在性的仁义不能救治，而需要外在性较强的礼来救治；较衰之世继续崩坏为至衰之世，礼也不能救治了，而需要外在性、强制性更强的法来救治。相对于仁义的内在性和自觉性，礼更侧重于规范的外在性和强制性，礼是产生于内在仁义即忠信浇薄的状态下，社会已是相当混乱。这即是老子谓"夫礼者，忠信之薄，而乱之首"的基本含义。仁义礼背离大道和人性，老子主张抛弃仁义礼，即"攘臂而扔之"。因此，老子在这里反对的主要是正常运行的礼。

老子反对正常运行的礼，但也认可礼在衰世中的消极治标作用。他能敏锐地认识到异化运行之礼的弊端，他当然反对异化运行的礼。但相对于老子这种观点的含混，孔子明确地丰富了礼的内在精神实质——仁义。孔子一方面继承周礼，另一方面为周礼建立了内在的精神实质——仁义。他说："人而不仁，如礼何？人而不仁，如乐何？"（《论语·八佾》）孔子明确地避免了礼的外在化，又真正深化了礼的仁义道德范畴。笔者不能同意陈先生所谓"老子之礼观有着两方面重大的影响"。

要之，《老子》第三十八章对礼的批判和否定应包含两层含义。第一，礼背离大道和人性，是衰世的产物，其消极救治作用只是治标，而不能治本，故老子对礼是坚决否定的。这是老子否定正常运行的礼，陈先生的解释未阐明此点。第二，礼的正常运行是文质彬彬，但在礼崩乐坏时，礼的运行发生了异化，老子对异化运行的礼是激烈批判的。陈先生特别关注这方面的内容，而遮蔽了前一内容。

（四）

　　要言之，陈先生认为：在一个大道流行的理想状态中，仁义礼本就蕴含在大道里，老子不仅不排斥仁义礼，反而对仁义礼采取肯定的态度；老子所批评的是流于形式而虚伪的异化之礼。根据陈先生的观点，道家的道德与儒家的仁义道德没有实质的分别。这种解释遮蔽了老子的真正观点：在大道流行的理想状态中，根本就不存在仁义礼；理想状态崩坏而大道废弃时，才迫切需要仁义礼救治，仁义礼是衰世的产物，不符合大道之真实、质朴、虚静的特性，因而予以否定。

　　笔者进一步思考的是，同样的文献材料，陈先生的解释与学者的通常看法有着实质的差别，且陈先生的解释也存在着前后的不同，这究竟是什么原因呢？这是不是属于文献的训诂和考据的问题呢？是不是因为训诂和考据的不同而导致思想的歧异呢？笔者认为，这首先是先有思想的歧异，才发生了文献训诂和考据的不同。港台治中国思想史的名家徐复观先生在分析文献解释之所以不同的原因时说："不错，上述两事（朱熹、王阳明对《大学》之格物致知的辩论）都牵涉到文献上的问题，但这只是居于附带而不足轻重的地位。此两问题的发生，主要是来自两家思想上的不同。先有思想上的不同，才发生对文献解释上的歧异，决非由文献上的歧异，才发生思想上的不同。"① 陈先生在长期深入地研究道家思想中，难免对道家情有独钟。他的《论道家在中国哲学史上的主干地位——兼论道、儒、墨、法多元互补》一文曾引起学术界的广泛讨论，他力图建立道家在中国哲学史中的主干地位。道家要具有主干的地位，当然不能否定中国传统思想的核心价值观念——仁义礼。陈先生带着这种先入之见，对《老子》文本进行了重新的解释：一是《老子》通行本中存在着明确反对仁义礼的语句，他往往据郭店楚简、《韩非子》认为，这些语句是后人妄改或在流传中有缺失；二是不能断定《老子》通行本文献上有误的，他就加以新解，甚至曲解。

---

　　① 徐复观：《中国思想史论集》，上海书店出版社 2004 年版，第 72 页。

哲学解释学认为，解释者的先见是文本解释得以成立的必要前提。① 德国存在主义哲学家海德格尔（Martin Heidegger）说："任何解释工作之初都必然有这种先入之见，它作为随着解释就已经'设定了的'东西是先行给定了的，这就是说，是在先行具有、先行见到和先行掌握中先行给定了的。"② 解释从来都是奠基在"先行见到"和"先行把握"之中，摒除先见实际上就是放弃理解。先见是解释的前提，不能没有先行理解，但这并不是说，解释者就可以驰骋自己的主观先见。海德格尔说："经常的和最终的任务始终是不让向来就有的先有、先见和先把握以偶发奇想和流俗之见的方式出现，而始终是从事物本身出发整理先有、先见与先把握，从而确保科学论题的正确性。"③ 解释者的先见必须面向事物的本身，消除那些阻碍理解并导致误解的先见，发挥合理性的先见，以实现先见与文本意义视域的融合，从而保证解释的正确性和合理性。伽达默尔（Han-Georg Gadamer）在其老师海德格尔的基础上进一步发挥说："谁试图去理解，谁就面临了那种并不是由事物本身而来的前见解的干扰。理解的经常任务就是做出正确的符合于事物的筹划，这种筹划作为筹划就是预期，而预期应当是'由事物本身'才得到证明。"④ 笔者认为，陈鼓应先生的主观先见，未能与《老子》文本的意义视域从冲突而走向融合，从而导致对老子之仁义礼观的误读。

综上所述，陈鼓应认为：在一个大道流行的完美状态中，仁义礼本就蕴涵在大道里，行仁由义是自然、自得、自适，如"鱼相忘于江湖"；因此，老子不仅不排斥仁义礼，反而对仁义礼采取肯定的态度；老子所批评的礼是流于形式而虚伪的异化之礼。根据陈先生的观点，道家的道德与儒家的仁义道德并没有实质的分别。这种解释遮蔽了老子的真正观点：在大道流行的理想状态中，根本不存在仁义礼；理想状态崩坏而大道废弃时，才迫切需要仁义礼来救治，仁义礼是衰世的产物，背离大道之真实、质朴、虚静的特性，因而予以否定。

---

① 德国哲学家伽达默尔对此有深入的论述。参见洪汉鼎《诠释学——它的历史和当代发展》，人民出版社 2001 年版，第 223—228 页。

② 海德格尔：《存在与时间》，德文版，图宾根，1979 年版，第 150 页。

③ 同上书，第 153 页。

④ 洪汉鼎：《诠释学——它的历史和当代发展》，人民出版社 2001 年版，第 6 页。

陈先生带着其主观先见，对《老子》文本进行了误读。

参考文献：

［1］陈鼓应：《先秦道家之礼观》，《中国文化研究》2000 年夏之卷。

［2］陈鼓应：《庄子今注今译》，中华书局 1983 年版。

［3］牟宗三：《中国哲学十九讲》，上海古籍出版社 2005 年版。

［4］陈鼓应：《道家文化研究》第十七辑，北京三联书店 1999 年版。

［5］陈鼓应：《老子注译及评介》，中华书局 1983 年版。

［6］海德格尔：《存在与时间》，德文版，图宾根，1979 年版。

［7］洪汉鼎：《诠释学——它的历史和当代发展》，人民出版社 2001 年版。

十三 "人相忘乎道术"

——论陈鼓应对庄子学派之仁义礼观的解释

陈鼓应先生是治道家思想的著名学者。他解释《老子》第十八章说:①

> 从整章的结构来看,可以看出"大道"是寄寓了老子理想中最完美的状况,在一个大道流行的自然状态中,仁义本就蕴含在大道里,正如孝慈蕴含在六亲和睦、忠臣蕴含在国家安泰的情境中,但如果这个和调的状态发生变化,以致六亲不和、国家昏乱,那么孝慈和忠臣反显得特出而难能可贵了。而所谓"大道废,有仁义",它正面的意思是在原本的状态中,仁是以一种和谐方式自然地融合在大道之中,如鱼之"相忘于江湖",因此无须将仁义、孝慈的伦理关系予以外化而特别加以彰显。反之,只有在理想状态失衡、社会秩序丧失了它维系伦理的功能,以致六亲失和的状态下,孝慈和仁义等德性才会如雪中送炭般显得特别珍贵。总之,自郭店本来看十八、十九章,老子不仅没有排斥仁义、孝慈的意思,反而是对仁义、孝慈在社会化的人际关系中采取肯定的态度。②

陈先生认为:在一个大道流行的完美状态中,仁义礼本就蕴涵在大道里,行仁由义是自然、自得、自适,如"鱼相忘于江湖";因此,老子不仅不排斥仁义礼,反而对仁义礼采取肯定的态度。这种看法遮蔽了老子的真正观点:在

---

① 《老子》通行本第十八章:"大道废,有仁义。智慧出,有大伪。六亲不和,有孝慈。国家昏乱,有忠臣。"郭店简本《老子》(丙组):"大道废,安有仁义;六亲不和,安有孝慈;国家昏乱,有正臣。"

② 陈鼓应:《先秦道家之礼观》,《中国文化研究》2000 年夏之卷,第 2 页。

大道流行的理想状态中，根本就不存在仁义礼，理想状态崩坏而大道废弃时，才迫切需要仁义礼来救治，仁义礼是衰世的产物，不符合大道之真实、质朴、虚静的特性，因而予以否定。本文将检讨和批评陈先生关于庄子学派之仁义礼的基本观点。

（一）

陈先生是如何解释庄子及其后学的仁义礼观的呢？他说：

> 一般学者提到庄子的礼观，多以偏概全，根据外、杂篇等少数篇章摘取最激烈的言辞，从而跳跃性地概括整个庄子学派的观点，并得出庄子学派对仁义礼乐悉取否定的立场。事实上，我们一方面常忽略庄子及其后学对仁、义、礼的正面肯定，另一方面也忽略了庄子后学即使在最激烈的批评声中，实含有许多深刻而正面的意涵。①

陈先生批评一般学者以偏概全，不能俱见表里。他认为，庄子学派所激烈批评的不是正常运行的仁义礼，而是异化运行的仁义礼；因此，一方面庄子学派肯定正常运行的仁义礼，另一方面他们之批评异化运行的仁义礼是深刻而合理的。首先，陈先生的新观点与学界的通常看法——庄子学派否定仁义礼，是对立的。其次，一般学者笼统地认为庄子学派是否定仁义礼的，并未具体分辨正常运行与异化运行的仁义礼，陈先生对此一内容的揭示富有启发性。陈先生的新见解引发我们对庄子学派之仁义礼观作进一步的反思和讨论。②

《庄子·大宗师》有一段寓言，孔子听到子桑户去世，叫子贡去助办丧事，子贡看到了死者的两位莫逆之交孟子反、子琴张临尸而歌的情景：

---

① 陈鼓应：《先秦道家之礼观》，《中国文化研究》2000 年夏之卷，第 6 页。
② 陈先生的《论道家在中国哲学史上的主干地位——兼论道、儒、墨、法多元互补》一文（载于《哲学研究》1990 年第 1 期），曾引发学术界广泛而深入的思考和争论。他的《先秦道家之礼观》一文，通过对《老子》、《庄子》文本的重新考辨和解释，提出了老子、庄子之新的仁义礼观；可惜学术界对此文并未给予足够的重视，笔者的讨论正基于此文。

莫然有间而子桑户死，未葬。孔子闻之，使子贡往侍事焉。或编曲，或鼓琴，相和而歌曰："嗟来桑户乎！嗟来桑户乎！而已反其真，而我犹为人猗！"子贡趋而进曰："敢问临尸而歌，礼乎?"二人相视而笑曰："是恶知礼意!"

晋人郭象注释曰："夫知礼义者，必游外以经内，守母以存子，称情而直往也。若乃矜乎名声，牵乎形制，则孝不任诚，慈不任实。父子兄弟，怀情相欺，岂礼之大意哉!"① 所谓"礼意"，即外在的礼仪合于内在的真情。陈先生进一步地解释说，这段文字透露了儒道两家对待礼仪的不同态度，在庄子眼中，儒家讲究的是外化仪节，而道家看重的是礼的内质及人的真情流露，即所谓"礼意"。这表明庄子学派肯定正常运行的礼——外在礼仪和内在情实的合一，而批评儒家的流于形式的异化之礼。

孔子非常重视礼的内在精神实质——仁义，主张内在仁义与外在礼节的合一，即文质彬彬。《论语·阳货》："子曰：'礼云礼云，玉帛云乎哉？乐云乐云，钟鼓云乎哉?'"《论语·八佾》："子曰：'人而不仁，如礼何？人而不仁，如乐何?'"陈先生为何认为儒家所讲究的只是外化礼仪呢？"是恶知礼意"究竟是什么含义呢？子贡认为，人的死亡是哀伤的事，内心悲戚，要通过丧礼表现出来，这是由内向外，内外合一；同时，丧礼也能强化人的悲情，这是自外向内，外内合一。可是，子桑户的两位挚友内没有悲伤之情，外不行丧礼，反而临尸而歌而乐，故子贡说："敢问临尸而歌，礼乎?"子贡之问难，是批评子桑户的两位朋友内无哀戚之心，外不行丧的礼仪。这是内外皆指责，怎么能解释成子贡只重外在的丧仪呢？子桑户的两位朋友是道家弟子，他们早已勘破了生死，认为死是自然而然的"命"之运行，因而要顺从自然的大化，不悲不惧。他们内没有悲哀之情，当然外就不行儒家的丧仪，他们的临尸而歌正表现出他们勘破死亡的超然之情。因此，他们相视而笑说"是恶知礼意"，是他们不赞成儒家的丧礼，包括内在的悲戚之心和外在的丧仪；因为儒家的丧礼（内外合一）不符合道家之大道（一死生，《大宗师》谓"且夫得者，时也，失

① 郭象注，唐玄英疏：《南华真经注疏》（上），中华书局1998年版，第155页。

者，顺也；安时而处顺，哀乐不能入也"）。

《大宗师》接着叙述孔子的反省之言：

> 彼，游方之外者也；而丘，游方之内者也。外内不相及，而丘使汝往吊之，丘则陋矣。彼方且与造物者为人，而游乎天地之一气。彼以生为附赘县疣，以死为决疣溃痈，夫若然者，又恶知死生之先后之所在！假于异物，托于同体；忘其肝胆，遗其耳目；反复终始，不知端倪；芒然彷徨乎尘垢之外，逍遥乎无为之业。彼又恶能愦愦然为世俗之礼，以观众人之耳目哉！

子桑户的朋友是游方之外者，他们已经勘破了生死而没有悲戚之心，当然不行和反对世俗之礼（内和外）；孔子及其弟子是游方之内者，仍沉沦于世俗之礼（内和外）中；游方之内者不能理解游方之外者，即《庄子·逍遥游》所谓"小知不及大知，小年不及大年"，人生境界低的世俗之人，当然不能理解人生境界高的超越之人（超越世俗的价值观念）。陈先生的解释不能否认此点，故又说："这是说道家超脱礼教之外，儒家则受礼教束缚。"[1] 这显然与上文谓"道家看重的是礼的内质"自相矛盾。实际上，道家否定礼，包括内在的情实和外在的礼仪，而并非只是流于形式的礼节。

《庄子·大宗师》有一则"颜回坐忘"的寓言：

> 回曰："回益矣。"仲尼曰："何谓也？"曰："回忘仁义矣。"曰："可矣，犹未也。"他日，复见，曰："回益矣。"曰："何谓也？"曰："回忘礼乐矣。"曰："可矣，犹未也。"他日，复见，曰："回益矣。"曰："何谓也？"曰："回坐忘矣。"仲尼蹴然曰："何谓坐忘？"颜回曰："隳肢体，黜聪明，离形去智，同于大通，此谓坐忘。"

陈先生说："'忘'是一种自适自得的境界，所谓'忘礼乐'即是行礼作

---

① 陈鼓应：《先秦道家之礼观》，《中国文化研究》2000 年夏之卷，第 4 页。

乐达于安适之至的境界，所谓'忘仁义'即是实行仁义达于自得自在自适之至的境界。"① 忘仁义礼乐，不是去掉、消除仁义礼乐，而是仁义礼乐自然、自得、自适地融合于主体的心志和言行中，而不自觉，即主体行仁由义是自然而然的，《礼记·中庸》所谓"诚者不勉而中，不思而得，从容中道"。仁义礼乐融合得自然、自得、自适，表明仁义礼乐合于大道和人的本性，故庄子肯定仁义礼乐的正面价值。

"忘"的含义究竟是去掉、消除，还是自然融合而自得、自适呢？陈先生在《庄子今注今译》中解释"忘仁义"是消除仁义。但在《先秦道家之礼观》一文中，他引用《庄子·达生》谓"忘足，履之适也；忘腰，带之适也；忘是非，心之适也"而认为，忘是一种安适心境的描述，"忘仁义"即行仁义自然、自适而忘。同样的一段文字，为何陈先生却有前后两种截然不同的解释呢？这是不是属于文献训诂的问题呢？笔者认为，这可能是陈先生先有了思想的不同（从早期认为庄子否定仁义礼，到后期认为庄子肯定仁义礼），才产生了文字训诂的歧异（去掉、消除与自然融合而安适）。② 由此，笔者想到港台治思想史的名家徐复观批评清代考据家所谓"训诂明而后义理明"说：文字的训诂、考据只是研究思想史的初步工作，要想明义理，还有更进一步的重要工作要做；文字的训诂、考据不能直接通向思想，而思想的贯通利于重新衡断文字的训诂；"先有思想的不同，才发生对文献解释上的歧异，决非由文献上的歧异，才发生思想上的不同。"③

我们首先理解颜回所说"堕肢体，黜聪明，离形去智"的含义。"堕肢体"、"离形"，指的是摆脱（消除）由生理而来的欲望；"黜聪明"、"去智"，指的是摆脱（消除）由感官和心智而来的认知活动。由此推之，颜回的忘仁义礼乐是摆脱、消除仁义礼乐。其次，庄子的坐忘、心斋是指心达到虚、静、明的境界，这是大道的境界。心如何能达到虚、静、明呢？一是去掉、消除仁义

---

① 陈鼓应：《先秦道家之礼观》，《中国文化研究》2000 年夏之卷，第 5 页。
② 陈先生在长期而深入地研究道家思想中，难免对道家情有独钟。他力图建立道家在中国哲学史中的主干地位；道家要具有主干地位，当然不能否定中国传统思想的核心价值观念——仁义礼。他带着这种主观先见，对《老子》、《庄子》文本进行了重新的考辨和解释。
③ 徐复观：《中国思想史论集》，上海书店出版社 2004 年版，第 72 页。

礼乐，让心从仁义礼乐的束缚中解脱出来。二是消除、消解由生理而来的各种欲望，"隳肢体，黜聪明，离形"，使欲望不给心以奴役，则心便从欲望的要挟中解放出来。三是消除、消解感官和心对外物所作的认知和评价活动，所谓"去智"，不让由知识而来的是非判断给心以烦扰，不让由价值判断而来的好恶悲喜给心以惊扰。通过以上的修养功夫，心就会虚、静、明而"同于大通"，达到"坐忘"的人生境界。因此，"忘仁义"、"忘礼乐"，即是去掉、消除仁义礼乐。

《庄子·天运》曰：

> 曰："请问至仁。"庄子曰："至仁无亲。"大宰曰："荡闻之，无亲则不爱，不爱则不孝。谓至仁不孝，可乎？"庄子曰："不然。夫至仁尚矣，孝固不足以言之。此非过孝之言也，不及孝之言也。夫南行者至于郢，北面而不见冥山，是何也？则去之远也。故曰：以敬孝易，以爱孝难；以爱孝易，以忘亲难；忘亲易，使亲忘我难；使亲忘我易，兼忘天下难；兼忘天下易，使天下兼忘我难。夫德遗尧、舜而不为也，利泽施于万世，天下莫知也，岂直大息而言仁孝乎哉！夫孝悌仁义，忠信贞廉，此皆自勉以役其德者也，不足多也。……"

"至仁无亲"是什么含义呢？陈先生说，至仁无亲，即至仁一视同仁，无所偏爱。[1] 这是陈先生早期的解释。笔者不解，无所偏爱，即爱一律平等，这难道不是爱吗？陈先生后期在《先秦道家之礼观》一文中重新解释说，这是一则言及行仁由义达到忘境的表述，所谓忘境即行仁由义达到自然任性的舒适境界。陈先生解释《庄子·齐物论》"大仁不仁"说，"不仁"是不自以为仁，即在施行仁爱的时候不必自我表现，即行仁由义自然而然。如果按陈先生的解释，至仁、大仁与仁爱没有什么实质的区别。笔者认为，在庄子看来，至仁的概念内涵不是仁爱，而是去除、消解仁爱，即至仁和大仁没有仁爱。孝道，是父母与子女之间不能相忘而表现出的亲情伦理。子女不能忘掉父母，而表现出

---

① 陈鼓应：《庄子今注今译》，中华书局1983年版，第364页。

孝；父母更不能忘掉子女，而表现出慈。相较而言，父母不能忘掉子女，所谓"忘亲易，使亲忘我难"。因为不能彼此相忘而表现出孝慈仁爱，所以受到诸多限制。如果忘掉，不行孝慈，则彼此不受约束，方能自由逍遥。可以说，忘得越多，则自由越大。台湾著名学者牟宗三说："我们这个时代是一个没有道术的时代，所以大家都不能相忘，都找麻烦，我给你麻烦，你给我麻烦（鱼相忘乎江湖，人相忘乎道术）。"① 因此，庄子认为，父母与子女之间最好的状态是彼此忘掉，不相互施行孝慈，不是孝慈自然融合其中而不自觉，而是根本就没有孝慈。忘家进一步忘天下，天下与我彼此相忘，我方可大自由、大逍遥。孝悌仁义、忠信贞廉是悖逆大道、大德的，即"自勉以役其德者也"，如何值得肯定呢？

综上所述，庄子学派是否定仁义礼的，因为仁义礼不合大道和人性；庄子之忘仁义礼是去掉、消除仁义礼，而不是仁义礼自然、自适地融合于大道之中；陈先生对"忘礼乐"、"忘仁义"的解释不符合庄子的本意。

<h1 style="text-align:center">（二）</h1>

《庄子·山木》曰：

> 南越有邑焉，名为建德之国。其民愚而朴，少私而寡欲；知作而不知藏，与而不求其报；不知义之所适，不知礼之所将；猖狂妄行，乃蹈乎大方；其生可乐，其死可葬。

陈先生说，建德之国的民众"不知义之所适，不知礼之所将"，即他们举手投足皆自然地合于礼义之意。② 笔者认为，"建德之国"即庄子所企慕的大道流行的理想之国，人们真实、质朴、虚静，"其民愚而朴，少私而寡欲"，他们任性适情，自由逍遥，不知礼义之所在，即在他们的言行中根本不表现出礼

---

① 牟宗三：《中国哲学十九讲》，上海古籍出版社2005年版，第115页。
② 陈鼓应：《先秦道家之礼观》，《中国文化研究》2000年夏之卷，第6页。

义之意。

《庄子·马蹄》曰：

> 夫至德之世，同与禽兽居，族与万物并，恶乎知君子小人哉！同乎无知，其德不离；同乎无欲，是谓素朴；素朴而民性得矣。及至圣人，蹩躠为仁，踶跂为义，而天下始疑矣；澶漫为乐，摘僻为礼，而天下始分矣。故纯朴不残，孰为牺樽！白玉不毁，孰为珪璋！道德不废，安取仁义！性情不离，安用礼乐！五色不乱，孰为文采！五声不乱，孰应六律！夫残朴以为器，工匠之罪也；毁道德以行仁义，圣人之过也。

至德之世是理想的状态，人们真实、质朴、虚静，任其本性，实现其本性；但理想的状态崩坏后，圣人标举仁义来救助陷入困境的人们，所谓"蹩躠为仁，踶跂为义"；但社会进一步地崩坏下去，内在性的仁义丧失了，圣人又提出外在性、强制性更强的礼乐来救治衰世，所谓"澶漫为乐，摘僻为礼"。"蹩躠"、"踶跂"、"澶漫"、"摘僻"等词，皆有摧残、毁损的贬义，说明仁义礼乐戕害、残贼大道和人之质朴、真实、虚静的本性。"毁道德以行仁义，圣人之过也"，是指责圣人标榜不合大道和人性的仁义来救治衰世，结果是愈治愈乱。这里难道有所谓实行仁义礼乐而得到自然、自适的境界吗？当然，庄子后学对圣人的贬斥之言过于激烈，当理想状态崩坏后，圣人不得已标举仁义来救助衰世，仁义对衰世也有治标作用。

《庄子·骈拇》曰：

> 夫小惑易方，大惑易性。何以知其然邪？自虞氏招仁义以挠天下也，天下莫不奔命于仁义，是非以仁义易其性与？故尝试论之，自三代以下者，天下莫不以物易其性矣。小人则以身殉利，士则以身殉名，大夫则以身殉家，圣人则以身殉天下。故此数子者，事业不同，名声异号，其于伤性以身为殉，一也……伯夷死名于首阳之下，盗跖死利于东陵之上，二人者，所死不同，其于残生伤性均也，奚必伯夷之是而盗跖之非乎！天下尽殉也。彼其所殉仁义也，则俗谓之君子；其所殉货财也，则俗谓之小人。

其殉一也，则有君子焉，有小人焉；若其残生损性，则盗跖亦伯夷已，又恶取君子小人于其间哉！

虞舜标榜仁义来救治天下，天下愈来愈乱，人们争先恐后地追逐仁义，而改变和异化自己真实、质朴、虚静的本性。伯夷为仁义而死，与盗跖为财利而死同样是"残生伤性"。

概言之，庄子学派认为，大道流行的理想社会，是"至德之世"，人们真实、质朴、虚静，任性适情，彼此相忘而自由逍遥，根本没有仁义礼乐。大道崩坏，理想的社会堕落为衰世，儒家提出仁义礼来维系社会秩序，仁义礼对衰世有治标的作用，但因背离大道和人性而不能治本，社会不断地衰败下去，所谓"往而不返"。因此，大道具有最高的价值，运行于理想之世；仁义产生于衰世，价值较低；礼法出现于至衰之世，价值最下。庄子学派对儒家所标榜的仁义礼是坚决否定的。

闻一多先生说：

> 庄子仿佛说：那"无"处便是我们真正的故乡。他苦的是不能忘情于他的故乡。"旧国旧都，望之畅然"，是人情之常。纵使故乡是在时间之前、空间以外的一个缥缈极了的"无何有之乡"，谁能不追忆，不怅望？何况羁旅中的生活又是那般龌龊、逼仄、孤凄、烦闷？悲歌可以当泣，远望可以当归。庄子的著述，与其说是哲学，毋宁说是客中思家的哀呼；他运用思想，与其说是寻求真理，毋宁说是眺望故乡，咀嚼旧梦。[1]

庄子对自然的原乡——人类最初的理想社会，充满了深沉的思念和向往之情；但他深知，人们再也不能回到大道流行的理想社会了，因而无限失落和怅惘。

虽然如此，但处于衰世的人们，能否获得精神的自由逍遥呢？庄子认为，如果人们能超越世俗的价值观念，消解不合大道和人性的欲望、仁义礼乐、知

---

① 闻一多：《闻一多全集》（二），北京三联书店1982年版，第282页。

识，通过体道的工夫修养而达到虚、静、明之大道的人生境界，即"心斋"、"坐忘"，则人们在衰世中也会获得自由逍遥。

（三）

陈先生首先认为庄子学派是肯定正常运行的仁义礼，仁义礼自然地融合在大道之中；其次认为庄子学派所激烈批判的是异化运行的仁义礼，而批判异化运行的仁义礼是正当合理的，因而具有许多深刻而正面的内涵。他认为，庄子学派批判异化之仁义礼主要表现在三个方面。[①] 一是礼相伪，即礼文过于注重外在的仪节技巧，华而不实，缺少内在的精神实质而流于形式化。二是"明礼义而陋知人心"，即礼义钳制人心，不合人情《庄子·在宥》谓"撄人之心"。《庄子·田子方》："温伯雪子适齐，舍于鲁。鲁人有请见之者，温伯雪子曰：'不可。吾闻中国之君子，明乎礼义而陋于知人心，吾不欲见也。'"温伯雪子是蛮夷楚国的怀道之人。他认为，中原的君子重视礼义（内和外），而不明白礼义是违背大道、人心的。笔者认为，这不是批评异化运行的礼义，而是指责正常运行的礼义之钳制和扰乱人心。三是儒家以《诗》、《礼》发冢，即礼义异化而具有工具性。陈先生对庄子学派批判异化运行之仁义礼内容的揭示，富有启发意义，这对于一般学者的混沌不分（正常运行与异化运行的仁义礼）是一个警醒。但笔者认为，陈先生对此内容的讨论尚有待于深入。

其一，仁义的异化表现在行仁由义不是出自内心的自觉和自愿，而是受到外在的规范和强制，且行仁由义成为获取功利和声名的工具，悖逆大儒董仲舒谓"正其义而不谋其利，明其道而不计其功"。礼的异化，即礼的形式化和虚伪化。一是实行外在的礼节，但没有内在仁义的根据，内外不一，有名无实。二是制定各种礼节，繁文缛礼。繁文缛礼并非皆建立在仁义之上，也不太符合人的实情，从而造成了对人心的钳制。儒家对这两方面的弊端也是反对的，但他们往往肯定礼的正面作用，而对礼的异化现象没有清醒的反省和批判精神。

其二，仁义礼的工具性、相对性、特殊性、虚伪性。

---

① 陈鼓应：《先秦道家之礼观》，《中国文化研究》2000 年夏之卷，第 6—7 页。

《庄子·外物》曰:

> 儒以《诗》、《礼》发冢,大儒胪传曰:"东方作矣,事之何若?"小儒曰:"未解裙襦,口中有珠。"大儒曰:"《诗》固有之曰:'青青之麦,生于陵陂。生不布施,死何含珠为!'接其鬓,压其口,而以金椎控其颐,徐别其颊,无伤口中珠!"

儒者用《诗》、《礼》作为工具来盗掘坟墓。大儒传话:"天将要亮了,事情怎么样了?"小儒说:"锦绣的衣服还未脱下,口中还含有珠。"大儒说:"《诗》曰:'青青的麦子,生长于山坡之上;生不施舍人,死了何必要含珠!'抓着他的鬓发,按着他的面颊,用铁锥敲开他的嘴巴,慢慢地别出口中的珠子。嘴巴、面颊烂了没事,但不要损伤了我的珠子。"这段寓言很具有文学的韵味,其哲学内涵也是相当深刻的:儒者以《诗》、《礼》发冢,与其他的盗墓之贼相同,不同的是,儒者以《诗》、《礼》的仁义礼,来缘饰其发冢的合理性和正当性,故仁义礼变得虚伪、荒诞。

仁义礼作为基本的价值原则,本应具有普遍性、绝对性。但在运行中,仁义礼的价值原则往往是相对的、特殊的。因为仁义礼的普世价值常常为具有强势权力的统治者所窃取和掌握,他们拥有仁义礼的话语权。统治者把仁义礼与他们自己的私利结合起来,在仁义之名下行不仁不义之实。因此,他们所标榜的仁义礼是相对的、特殊的,但大多数百姓只知阳(表)的一面,不知阴(里)的一面,从而为统治者所标榜的仁义礼所欺骗。

《庄子·外物》的这则寓言,生动地描绘了儒者以《诗》、《礼》掘墓盗珠的情景,具有强烈的反讽意义。儒者窃取了仁义礼的话语权,他们标榜自己的盗窃行为是正当、合理、仁义的。这种仁义是与儒者私利相结合的仁义,而具有相对性、特殊性。如果从普遍的立场上看,这种仁义实际上是盗窃行为,是不仁不义的。

《庄子·胠箧》更是言辞激烈地说:

> 圣人不死,大盗不止。虽重圣人而治天下,则是重利盗跖也。为之斗

斛以量之，则并与斗斛而窃之；为之权衡以称之，则并与权衡而窃之；为
之符玺以信之，则并与符玺而窃之；为之仁义以矫之，则并与仁义而窃
之。何以知其然邪？彼窃钩者诛，窃国者为诸侯，诸侯之门而仁义存焉，
则是非窃仁义圣知邪？

在庄子看来，圣人所提出的仁义之价值，往往为统治者盗去，与他们的私
利结合起来，而失去了普遍性，成为统治者满足私欲的工具。窃钩者本是小
罪，但触犯了统治者的私利，故加以诛杀；窃国者，把仁义也窃去，仁义为统
治者所有，则他们的窃国也是仁义的。因此，普遍的、绝对的价值原则一旦为
少数人所窃取、支配、利用，则价值原则就会堕落为虚伪、荒诞。庄子及其后
学对仁义的虚伪性、相对性有非常敏锐和透彻的透视。

司马迁在《史记·游侠列传》中说：

鄙人有言曰："何知仁义，已享其利者为有德。"故伯夷丑周，饿死首
阳山，而文武不以其故贬王；跖、蹻暴戾，其徒诵义无穷。由此观之，
"窃钩者诛，窃国者侯，侯之门仁义存"，非虚言也。

在世俗之人看来，什么是仁义呢？只要得到某人的好处，即认为他有德
（仁义之人）。盗跖非常残暴，诛杀无辜，从绝对普遍的价值原则来说，他是不
仁之人。但是，盗跖之徒受盗跖的好处，便认为他是有德之人，所以"其徒诵
义无穷"。伯夷、叔齐积仁洁行而饿死，可谓是善人。文武以暴易暴，夺取了
政权，仁义的价值原则也为之据有，并与文武的私利结合起来。文武的暴力行
为也是仁义的，且他们不因伯夷的积仁洁行以饿死而受到贬斥。

要之，庄子学派对仁义礼是坚决否定的，这主要表现在两个方面：一是对
正常运行之仁义礼的批判；二是对异化运行之仁义礼的工具性、相对性、特殊
性的深刻透视和猛烈抨击。

陈先生认为，在大道流行的完美状态中，仁义礼本就蕴涵在大道里，行仁
由义是自然、自得、自适，如"鱼相忘于江湖"，庄子学派肯定正常运行的仁
义礼。笔者认为，庄子学派之仁义礼的真正观点：在大道流行的理想状态中，

根本不存在仁义礼，理想状态崩坏而大道废弃时，才迫切需要仁义礼来救治，仁义礼是衰世的产物，不符合大道之真实、质朴、虚静的特性，故予以否定；相对于老子，庄子学派对异化运行之仁义礼的工具性、相对性和虚伪性有更为清醒的认识和更加强烈的批判；他们认为，大道流行的理想之世虽往而不返，但乱世之人可以通过自我修养，消解欲望、仁义礼乐和知识，而达到心斋、坐忘的精神境界，以获得自由逍遥。

综上所述，陈鼓应先生认为，庄子学派对仁义礼是作正面肯定的，他们所激烈批评的不是正常运行的仁义礼，而是异化运行的仁义礼。陈先生的新见解遮蔽了庄子学派关于仁义礼的真正观点。

参考文献：

［1］陈鼓应：《先秦道家之礼观》，《中国文化研究》2000 年夏之卷。

［2］陈鼓应：《庄子今注今译》，中华书局 1983 年版。

［3］徐复观：《中国思想史论集》，上海书店出版社 2004 年版。

［4］牟宗三：《中国哲学十九讲》，上海古籍出版社 2005 年版。

［5］闻一多：《闻一多全集》（二），北京三联书店 1982 年版。

［6］郭象注，唐玄英疏：《南华真经注疏》，中华书局 1998 年版。

十四　政治与学术之间的艰难抉择①

——汉代三篇"设论"赋的解释

　　《文选》"设论"选录了东方朔的《答客难》、扬雄的《解嘲》、班固的《答宾戏》三篇文章。② 这三篇文章的写作时代前后相接，其写作意图和思想内容因袭相承。《汉书·东方朔传》："终不见用。朔因著论，设客难己，用位卑以自慰谕。"东方朔首创此文体。《汉书·扬雄传》："哀帝时，丁、傅、董贤用事，诸附离之者或起家至二千石。时雄方草《太玄》，有以自守，泊如也。或嘲雄以玄尚白，而雄解之，号曰《解嘲》。"扬雄的《解嘲》是模拟《答客难》而作的。《汉书·叙传》曰："永平中为郎，典校秘书，专笃志于博学，以著述为业。或讥以无功，又感东方朔、扬雄自谕以不遭苏、张、范、蔡之时，曾不折之以正道，明君子之所守，故聊复应焉。"班固有感于东方朔、扬雄身处大一统的盛世，而向往诸侯纷争的战国乱世，故作《答宾戏》以阐明君子要"折之以正道"。因此，这三篇文章应作为一个整体予以理解，且每篇文章的意义在整体中便于得到更为合理的解释。

　　学人对这三篇文章较为重视，或从文体上分析讨论，或从思想内容上予以阐释。李文洁认为，这三篇文章是抒写士人"怀才不遇"之感，东方朔、扬雄、班固皆有非常的才能，但官职卑微；他们试图重新体认并适应外在环境，先后尝试了几种可能的立身方式，即从东方朔的策士走向扬雄和班固的文章之

---

　　① 本文是笔者与中央民族大学文传学院的王秀林博士共同完成的，特此致谢。

　　② "设论"的文体，是围绕一个主要问题，假设主客二人对话，客人提出问难，主人解释作答；主人与客人之间的一难一解，相互辩驳，实则代表了作者内心矛盾斗争的两个方面。

士。① 笔者认为，扬雄、班固以立言作为立身的方式固然有外在环境的影响，但更有他们人生旨趣的内在要求。扬雄作《太玄》，有逃避现实政治灾祸的原因，但更主要的是，他是一位知识型的学者，他作《太玄》是来自他强烈追求知识的热望。港台治思想史的名家徐复观在其名文《西汉知识分子对专制政治的压力感》里说，西汉知识分子在大一统专制政治下的主要压力感，是他们没有政治选择的自由。② 贾谊贬为长沙王太傅，在渡湘水时作《吊屈原赋》，借吊屈原以自吊。在"鸾凤伏窜，鸱鸮翱翔"的是非黑白颠倒的社会政治中，希望自己能够"历九州而相君兮，何必怀此都也？凤凰翔于千仞之上兮，览德辉而下之；见细德之险征兮，摇增翮逝而去之"，即是希望在政治上能作自由的选择。但这在屈原列国并立的时代尚有可能，而在贾谊大一统的时代已没有这种可能。徐先生特别提到了东方朔的《答客难》：

> 《答客难》的特殊意义，在于一方面他很明显地把大一统的一人专制政治下的知识分子的情形，和战国时代的知识分子的情形，作了强烈的对比，在此一对比中，说明了在有政治选择自由，与没有政治选择自由的两种情况下，对知识分子的运命，给予以完全不同性质的影响，因而把大一统的一人专制政治对知识分子的束缚性，更清楚地刻画了出来，当时知识分子对时代的压力感的根源，可因此得到明白地解释；另一方面，他在文学上创造了此一独特的体裁，成为后来许多发抒此种压力感的强有力的文学形式，有如扬雄的《解嘲》，班固的《答宾戏》……③

东方朔谓"彼一时也"，即有政治自由选择之时；"此一时也"，即无政治自由选择之时。徐先生认为，扬雄的《解嘲》对这两种不同的政治情况，及由此对知识分子所发生的两种不同的命运，与东方朔的《答客难》是同符共契的；不过东方朔把他的压力感消解于滑稽玩世中，而扬雄转向"默然独守吾

---

① 李文洁：《走向文章之士的心路历程——从汉代的三篇不遇赋谈起》，《求实学刊》2002 年第 2 期。

② 徐复观：《两汉思想史》（第一卷），华东师范大学出版社 2001 年版，第 168 页。

③ 同上书，第 169 页。

《太玄》"的著书立说上。但相对于东方朔、扬雄在大一统一人专制政治下深
感失去政治自由选择的压力,班固《答宾戏》则承认大一统专制政治的绝对权
威,知识分子只宜委心任命于其下,而不要妄想政治选择的自由。① 笔者认为,
大一统的一人专制政治,对知识分子的压力是多方面的,包括尊君卑臣、严刑
酷罚、没有政治选择自由等,这三篇文章并非主要讨论政治选择自由的问题。
笔者在细读文本的基础上,又深入考察他们所处的时代背景、思想倾向、人生
遭遇和个性人格,而对这三篇文章展开新的解释。

(一)

在《答客难》中,客人问难主人:战国策士苏秦、张仪,一遇万乘之主,
即居有卿相之位;但你好学乐道,博闻辩智,悉力尽忠以事圣帝,为何不得重
用而官职卑微呢?② 这是东方朔假借客人的问难以抒发他怀才不遇的悲愤。汉
武帝时期,国家多事,外击胡越,内兴制度,许多士人得到武帝的重用,而获
得富贵权势。东方朔自认为智能海内无双,却不为武帝重用,他心中自有牢骚
不平,又不能直接地表达出来,故创制了"设论"文体。

对于自己的怀才不遇,东方朔是如何解释的呢?

东方先生喟然长息,仰而应之曰:"是固非子之所能备也。彼一时也,
此一时也,岂可同哉?夫苏秦、张仪之时,周室大坏,诸侯不朝,力政争

① 徐复观:《两汉思想史》(第一卷),华东师范大学出版社2001年版,第170—171页。
② 东方朔(前154—前93),字曼倩。武帝即位,征四方士人,东方朔上书自荐,诏拜为郎。他
性格诙谐,言辞敏捷,滑稽多智,常在武帝面前谈笑取乐,"然时观察颜色,直言切谏"。武帝好奢侈,
起上林苑,东方朔直言进谏,认为是"取民膏腴之地,上乏国家之用,下夺农桑之业,弃成功,就败
事"(《汉书·东方朔传》)。他数言政治得失,陈农战强国之计,但武帝始终把他当作俳优看待,而不
重用他,于是他写下《答客难》、《非有先生论》,以陈述其志向和发抒其不满。《汉书·东方朔传》:
"武帝既招英俊,程其器能,用之如不及。时方外事胡、越,内兴制度,国家多事,自公孙弘以下至司
马迁,皆奉使方外,或为郡国守相至公卿,而朔尝至太中大夫,后常为郎,与枚皋、郭舍人俱在左右,
诙啁而已。久之,朔上书陈农战强国之计,因自讼独不得大官,欲求试用。其言商鞅、韩非之语也,
指意放荡,颇复诙谐,辞数万言,终不见用。朔因著论,设客难己,用位卑以自慰谕(宽慰和解释自己
之位卑而不见用)。"

权，相擒以兵，并为十二国，未有雌雄，得士者强，失士者亡，故谈说行焉。身处尊位，珍宝充内，外有廪仓，泽及后世，子孙长享。今则不然。圣帝流德，天下震慑，诸侯宾服，连四海之外以为带，安于覆盂，动犹运之掌，贤不肖何以异哉？遵天之道，顺地之理，物无不得其所；故绥之则安，动之则苦；尊之则为将，卑之则为虏；抗之则在青云之上，抑之则在深泉之下；用之则为虎，不用则为鼠。虽欲尽节效情，安知前后？夫天地之大，士民之众，竭精谈说，并进辐辏者不可胜数，悉力募之，困于衣食，或失门户。使苏秦、张仪与仆并生于今之世，曾不得掌故，安敢望常侍郎乎？传曰：'天下无害，虽有圣人，无所施才；上下和同，虽有贤者，无所立功。'故曰时异事异。"

首先，东方朔认为，自己才高位卑，主要是因为生不逢时，处在一个不需要人才、不重用人才的时代。"彼一时也，此一时也，岂可同哉？"彼一时也，即诸侯相互混战的战国时代；此一时也，即天下一统、诸侯四夷宾服的大汉时代。时代不同，事情有异，所谓"时异事异"。战国时代，天下一统之局崩坏，诸侯混战，各国君主迫切需要有才能的士人辅助自己，以富国强兵，从而在混战中立于不败之地。"得士者强，失士者亡，故谈说行焉"，突出地说明士人在战国乱世发挥的重大作用。"身处尊位，珍宝充内，外有廪仓，泽及后世，子孙长享"，战国士人凭借其才能得到人君的重用，而享受富贵荣华。因此，战国虽是一个十分动乱的时代，但也是一个重视人才且人才辈出的时代。但天下一统的盛世不需要人才，士人失去了展示才能的机会和舞台，贤不肖混杂一起而难以分别，"贤不肖何以异哉"？平庸之人也自认为有杰出的才能，真正的人才却埋没其中，难以得到确证。大一统盛世不需要人才，整个社会不尊重人才，人君和大臣不重用人才。真正的人才孤独不遇，既不能展示才能实现自己的人生志向，又不能凭借其才能建功立业，获得富贵权势。"今世之处士，块然无徒，廓然独居，上观许由，下察接舆，计同范蠡，忠合子胥，天下和平，与义相扶，寡偶少徒，固其宜也。"人才的荒废实在是一统盛世中最令才人悲愤和伤痛的事。

其次，战国士人以其才能及所任之道而成为人君的师友，他们与人君的关系亲近。但在大一统的专制政治中，尊君卑臣，人君是高高在上，人臣是卑屈其下。大一统的专制之主彻底地控御了整个国家，有至高无上的地位和权力，掌握着士人的贵贱穷通、生杀予夺："故缓之则安，动之则苦；尊之则为将，卑之则为虏；抗之则在青云之上，抑之则在深泉之下；用之则为虎，不用则为鼠。"如果士人胆敢抗拒专制之主的威权，则"譬犹鼱鼩之袭狗，孤豚之咋虎，至则靡耳，何功之有"。

再次，在战国时代，人君是根据才能任用士人；但在大一统盛世，人君主要是凭自己的好恶任用士人。人君的好恶无常，且是非理性的。士人为了博得一统人君的好感，只有承认人君的绝对权威，曲学阿世，承意逢迎。东方朔的《非有先生论》："是以辅弼之臣瓦解，而邪谄之人并进……巧言利口以近其身，阴奉雕瑑刻镂之好以纳其心，务快耳目之欲，以苟容为度。"士人以道自任的独立人格受到严重的贬损。

最后，在大一统盛世中，诸侯的力量弱小，士人主要集中在天子之廷，出路狭窄，不复有政治选择的自由；大一统人君因"天下英雄尽入我彀中"，而不再珍惜、重视人才。

东方朔的盛世怀才不遇之痛，并非因为自己的过失，也决不是因为自己偶然的遭逢，而是由于必然、普遍的命运。那么他将如何在大一统盛世里安身立命？既然一统盛世不重视人才，皇帝和大臣不是根据才能决定士人政治仕途的升迁，就势必导致人才的沉沦。因此，东方朔主张"修身"："虽然，安可以不务修身乎哉"，"君子不为小人之匈匈而易其行"，"天有常度，地有常形，君子有常行；君子道其常，小人计其功"。东方朔之主张修身还有一个原因，即与他本人的个性人格有关。他虽富有才智，但言行诙谐滑稽，放荡不守礼法，不合君子严肃方正的人格。俳优之人虽取悦圣帝，但终为圣帝轻视。司马迁的《报任少卿书》："文史、星历，近乎卜祝之间，固主上所戏弄，倡优畜之，流俗之所轻也。"东方朔未能把修身真正贯彻到其人生实践中。一是因为他的滑稽诙谐多智的个性难以改变。据《史记·滑稽列传》褚少孙补述，东方朔用武帝所赐的钱帛，娶长安城中的好女，一岁更换一个。此种行为甚是狂诞。二是因为盛世修身以获得重用，早已被证明不可能，故不能加强他修身的坚定信念，他以修身安身立命，不过是一句虚语。

通过上面的分析，笔者并不同意徐先生所谓的战国士人有政治选择的自由，而大汉士人丧失了政治选择的自由，因而产生强烈的压力感。固然，士人在战国时代可以朝秦暮楚，"合则留，不合则去"，有政治选择的自由。但在根本上，战国士人所拥有的，是充分地展示他们的才能，强烈地展现他们在社会政治中的主体力量，以建功立业，而获得富贵权势。但在天下一统的大汉时代，社会不需要人才，人君不重用人才，士人失去了展示才能的舞台；皇权的至高无上彻底地摧毁了士人的独立人格；政治仕途的穷达不是取决于才能，而是取决于皇帝的好恶和主观意志。这使真正有才能的士人在盛世里产生了怀才不遇的悲愤。

（二）

在《解嘲》中，客人问难主人：你为何不在政治上有为以获取富贵权势，而是疏离政治以潜心著作《太玄》，结果是位卑人微，为世人所轻忽呢？《解嘲》淡化了《答客难》中盛世怀才不遇的主题，而转向在政治与学术之间抉择的问题。[①] 在中国传统的社会中，政治总是第一位的。政治上的有为，能及时建立功业，获得富贵权势，为世人敬重和仰慕。学术上的有为，往往默默无闻，位卑禄薄，为世人所轻鄙。更有甚者，扬雄著作《太玄》，并不是发挥儒家的社会政治之道，以经世治民；而是阐发形而上的太玄思想，幽远要眇，既难以理解，又不切合实际。扬雄在从政治走向学术之中也不免产生矛盾困惑。

扬雄是如何解释他疏离政治权势而潜心著作《太玄》呢？

> 扬子笑而应之曰："客徒欲朱丹吾毂，不知一跌将赤吾之族也！往者周网解结，群鹿争逸，离为十二，合为六七，四分五剖，并为战国。士无

237

常君，国亡定臣，得士者富，失士者贫，矫翼厉翮，恣意所存，故士或自盛以橐，或凿坏以遁。是故驺衍以颉亢而取世资，孟轲虽连蹇，犹为万乘师。今大汉左东海，右渠搜，前番禺，后陶涂。东南一尉，西北一候。徽以纠墨，制以质铁，散以礼乐，风以《诗》、《书》，旷以岁月，结以倚庐。天下之士，雷动云合，鱼鳞杂袭，咸营于八区，家家自以为稷、契，人人自以为咎繇，戴继垂缨而谈者皆拟于阿衡，五尺童子羞比晏婴与夷吾，当涂者入青云，失路者委沟渠，旦握权则为卿相，夕失势则为匹夫；譬若江湖之雀，勃解之鸟，乘雁集不为之多，双凫飞不为之少。昔三仁去而殷虚，二老归而周炽，子胥死而吴亡，种、蠡存而越霸，五羖入而秦喜，乐毅出而燕惧，范雎以折摺而危穰侯，蔡泽虽噤吟而笑唐举。故当其有事也，非萧、曹、子房、平、勃、樊、霍则不能安；当其亡事也，章句之徒相与坐而守之，亦亡所患。故世乱，则圣哲驰骛而不足；世治，则庸夫高枕而有余。夫上世之士，或解缚而相，或释褐而傅；或倚夷门而笑，或横江潭而渔；或七十说而不遇，或立谈间而封侯；或枉千乘于陋巷，或拥帚彗而先驱。是以士颇得信其舌而奋其笔，窒隙蹈瑕而无所诎也。当今县令不请士，郡守不迎师，群卿不揖客，将相不俯眉；言奇者见疑，行殊者得辟，是以欲谈者宛舌而固声，欲行者拟足而投迹。向使上世之士处乎今，策非甲科，行非孝廉，举非方正，独可抗疏，时道是非，高得待诏，下触闻罢，又安得青紫？且吾闻之，炎炎者灭，隆隆者绝；观雷观火，为盈为实，天收其声，地藏其热。高明之家，鬼瞰其室。攫拿者亡，默默者存；位极者宗危，自守者身全。是故知玄知默，守道之极；爰清爰静，游神之廷；惟寂惟寞，守德之宅。世异事变，人道不殊，彼我易时，未知何如。今子乃以鸱枭而笑凤凰，执螳螂而嘲龟龙，不亦病乎！子徒笑我玄之尚白，吾亦笑子之病甚，不遭臾跗、扁鹊，悲夫！”

其一，战国时代，诸侯混战，各国君主迫切地需要大量有政治才能的士人来富国强兵，故士人能充分地展示其政治（包括军事和外交）才能，而建功立业，获得富贵权势，“士无常君，国无定臣，得士者富，失士者贫”。士人自由地选择人君，合则留，不合则去；人君自由地选择士人，有才则用，无才则弃。得士者，国家富强；失士者，国家贫弱。当今是大一统盛世，士人早已失去了驰骛天下、纵横诸侯的机会。士人是否有政治才能也无法得到检验；他们即使才能低下，也自视甚高，自以为有稷、契、皋陶和阿衡等王者之才，羞比晏婴、夷吾等霸者之佐。大一统盛世不需要有政治才能的士人来治理国家，庸才也照样坐享其成。"故当其有事也，非萧、曹、子房、平、勃、樊、霍则不能安；当其亡事也，章句之徒相与坐而守之，亦亡所患。故世乱，则圣哲驰骛而不足；世治，则庸夫高枕而有余。"

其二，战国时代，士人具有独立的人格，言行倜傥不羁，任性自由。人君尊重他们的独立人格，尊重他们自由不羁的个性，尊敬他们为师友，"是故驺衍以颉亢，而取世资；孟轲虽连蹇，犹为万乘师"。因此士人自信自傲，"是以士颇得信其舌而奋其笔，窒隙蹈瑕而无所诎也"。但当今，权贵者不尊重士人的独立人格，贬斥士人自由不羁的个性，"当今县令不请士，郡守不迎师，群卿不揖客，将相不俯眉；言奇者见疑，行殊者得辟"。士人的独立意识和主体精神受到践踏，其创造能力也受到压制，"是以欲谈者宛舌而固声，欲行者拟足而投迹"。在大一统的专制时代，只要当权者宠信你，你就青云直上，贵为卿相，不在于你有才能；一旦你失宠，就委弃沟渠，卑为匹夫，不在于你没有才能。

扬雄在《答客难》的基础上，进一步讨论战国乱世与大汉一统盛世的"时异事异"。他对一统盛世"庸夫高枕而有余"的情况有更为深刻的认识，且对专制政治下士人之独立人格和自由个性的丧失深为悲愤。一统盛世不需要有政治才能的士人，因而士人想在政治上施展自己的才能而建功立业，已没有可能。扬雄《解嘲》："故为可为于可为之时，则从；为不可为于不可为之时，则凶。"这是扬雄疏离政治而著述《太玄》的时代原因。

其三，扬雄作《太玄》，而从事于学术事业，也有逃避政治灾祸的意图。扬雄的《解嘲》作于哀帝时代，哀帝无能变态，丁、傅、董贤专权，统治集团之间的夺权斗争激烈，政治相当黑暗。这里没有理性和道德可言，有的只是虚伪、狡诈、残忍。富贵权势是通过非理性的手段得到，也可以随时以非理性的方式失去。位高权重的人，最容易遭受打击而破灭。"且吾闻之，炎炎者灭，隆隆者绝；观雷观火，为盈为实，天收其声，地藏其热。"扬雄深切地感到政治仕途的险恶："客徒欲朱丹吾毂，不知一跌将赤吾之族也！"政治上有为，或可取得尊官厚禄，一时荣耀，但一跌将会灭族亡身。因此，扬雄的作《太玄》，有隐于《太玄》的动机，借用心于《太玄》，以免向外驰骛而得祸。扬雄又深受老子思想的影响，而有感于人生祸福的无常。他早年从师于蜀人严君平，严君平精通老子之学，是一位得道的真人。扬雄自述"清静无为，少嗜欲；不汲汲于富贵，不戚戚于贫贱，不修廉隅以徼名当世"（《汉书·扬雄传》）。扬雄在《反离骚》中，哀叹屈原沉江的悲剧命运，批评他不能够疏离政治权势而远离灾祸："又怪屈原文过相如，至不容，作《离骚》，自投江而死，悲其文，读之未尝不流涕也。以为君子得时则大行，不得时则龙蛇，遇不遇命也，何必沉身哉！"（《汉书·扬雄传》）扬雄以《太玄》逃避政治灾祸，也是他一贯人生态度的反映。

其四，扬雄著作《太玄》，是他知识型人格的内在要求。徐复观先生认为，西汉知识分子的特性之一，是政治性的道德感；但扬雄在这一大倾向中，主要是以好奇好异，投下他整个生命去追求知识。[①] 扬雄是一位知识型的学者。这与两汉知识分子共同的政治道德型人格不同。知识型的学者有一种强烈追求知识的欲望，但对政治不太关心，即使议论政治也是冷眼旁观。班固谓他"用心于内，不求于外"（《汉书·叙传》）。因此，扬雄著《太玄》的消极动机是有感于现实政治的祸福无常，但积极动机是来自对知识的热切追求。"玄"，深远幽眇，难以测度；"太玄"，玄上之玄。这是扬雄拟《周易》、《老子》两部哲学著作而作，主要谈论的是形而上的知识学问，即在现象世界的背后，建立一个无形无象的根据，从而支配有形世界的运动。《太玄》是一部思想深刻的著作。《汉书·扬雄传》曰："《玄》文多，故不著，观之者难知，学之者难成。客有难《玄》大深，众人之不好也，雄解之，号曰《解难》。"扬雄《解难》辩解说："若夫闳言崇议，幽微之途，盖难与览者同也。……老聃有遗言，贵知我者希，此非其操与！"这种对形而上知识的热切追求，正体现了扬雄"为知识而知识"的人格诉求。扬雄作《太玄》，是独树一帜，儒者也很难理解。

---

① 徐复观：《两汉思想史》（第二卷），华东师范大学出版社 2001 年版，第 283 页。

儒者谈论的主要内容是礼乐制度的建设，治国治民的方略，具体而实际；且他们在专经师法中建立了学术的权威地位，在政治上享受富贵利禄。《汉书·扬雄传》："刘歆亦尝观之，谓雄曰：'空自苦！今学者有禄利，然向不能明《易》，又如《玄》何？吾恐后人用覆酱瓿也。'"但扬雄仍坚持自己的学术追求。

综上所述，扬雄从事学术著述，有时代政治的外在原因，但更重要的是他知识型的人格诉求及其潜心学术的人生旨趣。他是一位主动疏离政治而真诚从事学术研究的学者，与"学而优则仕"和被迫从事学术的知识分子不同，故他最终能在学术著述中安身立命，且在学术上取得了辉煌的成就。当然，他也对自己的位卑禄薄而受到世人的轻鄙，产生一定的困惑痛苦。《汉书·扬雄传》叙述了他之冷落凄凉的人生遭遇：

> 雄三世不徙官。及莽篡位，谈说之士用符命称功德获封爵者甚众，雄复不侯，以耆老久次转为大夫，恬于势利乃如是。实好古而乐道，其意欲求文章成名于后世，以为经莫大于《易》，故作《太玄》；传莫大于《论语》，作《法言》；史篇莫善于《仓颉》，作《训纂》；箴莫善于《虞箴》，作《州箴》；赋莫深于《离骚》，反而广之；辞莫丽于相如，作四赋；皆斟酌其本，相与放依而驰骋云。用心于内，不求于外，于时人皆忽之；唯刘歆及范逡敬焉，而桓谭以为绝伦。……家素贫，嗜酒，人希至其门。时有好事者载酒肴从游学，而巨鹿侯芭常从雄居，受其《太玄》、《法言》焉。刘歆亦尝观之，谓雄曰："空自苦！今学者有禄利，然向不能明《易》，又如《玄》何？吾恐后人用覆酱瓿也。"

但扬雄最终也难逃政治暴力的打击。刘歆的儿子刘棻因言说符命而获罪、遭放逐。此事牵连到扬雄，因为刘棻曾跟随扬雄学习奇字（这纯粹是学术问题），"时雄校书天禄阁上，治狱使者来，欲收雄，雄恐不能自免，乃从阁上自投下，几死"。后扬雄虽未被治罪，但京师传语曰："惟寂寞，自投阁；爰清静，作符命。"可见世人对从事学术研究之扬雄的冷嘲热讽。

（三）

士人贵在得名，得名的方式有三：太上有立德，其次有立功，其次有立言。立德是圣人之事。立功最为士人看重，可以及时建立功业，又能获得富贵权势。立言往往是士人立功无望时的一种人生选择，班固谓"著作者前列之余事也"。孔子周游列国，不为诸侯所用。他悲叹说："君子疾没世而名不称焉。吾道不行矣，吾何以自见于后世哉？"（《史记·孔子世家》）他乃因史记作《春秋》。士人立言，潜心著述，恒以年岁，其立言才能并不为时君、时人所尊崇，位卑人微；时人又贱近而贵远，对此著述也不太重视；士人以立言求名往往需要较长时间的等待，甚至是在死后的数十年、数百年。因此，士人在从立功走向立言（即从政治走向学术）的人生抉择中会产生矛盾困惑；班固的《答宾戏》正是表达这种矛盾困惑。①

班固是根据何种理由，而坚持和坚信他从立功走向立言的人生追求的呢？

主人佚尔而笑曰："若宾之言，斯所谓见势利之华，暗道德之实，守突奥之荧烛，未仰天庭而睹白日也。曩者王涂芜秽，周失其御，侯伯方轨，战国横骛，于是七雄虓阚，分裂诸夏，龙战而虎争。游说之徒，风扬电激，并起而救之，其余飙飞景附，煜霅其间者，盖不可胜载。当此之时，搦朽摩钝，铅刀皆能一断，是故鲁连飞一矢而蹶千金，虞卿以顾眄而捐相印也。夫咻发投曲，感耳之声，合之律度，淫蛙而不可听者，非《韶》、《夏》之乐也；因势合变，偶时之会，风移俗易，乖忤而不可通者，非君子之法也。及至从人合之，衡人散之，亡命漂说，羁旅骋辞，商鞅挟三术以钻孝公，李斯奋时务而要始皇，彼皆蹑风云之会，履颠沛之势，据微乘邪以求一日之富贵，朝为荣华，夕而焦瘁，福不盈眦，祸溢于

---

① 班固（32—92），字孟坚，东汉辞赋家、历史学家，作《两都赋》、《汉书》。《汉书·叙传》曰："永平（明帝的年号，58—75年）中为郎，典校秘书，专笃志于博学，以著述为业。或讥以无功（有人讥班固，虽笃志博学，无功劳于时，仕不富贵也），又感东方朔、扬雄自谕以不遭苏、张、范、蔡之时，曾不折之以正道，明君子之所守，故聊复应焉。"

世，凶人且以自悔，况吉士而是赖乎！且功不可以虚成，名不可以伪立，韩设辩以徼君，吕行诈以贾国。《说难》既酋，其身乃囚；秦货既贵，厥宗亦隧。是故仲尼抗浮云之志，孟轲养浩然之气，彼岂乐为迂阔哉？道不可以贰也。方今大汉洒扫群秽，夷险芟荒，廓帝纮，恢皇纲，基隆于羲、农，规广于黄、唐；其君天下也，炎之如日，威之如神，函之如海，养之如春。是以六合之内，莫不同原共流，沐浴玄德，禀仰太和，枝附叶著，譬犹草木之殖山林，鸟鱼之毓川泽，得气者蕃滋，失时者零落，参天地而施化，岂云人事之厚薄哉？今子处皇世而论战国，耀所闻而疑所觌，欲从旄敦而度高乎泰山，怀氿滥而测深乎重渊，亦未至也。"

其一，《答客难》、《解嘲》认为，在战国乱世，士人能凭借其才智而建功立业，获得富贵权势；但在天下一统的盛世，士人已没有这种可能了。这似有羡慕战国士人生逢其时而自己生不逢时的悲慨，也有向往乱世而厌弃一统盛世的想法。班固严厉地批评了东方朔、扬雄的这种观点。一是在战国诸侯混战的时代，社会大量地、急切地需要人才，"当此之时，掇朽摩钝，铅刀皆能一断"，士人的才能即使像铅刀一样迟钝，也能建功立名，他们并没有什么卓越的才能。二是士人在乱世中建立的功名，通常是运用谋诈的手段，违背仁义之道，不符合君子的法则，"因势合变，偶时之会，风移俗易，乖忤而不可通者，非君子之法也"。这样的功名是"虚功伪名"（"功不可以虚成，名不可以伪立"）。三是"彼皆蹑风云之会，履颠沛之势，据徼乘邪以求一日之富贵，朝为荣华，夕而焦瘁，福不盈眦，祸溢于世"，战国士人依靠"虚功伪名"而获得富贵荣华，因而根基不牢，朝不保夕，他们是"福不盈眦，祸溢于世"。

班固对战国士人的论断有一定的正确性，但未能揭示战国士人的本质特征：充分地展示其政治、军事和外交的才能，建功立业，获得富贵荣华；高扬其独立的人格和自由主体的精神，受到人君礼遇和重用。

其二，东方朔、扬雄揭示了一统盛世不重视人才、废弃人才的特征，并予以批评；班固对此没有回应，而热情地赞颂了天下一统的大汉盛世：

方今大汉洒扫群秽，夷险芟荒，廓帝纮，恢皇纲，基隆于羲、农，规广于黄、唐；其君天下也，炎之如日，威之如神，函之如海，养之如春。
是以六合之内，莫不同原共流，沐浴玄德，禀仰太和，枝附叶著，譬犹草
木之殖山林，鸟鱼之毓川泽，得气者蕃滋，失时者零落，参天地而施化，
岂云人事之厚薄哉？

首先高度赞颂了大汉的武功文治；其次充分肯定了臣民在盛世沐浴圣德、
安居乐业的幸福生活，就像草木生长在山林、鸟鱼孕育于川泽那样，任性自
由，人人各得其所，没有人事的厚薄。班固激烈地批评了士人身处盛世而不知
幸运，反而向往战国的乱世，"今子处皇世而论战国"，是见识短下，是以小山
来测泰山之高，以弱泉来度重渊之深。班固对一统盛世的热情歌颂，以及贬斥
士人在盛世中不平和妄动，是他一贯思想的表现。徐复观在论述司马迁作《史
记》与班固作《汉书》的动机和目的时说道：史公作史，是抱持着"天下为
公"的思想，所以他对汉朝统治者予以强烈的批评；而班固作史，其意在于
"尊汉"，即"天下为汉"，故他对汉朝统治者给予热情的赞颂。①

其三，班固肯定历史上立功之人的成就，但突出了立言之人的事业，陆
贾、董仲舒、刘向、扬雄等，"皆及时君之门闱，究先圣之壸奥，婆娑乎术艺
之场，休息乎篇籍之囿，以全其质而发其文，用纳乎圣听，列炳于后人"。他
们一方面潜心于学术，取得重要的成就；另一方面处于仕途，为帝王阐发圣人
治国平天下之道。这实际上是一种以立言为主、立功为辅的人生之路。班固把
立言和立功看成是一阴一阳、一文一武的对立和统一。但相对于立功可以立即
获得富贵荣名，且受到时人的尊崇；而立言之人位卑人微，默默无闻，不为当
权者所重。这不能不使立言之人感到困惑和不平。班固认为，立言之人的价值
和才华要经过一段时间甚至是后世才能展现出来，这就如同是随侯之珠、和氏
之璧，隐藏着稀世的才具，终有一日会大放异彩，"宾又不闻和氏之璧韫于荆
石，随侯之珠藏于蚌蛤乎？历世莫视，不知其将含景耀，吐英精，旷千载而流
夜光也"。世人只重视获得富贵权势的立功之人，而轻视那些代圣人立言之人
的重要价值，是所谓"见势利之华，暗道德之实，守突奥之荧烛，未仰天庭而

---

① 徐复观：《两汉思想史》（第三卷），华东师范大学出版社 2001 年版，第 287 页。

睹白日也"。这虽隐含班固对立言之人遭受冷落命运的悲慨,但更表明班固对立言的充分肯定和高度自信,他以立言求名的意识相当浓厚。班固坚定地认为,著述之士即是应龙,起初卑贱,身处污泥之中,而那些没有远见的俗人往往轻视亵玩它,但应龙终将腾飞于天,称名于后世。

其四,班固自觉地从立功走向立言,是出于他的志尚和兴趣所在。《汉书·叙传》:"永平中为郎,典校秘书,专笃志于博学,以著述为业。"《后汉书·班彪列传》记载班固,"年九岁,能属文。及长,遂博贯载籍,九流百家之言,无不穷究"。班固志在立言,也受到其家族传统的影响,是继承其父的志业。他的父亲班彪是一位博学宏辩之士,"唯圣人之道然后尽心焉"(《汉书·叙传》);他致力于学术研究,尤其对史籍感兴趣。《班彪列传》:"彪既才高而好述作,遂专心史籍之间。武帝时,司马迁著《史记》,自太初以后,阙而不录,后好事者颇或缀集时事,然多鄙俗,不足以踔继其书。彪乃继采前史遗事,傍贯异闻,作后传数十篇,因斟酌前史而讥正得失。"班彪收集了许多史料,并已著述部分篇章,这为班固著作《汉书》打下了坚实的基础。因此,班固主要出于人生的旨趣而安于、乐于立言,"故密尔自娱于斯文"!

(四)

综上所述,这三篇文章在思想内容上是同中有异,这是因为他们三人虽处于天下一统的专制时代(也有差异),但各自具有不同的思想倾向、人生遭遇和个性人格。

其一,他们的问题和困惑有所不同。东方朔的悲愤是盛世的怀才不遇,他的才能卓越而不得重用,不能获得富贵权势。扬雄是主动地疏离政治权势,而潜心于《太玄》的著述;他官职卑微,为世人所嘲弄,不免产生困惑。班固的困惑表现在他从立功走向立言的人生抉择中。因此,扬雄和班固淡化了盛世怀才不遇的主题,而侧重于从立功走向立言即从政治走向学术的问题。

其二,他们对战国乱世与大一统盛世的理解和评价有所不同。东方朔认为,战国乱世是士人充分展示其政治才能的时代,是士人建功立业而获得富贵权势的时代;但大一统盛世不需要人才,不重视人才,士人失去了展示其才能的机会和舞台，不能凭借其才能建功立业而获得富贵权势。扬雄赞同东方朔的观点，而对"世乱，则圣哲驰骛而不足；世治，则庸夫高枕而有余"的情况，剖析得更为透彻，表述得更为明确。且他深刻地认识到，在大一统的专制政治下士人失去了独立的人格和自由创造的精神。班固认为，战国士人大多才能迟钝，趁乱世、用谋诈而建立了"虚功伪名"，是得不偿失的。他热情歌颂大汉一统盛世的文治武功及人民沐浴在圣德之下的幸福生活，要求士人安于一统之局，不要诽谤盛世而轻举妄动。

其三，他们安身立命的方式不太相同。盛世不需要人才，人才会腐败堕落。东方朔主张修身，勉励士人积极地修德修能。但东方朔并没有在自己的人生实践中贯彻修身的要求。扬雄和班固选择了在立言中安身立命，且最终实现了他们的人生志向。他们立言也有差异。扬雄是一位知识型的学者，他的学术研究不以功利为目的，他主动地疏离政治权势；因此，他的学术事业更为纯粹。班固虽从事于学术著述，但求名、求功的意识较为浓厚，他对政治和道德颇为关心，他的著述表现出对汉室的歌功颂德。

其四，他们解释其人生追求的原因不同。东方朔提出修身，主要是针对一统盛世的荒废人才以及他个人滑稽诙谐的个性而言。扬雄从事于《太玄》著述的原因复杂，有士人在一统盛世不能发挥政治才能的原因，也有逃避政治灾祸的理由，更主要的是他对学术事业的真诚要求。班固的立言理由：一是他自己的人生旨趣；二是他以立言来求名、求功；三是他的立言也有来自汉家政治权势的要求，是为了颂汉。笔者并不赞同徐先生所谓："他之所以从事著述，仅来自'要（求）没世不朽'（班固《幽通赋》）的一念。"①

要之，这三篇文章有两个重要内容，应引起我们的思考。首先，大一统盛世不需要人才，不重视人才，贤才与庸才没有分别，扬雄所谓"世治，则庸夫高枕而有余"。当权者不是根据才能而是根据其好恶重用士人。这即今日俗语所说："讲你行，你就行，不行也行；讲你不行，你就不行，行也不行。"士人是以其卓异才能自信、自重，并获得世人的尊崇。他们展示其才能以实现自己的人生价值，建功立业，获得富贵权势，并推动社会不断向前发展。现在，人

---

① 徐复观：《两汉思想史》（第一卷），华东师范大学出版社 2001 年版，第 171 页。

才被轻视和废弃，一统盛世由此逐渐丧失了创造与创新的精神、活力和成果，最终盛极而衰。其次，士人在政治与学术之间的抉择是艰难的，他们在从政治走向学术的过程中充满矛盾困惑。文化的理念：学术代表着未来的价值理想，而政治是人类不得已的罪恶，故学术是在政治的上位，政治应受学术思想的规整和指导；学术人物应比政治人物具有更高的地位，应获得世人的尊崇。但实际情况是：政治总是第一位的，总是在学术的上位，总是压抑、限制学术思想的发展。政治人物在当世获得富贵权势，声名显赫；而学术人物位卑人微，穷困潦倒，不为时人所重，他们的事迹声名不彰不显，寂寞而萧条！这即是司马迁《史记》所传的学术人物为什么那么简短，且多有缺失和矛盾的原因。也有少数学术人物在其死后，他们的著作和声名称扬于后世，但他们死后之"沧海一粟"的浮名如何能补偿他们生前遭遇不幸痛苦的万分之一呢？

综上所述，东方朔的《答客难》，主要表现盛世怀才不遇的悲愤。战国乱世为士人提供了展示才能的舞台，士人凭借其才能建立功业，获得富贵权势，且得到人君的尊重而具有独立自主的人格。但大一统盛世不需要人才，不重视人才，扬雄所谓"世治，则庸夫高枕而有余"。扬雄的《解嘲》、班固的《答宾戏》表现了他们在从政治走向学术的孤愤。政治总是在学术的上位，往往压抑、限制学术思想的发展。政治上的有为，可以获得富贵权势；而学术上的有为，则位卑人微，为世人所轻忽。

参考文献：

[1] 徐复观：《两汉思想史》（第一卷），华东师范大学出版社 2001 年版。

[2] 徐复观：《两汉思想史》（第二卷），华东师范大学出版社 2001 年版。

[3] 徐复观：《两汉思想史》（第三卷），华东师范大学出版社 2001 年版。

十五　历史评价与道德评价的二元对立

——司马迁对法家人物悲剧命运的解释

《史记》所载录的法家人物的传记共有五篇：《老子韩非列传》，《孙子吴起列传》，《商君列传》，《李斯列传》，《袁盎晁错列传》。本文的讨论即基于以上诸篇传记。

韩非是法家思想的集大成者，政治活动较少。《老子韩非列传》曰：

> 韩非者，韩之诸公子也。喜刑名法术之学，而其归本于黄老。非为人口吃，不能道说，而善著书。与李斯俱事荀卿，斯自以为不如非。非见韩之削弱，数以书谏韩王，韩王不能用。于是韩非疾治国不务修明其法制，执势以御其臣下，富国强兵而以求人任贤，反举浮淫之蠹而加之于功实之上。以为儒者用文乱法，而侠者以武犯禁。宽则宠名誉之人，急则用介胄之士。今者所养非所用，所用非所养。悲廉直不容于邪枉之臣，观往者得失之变，故作《孤愤》、《五蠹》、《内外储》、《说林》、《说难》十余万言。然韩非知说之难，为《说难》书甚具，终死于秦，不能自脱。

吴起、商君、李斯、晁错，在政治和军事上成就突出，且有著作传世。但他们的下场都是很悲惨的。韩非死于李斯等人的妒忌和陷害，"李斯使人遗非药，使自杀。韩非欲自陈，不得见"。司马迁颇为感慨地说："余独悲韩子为《说难》而不能自脱耳。"吴起在楚国宗族大臣的作乱中被乱箭射杀，"及悼王死，宗室大臣作乱而攻吴起，吴起走之王尸而伏之。击起之徒因射刺吴起，并中悼王"。司马迁说："吴起说武侯以形势不如德，然行之于楚，以刻暴少恩亡其躯。悲夫！"商君以"莫须有"的谋反罪名而亡身灭家，"秦发兵攻商君，杀之于郑黾池。秦惠王车裂商君以徇，曰：'莫如商鞅反者！'遂灭商君之家"。司马迁认为商君罪有应得："卒受恶名于秦，有以也夫！"李斯辅助秦始皇一统天下，而位极群臣，最终受五种酷刑而死，夷灭三族，"二世二年七月，具斯五刑，论腰斩咸阳市。斯出狱，与其中子俱执，顾谓其中子曰：'吾欲与若复牵黄犬俱出上蔡东门逐狡兔，岂可得乎！'遂父子相哭，而夷三族"。晁错在吴楚七国的叛乱中成为景帝的牺牲品，"上令晁错衣朝衣斩东市"。司马迁嘲弄说："语曰：'变古乱常，不死则亡。'岂错等谓邪！"

（一）

司马迁如何表现和评价法家人物的悲剧命运？郭双成先生说，司马迁在评价法家人物时，不是首先着眼于他们所采取的政治措施是阻挡了还是推动了历史的发展，而是首先着眼于他们的道德品质的缺陷与不足，从而使司马迁的评价陷入了片面性；商鞅是一位起过重大历史作用的人物，司马迁指责他"天资刻薄"、"卒受恶名于秦，有以也夫"，这是对商鞅的道德品格加以批评，没有充分地认识到商鞅的历史地位和作用，也没有正确地揭示造成其悲剧命运的原因。[①] 郭先生认为，司马迁对法家人物的评价着重于他们的道德品格的缺陷和不足（道德评价），而没有充分地认识到他们的历史地位和作用（历史评价）。韩兆琦先生说：

> 商鞅的局限是明显的，但司马迁在作品中所流露的对于法家人物的偏见也是明显的。……尤其荒悖的是司马迁在论赞中说："商君，其天资刻薄人也。……卒受恶名于秦，有以也夫！"试比较一下他在《孙子吴起列传》中说吴起的"以刻暴少恩亡其躯"；在《袁盎晁错列传》中说晁错的"变古乱常，不死则亡"，真难想象这种话竟出自一个伟大的历史家之口。《史记》评述历史人物、历史事件之失平，没有再比这几条更严重的了。[②]

---

① 郭双成：《史记人物传记论稿》，中州古籍出版社1985年版，第216—219页。
② 韩兆琦：《史记通论》，广西师范大学出版社1996年版，第430页。

　　韩先生严厉地批评了司马迁评价的不公正和不公平：一是法家人物主张以法治国，不能说是"刻暴少恩"；二是法家人物力求变法改革，是顺应历史的发展，不能嘲讽他们"变古乱常，不死则亡"。《史记》研究者一般认为，司马迁出于个人"深幽囹圄之中"的惨痛经历，对法家人物的评价是不够公正的，但他也并未因感情的憎恶而抹杀法家人物的历史功绩。这说明了司马迁对法家人物的评价存在着感性和理性的矛盾。要之，学人对司马迁评价法家人物的主要意见，是司马迁过分地突出了法家人物道德人格的残忍、伪诈、贪恋富贵权势，而相对忽视对他们历史进步作用的充分肯定，从而表现出相当的片面性。这可能受到了马克思历史唯物主义的影响。历史唯物主义在考察和评价历史事件和人物时，坚持历史评价优先的原则；因此，他们首先认为法家人物是历史前进的推动者，是历史的进步力量，具有重大的历史作用，而他们道德人格的缺陷和不足是次要的。

　　历史评价是对历史人物行为之成败效果的分析，是对历史人物在历史上的地位和作用进行评价。道德评价是对历史人物行为之善恶的判断，是对历史人物的道德人格加以评价。历史评价与道德评价有两种基本关系。一是历史评价与道德评价相统一，即从历史的尺度加以肯定或否定的对象，也是从道德的尺度加以肯定或否定的对象。由于评价的同一取向，所以此类历史人物呈现出明朗单一的特征，从中看不到历史感与道德感的内在剥离，也看不到史家在评价历史人物时的迷惘和矛盾心态。二是历史评价与道德评价的二元对立，即二者的价值取向不是同向的，而是反向的，即历史评价的肯定而道德评价的否定，或者历史评价的否定而道德评价的肯定。具体言之，某一历史人物在历史上起着进步的作用，在历史评价上是肯定的；但他的人格卑劣，在道德评价上是否定的。或者某一历史人物不是历史的推动者，甚至是历史的阻碍者，但他有良好的道德人格。例如在楚汉相争中，刘邦是胜利者，项羽是失败者。司马迁对项羽的历史评价是否定的，但项羽的豪侠之气、对虞姬的一片深情、愧对江东父老而不苟活的人格以及不善权术的纯真，都在司马迁包含同情的彩笔下表现得生动感人。当司马迁理性地认识到项羽败亡的必然命运及其各种原因，而在道德感情上又不禁为之一掬同情的泪水时，挽歌便产生了，《史记·项羽本纪》

是司马迁献给楚霸王的一曲深沉的挽歌。这类传记表现出矛盾复杂的特征，从中可以看到，史家在表现和评价历史人物命运时的内心矛盾和苦恼。①

（二）

司马迁在评价法家人物时，表现出历史评价与道德评价二元对立的特征。一方面，司马迁肯定了法家人物的历史功绩，即历史评价是肯定的；另一方面，他又指责法家人物道德人格的缺陷和不足，即道德评价是否定的。

《史记·晁错列传》曰：

错为人峭直刻深。孝文帝时，天下无治《尚书》者，独闻济南伏生故秦博士，治《尚书》，年九十余，老不可征，乃诏太常使人往受之。太常遣错受《尚书》伏生所。还，因上便宜事，以《书》称说。诏以为太子舍人、门大夫、家令。以其辩得幸太子，太子家号曰"智囊"。数上书孝文时，言削诸侯事，及法令可更定者。书数十上，孝文不听，然奇其材，迁为中大夫。当是时，太子善错计策，袁盎诸大功臣多不好错。

……

迁为御史大夫，请诸侯之罪过，削其地，收其枝郡。奏上，上令公卿列侯宗室集议，莫敢难，独窦婴争之，由此与错有隙。错所更令三十章，诸侯皆喧哗疾晁错。错父闻之，从颍川来，谓错曰："上初即位，公为政用事，侵削诸侯，别疏人骨肉，人口议多怨公者，何也？"晁错曰："固也。不如此，天子不尊，宗庙不安。"错父曰："刘氏安矣，而晁氏危矣，吾去公归矣！"遂饮药死，曰："吾不忍见祸及吾身。"死十余日，吴楚七国果反，以诛错为名。及窦婴、袁盎进说，上令晁错衣朝衣斩东市。

---

① 对于某一历史事件，我们可以从历史尺度与道德尺度两个方面予以评价。例如项羽在新安击坑秦卒20余万人。从历史尺度看，这有利于最终的亡秦，具有肯定的意义。但从道德尺度来看，项羽击坑秦卒是非常残忍的，在道德上是给予否定的。再例如项羽与刘邦约定，以鸿沟为界，各守东西。项羽退兵，但刘邦不守约，乘项羽东归之际，联合彭越、韩信军队，把项羽围在垓下。此不守约之事从历史尺度来看，无疑具有重大的意义；但从道德尺度来看，这是不讲信用而予以否定的。

在西汉"名为治平无事,而其实有不测之忧"① 的文景时代,晁错勇敢地提出了削减诸侯权力的进步主张。西汉建立初期,刘邦开始一一剪灭异姓诸侯王,代之而起的是分封同姓诸侯王。到了文景时代,刘邦所封的同姓诸侯王逐渐强大起来,他们对中央政权构成了相当大的威胁,所以贾谊和晁错先后提出了"强干弱枝"的政策。此政策有利于大一统中央集权政治的建立,在当时的历史条件下具有进步的作用。司马迁通过晁错与其父、邓公与景帝的对话,肯定了晁错"不顾其身,为国家树长画"(《太史公自序》)的历史功绩。晁错"更令三十章,诸侯皆喧哗疾晁错"之时,他的老父亲从家乡赶来责备说:"上初即位,公为政用事,侵削诸侯,别疏人骨肉,人口议多怨公者,何也?"晁错曰:"固也。不如此,天子不尊,宗庙不安。"他的父亲说:"刘氏安矣,而晁氏危矣,吾去公归矣。"这说明了晁错公而忘私、国而忘家的献身精神。晁错"衣朝衣斩东市"后,诸侯并未停止叛乱;这表明诸侯的叛乱是以诛晁错为名,其实是蓄谋已久的,从而显示了晁错之死的不当性。邓公是击吴楚的将领,他回到京师后,景帝问他说:"道军所来,闻晁错死,吴楚罢否?"邓公回答说:"吴王为反数十年矣,发怒削地,以诛错为名,其意非在错也。且臣恐天下之士噤口,不敢复言也!"景帝又曰:"何哉?"邓公曰:"夫晁错患诸侯强大不可制,故请削地以尊京师,万世之利也。计画始行,卒受大戮,内杜忠臣之口,外为诸侯报仇,臣窃为陛下不取也。"景帝默然良久说:"公言善,吾亦恨之。"这是肯定了晁错"削地以尊京师,万世之利也"的历史作用。

但是,司马迁对晁错的残忍、贪功、擅权、好利、多改政令等深表不满。首先,司马迁一再论断说:"错为人峭直深刻","晁错以刻深颇用术辅其资"。所谓"峭直深刻",即是性格隐忍、苛刻。其次,传记运用排比的手法,连用"数"和"多"字:"数上书孝文帝,言削诸侯事,及法令可更定者","言数十上","错常数请间言事";"袁盎诸大臣多不好错","法令多所变更","错更令三十章,诸侯皆喧哗疾晁错"(法令更改甚多,怨恨之人更多),"晁错为家令时,数言事不用;后擅权,多所变更"。此皆是对晁错的贪功好名、无事生非、众人不附之性格的刻画。最后,他在"太史公曰"里说:

---

① 苏轼:《晁错论》,收入《苏轼文集》(第一册),中华书局1986年版。

晁错为家令时，数言事不用；后擅权，多所变更。诸侯发难，不急匡救，欲报私仇，反以亡躯。语曰："变古乱常，不死则亡。"岂错等谓邪！

《史记》的人物传记，首先"实录"历史人物一生的重要事迹；其次在论赞"太史公曰"里给予其价值评价，论赞直接而明确地表现了司马迁的价值评价，虽文字不多，但具有十分重要的意义。司马迁首先指责晁错擅权、多更改法令而纷乱诸事；接着批评他"诸侯发难，不急匡救，欲报私仇"的狭隘自私的行为[①]；最后以"变古乱常，不死则亡"的幸灾乐祸的态度，对晁错的变法行为及其悲惨命运加以辛辣的讽刺。

概之，司马迁在评价晁错时，明显地表现出道德评价与历史评价二元对立的特征。

（三）

历史评价与道德评价的二元对立有两种情况：一是历史评价优先成为强势评价，即着重突出历史人物的历史功绩，而相对忽视其道德品质的缺陷和不足；二是道德评价优先，历史评价成为弱势评价。笔者认为，司马迁在评价法家人物时坚持以道德评价优先的原则，突出了法家人物之残忍、狡诈、贪恋富贵权势的卑劣人格，而历史评价退于其次，成为弱势评价；在此二元对立的强弱对比中，强势道德评价的否定压倒了弱势历史评价的肯定，因而法家人物成为一群道德败坏的小人。

在《史记·商君列传》里，司马迁叙述了商鞅变法的经过，明确地指出了其变法的具体内容。一是连坐之法，互相告奸；二是轻罪重罚；三是崇尚军功和耕织。商鞅的变法取得了显著的功效："行之十年，秦民大悦，道不拾遗，山无盗贼，家给人足。民勇于公战，怯于私斗，乡邑大治"，"居五年，秦人富

---

① 袁盎素来不好晁错，吴楚叛乱，晁错谓丞史曰："夫袁盎多受吴王金钱，专为藏匿，言不反。今果反，欲请治盎宜知计谋。"袁盎与大将军窦婴对景帝说，"独急斩错以谢吴，吴兵乃可罢"。此事见于《史记·袁盎晁错列传》。

强，天子致胙于孝公，诸侯毕贺"。传文肯定了商鞅的政治才干及其变法使秦国强盛的历史作用。但是，司马迁着重刻画了商鞅严酷少恩、贪恋功名富贵、狡诈多变的性格。

首先，传文记述了商鞅破败魏军之事，这应是商鞅的历史功绩之一，但司马迁重在揭示商鞅伪诈的性格。

> （孝公）使卫鞅将而伐魏。魏使公子卬将而击之。军既相拒，卫鞅遗魏将公子卬书曰："吾始与公子欢，今俱为两国将，不忍相攻，可与公子面相见，盟，乐饮而罢兵，以安秦魏。"魏公子卬以为然。会盟已，饮，而卫鞅伏甲士而袭虏魏公子卬，因攻其军，尽破之以归秦。……卫鞅既破魏还，秦封之于、商十五邑，号为商君。

商鞅欺骗公子卬而破败魏军，最终得到了报应。商鞅后来被诬谋反而逃到魏国，魏人不但不接纳他，还不让他逃向别的国家，把他送给秦国，直接导致了商鞅的被杀。司马迁通过商鞅之"自食其果"的叙写，表现了对商鞅伪诈行径的愤恨。

其次，司马迁在传记中设置了赵良这个带有儒家色彩的人物，让赵良出面严厉地批评商鞅的诸多缺点：出处卑污，靠宦官引荐而受到秦王的重用；实行严刑峻罚，不仁不爱人民，民众怨恨，"伤残民以峻刑，是积怨蓄祸也"；贪恋富贵权势，"君尚将贪商、于之富，宠秦国之教"，等等。赵良之言竟占了整个传记三分之一的篇幅，可见司马迁的别有用心。

再次，通过关下逃难的细节描写，指出商鞅变法的严重弊端。

> 后五月而秦孝公卒，太子立。公子虔之徒告商君欲反，发吏捕商君。商君亡至关下，欲舍客舍。客人不知其是商君也，曰："商君之法，舍人无验者坐之。"商君喟然叹曰："嗟乎，为法之弊一至此哉！"去之魏。魏人怨其欺公子卬而破魏师，弗受。商君欲之他国。魏人曰："商君，秦之贼。秦强而贼入魏，弗归，不可。"遂纳秦。商君既复入秦，走商邑，与其徒属发邑兵北出击郑。秦发兵攻商君，杀之于郑黾池。秦惠王车裂商君

以徇，曰："莫如商鞅反者！"遂灭商君之家。

商君走投无路，逃到了关下，欲住客舍，遭到了拒绝。因为根据商君之法，不知留宿客人的身份，如果客是罪人，店主连带判罪。商君的遭遇正好应了"以其人之道还治其人之身"的俗语，"遂灭商君之家"读来痛快淋漓，表现了司马迁对商君悲惨命运的嘲讽。

最后，司马迁在"太史公曰"里说：

> 商君，其天资刻薄人也。迹其欲干孝公以帝王术，挟持浮说，非其质矣。且所因由嬖臣，及得用，刑公子虔，欺魏将卬，不师赵良之言，亦足发明商君之少恩矣。余尝读商君《开塞》、《耕战》书，与其人行事相类。卒受恶名于秦，有以也夫！

司马迁首先指责商君性格的刻薄少恩，接着以具体的行事证明他人格的卑劣，进而说他著书的内容和他的行事相类，最后嘲讽他受恶名、灭族亡身是罪有应得。

《史记·李斯列传》更是表现出道德评价压倒历史评价。司马迁对李斯的历史功绩并未给予充分的重视。传文对李斯辅助秦始皇统一六国的历史功绩以及秦统一后他为秦国制定的一系列政策措施，叙述得较简略；而大量的篇幅都是记叙李斯热中富贵、斤斤计较个人得失而最终亡秦的历史事实。明人茅坤说："《李斯传》传斯本末，特佐始皇定天下、变法诸事仅十之一二，传高所以乱天下而亡秦特十之七八。太史公恁地看得亡秦者高，所以酿高之乱者并由斯为之。"（《史记抄》卷五五）司马迁对李斯热中富贵、狡诈自私的性格描绘得入木三分。李斯辞师的一段议论，千回百转，语语皆从富贵中流出：

> 学已成，度楚王不足事，而六国皆弱，无可为建功者，欲西入秦。辞于荀卿曰："斯闻得时无怠，今万乘方争时，游者主事。今秦王欲吞天下，称帝而治，此布衣驰骛之时而游说者之秋也。处卑贱之位而计不为者，此禽兽视肉，人面而能强行者耳。故诟莫大于卑贱，而悲莫甚于穷困。久处

255

卑贱之位，困苦之地，非世而恶利，自托于无为，此非士之情也。故斯将西说秦王矣。"

　　李斯为秦国之统一天下出谋划策，阴险狡诈，手段相当卑劣，"阴遣谋士赍金以游说诸侯。诸侯名士可下以财者，厚遗结之；不肯者，利剑刺之。离其君臣之计，秦王乃使其良将随其后"。李斯在身为相、子为守而富贵至极时，感叹物盛则衰，富贵不能永存。他贪恋富贵之心早为赵高所看透，赵高以富贵动之，又以富贵劫之，"于是斯乃听高"，仰天一叹而秦灭亡。至于他上《督责书》，更是为虎作伥，"李斯恐惧，重爵禄，乃阿二世意，欲求容，以书对曰"。《督责书》云："彼唯明主能深督轻罪，夫罪轻且督深，而况有重罪乎？"此暴露出李斯残暴不仁的本性。为了迎合二世，他又极力怂恿二世专权，"然后能灭仁义之途，掩驰说之口，困烈士之行"。后来，李斯揭发赵高之短，二人互相攻伐；李斯在狱中上书，假认罪以表功。① 此皆表现出李斯贪生、狡诈的性格。李斯最终被腰斩于咸阳：

　　　　二世二年七月，具斯五刑，论腰斩咸阳市。斯出狱，与其中子俱执，顾谓其中子曰："吾欲与若复牵黄犬俱出上蔡东门逐狡兔，岂可得乎！"遂父子相哭，而夷三族。

　　死而死矣，乃父子相哭，贪生畏死，死得相当卑微。明人钟惺说："李斯古今第一热中富贵人也，其学问功业佐秦兼天下者，皆其取富贵之资；而其种种罪过，能使秦亡天下者，即其守富贵之道。"②
　　司马迁在"太史公曰"里说：

　　　　李斯以闾阎历诸侯，入事秦，因以瑕衅，以辅始皇，卒成帝业，斯为三公，可谓尊用矣。斯知"六艺"之归，不务明政以补主上之缺，持爵禄

---

① 李斯所谓七罪，乃自侈其极忠，反言以激二世也。此所谓"反言也"。
② 杨燕起等主编：《历代名家评史记》，北京师范大学出版社1986年版，第627页。

之重，阿顺苟合，严威酷刑，听高邪说，废嫡立庶。诸侯已叛，斯乃欲谏争，不亦末乎！人皆以斯极忠而被五刑死，察其本，乃与俗议之异。

李斯知道仁义是"六艺"之归，但他热中富贵爵禄，阿谀迎合二世，严刑峻罚统治人民；且听从赵高邪说，阴谋杀害公子扶苏和大将蒙恬。司马迁力排时俗对李斯极忠的肯定，而揭露其贪恋富贵权势、狡诈自私的内在本质。至此，道德评价压倒了历史评价，李斯的历史作用微乎其微，而他道德的败坏和行为的恶劣最终导致其灭族亡身，也导致秦朝的迅速灭亡。

（四）

法家人物的结局都很悲惨，或被杀，或自杀。在今人看来，他们是新生力量的代表，是在与强大的保守势力作斗争中牺牲的；按理说，他们应是具有强烈悲剧性的悲剧人物。但是在《史记》法家人物的传记中，他们的悲惨命运并未构成悲剧性的矛盾冲突，其悲剧色彩很淡。笔者认为，司马迁坚持道德评价优先，道德评价的否定压倒了历史评价的肯定，这是法家人物悲剧命运色彩不浓的主要原因。

悲剧人物必须具备两个方面的条件：首先，他们或者具有崇高的道德人格，或者在历史的发展中起着进步作用；其次，他们的悲惨命运主要是受外部邪恶势力的打击而不是自身的缺陷和不足造成的。这样，他们就遭遇了不应遭遇的厄运，使人们产生怜悯和同情。他们的道德人格越伟大，他们对社会的贡献越大，他们受到外部不正当力量的打击越猛烈，他们遭遇的命运越悲惨，那么他们命运的悲剧色彩就越浓厚。

法家人物在道德人格上，不能构成悲剧性的矛盾冲突。他们多刻薄寡恩、狡诈自私、贪恋功名富贵。这部分内容在传记中被反复强调并浓笔渲染，居于优先的地位；而他们的历史作用并未作为主要内容受到司马迁的重视。这样，一方面，削弱了法家人物的历史功绩；另一方面，道德评价埋没了历史评价，法家人物成了一群道德败坏的恶人。恶人得到恶报，并不具有悲剧性，早已为人们所共识。

在《史记·孙子吴起列传》里，司马迁肯定了吴起的军事政治才能以及他所取得的历史成就。吴起，善于用兵。齐人攻打鲁国，他为鲁将，大破齐军。他为魏文侯将，与士卒同衣食，共劳苦，颇得士卒之心。他守西河，以拒秦、韩。吴起为楚悼王相，明法审令，富国强兵，"于是南平百越；北并陈蔡，却三晋；西伐秦。诸侯患楚之强"。但是，此历史评价与司马迁对吴起的道德评价相比，是处于弱势的。这主要表现在以下几个方面。

其一，吴起侍奉鲁君，齐人攻鲁，鲁欲以吴起为将，但因他娶齐女为妻而疑之。吴起为了成就功名，竟残忍地杀死了自己的妻子。本传通过他人之言指责吴起"起之为人，猜忍人也"，并详尽地叙述了他年少时破败家财、残杀谤己者30余人以及母死不归等事，刻画了吴起残忍狠毒的本性。

> 吴起者，卫人也，好用兵。尝学于曾子，事鲁君。齐人攻鲁，鲁欲将吴起，吴起娶齐女为妻，而鲁疑之。吴起于是欲就名，遂杀其妻，以明不与齐也。鲁卒以为将。将而攻齐，大破之。鲁人或恶吴起曰："起之为人，猜忍人也。其少时，家累千金，游仕不遂，遂破其家，乡党笑之，吴起杀其谤己者三十余人，而东出卫郭门。与其母诀，啮臂而盟曰：'起不为卿相，不复入卫。'遂事曾子。居顷之，其母死，起终不归。曾子薄之，而与起绝。起乃之鲁，学兵法以事鲁君。鲁君疑之，起杀妻以求将。夫鲁小国，而有战胜之名，则诸侯图鲁矣。且鲁卫兄弟之国也，而君用起，则是弃卫。"鲁君疑之，谢吴起。

其二，吴起为魏文侯的将领，有一士卒病疽，吴起为之吮吸。司马迁通过士卒之母的哭诉，道出了吴起此种不合常情行为的真实目的：使士卒死心塌地为他而死，以成就他的功名欲念。宋人吕祖谦说："（吴起）前之贪是贪财，后之与士卒同甘苦乃是贪功名之心使之，其贪如一。今渔人以饵致鱼，非是肯舍饵也，意在得鱼也。"（《增补史记纲鉴补》）

其三，吴起在魏国与田文争权，也暴露其贪权贪名及心胸狭窄的性格。

其四，吴起最终的遭遇非常悲惨，"及悼王死，宗室大臣作乱而攻吴起，吴起走之王尸而伏之。击起之徒因射刺吴起，并中悼王"。他在楚国宗族大臣的作乱中，演完了其生命的最后一幕。

其五，司马迁在"太史公曰"里说："吴起说武侯以形势不如德，然行之于楚，以刻暴少恩亡其躯。悲夫！"司马迁首先指出吴起权诈的性格：说魏武侯"在德不在险"，并不是其本质；他为楚相，以严刑酷罚治理国家，正是其残忍本性的表现；接着认为，吴起的刻暴少恩正是其遭杀害的主要原因。

要之，在司马迁对吴起的评价中，道德评价居于十分优先的地位，而成为强势评价；历史评价处于弱势。由于对吴起的道德评价是否定的而历史评价是肯定的，故在道德评价的强势作用下，其历史评价的肯定受到了相当的削弱，因而吴起给人的突出形象是道德人格的卑劣：残忍，权诈，贪恋功名。他的悲惨下场是罪有应得，命运的悲剧性极淡。亚里士多德在其《诗学》中说，悲剧人物在道德品质上并不是好到极点，但是，他的遭殃决不是由于自己的罪恶。①

（五）

一般而言，道德评价与历史评价的二元对立，是对历史上客观存在的二律背反现象的正确揭示。人类的历史不断向前发展，但历史的进步并不是伴随着道德的进步。物质财富的增长，文明智慧的发展，常常伴随着道德的衰败而出现。恩格斯指出："正是人的恶劣的情欲——贪欲和权势欲成了历史发展的杠杆。"② 这种客观的历史现象造成了历史评价和道德评价的二元对立。法家人物是一群相当矛盾复杂的人。作为一位理性的历史学家，司马迁评价法家人物所表现出二元对立的特征，正是对法家人物实际具有"二律背反"命运的反映。

首先，法家人物一般具有杰出的政治军事才能。他们不安于现状，力求通过变法以改革保守落后的政治制度，推动历史向前发展，即《周易·系辞》"《易》穷则变，变则通，通则久"。例如商鞅的变法，沉重地打击了腐朽的贵族统治，使秦国很快走向富国强兵之路；他实行"相牧司连坐"、轻罪重罚之

---

① 朱光潜：《悲剧心理学》，人民文学出版社1983年版，第93—94页。
② 马克思、恩格斯：《马克思恩格斯选集》（第四卷），人民出版社1995年版，第237页。

法，取得了显著的成效，国家安定，道不拾遗。但是，连坐告奸、严刑重罚违背了儒家仁义的道德准则。儒家思想是建立在人性善上，故人与人的关系以仁爱诚信为基础。法家思想建立在性恶上，人与人之间互相猜忌、欺凌，而以严刑重罚加以统治，故法家人物相当残暴，刻薄寡恩。司马迁在《史记·韩非老子列传》中评价韩非说："韩子引绳墨，切事情，明是非，其极惨礉少恩。"

其次，法家人物往往具有冷酷的理性，他们对社会现实的弊病看得非常透彻，所采取的政策非常实用且有显著效果。但他们一方面急于求成，变法的力度相当大，造成了贪功兴利和纷乱诸事的弊端；另一方面，他们更重视有效的结果，往往不择手段，体现了工具理性的特征。例如晁错实行"强干弱枝"政策，侵削诸侯的力度太强，手段更为直接而残忍。诸侯王忍无可忍，最终导致了七国叛乱。与之相比，武帝时主父偃推行的"推恩令"更为仁爱而平稳。我们比较贾谊《论积贮疏》与晁错《论贵粟疏》就可以知道，作为汉初儒家的代表人物，贾谊在此疏中反复强调积贮的重要意义和作用，而没有提出切实可行的方法。但是晁错提出了如何积贮的方法："爵者，上之所擅，出于口而亡穷；粟者，民之所种，生于地而不乏。夫得高爵与免罪，人之所甚欲也。使天下人入粟于边，以受爵免罪，不过三岁，塞下之粟必多矣。"晁错的方法立即取得了显著的效果，但此种方法具有强烈的工具性，不合义的道德准则，如此下去，有钱人可以买爵赎罪，社会道德必然衰败沦丧。

再次，在君臣关系上，儒家和法家都要求得君行道。但儒家以道自守，坚持自己的独立人格，不枉道从势，阿谀人君，合则留，不合则去。而法家人物为了得到人君重用，往往改变其道，阿谀人主。商鞅游说秦王时，先以帝道，秦王不悦；接着以王道，秦王不用；最后以霸道，秦王甚欢。商鞅反复改变其道，不能与儒家守死善道的独立人格相比。韩非特写《说难》，谈论如何游说人主，其大意是"凡说之所务，在知饰所说之所矜，而灭其所耻"，即国君所喜爱的事，就赞美它；国君自感耻辱的事，就掩盖它。这种迎合人君以贪恋富贵权势的人格为正直的士人所不齿；但另一方面，正是因为他们枉尺直寻，才受到人君的重用，做出了一番事业。

最后，法家人物正如韩非《孤愤》所说，是非常孤单悲愤的。他们或者有才能得不到重用，或者得到重用，又时时遭到贵族大臣的忌恨和诛杀。他们的性格冷酷深刻，不相信人与人之间的仁爱诚信，猜忌他人，阴谋狡诈，故法家人物多不为人喜欢。韩非因为有才能，最终被自己的同学李斯毒杀。楚之贵族大臣皆欲害吴起，竟然不顾悼王之尸，乱箭将其射死。"袁盎诸大功臣多不好错"。

综上所述，道德评价与历史评价的二元对立，是对法家人物矛盾复杂人生的揭示；在其二元对立中，司马迁坚持道德评价优先的原则，又深深打上了其主观思想感情的烙印。

其一，司马迁下狱的惨痛经历，使他对法家人物充满了厌恶之情。天汉二年，他因李陵之祸而下狱，并遭受了极其残酷的宫刑。"身非草木，独与法吏为伍，深幽囹圄之中"，"交手足，受木索，暴肌肤，受榜箠"，"见狱吏则头枪地，视徒隶则正惕息"（以上引文出自《报任少卿书》）。司马迁饱受了狱中的痛苦折磨和狱吏的羞辱。他以自身的切肤之痛和深切的感受，深刻地认识到监狱的黑暗和严刑峻罚背后的残暴和冷酷。在周勃"吾尝将百万军，然安知狱吏之贵也"（《史记·绛侯周勃世家》）的叹息声中，寄寓着司马迁的身世感慨。在《史记·韩安国列传》里，司马迁借韩安国对狱吏的复仇表现出他自己的愤慨和复仇情绪。

其二，司马迁深受儒家"德治"、"礼治"思想的影响。孔子"为政以德"、孟子"仁政"、荀子"以礼治国"、董仲舒"任德不任刑"，皆表明德治、礼治是理想的政治。秦命短祚，二世而亡。汉初的政治家和思想家皆深刻地反思了秦朝迅速灭亡的原因。贾谊《过秦论》曰："仁义不施，攻守之势异也。"董仲舒《天人三策》曰："至秦则不然。师申商之法，行韩非之说，憎帝王之道，以贪狼为俗，非有文德以教训于下也。"董仲舒以天道"任阳不任阴"论证人道"任德不任刑"，主张对民实行教化，"渐民以仁，摩民以义，节民以礼"。《史记·酷吏列传》开始就引孔子的话："导之以政，齐之以刑，民免而无耻；导之以德，齐之以礼，有耻且格。"司马迁反对统治者以"政"、"刑"压制人民，而主张以"德"、"礼"使人民自觉接受礼义规范并格正自己的行为。因此，司马迁在法家人物的传记中，严厉指责他们的刑罚政治，揭示他们残忍的本性。

其三，司马迁对武帝"外儒内法"的政治相当不满。《史记·汲郑列传》

曰:"天子方招文学儒者,上曰吾欲云云,黯对曰:'陛下内多欲而外施仁义,奈何欲效唐虞之治乎!'上默然,怒,变色而罢朝。"这一针见血地揭示了汉武帝内法外儒的政治,即内以法家政治为本质,外以儒家的仁义之道为缘饰。武帝外攘四夷、内修功业、以严刑酷罚统治人民,造成了社会政治的无穷混乱。这种政治的实质与儒家仁义教化之道是相背离的。《史记·酷吏列传》记载武帝时的大酷吏数十人,武帝皆以为能。他们执法严酷惨烈,滥杀无辜。王温舒大肆捕杀,"至流血十余里",他犹不足,"会春,温舒顿足叹曰:'嗟乎,令冬月益展一月,足吾事矣!'"这充分地暴露了刽子手的残酷本性。周阳由的执法是"所爱者,挠法活之;所憎者,曲法诛灭之"。张汤是一位大酷吏,"专深文巧诋陷人于罪",然而武帝数称其能。但是,司马迁也肯定了酷吏禁奸止邪而给社会带来安定的积极作用:"虽惨烈,斯称其位矣"、"禁奸止邪,一切亦彬彬质有其文武焉"。司马迁在评价酷吏时表现出复杂性和矛盾性。

其四,司马迁在对法家人物的评价中,表现出道德评价优先的特征,这主要是受儒家思想重视道德人格的影响。自孔子以来,儒家皆重视道德人格的修养。《论语·宪问》中有一段孔子关于君子修身的话:

> 子路问君子。子曰:"修己以敬。"曰:"如斯而已乎?"曰:"修己以安人。"曰:"如斯而已乎?"曰:"修己以安百姓。修己以安百姓,尧、舜其犹病诸。"

孔子非常重视君子的修身。修身即是培养自己的道德人格,所谓内圣,此是安百姓、治天下的基础和保证。《大学》首章说:"大学之道,在明明德,在亲民,在止于至善……自天子以至庶人,壹是皆以修身为本。"孟子更是重视道德人格的修养,"我善养吾浩然之气",此浩然之气配义与道,至大至刚,充塞于天地之间,则"富贵不能淫,贫贱不能移,威武不能屈"、"说大人则藐之,勿视其巍巍然"。此种仁义爱民、伟岸不屈的道德人格是士人永恒的追求。武帝时代,"罢黜百家,独尊儒术"。司马迁受到儒家思想的强烈影响,故在评价法家人物时坚持道德评价优先的原则。

其五,司马迁"太史公曰"在评价法家人物的悲惨命运时,一方面仅从他们个人的行为过失上找原因，另一方面重视他们道德人格的评价和忽视其历史作用的评价。这两方面的片面性，使法家人物的悲惨命运失去了悲剧性：他们刻薄寡恩，人格卑劣，造成败亡的原因主要是自己的过失，所以其下场是罪有应得，命运的悲剧性极淡。司马迁对法家人物的厌恶情绪是造成其评价片面性的一个原因。司马迁因李陵之祸而下狱、受宫刑，饱受了狱中的痛苦折磨和狱吏的羞辱，他以自身的切肤之痛，深刻地认识到监狱的黑暗和严刑峻罚背后的残暴和冷酷。因此，司马迁在感情上对法家人物是非常厌恶的。司马迁又深受儒家德治和礼治思想的影响，而不满武帝"外儒内法"的政治。《史记·平准书》曰："自公孙弘以《春秋》之义绳臣下取汉相，张汤用峻文决理为廷尉，于是见知之法生，废格沮诽穷治之狱用矣。其明年，淮南、衡山、江都王谋反迹见，而公卿寻端治之，竟其党与，而做死者数万人，长吏益惨急而法令明察。"这种滥施刑法导致了严重的社会恶果。

综上所述，司马迁在评价法家人物时，表现出历史评价与道德评价二元对立的特征：一方面肯定法家人物在历史上的地位和作用，即历史评价是肯定的；另一方面指责法家人物道德人格的缺陷和不足，即道德评价是否定的。在此二元对立中，司马迁又坚持道德评价优先的原则，即着重突出法家人物道德人格的残忍、伪诈、贪恋富贵权势，因而道德评价压倒了历史评价。这是法家人物悲剧命运色彩不浓的主要原因。司马迁评价法家人物所表现出二元对立的特征：一方面是对法家人物实际具有"二律背反"命运的反映，另一方面又深深打上了其主观思想感情的烙印。

参考文献：

[1] 司马迁撰，裴骃集解，司马贞索隐，张守节正义：《史记》，中华书局1982年版。

[2] 朱光潜：《悲剧心理学》，人民文学出版社1983年版。

[3] 郭双成：《史记人物传记论稿》，中州古籍出版社1985年版。

[4] 韩兆琦：《史记通论》，广西师范大学出版社1996年版。

[5] 杨燕起等：《历代名家评史记》，北京师范大学出版社1986年版。

十六　"史有诗心"

——历史性叙事与文学性叙事的分别

　　叙述或叙事，即是通过对某件事情或某些事情依时间顺序的描述，而构成一个可以理解的场景或有意义的文本结构。历史和文学的共同特征即是叙述或叙事。周建漳教授在《历史及其理解和解释》一书中认为，史学的基本结构是叙述、解释和评价：历史著作首先是叙述历史事实；其次是揭示历史事实之间的因果联系；再次是对历史事件与历史人物进行历史评价。[①] 近代的新史学观念排斥史学的解释和评价，他们认为，史实叙述是史家的天职，而历史的解释和评价带有史家的主观性，往往有碍于对事实真相的叙述。傅斯年先生提倡实证的史学（科学的史学）：史学便是史料学，史学的方法是科学的实证方法，历史学的基本工作在于经验事实的描述，而不是对历史事实之意义的解释，不是去扶持或推进这个运动或那个主义。[②] 我们认为，历史的解释和评价有其必要性和合理性。首先，以史学只需对事实作客观的叙述，而不宜有解释和评价犯了"混淆人文与自然研究的错误"，人文活动自始至终就包含着解释和价值的问题。其次，历史有鉴往知来的作用，史家通过叙述和解释历史且揭示其意义，对人类的现在和未来承担责任，贾谊说"前事不忘，后世之师也"，司马迁说"述往事，思来者"，英国史学家克罗齐说"一切历史都是现代史"。但传统的史学普遍存在着"道德超载"的现象，不分青红皂白地将道德作为历史解释和评价的核心原则，将事情的成败一归于道德因素，诸如"正义必胜"、"得道多助，失道寡助"等。因此，我们在强调历史解释和评价的必要性时，

[①]　周建漳：《历史及其理解和解释》，社会科学文献出版社 2005 年版，第 250 页。

[②]　参见黄俊杰《徐复观的思想方法论及其实践》，收入黄俊杰《战后台湾的教育与思想》，台湾东大图书公司 1993 年版，第 357—359 页。

应承认其在史学领域中的次要性或边缘性。① 常森在《二十世纪先秦散文研究反思》一书中归结史学质素的特征有三：其一，史学最一般层次的要求，是关注和昭示人类生活的"已往"。其二，史学更进一步的特质在于坚持事实。事实是很难认定的，归根结底是主观认定的事实，即事实有一定的相对性。② 这主要表现在两个方面：一是占卜、梦境、神话等内容，在认识水平低下的时期被史家认为是事实，但在今天看来，它们是不合事实的；二是由于认识的局限，史家所认定的事实乃是历史的假象。其三，史学更深一层的特质，是寻求历史发展的规律性和必然性，从素朴、凌乱的历史事实中，发现把它们联结在一起的本质性东西。③

综上所述，在叙述、解释、评价的史学结构中，叙述位于核心的地位，没有叙述就没有历史；解释和评价是必要的、边缘的。叙述中也含有一定的解释，所谓"叙述性解释"。叙述和解释中也蕴涵着一定的评价，所谓"寓论断于叙事之中"。更多的是，史家可以直接解释和评价历史事件和人物。叙事也是文学的基本特征之一，所谓文学性叙事，但文学可以侧重于议论和抒情，即以议论和抒情为主，以叙事为辅。《史记》的一些篇章有较为强烈的议论性和抒情性，基本上可以看作是文学作品。钱钟书先生论《伯夷列传》曰："此篇记夷、齐行事甚少，感慨议论居其泰半，反论赞之宾，为传记之主。马迁牢骚孤愤，如喉鲠之快于一吐，有欲罢而不能者；纪传之体，自彼作古，本无所谓破例也。"④《史记》的人物传记一般以叙述传主的行事为主，以议论和抒情为辅；但此篇记叙伯夷、叔齐的行事甚少，约占四分之一，而感慨议论的文字占到四分之三，司马迁是借题发挥，以抒发自己的牢骚孤愤。

---

① 关于历史评价的必要性和边缘性的论述，参见周建漳《历史及其理解和解释》，社会科学文献出版社 2005 年版，第 264—270 页。

② 傅修延说："需要补充的是，事实具有相对性，且不说在认识水平低下的历史时期，就是在科学昌明的今天，我们有时仍难以区别'客观事实'与'主观事实'。"参见《先秦叙事研究》，东方出版社 1999 年版，第 208 页。

③ 常森：《二十世纪先秦散文研究反思》，北京大学出版社 2002 年版，第 267—268 页。

④ 钱钟书：《管锥编》（第一册），中华书局 1986 年版，第 306 页。

（一）

叙述或叙事分为历史性叙事和文学性叙事。历史性叙事和文学性叙事各自具有什么特征呢？二者之间的主要区别是什么呢？①

傅修延教授在《先秦叙事研究》一书中说：

> 虚构是文学性叙事区别于历史性叙事的本质特征，叙事中的虚构性因素多到一定程度，它的性质就会由历史向文学转化，由实录性叙事向创造性叙事（creative narrative）转化。历史性叙事和文学性叙事都是对社会生活的反映，但前者要求尊重历史真实，后者则可以驰骋想象，创造出艺术中的"第二自然"。②

> 《左传》中含有较多虚构成分固然已为不争之论，但这部史著中事实与虚构是怎样交融互渗，仍然是一个值得探究的问题……本节标题在钱钟书"史有诗心"之语上稍作改动，"史有诗衣"表示左氏是披着文学大氅的历史骑士，说得更精确一些，《左传》叙事是"虚毛实骨"——事实为骨架而虚构作毛羽。《左传》中的骨干事件大体真实，但敷演其外的微细事件未必皆可信……"史有诗衣"也好，"虚毛实骨"也好，都是强调《左传》中历史与文学是体与衣、骨与毛的关系，因为就本质来说《左传》仍属历史。凭什么断定左氏有"史骨"而无"诗心"呢？③

> 细枝末节的虚构与通体虚构之间并没有一道堤防，由局部"感染"到全身"感染"并非不可能发生之事，一旦虚构由"衣"到"体"蔓延，由"毛"向"骨"侵袭，叙事的性质便会发生变化。④

那么，究竟是什么原因使小说从寓言中脱颖而出呢？本书认为这是由

---

① 我们不能把文学性叙事与文学、历史性叙事与史学相混淆；文学性叙事与文学、历史性叙事与史学，是手段与目的的关系。

② 傅修延：《先秦叙事研究》，东方出版社1999年版，第211页。

③ 同上书，第212—213页。

④ 同上书，第214页。

于寓言的虚构性。……在寓言中这种"实骨"已被"诗心"所代替，为了用合适的故事增加论说的力量，诸子是完全自觉地进行虚构……虚构性（fictionality）是文学性叙事的生命，它取决于作者的想象力，是小说发育的先决条件。真正意义上的小说不能像寓言一样只有人物与简单的故事，其中必须有包含着矛盾与冲突的连续性行为，并有对人物性格、行动环境与事物状态等方面的着意描写，这就对作者的想象力提出了更高的要求。①

作为一部研究先秦叙事的专著，该书并没有具体分析和概括历史性叙事和文学性叙事的基本特征，而只是认为历史性叙事是叙述历史的真实，真实是历史的生命，文学性叙事则是叙述可能的生活真实，虚构是文学性叙事的生命，故虚构是文学性叙事与历史性叙事的本质特征。这可能是学人的共论，但傅教授更突出这种观点，且展开了多方面的论证。

其一，历史性叙事必须叙述历史事实，这不容置疑；但文学性叙事可以叙述"生活的真实"，也可以叙述历史的真实。文学理论所谓"生活的真实"，即生活中可能发生的事情，虽有别于实际发生的事情，但也是基于生活事实的基础上。② 文学性叙事并非一定要以虚构为主，以排斥对真人真事的叙述，例如报告文学类的纪实文学。以虚构为主的叙事，自然不是历史性叙事，也未必是文学性叙事，因为文学性叙事还有其基本的特征。因此，把虚构作为历史性叙事和文学性叙事的本质区别，是不合理的。

其二，傅教授把《左传》的叙事，命名为"史有诗衣"、"虚毛实骨"，即其叙事大体真实，只有一小部分内容是虚构的，像穿在身体上的衣服，像长在骨头上的皮毛。笔者首先认为，《左传》的文学性叙事并不只是表现在虚构上面，文学性叙事具有多方面的特征，例如具体生动的细节、个性化的语言、亲切感人的场景和人物形象等。笔者其次认为，历史文本中的历史性叙事与文学

---

① 傅修延：《先秦叙事研究》，东方出版社 1999 年版，第 273 页。

② 亚里士多德认为："两者（史家和诗人）的差别在于一叙述已发生的事，一描绘可能发生的事。因此，写诗这种活动比写历史更富于哲学意味，更被严肃地对待；因为诗所描述的事带有普遍性，历史则叙述个别的事。"参见《诗学》，上海人民出版社 2006 年版，第 39 页。亚氏过分贬低历史的价值，历史中也含有普遍性的规律。广义的诗即文学，其普遍性也是基于实际生活的基础上。

性叙事是交融在一起的，而不能认为文学性叙事像衣服或皮毛那样可以从历史性叙事之体或骨上脱下或剥下。钱钟书先生所谓"史有诗心"，即史家的诗心是随处流露的，具体地融化在历史性叙事中。因此，在笔者看来，"史有诗心"要比"史有诗衣"、"虚毛实骨"贴切。

其三，傅教授认为，虚构是文学性叙事的生命，《左传》的"诬谬不实"有两个层面的显现：一是左氏记述的神异，包括卜筮、灾祥、鬼怪、报应、梦兆等；二是左氏的记言。傅教授很赞同钱钟书的观点，即左氏记录的人物语言是"生无旁证，死无对证"，故其记言是所谓的"拟言"、"代言"，是"想当然耳"的虚构，从而体现了文学性叙事的主要特征。左氏记言是"设身处地，依傍性格身份，假之喉舌，想当然耳。……史家追叙真人真事，每须遥体人情，悬想事势，设身局中，潜心腔内，忖之度之，以揣以摩，庶几入情合理。盖与小说、院本之臆造人物，虚构境地，不尽同而可相通；记言特其一端。……《左传》记言而实乃拟言，代言"①，这虽有虚拟的成分，但也是基于世事人情上的虚构，包含了历史的真实性。笔者认为，《左传》记言是拟言、代言，有一定的虚构性，这只是《左传》文学性叙事的一个特征，但其文学性叙事的根本表现，是左氏所记的人物语言具有个性化的特征，即符合人物的性格和身份，符合当时的具体情境，从而创造出生动感人的人物形象，《左传》作者的"诗心"主要表现在此。傅教授只从虚构上来理解钱先生的"拟言"、"代言"是较为片面的，没有把握文学性叙事的实质。

就历史文本的虚构性而言，某些具体事件的不实还是次要的，而故事结构的虚构才是主要的。史家从无数的历史事件中选择出一定数量的事件，根据某种情节安排的模式，而构成一个完整的故事。首先，史家选择了一些事件，这些事件是真实的，但舍弃了另外的一些事件，故在总体上是不真实的，有人说"部分的真实即是谎言"。其次，同样的一组事件，史家在不违背其时间顺序的前提下，可采用几种情节编排的模式，例如使某些事件核心化，而将另外一些事件排挤至边缘的位置，或把一些事件看作原因，而将其余的事件作为结果，从而构成几种故事，体现出几种不同的意义，这取决于史家的主观要求。美国

---

① 钱钟书：《管锥编》（第一册），中华书局1986年版，第165—166页。

历史学家怀特认为："同样的历史系列可以是悲剧性的或喜剧性故事的成分，这取决于历史学家如何排列事件顺序从而编织出易于理解的故事。……关键问题是多数历史片段可以用许多不同的方法来编造故事，以便提供关于事件的不同解释和赋予事件不同的意义。"① 因此，史家把不同的事件组合成事件发展的开头、中间和结尾，以结构成完整的一个故事；这种做法不是在历史中发现故事，而从根本上说是文学的做法，即创造故事，从而表现出较强的虚构性。

《史记》是以人物传记为主的历史著作，叙述了历史人物一生的主要遭遇，描绘了历史人物的主要性格。某个历史人物一生所经历的事件是众多的，其性格是丰富复杂的。司马迁只是选择其中的一些事件和某些性格特征，根据某种主题或意义把这些事件和性格按照某种情节编排的模式，以组合成一个完整的故事，这取决于史家的主观诉求，其虚构性是不容置疑的。例如《季布栾布列传》，季布是项羽部下的一员猛将，为项羽立下了诸多战功。但此篇人物传记根本没有叙录其战功，主要是述说季布在刘邦的追杀下能够忍辱不死，最终成就功名。栾布是为彭越所知遇的一员战将，一生经历的事情众多，但司马迁只是叙述栾布在面对彭越被诛杀时，不仅勇敢无畏地走向死亡，且在走向死亡的过程中，慷慨陈词，称扬彭越为汉立下的丰功，指出彭越忠于汉朝而绝无谋反之心，斥责刘邦枉杀功臣，从而为彭越洗刷了不白之冤，真正地报答了知己的知遇之恩。因此，司马迁为季布和栾布合传而结构此篇传记的主要意义，是他们二人皆面临生死抉择的困境，一是忍辱求生，一是从容就死，其行为抉择皆有重要的意义，所谓"非死者难也，处死者难"（《廉颇蔺相如列传》）。②

《左传》这样的编年体著作，其故事结构性大多不突出，但仍有不少的重大事件通过左氏的故事结构，而赋予某种意义，从而表现出较大的虚构性。例如《晋楚城濮之战》（僖公二十八年）。此次战役的参战国有楚、晋、卫、曹、宋等国，牵涉齐、秦等国利益，事件是错综复杂的。左氏选择了一定数量的事

---

① 海登·怀特：《作为文学虚构的历史文本》，收入张京媛主编《新历史主义与文学批评》，北京大学出版社1993年版，第164页。

② 司马迁在"太史公曰"里指出结构此篇的基本意义："以项羽之气，而季布以勇显于楚，身屡军搴旗者数矣，可谓壮士。然至被刑戮，为人奴而不死，何其下也！彼必自负其材，故受辱而不羞，欲有所用其未足也，故终为汉名将。贤者诚重其死。夫婢妾贱人感慨而自杀者，非能勇也，其计画无复之耳。栾布哭彭越，趋汤如归者，彼诚知所处，不自重其死。虽往古烈士，何以加哉！"

件以结构成城濮之战的故事。左氏重点叙写大战之前各国纷繁复杂的外交活动，突出楚兵统帅子玉的一再无礼，而宣扬晋国君臣上下一心，"退避三舍"，以礼义用兵。对城濮之战的过程，叙写相当简略，约有180余字，故事与文本很不对称。对事件的尾声叙写较详，子玉战败后为楚王所弃，被迫自杀，无礼自然遭到恶果；晋君重耳成为诸侯的霸主。左氏结构城濮之战的故事意义，是正义之师必胜：晋文公"退避三舍"，是信守诺言，是合乎礼；楚军统帅子玉步步进逼晋文公，是"君退臣犯，曲在彼矣"。《左传》作者往往用简洁鲜明的道德观念来评价复杂的历史，对各国之间频繁发生的战争，总是首先辨明双方在道义上的曲直是非，并以此解释战争的胜负结果，企图说明正义之师必胜的道理，这即是"道德超载"。我们同样可以认为，晋文公退避三舍可能是一条妙计，为了诱敌深入，助长敌方的骄傲懈惰之气；如果以意义来结构故事，则选择的一组事件有所不同，且情节编排的模式也是另一种，从而创造另一个故事。

要言之，历史性叙事的虚构性不仅表现在具体的事件上，而且表现在故事的结构上，可以说，结构是最大的虚构。周作人先生引作家废名之言说："我从前写小说，现在则不喜欢写小说，因为小说一方面也要真实，——真实乃亲切，一方面又要结构，结构便近于一个骗局，在这些上面费了心思，文章乃更难得亲切了。"① 傅修延教授只注意到具体历史事件的虚构，而没有论及故事结构的虚构性，是相当不足的。

其四，傅教授认为，先秦寓言对后世小说的影响主要在于其虚构。实际上，虚构想象是人的天性，任何人都懂得虚构和喜欢虚构。先秦寓言的主要特征，在于以具体生动的形象来说理。以概念性的文字说理，清楚明确。但用寓言说理，如不对寓言的寓意予以点醒，则寓意隐微而难以索解，所谓"形象大于思想"。《庄子》哲思具有高深莫测的神秘色彩，固然与其哲思本身的精深有关，但也与其以寓言说理的方式有关。形象思维的特征在于同一个形象可以寓含不同的寓意，同一个寓意可以用不同的形象来隐喻。寓言是高级的比喻，有相对的独立性，构成了一个相对完整的故事，有人物形象，有一定的语境，

---

① 周作人：《立春以前》，河北教育出版社2002年版，第72页。

有较为激烈的矛盾冲突。因此，主要是寓言的形象性而不是其虚构性，对后世小说产生了重要影响。

综上所述，笔者并不赞同傅教授所谓"虚构性（fictionality）是文学性叙事的生命"。历史性叙事必须叙述历史的事实，但难以否定其中的虚构性；而文学性叙事可以叙述历史的事实，也可以叙述生活的真实，即文学性叙事不在于叙述真实的故事还是虚构的故事，而在于其叙事是否具有文学的特质；因此，虚构不是历史性叙事与文学性叙事的根本区别。高小康教授在《中国古代叙事观念与意识形态》一书中说，"从美学的角度看，历史和文学的根本区别不是在于二者的虚实比例究竟应当如何分配"，而是历史叙事中的故事不能称为真正的故事，只能称为故事片段，因为它不具备独立完整的结构，而文学叙事的故事有独立的时空结构。① 这是否认虚与实是文学性叙事和历史性叙事最本质的区别。历史性叙事是断裂的、跳跃的（下文详论），并不能构成前后相连的完整故事结构，这是历史性叙事与文学性叙事的一个区别，但未必是根本的。常森在《二十世纪先秦散文研究反思》一书中说：《左传》是历史质素、文学质素和经学质素的统一；《左传》的文学质素主要表现在四个方面：一是塑造、再现了一批极富个性的人物；二是非常注重细节的描写；三是有比较完整、曲折的故事情节；四是作者根据人物的个性，利用悬想来设置故事。② 常森列举的前三项，是文学性叙事的基本特征。他列举的第四项涉及《左传》的虚构，但从他的具体论证来看，主要是侧重于人物之个性化语言。《左传》的代言和拟言，有虚构的成分，但着重再现人物语言的个性化，个性化的语言是文学性叙事的基本特征之一。因此，在常森看来，文学质素的基本特征并不主要在于虚构。

（二）

笔者认为，根据《春秋》、《左传》、《史记》、《汉书》等历史著作，历史

---

① 高小康：《中国古代叙事观念与意识形态》，北京大学出版社 2005 年版，第 16—17 页。
② 常森：《二十世纪先秦散文研究反思》，北京大学出版社 2002 年版，第 268—270 页。

性叙事的基本特征有四。

首先，历史性叙事要叙述历史事实，但也承认其虚构性。历史文本根本不能到达历史的真实，但可以产生真实的效果。历史的虚构性尤其表现在故事的结构上面。

其次，历史性叙事是骨架性叙事，而很少涉及血肉。所谓"骨架性叙事"，即主要是叙述大事件和大人物（英雄），且对大事件和大人物的描述也是概略性的。司马迁在《留侯世家》里说："留侯从上击代，出奇计马邑下，及立萧何相国，所与上从容言天下事甚众，非天下所以存亡，故不著。"张良一生所经历的事件众多，司马迁主要记录张良之涉及天下之存亡的大事件、关键事件。这有几个方面的原因：一是随着时间的流逝，往事如烟，无数的小事件、小人物微不足道，早已经湮没在历史的尘烟中，只有大事件和大人物能够留存下来，且它们也只是骨干，那些血肉多已腐烂殆尽，这是客观上的原因。二是在纷繁复杂的历史风云中，无数的事件和人物宛如天上的繁星，不可胜记，只有大事件和大人物才能进入史家的法眼，且对其叙述也是概略性的，否则不胜纷繁，这是主观上的原因。三是概略性叙事易于符合历史事实，血肉性叙事因留存的材料少而史家不得不予以一定的悬想，故含有较多虚构的成分。进一步说，史家的骨架性叙事形成的文本，不能与真实的历史事件相对称，即文本与故事不对称。傅修延教授说："叙事的构成涉及故事、文本与叙述这三个要素：文本是叙述的记录，读者通过阅读文本接触到叙述，并进而获得叙述传达的故事。"① 一定的内容故事必须有一定数量的文本篇幅与之匹配，才能传递故事包含的诸多信息。傅教授认为，《左传》的文本与故事是对称的。虽然文本与故事的对称有一定的相对性，但在笔者看来，史传著作的文本与故事是不对称的。这不要说编年体《左传》对历史上纷繁复杂的重大事件只用较少的文字来叙述，难以获得具体生动的展示；就是纪传体《史记》、《汉书》往往也是用不多的篇幅概略地叙述历史人物的一生，文本与故事是不对称的。因为故事大于文本，所以文本所叙述的故事是轮廓性、骨架性的。

再次，历史性叙事是断裂性、跳跃性叙事，一系列事件之间缺少内在的有

---

① 傅修延：《先秦叙事研究》，东方出版社 1999 年版，第 196 页。

机联系，不能构成一个完整的故事结构。断裂性叙事因为不重视事件之间的发生和发展的关系，故难以形成生动曲折、引人入胜的故事情节，也难以产生紧张的矛盾冲突。而文学性叙事重视事件之间的发生、发展、高潮、结局的过程，从而形成完整的、曲折生动的故事结构。如果史家在叙事时重视事件的发展过程及其较为紧密的因果关系，以形成完整的结构，则其历史性叙事往往表现出较强的虚构性。班固《汉书》，多是流水账式地记录历史人物一生的重要事迹，其历史性强；但司马迁《史记》，重视揭示事件之间的发展关系，形成了较为完整的结构，其文学性强。

《春秋》、《左传》等编年体史书，是"依时叙事"，史家按时间顺序叙述重要的历史事件。事件发生的时间顺序，并不表明它们之间有因果关系。如果同一事件在此后的数年中仍有发展，或一系列事件具有某种因果关系，但因《春秋》、《左传》的编年体例，它们被分割在不同的年代里，湮没于无数的事件中，其发展过程或因果联系湮灭难闻。《左传》桓公元年："宋华父督见孔父之妻于路，目逆而送之，曰：'美而艳。'"华父督一言一行的两个细节，写尽了他对孔父之妻神魂颠倒的情状。《左传》桓公二年云："二年春，宋督攻孔氏，杀孔父而娶其妻。"这两个事件具有一定的因果联系，但都湮没在纷繁的历史事件中。《左传》在僖公四年（重耳避乱出逃），僖公二十三年（流亡列国），僖公二十四年（回晋为君），僖公二十七年（中兴晋室），僖公二十八年（败楚称霸），叙述了重耳一生的主要事迹。这些主要事迹，被分割在不同的年代里，被分散在诸多的历史事件中，而很难展示其曲折发展的历程。

《史记》、《汉书》是以人物传记为主的史著。司马迁和班固把某历史人物一生的主要经历集中在一篇传文里叙述。因为历史性叙事的骨架性，有许多置于重大事件之间的中小事件不得不被抛弃，故历史人物一生的遭遇是跳跃性的，只能大略知道其发展的过程，而各个发展阶段的内在联系性不强。究其原因有三：一是历史本身并不能构成一个完整的故事。混沌的历史，并不像故事那样具有井然有序而又曲折动人的完整结构。美国历史学家怀特说："人们经常忘记，无论是关于个人生活的事件，还是关于一个机构、一个国家或整个民族的历史事件，都不能明显地构成一个完整的故事。我们不会'生活'在故事中，尽管我们事后以故事的形式来讲述我们生活的意义，并以此类推到国家和整个文化。"① 二是史家概略性的叙事只能跳跃性地叙述历史人物的重要事件，许多中小事件或为原因、或为结果而遭到遗弃，这往往割断了历史事件之间的联系，所以事件的发展脉络不甚清楚明白。三是史家站在历史的后面，不是身处于历史中，对事件之间的一系列因果关系不太清楚，难以揭示，且史家过多的因果性解释也冒着违背历史真实的风险。

最后，历史性叙事是外在性叙事，这主要表现在以下三个方面。一是重视人物行动的描写，很少透入到人物的内心世界中。人物的行动是外在性的，一系列的行动推进事件的发展，故"动词为叙事文之眼"②。心理描写展示人物的内心世界，能充分地揭示人物的性格特征，这是文学性叙事的表现手法之一。心理描写是叙述者站在全知全能的角度上，发挥其想象，有虚拟性，但也切合人物的个性；而史家面对历史对象，只能采取限知角度来叙事，难以进入人物的内心世界中，以坚持叙事的真实性。历史性叙事只涉及历史人物的外部表情，很少叙述其内在的主观情感。《史记·项羽本纪》叙述了项羽在垓下四面楚歌中与虞姬生离死别的场景。项羽悲歌慷慨，泣下数行，表现了英雄在失败时一腔不平的悲愤，展现了英雄末路多情而无可奈何的心情。③ 吴见思说："'可奈何'、'奈若何'，若无意义，乃一腔怒愤，万种低回，地厚天高，托身无所，写英雄失路之悲，至此极矣。"（《史记论文》）这段文字可看作是文学性叙事，浓烈地抒发了项羽在穷途末路时的复杂情感，文学是以情动人的。二是历史性叙事以史家的叙述语言为主，较少述写历史人物的语言。史家记事要比记言容易。一方面古代没有录音设备，人物的语言很容易消逝在历史的时空中；另一方面，人物之私人性、隐秘性的语言，只有当事人知道，其他人难以窥知。史家要写人物语言，自然是钱钟书所说的"代言"、"拟言"，是"想当然耳"，这必冒着违背历史事实的风险。且史家在述写人物语言时必须设身处

----

① 海登·怀特：《作为文学虚构的历史文本》，收入张京媛主编《新历史主义与文学批评》，北京大学出版社 1993 年版，第 169 页。

② 傅修延：《先秦叙事研究》，东方出版社 1999 年版，第 182 页。

③ 《项羽本纪》："项王军壁垓下，兵少食尽，汉军及诸侯兵围之数重。夜闻汉军四面皆楚歌，项王乃大惊曰：'汉皆已得楚乎？是何楚人之多也！'项王则夜起，饮帐中。有美人名虞，常幸从；骏马名骓，常骑之。于是项王乃悲歌慷慨，自为诗曰：'力拔山兮气盖世，时不利兮骓不逝。骓不逝兮可奈何，虞兮虞兮奈若何！'歌数阕，美人和之。项王泣数行下，左右皆泣，莫能仰视。"

地，根据人物的个性、身份地位以及当时讲话的实际语境，来模拟人物的语言。这便给史家造成了相当多的困难。因此，历史性叙事是史家的叙述语言甚多，而历史人物的语言较少，所谓"事多言少"。史家的叙述语言往往枯燥无味；而历史人物的个性化语言，切合人物的个性，融合实际的语境，因而生动形象感人。三是历史性叙事的叙述语言是外在性的语言。外在性的语言注重字面义，质朴、精练、准确；少有隐喻和象征意义，也少有言外之意。

综上所述，历史性叙事的基本特征有四：一是叙述史实；二是概略性叙事；三是断裂性叙事；四是外在性叙事。

（三）

文学性叙事的基本特征有四：

首先，文学性叙事可以叙述历史的事实，也可以描述生活的真实。

其次，相对于历史性叙事的概略性，文学性叙事要具体、细致、生动，从而创造出栩栩如生的艺术形象，文学是对社会生活的形象反映。但历史性叙事只是叙述历史事件和人物的骨架，没有丰满的血肉，因而难以描绘生动感人的形象。深一层看，文学性叙事的文本至少对称故事，最好是大于故事，从而增加叙事的密度。

再次，相对于历史性叙事的断裂性，文学性叙事要有完整的故事结构。文学性叙事重视叙述一系列事件之发生和发展的关系，形成曲折生动、引人入胜的故事情节，且各个情节之间具有内在的有机联系，井然而有序，从而构成完整的故事结构。

最后，相对于历史性叙事的外在性，文学性叙事是内在性的叙事。一是叙述者以全知全能的叙述方式深入到人物的内心世界中，具体展示人物之复杂的心理和情感，以揭示人物之立体的性格特征。文学性叙事的基本目的之一，是塑造栩栩如生的人物形象，揭示人物之独特、鲜明和复杂的性格特征，展示人物一生之曲折动荡的命运。虽然行动和语言对人物性格的塑造具有作用，但仍不能揭示人物的心灵活动，而心灵乃是人物性格的核心因素。二是叙述者重视人物之个性化语言的描写。人物的对话是置于具体的语境中，且根据不同人物的个性而设置，一方面能体现人物的个性品格，另一方面能展示具体、形象的语境。因此，个性化语言的较多运用，易于造就有血有肉的人物形象。三是文学性叙事的语言是内在性的语言，具有情境性、富有言外之意，有隐喻、象征的意义。

（四）

在《左传》、《史记》、《汉书》三部有代表性的历史著作中，其历史性叙事和文学性叙事是交融在一起的。有些部分侧重于历史性叙事，叙述是骨架性、跳跃性、外在性的。叙述的事件只是一个轮廓，各个事件之间没有紧密的发展关系，不能构成完整的故事结构，很少涉及历史人物的个性化语言和内在的心理活动。历史性叙事往往枯燥无味，毫无生气，读来令人昏昏欲睡。有些部分偏重于文学性叙事，叙述具体、生动、形象，有曲折紧张的矛盾冲突，有较为丰富的人物性格。《左传》、《史记》、《汉书》的历史性叙事占主体的地位，因而成为历史著作；其中，《汉书》的历史性叙事最强，可称得上是典范的历史性著作，而《史记》的文学性叙事最强。我们首先以《汉书·董仲舒传》为例来说明。

传记开始说：

> 董仲舒，广川人也。少治《春秋》，孝景时为博士。下帷讲诵，弟子传以久次相授业，或莫见其面。盖三年不窥园，其精如此。进退容止，非礼不行，学士皆师尊之。
>
> 武帝即位，举贤良文学之士前后百数，而仲舒以贤良对策焉。①

传记接着详细地记录了董仲舒的《天人三策》，这是文史资料的保存，占这篇传记内容的十分之八。

传记进一步叙述：

---

① 本文引录《汉书》的文字，参见班固撰，颜师古注《汉书》，中华书局 1962 年版。

　　对既毕，天子以仲舒为江都相，事易王。易王，帝兄，素骄，好勇。仲舒以礼谊匡正，王敬重焉。久之，王问仲舒曰："粤王勾践与大夫泄庸、种、蠡谋伐吴，遂灭之。孔子称殷有三仁，寡人亦以为粤有三仁。桓公决疑于管仲，寡人决疑于君。"仲舒对曰："臣愚不足以奉大对。闻昔者鲁君问柳下惠：'吾欲伐齐，何如？'柳下惠曰：'不可。'归而有忧色，曰：'吾闻伐国不问仁人，此言何为至于我哉！'徒见问耳，且犹羞之，况设诈以伐吴乎？由此言之，粤本无一仁。夫仁人者，正其谊不谋其利，明其道不计其功。是以仲尼之门，五尺之童羞称五伯，为其先诈力而后仁谊也。苟为诈而已，故不足称于大君子之门也。五伯比于他诸侯为贤，其比三王，犹武夫之与美玉也。"王曰："善。"

　　仲舒治国，以《春秋》灾异之变推阴阳所以错行，故求雨，闭诸阳，纵诸阴，其止雨反是；行之一国，未尝不得所欲。中废为中大夫。先是辽东高庙、长陵高园殿灾，仲舒居家推说其意，草稿未上，主父偃候仲舒，私见，嫉之，窃其书而奏焉。上召视诸儒，仲舒弟子吕步舒不知其师书，以为大愚。于是下仲舒吏，当死，诏赦之，仲舒遂不敢复言灾异。

　　仲舒为人廉直。是时方外攘四夷，公孙弘治《春秋》不如仲舒，而弘希世用事，位至公卿。仲舒以弘为从谀，弘嫉之。胶西王亦上兄也，尤纵恣，数害吏二千石。弘乃言于上曰："独董仲舒可使相胶西王。"胶西王闻仲舒大儒，善待之。仲舒恐久获罪，病免。凡相两国，辄事骄王，正身以率下，数上疏谏争，教令国中，所居而治。及去位归居，终不问家产业，以修学著书为事。

　　仲舒在家，朝廷如有大议，使使者及廷尉张汤就其家而问之，其对皆有明法。自武帝初立，魏其、武安侯为相而隆儒矣。及仲舒对册，推明孔氏，抑黜百家。立学校之官，州郡举茂材孝廉，皆自仲舒发之。年老，以寿终于家，家徙茂陵，子及孙皆以学至大官。

　　传记叙述了仲舒之人生遭遇中的重要事件：一是对策；二是出为诸侯王相；三是言灾异；四是以修学著书为事等。这几件事的叙述相当简略。作为西汉的大儒，他一生经历了文帝、景帝和武帝三朝，两次出任诸侯之相，其人生遭遇动荡复杂，但《汉书》的叙事既少又平淡无奇，其叙事是概略性的，这导致了文本与故事的严重不对称。班固的叙事又是断裂性的，事件之间缺少发生和发展的关系，不能构成完整的故事结构。传记也揭示了仲舒的某些性格特征，"进退容止，非礼不行"、"遂不敢复言灾异"、"为人廉直"，但过于简单，仲舒的形象是平面、抽象的。传记主要采取史家的叙述语言（除了《天人三策》之外），基本没有仲舒在特定语境中的个性化语言。笔者认为，正是班固主要运用历史性叙事的方法，从而保证了《汉书》成为较纯粹的历史著作。

最后概述了仲舒的著作：

> 仲舒所著，皆明经术之意，及上疏条教，凡百二十三篇。而说《春秋》事得失，《闻举》、《玉杯》、《蕃露》、《清明》、《竹林》之属，复数十篇，十余万言，皆传于后世。掇其切当世施朝廷者著于篇。

《史记》的文学性最强，司马迁在历史性叙事中，较多地融合了文学性叙事。一般而言，史家如果特别喜欢传主本人，或特别喜欢传主的某些事迹，则往往狠下工夫，其叙事具体、生动、形象，而偏重于文学性叙事。韩信是司马迁最为欣赏和赞佩的伟大军事家，他的人生遭遇又是悲剧性的，深为司马迁所同情。《淮阴侯列传》偏重于文学性叙事，例如萧何追韩信：

> 信数与萧何语，何奇之。至南郑，诸将行道亡者数十人，信度何等已数言上，上不我用，即亡。何闻信亡，不及以闻，自追之。人有言上曰："丞相何亡。"上大怒，如失左右手。居一二日，何来谒上，上且怒且喜，骂何曰："若亡，何也？"何曰："臣不敢亡也，臣追亡者。"上曰："若所追者谁何？"曰："韩信也。"上复骂曰："诸将亡者以十数，公无所追；追信，诈也。"何曰："诸将易得耳。至如信者，国士无双。王必欲长王汉中，无所事信；必欲争天下，非信无所与计事者。顾王策安所决耳。"王曰："吾亦欲东耳，安能郁郁久居此乎？"何曰："王计必欲东，能用信，信即留；不能用，信终亡耳。"王曰："吾为公以为将。"何曰："虽为将，

信必不留。"王曰:"以为大将。"何曰:"幸甚。"于是王欲召信拜之。何曰:"王素慢无礼,今拜大将如呼小儿耳,此乃信所以去也。王必欲拜之,择良日,斋戒,设坛场,具礼,乃可耳。"王许之。诸将皆喜,人人各自以为得大将。至拜大将,乃韩信也,一军皆惊。[①]

这一事件后来被小说和戏剧演绎成"萧何月下追韩信"的故事,无疑受到了司马迁文学性叙事的影响。此段基本采用萧何和刘邦的对话形式,他们两人的语言具有个性化的特征,刘邦是盛气凌人,萧何是谨慎谦逊。司马迁也注意叙写他们对话时的情感表现,以突出刘邦的个性,例如"上复骂"、"上大怒"、"上且怒且喜"等。此事件的最后,叙写了"诸将皆喜,人人各自以为得大将。至拜大将,乃韩信也,一军皆惊",尤具有戏剧性和惊奇性,完全是文学家的一腔胸怀。如果从虚构上来说,则刘邦和萧何的对话语言,正是司马迁根据具体的语境和人物的性格而悬想出来的。

总的来说,在《史记》的人物传记中,有些篇章较多地运用文学性叙事,其文学性是强烈的,但除了像《伯夷列传》等篇外,基本上没有逸出历史著作之外;有些传记基本上运用历史性叙事,文学性叙事较少,例如《樊郦滕灌列传》,这几位传主皆是楚汉相争时刘邦的重臣,不能不写,但他们并不为司马迁所激赏。在《史记》的同一篇传记中,各部分叙事也表现出历史性叙事与文学性叙事之强弱的区别。《曹相国史家》这篇传记,前后分为两大部分。第一部分叙述曹参的战功,基本上采用历史性叙事,按时间的顺序记录曹参所建立的战功,没有涉及战役的具体描写,也没有表现曹参的精神个性,因而毫无精神:

> 高祖二年,拜为假左丞相,入屯兵关中。月余,魏王豹反,以假左丞相别与韩信东攻魏将军孙遫军东张,大破之。因攻安邑,得魏将王襄。击魏王于曲阳,追至武垣,生得魏王豹。取平阳,得魏王母妻子,尽定魏

---

① 本文引录《史记》的文字,参见司马迁撰,裴骃集解,司马贞索隐,张守节正义《史记》,中华书局 1982 年版。

地，凡五十二城。赐食邑平阳。因从韩信击赵相国夏说军于邬东，大破
之，斩夏说。韩信与故常山王张耳引兵下井陉，击成安君，而令参还围赵
别将戚将军于邬城中。戚将军出走，追斩之。乃引兵诣敖仓汉王之所。韩
信已破赵，为相国，东击齐。参以右丞相属韩信，攻破齐历下军，遂取临
菑。还定济北郡，攻著、漯阴、平原、鬲、卢。已而从韩信击龙且军于上
假密，大破之，斩龙且，虏其将军周兰。定齐，凡得七十余县。得故齐王
田广相田光，其守相许章，及故齐胶东将军田既。韩信为齐王，引兵诣
陈，与汉王共破项羽，而参留平齐未服者。

传记的第二部分叙述了曹参代萧何为相后，继续实行清静无为、与民休息
的政策，这是司马迁最为赞赏的。此段文字最具有精神，是曹参传记的精彩出
色之处。之所以如此，是司马迁采用文学性叙事的手法，写出了人物的精神
个性。

　　　　参代何为汉相国，举事无所变更，一遵萧何约束。……日夜饮醇酒。
　　　　参子窋为中大夫。惠帝怪相国不治事，以为"岂少朕与"？乃谓窋曰：
　　"若归，试私从容问而父曰：'高帝新弃群臣，帝富于春秋，君为相，日
　　饮，无所请事，何以忧天下乎？'然无言吾告若也。"窋既洗沐归，间侍，
　　自从其所谏参。参怒，而答窋二百，曰："趣入侍，天下事非若所当言
　　也。"至朝时，惠帝让参曰："与窋胡治乎？乃者我使谏君也。"参免冠谢
　　曰："陛下自察圣武孰与高帝？"上曰："朕乃安敢望先帝乎！"曰："陛下
　　观臣能孰与萧何贤？"上曰："君似不及也。"参曰："陛下言之是也。且
　　高帝与萧何定天下，法令既明，今陛下垂拱，参等守职，遵而勿失，不亦
　　可乎？"惠帝曰："善。君休矣！"

本段的叙事生动形象，富有情趣：一是重视细节的描写；二是写出曹参与
惠帝、曹窋之间的冲突；三是叙事以人物自己的个性化语言为主。
最后，司马迁在"太史公曰"里说：

> 曹相国参攻城野战之功所以能多若此者，以与淮阴侯俱。及信已灭，而列侯成功，唯独参擅其名。参为汉相国，清静极言合道。然百姓离秦之酷后，参与休息无为，故天下俱称其美矣。

司马迁认为，曹参只是一员战将，之所以功多，是因为跟随元帅韩信之后，这是对曹参战功的轻视，但他对曹参代萧何为相后，继续实行的清静无为之道极为赞赏，故倾注感情，描写生动传神，这也造就了后世盛传的"萧规曹随"的佳话。

《萧相国世家》叙述了汉代第一名相萧何的人生遭遇，刻画了其主要的性格特征。① 其传记不长，显然与萧何的声名及其一生的事迹不对称，即文本小于故事，从而决定其叙事的概略性和断裂性。从这篇传记中，我们可以看出，史家在具体事件的虚构上只是小的方面，而传记结构的虚构才是大的方面。

萧何精通吏治，善于守成。在楚汉相争时，他一直留守后方，治事安民，使刘邦在前方打仗具有坚实的后方根据地，且又不断地转运粮草、征集士兵到前方。刘邦即帝位后，萧何为丞相。可以说，萧何在文治方面的功劳是非常卓著的，是汉家的第一功臣。但传记很少述及萧何在治国安民时的具体事件，传记的一条主线是叙述刘邦和萧何之间的冲突和融合。传记开始就叙述了他们不同寻常的关系：

> 萧相国何者，沛丰人也。以文无害为沛主吏掾。高祖为布衣时，何数以吏事护高祖。高祖为亭长，常左右之。高祖以吏繇咸阳，吏皆送奉钱三，何独以五。

"高祖以吏繇咸阳，吏皆送奉钱三，何独以五"，实在是一件微不足道的小事，但司马迁记录此事，并在后文予以照应，"乃益封何二千户，以帝尝繇咸

---

① 按照客观的标准，诸侯王才能称世家。但汉初所封的诸侯王韩信、黥布、彭越等皆以列传传之，这是因为他们以谋反罪被诛灭，而不能世传其家。汉初分封的列侯有一百余位，他们不应称世家。司马迁认为，萧何、曹参、张良、陈平、周勃，对汉室政权所发生的作用重大，不能把他们平均化于列侯之中，故置于世家以特别彰显出来。显然，司马迁之本纪、世家之称也包含了价值的评价。

阳时何送我独赢奉钱二也"。

传文接着叙述萧何留守后方，刘邦把治关中之事完全交给萧何，而自己在前方打仗，但又猜忌萧何倾动关中：

> 汉三年，汉王与项羽相距（拒）京索之间，上数使使劳苦丞相。鲍生谓丞相曰："王暴衣露盖，数使使劳苦君者，有疑君心也。为君计，莫若遣君子孙昆弟能胜兵者悉诣军所，上必益信君。"于是何从其计，汉王大悦。

他们之间产生了矛盾，萧何主动修复，缓解了冲突。

汉五年，刘邦击败了项羽，以为萧何功最盛，这是他们二人关系的亲密期。刘邦以"功人"和"功狗"，喻萧何与诸将的功绩，诸将犹如追逐兽兔的猎狗，虽有奔走捕捉之劳，但他们之捕捉兽兔，是受到猎人的发号施令，萧何正是发号施令的猎人。叙事形象生动，但也侮人不敬，这一向是刘邦的性格。司马迁又选择了鄂君纵论萧何与诸将之功是"一时之利"与"万世之功"的区别，最后"萧何第一，曹参次之"。高祖曰："善。"

汉十一年，陈豨反，高祖带兵讨伐。此时，韩信谋反关中，吕后用萧何计，诛韩信。刘邦得知韩信被诛，也猜忌萧何：

> 上已闻淮阴侯诛，使使拜丞相何为相国，益封五千户，令卒五百人一都尉为相国卫。诸君皆贺，召平独吊。……召平谓相国曰："祸自此始矣。上暴露于外而君守于中，非被矢石之事而益君封置卫者，以今者淮阴侯新反于中，疑君心矣。夫置卫卫君，非以宠君也。愿君让封勿受，悉以家私财佐军，则上心悦。"相国从其计，高帝乃大喜。

萧何听召平之言，不接受"益封五千户"，且以家产充军，再一次化解了他们之间的冲突。

汉十二年，黥布反，刘邦自将击之，又猜忌萧何谋反：

（刘邦）数使使问相国何为。相国为上在军，乃拊循勉力百姓，悉以所有佐军，如陈豨时。客有说相国曰："君灭族不久矣。夫君位为相国，功第一，可复加哉？然君初入关中，得百姓心，十余年矣，皆附君，常复孳孳得民和。上所为数问君者，畏君倾动关中。今君胡不多买田地，贱贳贷以自污？上心乃安。"于是相国从其计，上乃大悦。

萧何为了消解高祖的疑忌。不惜以贱买民众土地、向民众赊欠和贷款以谋取高利息的行为来自污，以达到贬低他在关中民中良好声誉之目的。

刘邦平黥布归来时，萧何失其本计，为百姓请上林苑的空地。这犯了刘邦的大忌，他最担心的是萧何得民，但此心病只能隐秘于内，故刘邦以萧何受贾人之金作为借口，下萧何廷尉，械系之。王卫尉的开解，虽能说明萧何始终没有倾动关中之心，是忠于刘邦的，但仍不能消解刘邦因萧何得民而削弱自己威望的忌恨，他引李斯"分过"的行为指责萧何说：

高帝不怿。是日，使使持节赦出相国。相国年老，素恭谨，入，徒跣谢。高帝曰："相国休矣！相国为民请苑，吾不许，我不过为桀纣主，而相国为贤相。吾故系相国，欲令百姓闻吾过也。"

高帝不怿并非颜师古注《汉书》所谓"感卫尉之言，故惭愧而不悦也"。当赦出的萧何向刘邦谢罪时，刘邦还是愤愤不平：相国为民请田，我不许而系之，此事使天下之民更加知道我是桀纣主而相国是贤相也。刘邦谓"吾故系相国，欲令百姓闻吾过也"，是"反言若正"。

要之，整个传记基本上是以刘邦不断猜忌萧何，而萧何又不断化解矛盾为主题而结构此篇的。传文选择了刘邦与萧何之间既融合又矛盾的一组事件，且予以核心化，而舍弃了其他的事件或把一些事件边缘化；再根据某种情节编排的模式以解释这一组事件的因果关系，最终以结构为较为完整的故事。因此，这篇传记的具体事件大概是真实的，但其故事结构具有较大的虚构性，这是《史记》之文学性叙事较强的一个重要原因。事实证明，历史文本之故事结构具有较大的虚构性，史家也可能是创造故事。

　　综上所述，虚构并不是文学性叙事区别于历史性叙事的本质特征。文学性叙事可以叙述历史的真实，也可以描述生活的真实。历史性叙事的基本特征有四。其一，历史性叙事要叙述历史事实，也承认其一定的虚构性；历史性叙事的虚构不仅表现在具体事件的叙述上，且表现在故事的情节安排上。其二，历史性叙事是骨架性叙事，很少涉及血肉。其三，历史性叙事是断裂性、跳跃性叙事，一系列事件之间缺少内在的有机联系，难以构成一个完整的故事。其四，历史性叙事是外在性叙事，重视人物行动的描写，很少透入到人物的内心世界中；以史家的叙述语言为主，较少述写人物的语言。在《左传》、《史记》、《汉书》中，历史性叙事与文学性叙事交融在一起。总体上，这三部史著的历史性叙事占主体地位，故为历史著作；其中，《汉书》的历史性叙事最强，《史记》的文学性叙事最强。

参考文献：

［1］司马迁撰，裴骃集解，司马贞索隐，张守节正义：《史记》，中华书局 1982 年版。

［2］班固撰，颜师古注：《汉书》，中华书局 1962 年版。

［3］常森：《二十世纪先秦散文研究反思》，北京大学出版社 2002 年版。

［4］钱钟书：《管锥编》，中华书局 1986 年版。

［5］傅修延：《先秦叙事研究》，东方出版社 1999 年版。

［6］海登·怀特：《作为文学虚构的历史文本》，收入张京媛主编《新历史主义与文学批评》，北京大学出版社 1993 年版。

［7］高小康：《中国古代叙事观念与意识形态》，北京大学出版社 2005 年版。

十七 "绿窗明月在，青史古人空"

——论建安诗文的"迁逝"之悲

建安诗人王粲《登楼赋》曰："遭纷浊而迁逝兮，漫逾纪以迄今。"诗人遭逢乱世而从长安迁徙到荆州，到现在已超过 12 年了。"迁逝"之悲的含义有二：

其一，因为空间的迁移而产生的伤悲。行人奔走于羁旅行役的途中，山川明月，野途孤兽，触物所兴，无非孤独悲哀之感；而乡情缠绵，亦使游子咏叹长想。离开故乡，来到新的地方。在新的空间，不仅自然的空间相当陌生，而且社会政治文化的空间疏隔。在这新的空间里，没有亲人、朋友和知音，大家只是一面交情，如何能相知相惜呢？王勃叹曰："关山难越，谁悲失路之人？萍水相逢，尽是他乡之客。"（《滕王阁序》）寄人篱下，怀才不遇，仕途失意，更使他乡游子对新的空间产生强烈的疏离感和排拒感，更加思念故土、亲人。江淹在《别赋》中曰："黯然销魂者，唯别而已矣。况秦、吴兮绝国，复燕、宋兮千里。或春苔兮始生，乍秋风兮暂起。是以行子肠断，百感凄恻。"

其二，因时间的流逝而产生的悲伤。孔子在川上曰："逝者如斯夫，不舍昼夜。"岁月流逝，使我们的青春不再，因而慨叹生命的短促；生命既很短促，就期望及时建功立业，以不朽的功业把有限的生命推向无限。但我们往往空怀卓异的才能，随着时间的流逝，而年华渐渐老去，美好的理想也最终难以实现。陈子昂《感遇》曰："兰若生春夏，芊蔚何青青。幽独空林色，朱蕤冒紫茎。迟迟白日晚，袅袅秋风生。岁华尽摇落，芳意竟何成。"

（一）

王瑶先生说："我们念魏晋人的诗，感到最普遍，最深刻，能激动人心的，

便是那在诗中充满了时光飘忽和人生短促的思想与情感。"① 王钟陵在《中国中古诗歌史》中说:

> 在时人忧患百端的种种思想感情之中,迁逝感最为惊人心目。……建安诗人面对"中野何萧条,千里无人烟"的严酷现实,他们的迁逝感更其深沉。……而曹植那首为晋人披之管弦广加传唱的《箜篌引》,则更为典型地表达了上层人物的迁逝之悲:"惊风飘白日,光景驰西流。盛时不可再,百年忽我遒。生存华屋处,零落归山丘。"一方面是岁月如驰,一方面又是华不再繁。华屋山丘之哀,光景西流之叹,相互交融。在对富贵生活的留恋中,有着对日月急速迁逝的极为惊心动魄的感受。②

王钟陵认为,建安诗文所表现的迁逝之悲尤为突出;所谓迁逝之悲,即是因为时间的流逝而产生的繁华不再、人生短促的悲伤。在笔者看来,迁逝应有两层含义,一是空间的迁徙,二是时间的流逝;迁逝之悲,是指因空间的迁徙和时间的流逝而产生的伤悲。

建安诗文的迁逝之悲为何如此突出呢? 王钟陵说:"这一股以生死迁逝感为突出内容的感伤主义思潮,至少弥漫了约三个多世纪的时间。这一种时代思潮,一方面是一个苦难深重时代的历史回响,另一方面又是自汉末以来民族思想理性化趋势的产物。"③ 其一,汉末建安时代极端动乱的社会现实,使诗人们亲眼目睹了大量的、非正常的死亡,从而引起他们对死亡的关注和悲悼。其二,王充的文艺真美观破除了汉人的蒙昧和迷信,理性的觉醒使诗人们看到了生与死的明确界限,于是在诗人们的意识中渗进了更多关于死亡的内容。其三,魏晋时代是个性自觉的时代。诗人的自我觉醒主要表现在对自我生命的追求;生命就是时间,故自我意识的形成,总是与时间感的加深相联系。笔者认为,建安诗文所表现的时光飞逝、人生短促之悲,除了以上的三个原因之外,还有更为深层的原因。

---

① 王瑶:《中古文学史论集》,上海古籍出版社 1982 年版,第 4 页。
② 王钟陵:《中国中古诗歌史》,人民出版社 2005 年版,第 49—50 页。
③ 同上书,第 51 页。

首先，建安诗文的迁逝之悲是因空间迁徙而产生的悲伤。

空间的迁逝之悲，是中国古代诗文中常见的主题之一。《诗经》的"战争徭役诗"，多表现征人的羁旅行役之苦和相思怀归之痛，《小雅·何草不黄》"非兕非虎，率彼旷野。哀我征夫，朝夕不暇"。其原因有三。其一，中国古代社会是一个农业社会，农业生产和生活是很封闭的，人们以土地资源作为安身立命之所，祖祖辈辈生于斯、长于斯、死于斯，安土重迁和安居乐业的意识根深蒂固。其二，中国古代社会是典型的宗法制社会，非常看重具有血缘关系的伦理亲情。离开故乡即离开了亲人，对故乡的思念包含着浓郁的人伦亲情。一种经夫妇、成孝敬、厚人伦的情感，世世代代在中国人的心中流淌。植根于故土，情深于亲人。其三，中国地域辽阔，塞北江南的风物人情殊异，易使行人产生强烈的陌生感；且古代交通很不发达，车马桨船行走缓慢，众多的游学、游宦、经商、行役之人，奔走于羁旅之途，往往经年经月不归，加重了他们的空间迁逝之痛。魏晋诗文的空间迁逝之悲则尤为突出，这有更为重要的时代原因。东汉末年是历史上最为动乱的时期之一，统治阶级内部的夺权残杀，军阀的割据和混战，黄巾大起义的风起云涌，魏蜀吴三国的鼎立，瘟疫的流行；人祸再加上天灾，使整个中原大地，"白骨露于野，千里无鸡鸣"（曹操《蒿里行》），简直就是人间地狱！在这样混乱动荡的时代，三曹和建安七子一方面亲眼目睹了百姓的奔走流窜，另一方面他们也饱受迁徙飘荡之苦，或从军征战，奔走于疆场；或流落他乡，寄人篱下。因此，他们的诗文中所表现的空间迁逝之痛是非常深重的。

其次，建安诗文的迁逝之悲是因时间流逝而产生的悲伤。

什么是时间？根据物理时间观，时间是在过去—现在—将来的方向上，作单向匀速线性流逝，具有客观性，不依赖自然和人事的变化，也独立于人的主观意志之外。这种客观时间观没有揭示时间的本质，一是把时间的流逝与自然和人事的变迁分割开来；二是把时间的流逝与人的主观意志分割开来。什么是时间的问题，实际上是在追问时间的本质，即追问时间存在的前提和根据。我们认为，自然和人事的变迁是时间存在的前提，当一切不再变化，现在成为永恒，时间也从这个世界上消失了。时间的原始出处在于日出日落、春花秋月与逝水年华、人事沧桑等事象中，正是自然界和人类社会的变更和流逝本真地唤醒了我们的时间意识。① 时间的流逝根据自然和人事的变迁：自然和人事的变化急剧，则时间流逝迅速；自然和人事的变化缓慢，则时间流逝缓慢。我们常说，同处 21 世纪，具有不同发展速度的民族其实并不处于同一历史时期。发展迟缓的中华民族在表面上是历史悠久，但其背后是历史短暂，正如鲁迅先生所感叹"仿佛时间的流驶，独与我们中国无关"②。历史悠久的本质是时间绵长，而时间的绵长根据于自然和人事的变迁，但在传统的中国，生产和生活没有实质的变化，故时间的流逝缓慢，时间的间距也短暂，这即是"山中方七日，世上已千年"。同样的一段日历时间（例如一百年），对于变化缓慢的山中来说，一百年的变化只相当于七日的变化；而对于数代生死更替的人世而言，已发生了千年的巨变。

根据物理时间观，过去、现在、将来只是一维空间，相互分割，相互外在。这不禁使我们陷入困惑中：过去已不在，将来还未在，而每一当下的现在又转瞬即逝，那么时间安在？在时间的本质上加以思考，时间不属于过去、现在、将来的任何一个维度，而是包含和统摄三者为一体的。任何过去都是现在的过去且存在于现在的记忆中，任何将来都是现在的将来且存在于现在的预期中。这一方面肯定了时间流逝的连续性，另一方面也承认其变异性。德国存在主义哲学家海德格尔说："时间乃于由将来、曾在、当前的统一所构成的变异中源始地绽出。"③ 将来、曾在、当前在连续性中统一到场，也在变易中发展绵延，曾在与当前的分别根植于自然和人事的变异，将来的到来源于自然和人事所具有的异质因素。"将来"是至关重要的维度，正是在将来中时间显现出其内在的可能性意蕴，因而有优先性。我们总是基于现在，而展开对过去的伤怀和将来的筹划中。

综上所述，时间的本质是：自然和人事的变迁是时间存在的前提和根据；时间是包含和统摄过去、现在、将来为一体的。时间的本质，揭示了时间的流逝与自然和人事变迁的内在联系，且把时间流逝与人的主观心灵及其生活经

---

① 周建漳教授亦有此论；参见《历史及其理解和解释》，社会科学文献出版社 2005 年版，第 37—40 页。

② 鲁迅：《忽然想到》，收入《鲁迅全集》（三），人民文学出版社 1958 年版，第 13 页。

③ 海德格尔：《存在与时间》，陈嘉映、王庆杰译，北京三联书店 1987 年版，第 390 页。

验、生命体验结合起来，从而蕴涵着具体丰富的、活生生的内容。

在中国传统的农业社会中，春生夏长，秋收冬藏，一年四时，循环往复。这种简单的农业再生产，生产出一种简单循环式的时间观，人们无视时间的线性（过去—现在—将来）流逝，没有过去、现在、将来的明显分别，因为过去与现在几乎是一样的，将来也并没有什么新的内容，无非是重复代代人延续的生产和生活。王维《春中田园作》：

> 屋上春鸠鸣，村边杏花白。持斧伐远扬，荷锄觇泉脉。归燕识故巢，旧人看新历。临觞忽不御，惆怅远行客。

屋上的春鸠又鸣叫了，村边的杏花依然雪白。燕子是去年的燕子，燕巢也是去年的旧巢，人也还是去年的人。虽然日历标明新的一年已经到来，但一切依旧，新的一年也没有什么实质内容。自然和人事的变化是缓慢的，时间的流逝也是缓慢的，我们产生出一种缓慢而悠长的时间感受，形成了静观、悠闲的审美情趣。

如果我们身处其中的自然界与人类社会的变化很大、很剧烈，且我们的人生遭遇动荡曲折，则时间的流逝非常急速，我们的时间迁逝感非常强烈。一年的日历时间似乎一月就匆匆地过去了，本来就很短促的人生变得更加短促。汉末建安时代，整个社会陷入了空前的摇荡与变动之中，自然和人事的迅速变迁，使时间的流逝非常急剧。因此，建安文人深切地感受到时光飘忽、人生短促的悲伤。学人在探讨建安诗文的时间迁逝之悲为何强烈的原因时，皆没有从时间的本质上予以揭示。

空间迁逝和时间迁逝之悲，是从时空两个方面展现其各自独立的意义，但也有其内在的联系。客子流落他乡，自然的空间陌生，社会政治文化的空间隔膜，这著明自然和人事的变迁，而自然和人事的变迁正是时间流逝的前提和根据。且空间的迁移又使我们在旅途的漂泊流离中，容易疲惫衰老，年华凋零，从而体会时间的匆匆流逝。因此，客子在羁旅行役之中有更为敏锐的时间迁逝感。时间的流逝展示了自然和人事的变迁，又强化、深化了空间迁徙的陌生感和隔绝感。

（二）

身处乱世中的建安文人，在他们的诗文中表现出浓烈的空间迁逝之悲和时间迁逝之痛。

曹操是一位乱世英雄，他的诗歌具有"古直悲凉"的风格，这与其诗歌中所表现的迁逝之悲密切联系。《苦寒行》曰：

> 北上太行山，艰哉何巍巍！羊肠坂诘屈，车轮为之摧。树木何萧瑟，北风声正悲。熊罴对我蹲，虎豹夹路啼。溪谷少人民，雪落何霏霏！延颈长叹息，远行多所怀。我心何怫郁，思欲一东归。水深桥梁绝，中路正徘徊。迷惑失故路，薄暮无宿栖。行行日已远，人马同时饥。担囊行取薪，斧冰持作糜。悲彼《东山》诗，悠悠令我哀。

这是曹操在建安十一年（206），北度太行山，征讨高干（袁绍的外甥）时所作。诗歌极力抒写了艰难困苦的行军生活，突出了空间迁逝之悲。山路崎岖陡峭，树木萧条，熊罴、虎豹悲鸣；天气异常恶劣，北风凛冽，雪花飞扬。行军的士兵饥寒交迫，无处栖息，饱尝奔走流荡之苦。作为士兵统帅，诗人的怀想和伤痛是多方面的，"延颈长叹息，远行多所怀。我心何怫郁，思欲一东归"。

曹操一生南北征战，置身于变化万端的社会政治人事中，深切体悟到时间的匆匆流逝与人生的衰老短促。《短歌行》："对酒当歌，人生几何？譬如朝露，去日苦多。慨当以慷，忧思难忘。何以解忧，唯有杜康。"时光匆匆，生命短促，不能不令人感慨伤怀，因而借酒消愁。但诗人又渴望在短促的生命中招纳贤士，而一统天下，"山不厌高，海不厌深。周公吐哺，天下归心"。在《却东西门行》里，曹操把时间流逝与空间迁移之痛交织在一起。征人就像迁徙的大雁，南北迁移，"鸿雁出塞北，乃在无人乡"；又像田中的转蓬，随风飘荡，离开自己的本根，"田中有转蓬，随风远飘扬"。时光流逝，他们渐渐变老，更加思念自己的故乡和亲人，"冉冉老将至，何时返故乡"。

　　总之，曹操的迁逝之悲，体现了一位乱世英雄的悲壮情怀：一方面他南北征战，备尝乱离动荡之苦，深感岁月飘忽、人生短促之悲；另一方面他壮怀激烈，表现出不畏艰难险阻而一统天下的刚毅精神。

　　"七子之冠冕"的王粲，出身于山阳高平的王氏大族，但在动乱荒诞的年代，颇受流离之苦。谢灵运说："家本秦川，贵公子孙，遭乱流寓，自伤情多。"（《拟魏太子邺中集·王粲诗序》）"自伤"迁逝之痛，难免"悲而不壮"（刘熙载《艺概·诗概》）。

　　初平三年（192），奸贼董卓被杀。他的部将李傕、郭汜在长安作乱，大肆烧杀掳掠，社会秩序极端混乱。王粲离开长安，前往荆州依附刘表。他写下《七哀诗》三首，以表现其哀思之多，其一曰：

　　　　西京乱无象，豺虎方构患。复弃中国去，委身适荆蛮。亲戚对我悲，朋友相追攀。出门无所见，白骨蔽平原。路有饥妇人，抱子弃草间。顾闻号泣声，挥涕独不还。未知身死处，何能两相完。驱马弃之去，不忍听此言。南登霸陵岸，回首望长安。悟彼下泉人，喟然伤心肝。

　　诗人首先叙述了亲戚、朋友不忍离别的悲惜之情；接着描绘了一幅经历战乱的中原大地的悲惨图画，"出门无所见，白骨蔽平原"；继而沉痛地讲述了一位母亲狠心的把自己的幼子抛弃在草间的事情，这种异常的行为，正是不正常的动乱时代所致；最后，诗人渴望有文帝这样的明君出现，而使百姓安居乐业，过上正常的生活。诗人个人的迁徙飘零，与社会的动荡苦难交织在一起，因而具有深广的时代意义和普遍的悲剧内涵。

　　王粲依附刘表十多年，但刘表嫌恶其貌寝，而不珍惜其才。《七哀诗》（其二）：

　　　　荆蛮非我乡，何为久滞淫。方舟溯大江，日暮愁我心。山冈有余映，岩阿增重阴。狐狸驰赴穴，飞鸟翔故林。流波激清响，猴猿临岸吟。迅风拂裳袂，白露沾衣襟。独夜不能寐，摄衣起抚琴。丝桐感人情，为我发悲音。羁旅无终极，忧思壮难任。

291

　　王粲寄居荆蛮，不仅自然的空间陌生，而且政治文化的空间殊异，诗中的"蛮"正是表示他对荆州自然和政治文化的一种隔离。在新的空间，没有亲人、朋友和知音，大家只是一面交情，如何能相知相惜呢？王粲寄人篱下，怀才不遇，更使他对新的空间产生强烈的疏离感和排拒感，更加思念自己的故土和亲人。日暮时分，狐狸、飞鸟都能归到故居，而自己竟不如它们。"羁旅无终极，忧思壮难任"，王粲的迁逝之悲是深重的。

　　《登楼赋》是王粲表现迁逝之悲的代表作品。诗人登上城楼，一览周围的山川景色，"虽信美而非吾土兮，曾何足以少留"。这是对荆州自然风物人情的疏离。诗人从初平三年迁移荆州，已超过十二年了，"遭纷浊而迁逝兮，慢逾纪以迄今"。他远眺故乡，山川阻隔，道路逶迤，不禁怆然落泪，"悲旧乡之壅隔兮，涕横坠而弗禁"。诗人深切地思念家乡，"人情同于怀土兮，岂穷达而异心"。王粲对故乡的深切思念，包含了乱离时代对亲人命运的忧患和担心，也显露出他在荆州失意的情绪。王粲是一位有才能、有抱负的诗人，他希望在乱世建立一番功业，但刘表并不赏识他的才华，不重用他，"冀王道之一平兮，假高衢而骋力。惧匏瓜之徒悬兮，畏井渫之莫食"。他恐惧自己像匏瓜一样只是悬挂，而不使用；像已经淘净的井水一样，不被食用。王粲在着重抒发他的空间迁移之痛时，也交织着岁月流逝、青春不再、功业无成的悲伤，"步栖迟以徙倚兮，白日忽其将匿"。

　　总之，王粲的迁逝之悲，主要表现在空间迁移之痛上，这是与时代的乱离以及他个人的羁旅遭遇相联系的；他的迁逝之悲突出了寄人篱下、怀才不遇的自伤内容。

　　徐干，生于170年，卒于建安二十二年（217）。他的一组《室思》诗非常著名，主要内容是家中妇女对远方爱人的思念。在汉末动乱的时代中，夫妻的乱离是经常性的，且很难有相会的日期，"沉阴结愁忧，愁忧为谁兴。念与君生别，各在天一方。良会未有期，中心摧且伤"。分别时间的久长，使闺中人的思念更为浓郁。在季节和人事的变化中，闺中人体悟到时间的匆匆，青春的凋零，而感伤自己年华的流逝，生命的短促，"惨惨时节尽，兰叶凋复零。喟然长叹息，君期慰我情"，"人生一世间，忽若暮春草。时不可再得，何为自愁恼"。现实的人生充满着悲欣，欢乐太少，但将来的相会，使闺中人存在着希望。闺中人正是因为有对将来相会的期待，才让她的思念更为深长和浓郁，且能在离别中好好地保全自己。《于清河见挽船士新婚与妻别诗》曰：

> 与君结新婚，宿昔当别离。凉风动秋草，蟋蟀鸣相随。冽冽寒蝉吟，蝉吟抱枯枝。枯枝时飞扬，身体忽迁移。不悲身迁移，但惜岁月驰。岁月无穷极，会合安可知。愿为双黄鹄，比翼戏清池。

秋天到来，霜风凄紧，落叶飘零，树上寒蝉悲吟，草中蟋蟀鸣急；自然界的变化太大、太强烈，从而使人产生特别敏锐的季节变换和时间流逝的感受。新婚夫妇本应好好享受蜜月的欢会，但他们在乱离之中不得不分别，且相会之日难以期待，"岁月无穷极，会合安可知"。诗歌在咏唱别离时，更交织着岁月的驰骋，青春的凋零，"不悲身迁移，但惜岁月驰"。

蔡琰的《悲愤诗》，自叙她为乱兵所掳，辗转流落匈奴十二年，生二子，最终又为曹操赎回的不幸遭遇。诗歌强烈地抒发了诗人的空间迁逝之悲，展现了东汉末年混乱动荡的社会面貌，时代的悲剧与诗人命运的不幸结合在一起。初平年间，天下大乱，蔡琰等人为凶暴的胡兵所掠，一路上遭受非人的折磨，欲生不得，想死不能，"且则号泣行，夜则悲吟坐。欲死不能得，欲生无一可。彼苍者何辜，乃遭此厄祸"。她辗转流落到匈奴蛮荒之地，"边荒与华异，人俗少义理。处所多霜雪，胡风春夏起。翩翩吹我衣，肃肃入我耳"。这里，不仅气候冷酷严寒，而且少讲义理，风俗人情与中原迥异。自然与人事的疏隔，使诗人对他乡异地有一种强烈的排拒感，更加思念自己的故国和亲人，"感时念父母，哀叹无穷已"。诗人在匈奴被迫成了家，生下两个孩子，流落了十二年之久。当曹操得知后，派使者用金璧把她赎回。诗人现在又面临着艰难的抉择：回归故乡是自己的夙愿，但要抛弃自己的儿女骨肉；留在匈奴，却要与故乡和亲人永隔。在这种激烈的矛盾冲突中，诗人是肝肠寸断。孩子有什么罪？为何要离开自己的生母，从此"念别无会期，存亡永乖隔"。诗人的痛苦是深重的，"见此崩五内，恍惚生狂痴。号泣手抚摸，当发复回疑"。当诗人历经千辛万苦回到故乡时，她亲眼目睹了故乡在战乱中的荒凉残破，亲人一一凋零，

293

她更加孤独无依，"茕茕对孤景，怛咤糜肝肺。登高远眺望，魂神忽飞逝"。诗人痛不欲生，不禁发出"人生几何时，怀忧终年岁"的深沉慨叹。《悲愤诗》所表现的空间迁逝之悲是独特深刻的，乱世中妇女流荡播迁的命运更为惨痛。

（三）

建安诗人孔融，字文举，在七子中最长。他生于 153 年，建安十三年（208）为曹操所杀。孔融置身于汉末动乱的社会中，一生坎坷曲折。人事的急剧变迁，使他悲叹时间的匆匆流逝和生命的短促。《论盛孝章书》曰：

> 岁月不居，时节如流。五十之年，忽焉已至。公为始满，融又过二，海内知识（相知相识之人），零落殆尽，惟有会稽盛孝章尚存。其人困于孙氏，妻孥湮没，单孑独立，孤危愁苦。若使忧能伤人，此子不得永年矣。……公诚能驰一介之使，加咫尺之书，则孝章可致，友道可弘矣。

文章一开始就感叹时间的匆匆流逝。时间流逝的迅速，并非基于日历上的时间，而是根植于人事的沧桑变化，"海内知识，零落殆尽"。正是人事的剧烈变化，使作者深切地感受到"岁月不居，时节如流。五十之年，忽焉已至"。其次，文章悲叹故友生命的凋零，同处在动乱的时代中，空间的迁移使朋友之间音信阻隔，相见更难，因而饱受别离的痛苦，且大多故友在乱离之中非正命而死。再次，时间是统摄过去、现在、将来为一体的。作者在过去的追忆中表现出对零落知识的悼念，也在将来的筹划中展开某种可能性，请求曹操援救盛孝章，以改变其现在的困境。这是对将来的展望，将来具有优先性。海德格尔说："将来在源始而本真的时间性的绽出的统一性中拥有优先地位。"① 过去、现在与将来在人事的异质中表现时间的流逝。

文帝曹丕，字子桓，生于 187 年。建安元年（196），他年仅 10 岁。建安十三年，曹操在赤壁之战败北，天下三分的局势已经确定。建安十六年，他为

---

① 海德格尔：《存在与时间》，陈嘉映、王庆杰译，北京三联书店 1987 年版，第 390 页。

五官中郎将，副丞相。建安二十二年，立为太子。建安二十五年，曹操死，曹丕嗣魏王位，十一月代汉即位，在位七年（220—226）。曹丕童年、少年时期，即随父征战。《典论·自序》曰："余时年五岁，上以世方扰乱，教余学射，六岁而知射，又教余骑马，八岁而能骑射矣。以时之多故，每征，余常从。建安初，上南征荆州，至宛，张绣降。旬日而反，亡兄孝廉子修、从兄安民遇害。时余年十岁，乘马得脱。"他立为太子后，多留守邺城，其父及兄弟常征战沙场，而饱受乱离分别之苦。他留守邺城，与建安文人也过了一段诗酒唱和的生活，但乱离之中的建安文人多不幸早逝。要之，曹丕置身于复杂多变的政治人事中，亲身经历现实政治权力之权诈诡谲的争斗，他的诗文表现出强烈的时间迁逝之悲。

曹丕在《短歌行》中咏唱："仰瞻帷幕，俯察几筵。其物如故，其人不存。……人亦有言，忧令人老。嗟我白发，生一何早。"这是对故人死亡的悲叹，也感慨自己早生华发。一个人身处变化万端的社会中，就会早衰。他实际的心理、生理年龄要比日历时间长，因为根据时间的本质，人事加速变化，则时间迅速流逝。《善哉行》："上山采薇，薄暮苦饥。溪谷多风，霜露沾衣。野雉群雊，猴猿相追。还望故乡，郁何垒垒。高山有崖，林木有枝。忧来无方，人莫之知。人生如寄，多忧何为。今我不乐，岁月如驰。"诗中之人远离家乡，饱受乱世的流落和饥寒之痛，同时感慨岁月如驰，人生如寄。

建安十六年，曹操西征，曹丕留守邺城，他的老母和诸弟皆随从曹操，曹丕感伤在动乱中的分离，不胜伤痛思念，作《感离赋》曰：

> 秋风动兮天气凉，居常不快兮中心伤。出北园兮彷徨，望众慕兮成行。柯条惨兮无色，绿草变兮萎黄。感微霜兮零落，随风雨兮飞扬。日薄暮兮无惊，思不衰兮愈多。招延伫兮良久，忽踟蹰兮忘家。

秋风吹动，草木零落，时间匆匆流逝；曹丕从自然的萧条衰落中，体悟人生的死亡之悲，又在时间的流逝中，寄寓对父母和诸弟的怀念之情。

《柳赋》曰：

伊中域之伟木，瑰姿妙其可珍。彼庶卉之未动，固肇萌而先辰。应隆时而繁育，扬翠叶之青纯。修干偃蹇以虹指，柔条婀娜而蛇伸。上扶疏而孛散，下交错而龙鳞。在余年之二七，植斯柳乎中庭。始围寸而高尺，今连拱而九成。嗟日月之逝迈，忽覃覃以遄征。昔周游而处此，今倏忽而弗形。感遗物而怀故，俯惆怅以伤情。

昔年（建安五年），曹操与袁绍战于官渡，曹丕始种植斯柳，自彼迄今，已有十五年了。曹丕从当初柳树的柔小，现在已长成大树，"始围寸而高尺，今连拱而九成"之事物的变化中，体悟时间的匆匆流逝，"嗟日月之逝迈，忽覃覃以遄征"。并在时间的匆匆流逝中，感伤自己的青春不再。同时，曹丕由当初种植柳树时的人事，联想到今日世事的沧桑巨变，白云苍狗，不禁感慨万千。

曹丕是一位感性和理性兼长并美的诗人。他的诗文往往立足于现在而追忆往事，且在人事的变化中表现时光的匆匆流逝。

岁月易得，别来行复四年。三年不见，《东山》犹叹其远，况乃过之，思何可支？虽书疏往返，未足解其劳结。昔年疾疫，亲故多离其灾：徐陈应刘，一时俱逝，痛可言邪！昔日游处，行则连舆，止则接席，何曾须臾相失！每至觞酌流行，丝竹并奏，酒酣耳热，仰而赋诗。当此之时，忽然不自知乐也。谓百年已分，可长共相保，何图数年之间，零落略尽，言之伤心！顷撰其遗文，都为一集。观其姓名，已为鬼录，追思昔游，犹在心目。而此诸子，化为粪壤，可复道哉！……年行已长大，所怀万端，时有所虑，至通夜不瞑，志意何时复类昔日？已成老翁，但未白头耳！光武言："年三十余，在兵中十岁，所更非一。"吾德不及之，年与之齐矣。以犬羊之质，服虎豹之文。无众星之明，假日月之光。动见瞻观，何时易乎？恐永不复得为昔日游也！少壮真当努力，年一过往，何可攀援？古人思秉烛夜游，良有以也。（《又与吴质书》）

盖文章经国之大业，不朽之盛事。年寿有时而尽，荣乐止乎其身，二者必至之常期，未若文章之无穷。是以古之作者，寄身于翰墨，见意于篇

296

籍，不假良史之辞，不托飞驰之势，而声名自传于后。故西伯幽而演
《易》，周旦显而制礼，不以隐约而弗务，不以康乐而加思。夫然，则古人
贱尺璧而重寸阴，惧乎时之过已。而人多不强力，贫贱则慑于饥寒，富贵
则流于逸乐，遂营目前之务，而遗千载之功。日月逝于上，体貌衰于下，
忽然与万物迁化，斯志士之大痛也。融等已逝，唯干著论，成一家言。
（《典论·论文》）

时间是包含和统摄过去、现在和将来为一体的，过去与现在的分别根植于
自然与人事的变异，将来的到来源于自然与人事所具有的异质因素。我们的时
间意识总是基于现在而展开对曾在逝去的伤怀与对将来的筹划中。

其一，昔年，曹丕与建安诸子朝夕游处，饮酒赋诗，"驰骋北场，旅食南
馆。浮甘瓜于清泉，沉朱李于寒水，白日既匿，继以朗月，同乘并载，以游后
园"（《与吴质书》）。然而今日，诸子在数年之间，零落殆尽，"昔年疾疫，亲
故多离其灾：徐陈应刘，一时俱逝，痛可言邪"。今昔的重大变故，展示了时
间生成变易的本质，诗人不禁感慨"岁月易得"。

其二，曹丕时年三十余岁，日历年龄并不大，但他经历了社会人事的加速
变化，三十余年的变化相当于正常的四五十年的变化，故他的心理和生理年龄
有五十岁。光武所谓"年三十余，在兵中十岁，所更非一"，军中的动荡生活
变化多端，远远超过正常的人事变化，军中十年的变化相当于人事正常变化的
几倍，最容易衰老。建安文人的早熟、早衰和早死可以从时间的本质上得到解
释；且早熟、早衰和早死，又使建安文人"向死而生"，产生一种强烈的急迫
感和畏惧感。

其三，曹丕身处现在，既在今昔的变故中表现出对昔日故友的深挚思怀之
情；又展望未来，希望把故友的诗文结为一集，给予合理的评价和肯定，使其
人、其文传于后世。这使故友的有限人生在过去、现在、将来的绵延之流中获
得不朽的意义。"将来"是至关重要的维度，正是在将来中时间显现出其内在
的可能性意蕴，故将来更具有优先性。曹丕倍加珍惜将来，希望立功、立言而
不朽，"少壮真当努力，年一过往，何可攀援？古人思秉烛夜游，良有以也"，
"盖文章经国之大业，不朽之盛事。年寿有时而尽，荣乐止乎其身，二者必至

之常期，未若文章之无穷"（《典论·论文》）。

（四）

曹植，字子建，生于192年，卒于232年。他的一生，以建安二十五年（220）曹操去世为界，分成前后两个时期。前期，或随父征战，或留守邺城，生活颇为动荡不定。后期，他一再受到曹丕、曹睿父子的压制和打击，被迫离开故都洛阳而辗转于封地，且他的封地一再改迁。因此，曹植颇遭受空间迁逝之痛。他在《迁都赋序》中说："余初封平原，转出临淄，中命鄄城，遂徙雍丘，改邑浚仪，而末将适于东阿。号则六易，居实三迁。连遇瘠土，衣食不继。"建安十六年，封为平原侯。十九年，徙封临菑侯。这两次封侯，曹植皆未就国。曹丕即帝位，曹植与诸侯并就国。曹丕对诸侯王除了封地狭小之外，还进行严格的限制。这些诸侯王，名为王，实是"圈牢之养物"（曹植《求自试表》）。他们迁移于千里之外，与故都和亲友相隔绝。曹丕又设监国使者，监视他们的行动，不准他们私自交通，也不允许他们与朝中大臣相交接。曹植曾与曹丕争立太子，因而更受到曹丕的忌恨和打击。黄初二年（221），监国谒者灌均希指，上奏"植醉酒悖慢，劫胁使者"，有司请治罪，文帝因为卞太后故，贬爵安乡侯。其年，改封鄄城侯。三年，立植为鄄城王。鄄城在洛阳的东面，偏远贫瘠。四年，徙封雍丘王。六年，文帝东征，还过雍丘，幸植宫，增户五百。太和元年，徙封浚仪。二年，复还雍丘。三年，徙封东阿王。曹植《转封东阿王谢表》："臣在雍丘，劬劳五年，左右疲怠，居业向定。园果万株，枝条始茂，私情区区，实所重弃。然桑田无业，左右贫穷，食才糊口，形有裸露。"雍丘之地卑湿偏僻，曹植在此勤劳五年，身体疲怠，不仅生活艰难，且与亲友音信隔绝。五年，曹植上《求通亲亲表》曰："至于臣者，人道绝绪，禁固明时，臣窃自伤也。不敢乃望交气类，修人事，叙人伦。近且婚媾不通，兄弟永绝，吉凶之问塞，庆吊之礼废。恩纪之违，甚于路人；隔阂之异，殊于胡越。……每四节之会，块然独处，左右惟仆隶，所对惟妻子，高谈无所与陈，发义无所与展，未尝不闻乐而拊心，临觞而叹息也。"太和六年（232）二月，明帝以陈四县封植为陈王。空间局促狭隘，人道隔绝阻塞，曹植在孤独绝望中饱受空间迁逝之苦。《魏书》本传谓"十一年中而三徙都，常汲汲无欢，遂发疾薨，时年四十一"。

曹植本是一位喜好交接亲友的贵公子，个性自由豪放，"我归宴平乐，美酒斗十千"（《名都篇》）；但他人生的后期完全被封锁在荒僻贫困的封地，其内心的痛苦是非常深重的，不平则鸣，他的诗文中表现出强烈的空间迁逝之悲。《吁嗟篇》曰：

> 吁嗟此转蓬，居世何独然。长去本根逝，宿夜无休闲。东西经七陌，南北越九阡。卒遇回风起，吹我入云间。自谓终天路，忽然下沉渊。惊飙接我出，故归彼中田。当南而更北，谓东而反西。宕宕当何依，忽亡而复存。飘摇周八泽，连翩历五山。流转无恒处，谁知吾苦艰。愿为中林草，秋随野火燔。糜灭岂不痛，愿与根荄连。

诗人以转蓬的遭遇象征自己的命运。他离开本根，而东西南北、上下前后飘转。他的飘转完全是被抛，既不能理解，又不能把握，丧失了人生命运的自主性。他备受迁移之苦，"飘摇周八泽，连翩历五山。流转无恒处，谁知吾苦艰"。他在空间迁移的动荡不安中，萌生出一种微薄的愿望：只作林中普通的野草，虽遭受野火燔烧的糜灭之痛，但生死与本根相连，而不再遭受转蓬那样到处飘转的苦痛。

黄初四年（223）五月，曹植与白马王曹彪、任城王曹彰来到京都洛阳。曹彰在京都不幸暴死。七月，曹植与曹彪返回封地，想同路东归，监国使者不许。曹植写下长诗《赠白马王彪》，以抒发自己的迁逝之悲。离开故都洛阳，离开母亲和亲朋故友，而东去鄄城这个偏远的异地，诗人表达了不忍离去的眷恋之情，"顾瞻恋城阙，引领情内伤"。他叙写了羁旅之途的艰难困苦，"霖雨泥我途，流潦浩纵横。中逵绝无轨，改辙登高冈。修坂造云日，我马玄以黄"。人马俱疲俱病，不胜辛劳。正当秋风萧瑟的季节，原野荒寒，寒蝉悲鸣，日暮时分，野兽匆匆归家，而自己是无家可归，孤独而冷漠，"秋风发微凉，寒蝉鸣我侧。原野何萧条，白日忽西匿。……感物伤我怀，抚心长太息"。诗人怀着激愤的心情，痛斥小人的谗言离间而使自己遭受流离之痛，"鸱枭鸣衡轭，豺狼当路衢。苍蝇间白黑，谗巧反亲疏"。这也暗指曹丕对自己的猜忌和打击。曹彰在京都暴病而亡，诗人不禁悲悯，同时慨叹人生的短促、生死的无常，"存者忽复过，亡没身自衰。人生处一世，去若朝露晞。年在桑榆间，影响不能追。自顾非金石，咄唶令心悲"。诗人最后在"变故在斯须，百年谁能持。离别永无会，执手将何时"的生离死别中，寄寓了无限的迁逝之痛。要言之，在这首诗中，曹植把空间迁逝之悲与时间流逝之痛交织在一起，极力抒写了人生的流荡迁移、骨肉分离以及生命短促、人生无常的悲伤。

曹植的一些游仙诗，正是他在生活的重压之下而寻求一种虚幻的解脱。现实生活空间的局促，使他在幻想的神仙世界中突破有限的空间，而追求辽远阔大之境。《远游篇》：

> 远游临四海，俯仰观洪波。大鱼若曲陵，承浪相经过。灵鳌戴方丈，神岳俨嵯峨。仙人翔其隅，玉女戏其阿。琼蕊可疗饥，仰首吸朝霞。昆仑本吾宅，中州非我家。将归谒东父，一举超流沙。鼓翼舞时风，长啸激清歌。金石固易敝，日月同光华。齐年与天地，万乘安足多。

向往辽阔的空间，渴望久长的生命，这是对时空有限和狭小的超越和突破。

曹植身处汉末动乱的社会现实中，一生遭遇颇为动荡曲折。自然和社会政治人事的急速变化，使曹植深感时间的匆匆流逝。因此，他的诗文中强烈地表现出时光飞逝、生命短促的悲伤。《送应氏》曰：

> 步登北邙阪，遥望洛阳山。洛阳何寂寞，宫室尽烧焚。垣墙皆顿擗，荆棘上参天。不见旧耆老，但睹新少年。侧足无行径，荒畴不复田。游子久不归，不识陌与阡。中野何萧条，千里无人烟。念我平常居，气结不能言。

诗人重回故地洛阳，当年繁华的洛阳现在是何等的寂寞和荒凉，宫室尽毁，垣墙倒塌，荆棘参天，"中野何萧条，千里无人烟"，他在自然和人事的巨大变化中深感岁月的急速流逝。《赠徐干》曰："惊风飘白日，忽然归西山。圆景光未满，众星粲以繁。志士营世业，小人亦不闲。"《名都篇》曰："白日西南驰，光景不可攀。"《闲居赋》曰："何岁月之若鹜，复民生之无常。"《野田黄雀行》曰："惊风飘白日，光景驰西流。盛时不可再，百年忽我遒。生存华屋处，零落归山丘。"时光匆匆流逝，盛年不再，百年易尽，曹植的诗文中流动着一股时光飞逝、人生短促的迁逝之悲。这易于产生人生的虚无感，但曹植在"向死而生"中表现出积极进取的精神。《薤露行》曰：

> 天地无穷极，阴阳转相因。人居一世间，忽若风吹尘。愿得展功勤，输力于明君。怀此王佐才，慷慨独不群。鳞介尊神龙，走兽宗麒麟。虫兽犹知德，何况于士人。孔氏删诗书，王业粲已分。骋我径寸翰，流藻垂华芬。

诗人感慨时光匆匆，人生短促，"人居一世间，忽若风吹尘"，但颇为自信自己的才具，且志向远大，要在短促的人生中建立功业，立言立名。他人生的后期，虽辗转于荒寒僻远的封地，仍希望有所作为。《求自试表》向明帝陈述了不甘心碌碌无为、没世无闻的心志，表达了要求建功立业、捐躯报国的意愿："若使陛下出不世之诏，效臣锥刀之用……必效须臾之捷，以灭终身之愧，使名挂史笔，事列朝策。"

总之，曹植诗文的迁逝之悲是深切的，尤其表现在空间迁逝之痛上，他被封锁在狭小荒寒的封地，与现实的政治相隔绝，与亲友相分离，非常孤独和寥落。在自然和人事的急剧变迁中，他强烈地感受到时光飞逝、生命短促的悲伤。但可贵的是，曹植在时空迁逝之悲中仍保持着积极进取、立功立言的情怀。

综上所述，所谓迁逝之悲，是指因空间的迁徙和时间的流逝而产生的伤悲。建安诗文的空间迁逝之悲非常突出，其主要原因有三：其一，中国古代社会是一个农业社会，农业生产和生活是很封闭的，人们安土重迁、安居乐业的意识根深蒂固；其二，中国古代社会是典型的宗法制社会，看重具有血缘关系的伦理亲情；其三，建安时代是历史上最为混乱动荡的时代之一，人们饱受流离飘荡之苦。根据时间的本质，自然和人事的变迁是时间存在的前提和根据。建安时代，整个社会陷入了空前的变动之中，自然和人事迅速变迁，时间的流逝非常急剧。建安诗文中表现出浓烈的时间迁逝之痛。

参考文献：

［1］王瑶：《中古文学史论集》，上海古籍出版社 1982 年版。

［2］王钟陵：《中国中古诗歌史》，人民出版社 2005 年版。

［3］海德格尔：《存在与时间》，陈嘉映、王庆杰译，北京三联书店 1987 年版。

［4］周建漳：《历史及其理解和解释》，社会科学文献出版社 2005 年版。

［5］赵幼文：《曹植集校注》，人民文学出版社 1984 年版。

［6］吴云：《建安七子集校注》，天津古籍出版社 2005 年版。

［7］罗宗强：《魏晋南北朝文学思想史》，中华书局 1996 年版。

［8］叶嘉莹：《汉魏六朝诗讲录》，河北教育出版社 1997 年版。

［9］傅亚庶：《三曹诗文全集译注》，吉林文史出版社 1997 年版。

十八 "山中方七日,世上已千年"

——论时间性在中国古代文学中的诗意展现

（一）

什么是时间？这似乎是一个太基本的问题。罗马时代的哲学家奥古斯丁说道：什么是时间，你不问我，似乎还明白，你一问我，倒说不清楚。根据物理时间观，时间是在过去—现在—将来的方向上作单向匀速线性流逝，具有客观性，不依赖自然和人事的变化，也独立于人的主观意志之外。这种客观的时间观并没有揭示时间的本质：一是把时间的流逝与自然和人事的变迁分割开来，二是把时间的流逝与人的主观意志分割开来。

什么是时间的问题，实际上是在追问时间的本质，即追问时间存在的前提和根据。我们认为，自然和人事的变迁是时间存在的前提和根据；时间的原始出处在于日出日落、春花秋月与逝水年华、人事沧桑等事象中，正是自然界与人类社会的变更和流逝本真地唤醒了我们的时间意识。[1] 因此，时间在本质的意义上乃源于流变，是关于世间万事万物生成变易的哲学表达。[2] 子在川上曰："逝者如斯夫，不舍昼夜！""河流"意象是人们心目中时间观念的象征：一是它包含着流变的因素；二是它被理解为匀速的线性运动过程。但从时间的本质来看，时间的流逝并非匀速。如果自然和人事的变化是变速的，则时间的流逝也是变速的。具体言之，自然和人事的变化急剧，则时间流逝迅速；自然和人

---

① 哲学追寻本原，原始的东西具有至上的意义。

② 周建漳教授亦有此论；参见《历史及其理解和解释》，社会科学文献出版社 2005 年版，第 37—40 页。

事的变化缓慢，则时间流逝缓慢。我们常说，具有不同发展速度的民族，同一日历时间（物理时间）在历史中的定位并不一样；同处 21 世纪，不同发展水平的民族其实并不处于同一历史时期。发展迟缓的中华民族在表面上是历史悠久，但其背后是历史短暂，正如鲁迅先生感叹"仿佛时间的流驶，独与我们中国无关。现在的中华民国也还是五代，是宋末，是明季"①。历史悠久的本质是时间的绵长，而时间的绵长根据于自然和人事的变迁，但在传统的中国，生产和生活并没有实质的变化，故时间的流逝非常缓慢，时间的间距也很短暂，这即是"山中方七日，世上已千年"。同样的一段日历时间（一百年），对于变化缓慢的山中来说，一百年的变化只相当于七日的变化；而对于数代生死更替的人世而言，已发生了千年巨变。刘禹锡《酬乐天扬州初逢席上见赠》："巴山楚水凄凉地，二十三年弃置身。怀旧空吟闻笛赋，到乡翻似烂柯人。"据《述异记》载：晋人王质入山砍柴，见二童子下棋，他在旁观棋至终，发觉手中斧柄已烂，回到家里，才知过了百年，同辈人皆已死尽。

根据客观时间观，过去、现在、将来是一维空间，相互分割，相互外在。这不禁使我们陷入困惑当中：过去已不在，将来还未在，而每一当下的现在又转瞬即逝，那么时间安在何在呢？从时间的本质上加以思考，时间不属于过去、现在、将来的任何一个维度，而是包含和统摄三者为一体的，即三者是统一到场：任何过去都是现在的过去且存在于现在的记忆中，任何将来都是现在的将来且存在于现在的预期中。过去、现在、将来的流逝根据于自然和人事的变迁，三者的统一到场有三层含义。其一，自然和人事在过去、现在、将来的变迁中具有连续性，现在的自然和人事含有过去的因素，将来的自然和人事是在现在基础上的合理发展。其二，过去、现在、将来又有显明的分别，过去与现在的分别根植于自然和人事的变异，将来的到来源于自然和人事所有的异质因素；我们是在自然和人事的变迁中，体会到时间的生成变易。德国存在主义哲学家海德格尔说："时间乃于由将来、曾在、当前的统一所构成的变异中源始地绽出。"② 这是肯定将来、曾在、当前在连续和变易中的统一。"将来"是

---

① 鲁迅：《忽然想到》，收入《鲁迅全集》（三），人民文学出版社 1958 年版，第 13—14 页。
② 海德格尔：《存在与时间》，陈嘉映、王庆杰译，三联书店 1987 年版，第 390 页。

重要的维度，时间在将来中显现其可能性的意蕴，因而有优先性。海德格尔说："将来在源始而本真的时间性的绽出的统一性中，拥有优先地位。"① 其三，自然和人事的变迁，只有进入到主体的心灵中才有意义；否则，花自开自落，草自绿自黄，对于我们是毫无意义的。王维《辛夷坞》曰："木末芙蓉花，山中发红萼。涧户寂无人，纷纷开且落。"自然和人事的变迁唤醒了我们的时间意识；我们总是基于现在，而展开对过去的伤怀与对将来的筹划中。

综上所述，时间的本质是：自然和人事的变迁是时间存在的前提和根据；时间是包含和统摄过去、现在、将来为一体的，一方面表明三者的连续性，另一方面展示其变异性。时间的本质，揭示了时间的流逝与自然和人事变化的内在联系，且把时间的流逝与主体心灵及其生活经验、生命体验结合起来，从而蕴含着丰富的、活生生的内容。② 时间性在中国古代文学中获得具体生动的诗意展现。

（二）

在中国传统的农业社会中，春生夏长，秋收冬藏，一年四时，循环往复。这种简单的农业再生产，往往生产出一种简单循环式的时间观。四时及其景物是周而复始的，春天还会再来，桃花依旧要盛开。农业生产和生活是周而复始的，上百年乃至上千年的农业生产和生活方式并没有什么改变。人似乎也是年年如此，今年和去年的形容及其从事的工作依然没有改变，"年年岁岁花相似"是对的，但很少有"岁岁年年人不同"之感。这种以四时为周期的循环时间观，使人们无视时间的线性（过去—现在—将来）流逝，没有过去、现在、将来的明显分别，因为过去与现在是一样的，将来也并没有什么新的内容，无非

---

① 海德格尔：《存在与时间》，陈嘉映、王庆杰译，三联书店1987年版，第202页。

② 本文所主张的时间观，是主客相融合的时间观，既不同于客观的物理时间观，又不同于主观的心灵时间观。在笔者看来，时间的起源一方面基于自然和人事的变迁，另一方面来自于主体心灵的感知，这两方面缺一不可。中国古代的文学作品所表现的时间观即是主客融合的时间观。文章标题之"时间性"，主要根据海德格尔对时间（Zeit）与时间性（Zeitlichkeit）的区分，时间属于自然科学，时间性属于人文科学。

是重复代代延续的生产和生活。因此，人们对将来没有什么新奇的期待，对过去也没有多少眷念和追忆。这种简单循环式时间观所形成的主要原因有二：一是农业生产和生活按照四时来安排，四时是循环的，则农业生产和生活也是往复的；二是中国传统的农业社会非常保守，农村是一块和平安宁之地，自然和人事基本上没有什么变动。王维《春中田园作》曰：

> 屋上春鸠鸣，村边杏花白。持斧伐远扬，荷锄觇泉脉。归燕识故巢，旧人看新历。临觞忽不御，惆怅远行客。

屋上的春鸠又鸣叫了，村边的杏花依然雪白。燕子是去年的燕子，燕巢也是去年的旧巢，人也还是去年的人。虽然日历标明新的一年已经到来，但一切依旧，新的一年没有什么实质的内容，无非是重复代代延续的生产和生活。

自然界和人类社会的变迁澄明时间的存在，我们正是从自然和人事的变化中领会时间的本质。如果自然和人事的变化不大，则时间流逝缓慢，一年的日历时间似乎悠悠地过了数年。罗大经《鹤林玉露》曰：

> 唐子西云："山静似太古，日长如小年。"余家深山之中，每春夏之交，苍藓盈阶，落花满径，门无剥啄，松影参差，禽声上下。午睡初足，旋汲山泉，拾松枝，煮苦茗啜之。随意读《周易》、《国风》、《左氏传》、《离骚》、《太史公书》及陶杜诗、韩苏文数篇。从容步山径，抚松竹，与麛犊共偃息于长林丰草间。坐弄流泉，漱齿濯足。既归竹窗下，则山妻稚子，作笋蕨，供麦饭，欣然一饱。弄笔窗间，随大小作数十字，展所藏法帖、墨迹、画卷纵观之。兴到则吟小诗，或草《玉露》一两段。再烹苦茗一杯，出步溪边，邂逅园翁溪友，问桑麻，说粳稻，量晴校雨，探节数时，相与剧谈一饷。归而倚杖柴门之下，则夕阳在山，紫绿万状，变幻顷刻，恍可人目。牛背笛声，两两来归，而月印前溪矣。味子西此句，可谓绝妙。然此句妙矣，识其妙者盖少。彼牵黄臂苍，驰猎于声利之场者，但见滚滚马头尘，匆匆驹隙影耳，恶知此句之妙哉！人能真知其妙，则东坡所谓"无事此静坐，一日是两日，若活七十年，便是百四十"，所得不已

多乎！①

山中的生活宁静悠闲，没有什么变化。时间悠然地流逝，一天似过了一年。从山中的景色与生活来看，太古与现在没有差别，时间似乎停滞，太古即是现在，现在成为永恒。因此，人在山中生活，时间的迁逝感很弱。但那些驰骋于名利场中的人，其穷达祸福的瞬息万变，其人事扰攘的纷繁复杂，使他们深感时间的匆匆流逝，如"白驹过隙"一般。

要之，在中国传统的农业社会里，人们形成了以四时为周期的循环式时间观；自然和人事的变化是缓慢的，基于其上的时间流逝也是缓慢的，我们的时间迁逝意识淡薄。一年四时之中，春和秋两个季节，因自然和人事的变化较大，故能引发人之较强的时间意识。但四时循环往复，春和秋年年到来，削弱了四时及其景物的陌生感和新奇感，因而时间的迁逝感仍然不是太强。描写农村田园生活的诗文，具有一种缓慢而悠长的时间感受，形成了静观、悠闲的审美情趣。

如果我们身处其中的自然界和人类社会的变化很大、很剧烈，如果我们的人生遭遇非常动荡曲折，则时间的流逝非常迅速，我们的时间迁逝感非常强烈，一年的日历时间一月就匆匆地过去了，本来就很短促的人生变得更加短促。屈原生活在战国晚期，诸侯争霸达到了空前剧烈的程度，秦国频繁地对楚国加以威胁、利诱、侵袭，楚国的内政外交陷入纷繁复杂的困境中。屈原积极地参与其中，最能感受到楚国的动荡变化。屈原的人生遭遇坎坷曲折。他原为怀王左徒，官位显赫，"入则与王图议国事，以出号令；出则接遇宾客，应对诸侯。王甚任之"（《史记·屈原贾生列传》），但因小人的谗言，"信而见疑，忠而被谤"，一再遭受楚王和佞臣的打击，两次放逐，最终沦落为"颜色憔悴，形容枯槁"的江边谪客。自然和人事的剧烈变化，使屈原深感时间的匆匆流逝和人生的有限短促。

汩余若将不及兮，恐年岁之不吾与。朝搴阰之木兰兮，夕揽洲之

① 罗大经：《鹤林玉露》，中华书局1983年版，第304页。

宿莽。日月忽其不淹兮，春与秋其代序。惟草木之零落兮，恐美人之迟暮。

老冉冉其将至兮，恐修名之不立。朝饮木兰之坠露兮，夕餐秋菊之落英。

汨，本义是水流迅速，指时间像水一样匆匆流逝，永不停歇，一去不回。朝、夕对照，正表示时间的匆匆。日月飘忽，春秋代序，草木零落，美人迟暮；这是诗人慨叹时间迁逝而青春不再、芳意难成。

朝发轫于苍梧兮，夕余至乎悬圃。欲少留此灵琐兮，日忽忽其将暮。吾令羲和弭节兮，望崦嵫而勿迫。路曼曼其修远兮，吾将上下而求索。

诗人忧恐太阳很快落山，而命令羲和慢一点赶车，让时光慢流，以便上下求索自己的人生之路。"日忽忽其将暮"，隐喻自己老之将至，期望岁月延仁，以实现自己的美政理想。

及年岁之未晏兮，时亦犹其未央。恐鹈鴂之先鸣兮，使夫百草为之不芳。

鹈鴂，即杜鹃，鸣叫于春末夏初，正是落花时节。诗人畏惧杜鹃鸣叫，春天就会过去，百花凋零，美人迟暮。

要之，屈原身处政治人事的剧烈变化中，所以《离骚》充满着岁月匆匆流逝、人生短促的慨叹，表现出强烈的时间迁逝意识。这确证了时间的本质：自然和人事的变迁是时间存在的前提和根据；自然和人事的变化急剧，则时间流逝迅速。

（三）

王瑶先生说："我们念魏晋人的诗，感到最普遍，最深刻，能激动人心的，便是那在诗中充满了时光飘忽和人生短促的思想与情感。"① 王钟陵教授在《中国中古诗歌史》中说："在时人忧患百端的种种思想感情之中，迁逝感最为惊人心目。……建安诗人面对'中野何萧条，千里无人烟'的严酷现实，他们的迁逝感更其深沉。……而曹植那首为晋人披之管弦广加传唱的《箜篌引》，则更为典型地表达了上层人物的迁逝之悲：'惊风飘白日，光景驰西流。盛时不可再，百年忽我遒。生存华屋处，零落归山丘。'一方面是岁月如驰，一方面又是华不再繁。华屋山丘之哀，光景西流之叹，相互交融。在对富贵生活的留恋中，有着对日月急速迁逝的极为惊心动魄的感受。"② 迁逝之悲，是指因时间的流逝而产生的繁华不再、人生短促的悲伤。建安诗文的迁逝之悲为何如此突出呢？其一，汉末建安时代极端动乱的社会现实，使诗人们亲眼目睹了大量的、非正常的死亡，从而触发他们对死亡的关注和悲悼。其二，魏晋是个性自觉的时代，诗人的自我觉醒，主要表现在对自我生命的追求上；而生命就是时间，故自我意识的形成，总与时间感的加深相联系。笔者认为，建安诗文的迁逝之悲之所以突出，还有更为深层的原因。

根据时间的本质，自然和人事的变迁是时间存在的前提和根据。汉末建安是中国历史上最为动乱的时期之一，统治阶级内部的夺权残杀，军阀的割据和混战，黄巾大起义的风起云涌，魏、蜀、吴三国鼎立，瘟疫流行；人祸加上天灾，使整个社会陷入了空前的动荡与变化中。曹操《蒿里行》曰："铠甲生虮虱，万姓以死亡。白骨露于野。千里无鸡鸣。生民百遗一，念之断人肠。"王粲《七哀诗》曰："西京乱无象，豺虎方构患。……出门无所见，白骨蔽平原。"自然和人事急剧变化，则时间的流逝非常迅速，建安文人深切地感受到时光的飘忽、人生的短促。历来探讨建安诗文的时间迁逝感之所以强烈的原因时，皆没有从时间的本质上予以揭示。

建安诗人孔融，字文举，在七子中最长。他生于 153 年，建安十三年（208）为曹操所杀。孔融置身于汉末动乱的社会中，一生坎坷曲折。人事的急剧变迁，使他悲叹时间的匆匆流逝和生命的短促。《论盛孝章书》曰：

---

① 王瑶：《中古文学史论集》，上海古籍出版社 1982 年版，第 4 页。
② 王钟陵：《中国中古诗歌史》，人民出版社 2005 年版，第 49—50 页。

> 岁月不居，时节如流。五十之年，忽焉已至。公为始满，融又过二，海内知识（相知相识之人），零落殆尽，惟有会稽盛孝章尚存。其人困于孙氏，妻孥湮没，单子独立，孤危愁苦。若使忧能伤人，此子不得永年矣。……公诚能驰一介之使，加咫尺之书，则孝章可致，友道可弘矣。

文章一开始就感叹时间的匆匆流逝。时间流逝的迅速，并非基于日历上的时间，而是根植于人事的沧桑变化，"海内知识，零落殆尽"。正是人事的剧烈变化，使作者深切地感受到"岁月不居，时节如流。五十之年，忽焉已至"。时间是统摄过去、现在、将来为一体的，作者在过去的追忆中表现出对零落知识的悼念，也在将来的筹划中展开某种可能性，请求曹操援救盛孝章，以改变其现实的困境，这是对将来的展望，将来具有优先性。过去、现在、将来在人事的异质中表现出时间的流逝。

建安之杰曹植早年随父从军，亲身经历军中动荡不宁的生活；中年后，由于受曹丕和曹睿父子的压制和打击，其封地一再改迁，《魏书》本传谓"十一年中而三徙都"，饱受着空间迁移之痛。社会政治人事的急速变化，使曹植深感时间的匆匆流逝。《送应氏》曰：

> 步登北邙阪，遥望洛阳山。洛阳何寂寞，宫室尽烧焚。垣墙皆顿擗，荆棘上参天。不见旧耆老，但睹新少年。侧足无行径，荒畴不复田。游子久不归，不识陌与阡。中野何萧条，千里无人烟。念我平常居，气结不能言。

诗人重回故地洛阳，当年繁华的京都，现在是宫室尽毁，荆棘参天，"中野何萧条，千里无人烟"，他在自然和人事的巨大变化中深感岁月的急速流逝。《赠徐干》："惊风飘白日，忽然归西山。圆景光未满，众星粲以繁。志士营世业，小人亦不闲。"《名都篇》曰："白日西南驰，光景不可攀。"《闲居赋》曰："何岁月之若鹜，复民生之无常。"《野田黄雀行》曰："惊风飘白日，光景驰西流。盛时不可再，百年忽我遒。生存华屋处，零落归山丘。"时光匆匆流逝，盛年不再，百年易尽，曹植的诗文中流动着一股时光飞逝、人生短促的迁逝之悲，但他在"向死而生"中表现出积极进取的精神。《薤露行》曰：

> 天地无穷极，阴阳转相因。人居一世间，忽若风吹尘。愿得展功勤，输力于明君。怀此王佐才，慷慨独不群。鳞介尊神龙，走兽宗麒麟。虫兽犹知德，何况于士人。孔氏删诗书，王业粲已分。骋我径寸翰，流藻垂华芬。

诗人感慨时光匆匆、人生短促，但颇为自信自己的才具，渴望在短促的人生中建立功业，"愿得展功勤，输力于明君"，立言立名，"骋我径寸翰，流藻垂华芬"。时间的迁逝与曹植的人生经验和生命体验相结合，这是具体的、活生生的、本真的时间感受，而不同于日历时间的抽象、枯燥。

魏文帝曹丕，字子桓，生于 187 年。建安十六年（211），他为五官中郎将，副丞相。建安二十二年，他立为太子。建安二十五年，曹操死，曹丕嗣魏王位，十一月代汉即位，在位七年（220—226）。曹丕置身于复杂多变的政治人事中，亲身经历现实政治权力之权诈诡谲的争斗，他的诗文表现出强烈的时间迁逝之悲。《短歌行》曰："仰瞻帷幕，俯察几筵。其物如故，其人不存。……人亦有言，忧令人老。嗟我白发，生一何早。"这是对故人死亡的悲叹，也感慨自己的早生华发，身处变化万端的社会中，就会早衰。《善哉行》曰："上山采薇，薄暮苦饥。溪谷多风，霜露沾衣。野雉群雊，猴猿相追。还望故乡，郁何垒垒。高山有崖，林木有枝。忧来无方，人莫之知。人生如寄，多忧何为。今我不乐，岁月如驰。"一方面是远离家乡而饱受乱世的流落和饥寒之痛；另一方面，又交织着岁月如驰，人生如寄的悲伤。诗人把空间的迁移之悲和时间迁逝之痛结合起来。

曹丕是一位感性和理性兼长并美的诗人。他的诗文往往立足于现在而追忆往事，且在人事的变化中表现时光的匆匆流逝。

> 岁月易得，别来行复四年。三年不见，《东山》犹叹其远，况乃过之，思何可支？虽书疏往返，未足解其劳结。昔年疾疫，亲故多离其灾：徐陈

311

应刘，一时俱逝，痛可言邪！昔日游处，行则连舆，止则接席，何曾须臾相失！每至觞酌流行，丝竹并奏，酒酣耳热，仰而赋诗。当此之时，忽然不自知乐也。谓百年已分，可长共相保，何图数年之间，零落略尽，言之伤心！顷撰其遗文，都为一集。观其姓名，已为鬼录，追思昔游，犹在心目。而此诸子，化为粪壤，可复道哉！……年行已长大，所怀万端，时有所虑，至通夜不瞑，志意何时复类昔日？已成老翁，但未白头耳！光武言：“年三十余，在兵中十岁，所更非一。”吾德不及之，年与之齐矣。以犬羊之质，服虎豹之文。无众星之明，假日月之光。动见瞻观，何时易乎？恐永不复得为昔日游也！少壮真当努力，年一过往，何可攀援？古人思秉烛夜游，良有以也。（《又与吴质书》）

其一，今昔人事的重大变化，展示了时间生成变易的本质。昔年，曹丕与建安诸子朝夕游处，饮酒赋诗，“驰骋北场，旅食南馆。浮甘瓜于清泉，沉朱李于寒水，白日既匿，继以朗月，同乘并载，以游后园”（《与吴质书》）。今日，诸子在数年之间，零落殆尽，“昔年疾疫，亲故多离其灾：徐陈应刘，一时俱逝，痛可言邪”。在人事的剧烈变化中，曹丕深感时间的匆匆流逝，“岁月易得，别来行复四年”。

其二，曹丕身处现在，既在今昔的变故中表现出对昔日故友的深挚思怀之情，又展望未来，希望把故友的诗文结为一集，给予合理的评价和肯定，使其人、其文流传于后世，使故友的有限人生在过去、现在、将来的绵延之流中获得不朽的意义。“将来”具有可能性的意蕴，意味着创新、创造。曹丕倍加珍惜将来，希望通过立功、立言而不朽，“盖文章经国之大业，不朽之盛事。年寿有时而尽，荣乐止乎其身，二者必至之常期，未若文章之无穷”（《典论·论文》）。曹丕之时间迁逝意识的觉醒和增强，不仅从过去与现在的对比中感受时间的流逝，也在对将来的筹划中展开时间变易的本质。

其三，曹丕写这封书信时，只有30余岁，但已衰老成老翁了。为什么这样呢？他所怀万端，时有所虑，经历了太多的急剧变化的社会政治人事，因而时间在他身上加速流逝，他的生理、心理年龄远远超过了其日历年龄。光武帝刘秀感叹军中生活使人衰老加速，主要是军中动荡不宁的生活最为变化多端，远远超过正常的人事变化，军中 10 年的变化等于人事正常变化的几十年。自然和人事的变化迅速，时间加速流逝，我们会早熟，我们的日历时间是 12 岁，但已是 20 岁的心理和生理。我们也会早衰、早死，日历时间虽 40 岁，但因自然和人事的加速变化，我们已活了 60 多岁。建安是历史上最为动乱的时代之一，建安文人身处急剧变化的政治人事中，表现出早熟、早衰、早死的特征。除曹操和孔融活得较长外，曹丕（187—226），活了 39 岁；曹植（192—232），活了 41 岁；王粲（177—217），活了 40 岁；徐干（170—217），活了 47 岁。陈琳、刘桢、应玚的生年不详，皆死于建安二十二年（217）的大瘟疫之中，非正命而夭亡。在自然和人事以及自身的迅速变化中，建安文人深切地体悟到时间的匆匆流逝和自己的早熟、早衰，从而对死亡的加速到来怀有一种强烈的恐惧感和悲怆感。因此，建安文人的早熟、早衰和早死可以从时间的本质上加以理解，他们的诗文中所表现的时光飞逝和人生短促的悲伤也可以从时间的本质上得到解释。

（四）

自然和人事的变化较小，我们就能在过去—现在—将来的缓慢变化中，体悟时间流逝的连续性和当然性。在连续性中，把我们曾经拥有的东西，延续到现在和将来，以保持更长的时间而获得更久的意义。在当然性中，我们理解与把握自然和人事的理性发展。如果自然和人事的变化非常急剧，过去很快消亡，现在转瞬即逝，将来不可预知，那么过去、现在、将来之间发生了断裂。过去与现在是断裂的，我们曾经拥有的东西已经一去不返；现在与将来是断裂的，将来不是在现在基础上的向前发展，将来的到来有非理性和神秘性。自然和人事在过去—现在—将来之间的断裂中，一方面表现出非理性和荒诞性的特征，使我们丧失了把握人生命运的主体性；另一方面自然和人事的急剧变迁，使我们产生强烈的时间迁逝感。

南唐后主李煜，在亡国之后所写的词，艺术价值极高，抒发的感情真挚动人，但这种感情是伤感的、委靡的、悲观的。究其原因，他的词里表现出强烈的时间迁逝感，在过去、现在、将来的断裂中展现出人生的幻灭感。李煜原是

313

南唐后主，尽享荣华富贵、歌舞升平的生活；南唐被北宋攻灭后，他成为阶下囚，遭受着国破家亡的惨痛命运。《破阵子》曰：

四十年来家国，三千里地山河。凤阁龙楼连霄汉，琼枝玉树作烟萝。几曾识干戈。一旦归为臣虏，沈腰潘鬓消磨。最是仓皇辞庙日，教坊犹奏别离歌。垂泪对宫娥。

山河家园在干戈中消亡，自己也归为臣虏。李煜人生的前后变化正如他感叹说："流水落花春去也，天上人间！"（《浪淘沙》）家事、国事之"天上人间"的巨变，使李煜深感时间的匆匆流逝。《乌夜啼》曰：

林花谢了春红，太匆匆！无奈朝来寒雨晚来风。胭脂泪，留人醉，几时重？自是人生长恨水长东。

林花匆匆凋谢，正是过去的富贵繁华生活匆匆逝去的写照。《虞美人》曰：

春花秋月何时了？往事知多少！小楼昨夜又东风，故国不堪回首月明中。雕栏玉砌应犹在，只是朱颜改。问君能有几多愁？恰似一江春水向东流。

春花、秋月、东风、明月是标示时间流逝的自然物象，它们循环往复；而家事、国事的变迁是单向线性流逝，是"一江春水向东流"、"自是人生长恨水长东"。自然物象的循环往复与人事的线性流逝形成鲜明对照，从而引发词人对过去美好生活一去不返的感伤。《虞美人》："风回小院庭芜绿，柳眼春相续。凭栏半日独无言，依旧竹声新月似当年。笙歌未散樽罍在，池面冰初解。烛明香暗画堂深，满鬓清霜残雪思难任。"竹声新月依旧，人事白云苍狗，自己急剧衰老，"满鬓清霜残雪思难任"。

家事、国事的沧桑巨变，使李煜的过去与现在是断裂的，他一方面感到往日的生活在现实中踪迹全无，像梦一般的虚幻；另一方面觉得今昔的变化是非理性和荒诞性的，也是梦。因此，李煜的词里充斥着梦的意象。《望江南》："多少恨，昨夜梦魂中。还似旧时游上苑，车如流水马如龙。花月正春风。"他只有在梦里重温往日"车如流水马如龙。花月正春风"的美好生活。《菩萨蛮》曰：

> 人生愁恨何能免，销魂独我情何限。故国梦重归，觉来双泪垂。高楼谁与上，长记秋晴望。往事已成空，还如一梦中。

往事成空，如梦一般的虚幻。李煜在过去与现在之人事的云泥之隔中，深切追怀往日玉砌雕栏、歌舞升平的生活，伤痛今日卑下屈辱、以泪洗面的境遇。《乌夜啼》曰：

> 昨夜风兼雨，帘帏飒飒秋声。烛残漏断频倚枕，起坐不能平。世事漫随流水，算来梦里浮生。醉乡路稳宜频到，此外不堪行。

浮生如梦，虚幻而荒诞，没有什么意义，因而不值得执著，诗人的情感是悲观消沉的。

李煜在过去、现在、将来的时间之流中，完全沉浸于过去美好生活的追忆中，他不愿意接受现在，更不愿意展望将来。他认为过去、现在、将来的发展是断裂而非理性的，他不能理解和接受。将来具有优先性，蕴涵着多种可能性，从现在向将来的流变中，意味着新的异质因素的出现。李煜不再展望将来，即彻底放弃了改变现实处境的可能性，这是李煜完全绝望的表现。《浪淘沙》曰：

> 往事只堪哀，对景难排。秋风庭院藓侵阶。一任珠帘闲不卷，终日谁来！金剑已沉埋，壮气蒿莱。晚凉天净月华开。想得玉楼瑶殿影，空照秦淮。

词人完全沉浸在"往事只堪哀"中，是"金剑已沉埋，壮气蒿莱"，早已

315

没有展望将来的雄心和壮志了。他心灰意冷，以为一生已经注定，不可改变，不再有将来的希望了。李煜只有过去，没有将来了。一个没有将来的人，是最绝望的人。

那些太执著于过去且把过去作为梦而言说的痴人，所谓"痴人说梦"：一是他们曾拥有美好繁华的过去；二是他们经历了人生的巨变，从美好的过去跌落到现实的困境中。他们人生的过去、现在、将来是断裂的：过去在现在中没有任何踪迹，像梦一样的虚幻；现在不是过去的合理发展，像梦一样的荒诞；现在难以改变，将来不可预知和把握，因而不再展望将来。因此，他们对现在和将来是完全排拒的，只有沉浸在过去的回忆中才能消解人生的失落和苦痛。

晚明著名的小品文作家张岱所写的《陶庵梦忆》、《西湖梦寻》等著作，皆是以"梦"为名。张岱显然是把自己过去的生活看成是一场梦，也暗示现实的人生也是梦。他为什么会这样呢？从他的人生遭遇中我们明白，他的一生经历了由繁华到衰落的巨大变化，表现在国事上是由明入清，表现在家事上是由富贵到穷困。他在《自为墓志铭》里说：

> 少为纨绔子弟，极爱繁华。好精舍，好美婢，好娈童，好鲜衣，好美食，好骏马，好华灯，好烟火，好梨园，好鼓吹，好古董，好花鸟；兼以茶淫谲谑，书囊诗魔……年至五十，国破家亡，避迹山居。所存者，破床碎几折鼎病琴，与残书数帙，缺砚一方而已。布衣蔬食，常至断炊。

张岱前后生活的天上人间之隔，一方面展示了时间的急剧流逝；另一方面把过去与现在割裂开来，过去的一切像梦一样的虚幻，今昔巨变的非理性和荒诞也是梦。《陶庵梦忆·自序》：

> 想余生平，繁华靡丽，过眼皆空，五十年来，总成一梦。今当黍熟黄粱，当作如何消受？遥思往事，忆即书之，持向佛前，一一忏悔。不次岁月，异年谱也；不分门类，别志林也。偶拈一则，如游旧径，如见故人，城郭人民，翻用自喜，真所谓痴人说梦矣。昔有西陵脚夫为人担酒，失足破其瓮，念无所偿，痴坐伫想曰："得是梦便好！"一寒士乡试中式，方赴

鹿鸣宴，恍然犹意非真，自啮其臂曰："莫是梦否？"一梦耳，惟恐其非梦，又惟恐其是梦，其为痴人则一也。余今大梦将寤，犹事雕虫，又是一番梦呓。

作者感慨50年来的人生像梦一样过眼皆空。他自认为现在是黄粱梦醒，不禁深切忆念，因为梦虽是虚幻不实的，但交织着自己的悲欢，且现在的状态是令人失望的，也没有展望将来的信心和勇气，只有沉浸在梦中，"又是一番梦呓"，才能消解内心的苦痛。西陵脚夫希望现在是梦，中举的寒士担心现在是梦，文人张岱以为现在是大梦将寤；实际上，他们皆处于梦中。庄子曰："方其梦也，不知其梦也。梦之中又占其梦焉，觉而后知其梦也。且有大觉而后知其大梦也，而愚者自以为觉，窃窃然知之。"（《庄子·齐物论》）人生的本质是梦，是虚无，是荒诞，但愚人常常自以为觉。

《红楼梦》也是以"梦"名篇的，且看小说的开篇说：

> 此开卷第一回也。作者自云：因曾历过一番梦幻之后，故将真事隐去，而借"通灵"之说，撰此《石头记》一书也。故曰"甄士隐"云云。但书中所记何事何人？自又云："今风尘碌碌，一事无成，忽念及当日所有之女子，一一细考较去，觉其行止见识皆出于我之上。何我堂堂须眉，诚不若彼裙钗哉？实愧则有余，悔又无益之大无可如何之日也！当此，则自欲将已往所赖天恩祖德，锦衣纨绔之时，饫甘餍肥之日，背父兄教育之恩，负师友规训之德，以至今日一技无成，半生潦倒之罪，编述一集，以告天下人：我之罪固不免，然闺阁中本自历历有人，万不可因我之不肖，自护己短，一并使其泯灭也。虽今日之茅椽蓬牖，瓦灶绳床，其晨夕风露，阶柳庭花，亦未有妨我之襟怀笔墨者。虽我未学，下笔无文，又何妨用假语村言，敷演出一段故事来，亦可使闺阁昭传，复可悦世之目，破人愁闷，不亦宜乎？"故曰"贾雨村云云"。此回中凡用"梦"用"幻"等字，是提醒阅者眼目，亦是此书立意本旨。

红楼一梦，正是作者曹雪芹在经历其人生的巨大变化后，而展开对过去生活的追忆。昔日的作者生活于富贵繁华之家，"所赖天恩祖德，锦衣纨绔之时，饫甘餍肥之日"，今日的作者跌落到贫贱中，"茅椽蓬牖，瓦灶绳床"。这种前后生活的天上人间之隔：一是证成时间的匆匆流逝；二是把过去与现在割裂开来，过去的生活一去不返，像梦一样的虚幻。作者在今昔的巨变中一方面体悟到人生的荒谬性，另一方面也没有勇气和能力以改变现实的困境。他拒斥现在和将来，不能接受和理解现在的困境，也不愿意展望将来，即现在与将来是断裂的。因此，作者只有沉浸在过去的回忆和感伤之中，而痴人说梦。《红楼梦》结篇说：

> 说到辛酸处，荒唐愈可悲。由来同一梦，休笑世人痴！

人生如同梦一样的虚幻、短暂和非理性，这样的人生是没有意义的，不值得执著。但世人不能勘破，往往交织着自己的悲欢而痴说自己如梦的往事。

综上所述，自然和人事的变迁是时间存在的前提和根据；时间是统摄过去、现在、将来为一体的，这一方面表明三者的连续性，另一方面展示其变异性；将来包含着可能性的意蕴，因而具有优先性。我们的时间意识总是基于现在，而展开对曾在逝去的伤怀与对将来的筹划中。自然和人事的变化急剧，则过去、现在、将来之间发生了断裂，从而表现出梦一样的虚幻性、非理性和荒诞性。时间的本质揭示了时间流逝与自然和人事变化的内在联系，把时间流逝与主体心灵及其生活经验、生命体验结合起来，从而蕴涵着丰富的、活生生的内容。时间性在中国古代文学中获得具体生动的诗意展现。

参考文献：

［1］海德格尔：《存在与时间》，陈嘉映、王庆杰译，三联书店1987年版。

［2］周建漳：《历史及其理解和解释》，社会科学文献出版社2005年版。

［3］王钟陵：《中国中古诗歌史》，人民出版社2005年版。

［4］吴国盛：《时间的观念》，北京大学出版社2006年版。

十九　"欲洁何曾洁，云空未必空"

——从禅宗的内在超越性解释妙玉的悲剧命运

　　在金陵十二钗中，妙玉的身份特殊。她不是贾府的小姐、夫人，也与贾府没有任何姻亲关系；她是带发修行的尼姑，一个"槛外人"，一个庄子所谓的"畸人"。她的性格、命运究竟体现了什么意义呢？学人对此多有讨论。① 本文将另辟蹊径，从禅宗的内在超越性揭示妙玉悲剧命运的原因，阐释她人生所隐喻的含义。这虽有标新立异之嫌，但我们的立论是具有坚实的理论和材料的根据。

（一）

　　从比较文化史的观点来看，中西文化具有不同的特征，即中国传统文化是内在超越性的文化，而西方文化是外在超越性的文化。② 所谓"超越性"，首先，在存在论的脉络中，超越性意谓脱离现实世界而与之隔绝；其次，在知识论的脉络中，超越性是指超出我们的认知能力而不能为我们所理解。

　　西方文化的外在超越性主要表现在以下几个方面。

　　其一，价值世界具有外在化、具体化的特征。人间的秩序和价值从何而来

---

　　① 本文的讨论是建立在学人对妙玉性格和命运研究的基础之上的。潘忠荣：《云空未必空——妙玉形象意义浅论》，《红楼梦学刊》1983 年第 4 辑；任少东：《妙玉性格与命运结局初探》，《红楼梦学刊》1996 年第 2 辑；薛瑞生：《恼人最是戒珠圆——妙玉论》，《红楼梦学刊》1997 年第 1 辑；陈心浩等：《妙玉妙在有欲》，《红楼梦学刊》2000 年第 4 辑。

　　② 余英时先生对中西文化的内在超越性和外在超越性，进行了具体的讨论，富有启发性。参见《从价值系统看中国文化的现代意义》，《中国近世宗教伦理与商人精神》，两文收入余英时《儒家伦理与商人精神》，广西师范大学出版社 2004 年版。

呢？这是每一种文化都必须回答的问题。希腊人是依靠理性追溯价值之源的。柏拉图的"理型说"、亚里士多德的"最先的动因"，皆是要展示这个价值之源的超越世界。但人的理性是有限的，不能充分地展示这个超越世界。希伯来的宗教以无所不知、无所不在的上帝，为西方人提供了存在的根据。人格化的上帝是万有的创造者，也是所有价值的源头。至此，西方的超越世界充分具体化、外在化了。西方人一方面用此超越世界反照现实世界的种种缺陷和罪恶；另一方面又用它鞭策人们向上努力，这个超越世界和超越性的上帝具有无限的威力。

其二，超越世界是高高在上而完美无缺的；但世俗世界沉沦于下，充满了种种缺陷和罪恶。两个世界对照鲜明，相互隔绝。超越世界永恒不变，独立而不改，它影响世俗世界，但世俗世界不能影响它。台湾学者李明辉征引美国学者郝大维、安乐哲的话说："严谨的'超越性'取决于：一项独立的原则——甲——超越、并决定一项依存的原则——乙——；反之则否。"①

其三，人如何能够到达超越世界呢？首先，不能从现实世界中进入超越世界，而要在隔绝于世俗世界的"上帝之城"里作持久的修炼，以进入超越世界。基督教有普遍性的教会组织（教皇、主教、神父、传教士等），有教堂、修道院，有一整套严格的教义和教规。这构成了"上帝之城"。其次，个体不能依靠内心的价值自觉和自我的努力而到达超越世界。基督教认为，人性是恶的，道德价值并非内在于人性、人心，而且个体是弱小的，故进入超越世界必须依靠外在的集体力量：一是对上帝的信仰，个人的道德价值是听从上帝的召唤（信仰的力量是无穷的）；二是依靠一整套的教义、教规等外在的制约；三是依靠普遍性的教会组织（群体的力量）的约束。

其四，价值世界具有很强的超越性、独立性；个体在对上帝的信仰中、普遍性教会组织的保护下与外在力量的强制中，进入价值世界的程度较深。

儒家是中国传统文化的主流，具有内在超越的性格。港台学者牟宗三说：

　　天道高高在上，有超越的意义。天道贯注于人身之时，又内在于人而

---

① 李明辉：《当代儒学的自我转化》，中国社会科学出版社 2001 年版，第 125—126 页。

为人的性，这时天道又是内在的（immanent）。因此，我们可以康德喜用的字眼，说天道一方面是超越的（transcendent），另一方面又是内在的。天道既超越又内在，此时可谓兼具宗教与道德的意味，宗教重超越义，而道德重内在义。①

牟先生对儒家内在超越性的解释过于简单，有待于深入的阐发。

首先，儒家肯定价值之源来自于超越的天命、天道，但儒家的超越世界并没有走上外在化和具体化的途径。孔子说："天生德于予"（《论语·述而》），"五十而知天命"（《论语·为政》）。《中庸》："天命之谓性，率性之谓道，修道之谓教。"顺着人性的要求，则合于道，所以人性是善的，而善的人性是由天所命。孟子说："尽其心者，知其性也；知其性，则知天矣。"（《孟子·尽心上》）反省自己的内心，即能明心见人性之善，由人性之善而上达天命之善，天命是人性之善的终极根据。孔、孟虽认为天是价值之源，但一方面他们对天往往存而不论，即《论语·公冶长》所谓"夫子之言性与天道，不可得而闻"，天是处于虚位，未能得到具体、客观的描述；另一方面他们更强调超越性的天道内在于人性中，而成为道德的精神境界，此价值世界是内在的、主观的。郑家栋先生认为，儒家的超越乃是人的自我超越，是人在道德实践方面一种精神性的努力与追求，是一种精神境界上的自我提升。② 要之，儒家文化的超越世界是内在的、主观的精神境界。天是价值之源，但处于虚位，未能得到具体而客观的描述。天道和天命是通过人心的反省而获得理解的，所谓"只心即是天"。

其次，在儒家看来，超越世界与现实世界不是截然两分，而是不即不离的。一是超越世界是从现实世界中发展而来。如果用"道"指超越世界，以"人伦日用"代表现实世界，那么"道"既高于又在于"人伦日用"中，所谓"极高明而道中庸"（庸，平常；平常的行为是无过不及）。二是超越世界影响现实世界，现实世界也影响超越世界。这就部分肯定了现实世界，削弱了超越

① 牟宗三：《中国哲学的特质》，台湾学生书局1974年版，第26页。
② 郑家栋：《断裂的传统》，中国社会科学出版社2001年版，第226页。

世界"独立而不改"的超越性、独立性。

再次，人如何能到达超越世界呢？首先，从现实世界中进入超越的世界。儒家没有"上帝之城"，儒家要求人不要舍弃现实世界，现实世界自有其合理性。人在现实世界中不断地修身、践形（道德实践），即可进入超越世界。其次，通过个体自觉反省内心之善以进入价值世界。天命之善内在于人的心性之中，故自觉内省就可以扩充人性之善。因此，追求价值之源的努力，不是等待上帝的启示，不是遵从上帝的法则，而是重点放在每一个人的"深造自得"①。再次，儒家没有组织性的教会可依，内在超越是每一个人自己的事，孔子所谓"为仁由己"（《论语·颜渊》）、"仁远乎哉？我欲仁，斯仁至矣"（《论语·述而》）。

最后，价值世界的超越性、独立性较弱，而世俗性、内在性较强，价值世界易于为强势的世俗世界所入侵而遭到损坏。② 内在超越不利于个体进入较高的超越世界：一是个人的力量弱小，远没有上帝信仰以及集体教会组织的力量巨大；二是人心易疲，仅靠内心自觉以证知天命之善是不行的，还必须依靠外在各种规范的强制；三是超越世界内化为精神境界，很难客观化出来，因而不易于把握和实现，以至人人皆可以说达到了超越的境界，人人皆可以说成圣，所谓"满街都是圣人"。

佛教本是一种外在超越性的宗教。首先，佛教的超越世界（涅槃或彼世）与世俗世界截然分开。世俗世界即"此世"，充满了种种痛苦和灾难，必须彻底地舍弃"此世"，抛却世俗的富贵名利，断除世俗的情欲，四大皆空，六根清净，才能到达"彼世"。其次，佛教要求僧人必须在远离世俗世界的山林寺庙中修行，世俗世界与佛门净土相隔绝。再次，佛门建立了对西方极乐世界与佛祖的绝对信仰，具有一整套的法规和戒律，这些强大的外在力量强制僧人进入超越世界。自魏晋至隋唐七百年，佛教的外在超越性格占有主导的地位。但

---

① 孟子曰："君子深造之以道，欲其自得之也。自得之，则居之安。居之安，则资之深。资之深，则取之左右逢其原。故君子欲其自得之也。"（《孟子·离娄下》）

② 由于儒家文化的世俗性强，它不可避免地与现实的社会政治制度结合起来，也不可避免地受到政治权势的歪曲和利用，最终也几乎丧失了其超越的社会政治理想，而沉沦为广大的流俗哲学。而且，随着社会政治的崩溃，它也不可避免地衰败，因为它早已与社会、政治沉瀣一气。

在这几百年中，由于受中国传统文化（儒教、道教）之内在超越精神的影响，佛教本身也不断地发生变化。唐代中国佛教的变化是突破性的。六祖慧能（638—713）所创立的禅宗在佛教的发展中具有革命性的成果，禅宗从外在超越走向内在超越。

首先，慧能建立了"自性般若"的思想。他说："善知识！菩提般若之智，世人本自有之，即缘心迷，不能自悟，须求大善知识，示道见性。"（《坛经》）菩提般若即智慧，是佛具有的觉性，内在于众生的心性中，即《坛经》"我心自有佛，自佛是真佛"。这表明众生的自心、本性即是佛，众生只要体悟到自我之本相，回归本性，当可即心成佛。因此，禅宗的超越世界内化为人的精神境界，而具有很强的内在性。众生的自性是清净性、真如性、智慧性、空寂性，但他们往往执著于不实在的事物，被妄念遮蔽，而处于无明状态；只有用般若的智慧才能觉悟。众生觉悟的方式是"直指人心"、"见性成佛"、"自证菩提"，这是特别重视内心的自觉反省作用。

其次，慧能认为，"若欲修行，在家亦得，不由在寺"（《坛经》）。这是禅宗从外在超越走向内在超越的关键话语。《坛经》曰："佛法在世间，不离世间觉；离世觅菩提，恰如求兔角。"慧能不再主张以躲在寺庙中静修的方式成佛，人在世俗世界同样能够超越此世，即所谓"世间法即佛法，佛法即世间法"。因此，禅宗的超越世界与世俗世界不再决然分离，而是不即不离。马祖道一禅师说，"平常心是道"，这即儒家所谓"道在人伦日用之中"，世俗世界与超越世界的间隔打破了。佛教本来追求摆脱生死轮回后所达到的一种涅槃境界，这种境界与世俗世界完全不同。世俗世界存在着情感、欲望，而涅槃境界则摆脱了人的情感和欲望，但在中国文化背景之下，禅宗不能离开世俗社会而追求涅槃境界。

禅宗的内在超越性没有儒学突出。一是禅宗并不否定在寺庙中出家修行，在家亦可，在庙亦可，禅宗在寺庙中仍保持其一定的独立性和超越性。二是禅宗主张自性清净，自觉反省内心的佛性，以达到超越世界，但也部分肯定信仰佛祖、坐禅、坚守佛门清规戒律等外在力量的作用。禅宗发展到明清之际，越来越世俗化、内在化。寺庙不再建于人迹罕至的山林之中，不少寺庙坐落在市井之内，有的寺庙甚至成为富贵权势之门的家庙。佛门净土与世俗世界的距离更近，这难以避免世俗世界对佛门净土的入侵。禅门弟子不再严格坚守佛寺的清规戒律，他们常与俗人交往，享受世俗的欢乐，自认为"酒肉穿肠过，佛祖心中留"。但酒肉穿肠加强了他们世俗的欲望，佛祖再也难以在心中驻留。他们僧不僧、俗不俗。在这种宗教氛围中，多数僧尼出世不深，少有人登堂入室，真正地达到超越的境界。因此，不少僧尼在强大的世俗世界力量不断侵袭下，难以抵挡世俗情色的诱惑而沦落风尘，佛门净土也为世俗的肮脏所污染。

（二）

妙玉本是苏州人氏，祖上也是读书的仕宦之家。她自小体弱多病，买了许多"替身"皆不中用，便亲自入了空门，带发修行。带发修行，而不是受戒剃成光头，这便与世俗保持了割不断的联系，体现了禅宗"佛法在世间"的主张。她在蟠香寺修炼，与世俗世界不即不离。寺里把空房租给俗人，邢岫烟一家即赁居于庙中，这难以保持寺庙的宁静。寺庙本应隔绝于世俗的富贵权势之门而保持其独立性，但蟠香寺与富贵权势之门有相当多的交接。结果是妙玉受到权贵之门的打击，不得不离开蟠香寺而投到京城。

妙玉18岁那年，因为贾元春贵妃省亲的因缘而被贾府请来，寄居于大观园一角的栊翠庵。大观园是一群女儿们的乐园。这些女儿们品性洁净，较少有世俗的权势名利之气，没有世俗男女的皮肤淫滥；但儿女之情悄然成长，外在的肮脏世界也不断地侵袭大观园。因此，相对于佛门净土，大观园实际上代表着世俗的世界，栊翠庵正建立于世俗世界之中。①

在佛门看来，世上万事万物的本体皆空，男女的情欲尤其空无。但由本体之空所幻化的外在之相即是色，是美丽多彩的。世人往往执著于事物外在的色相，以为它们是实在的，因而念念系缚，且由此产生了种种之情，如好恶、爱憎、悲喜，等等。因此，佛门僧尼必须破除执著，不为外在多姿多彩的色相所

---

① 余英时先生在《〈红楼梦〉的两个世界》一文中认为，《红楼梦》创造了两个鲜明而独立的世界：一是大观园的理想世界；一是大观园之外的世俗世界。参见《中国思想传统的现代诠释》，江苏人民出版社2003年版。我们的立论角度不同于余先生，相对于佛门净土，大观园当然是世俗世界，但此世俗世界比大观园之外的世界要干净得多。

迷惑，不为本体空无的情欲所遮蔽，才能明心见性，趋向真如。对于妙玉来说，出家为尼，舍弃世俗的富贵权势可能不难，但勘破人间的男女之情实属不易。她正值青春妙龄，"气质美如兰，才华阜比仙"，更易招惹外在的是非情缘。"厚地高天，堪叹古今情不尽；痴男怨女，可怜风月债难偿。"① 因此，断除儿女情欲是妙玉皈依佛门而进入超越世界的关键。

在第四十一回"栊翠庵品茶梅花雪"中，妙玉正面出场。作为佛门净土，栊翠庵与世俗世界是不即不离的。它位于大观园的一角，依附于贾府这个富贵权势之家，其独立性和超越性受到相当的贬损。贾母带领众人来到栊翠庵，妙玉当然不能拒绝，这可以说是世俗世界第一次入侵佛门。栊翠庵花木繁盛，静寂洁净，自与外在的世界不同。贾母笑道："到底是他们修行的人，没事常常修理，比别处越发好看。"在这一片佛门净土中，妙玉修养身性，自证菩提，但这次入侵无疑给这片净土带来了污染。其一，世俗的酒肉之气冲了菩萨。贾母进寺里说："我们才都吃了酒肉，你这里头有菩萨，冲了罪过。我们这里坐坐，把你的好茶拿来，我们吃一杯就去了。"其二，刘姥姥吃茶的一只成窑茶杯，妙玉嫌脏不要了。其三，贾母带领众人去后，宝玉命人打了几桶水放在山门外墙根下，妙玉冲洗众人所留下的污迹。其四，最关键的是，妙玉与宝玉的偶然缘会吹皱了妙玉内心的一池春水。② 妙玉请宝钗、黛玉去喝梯己茶，宝玉悄悄地随后跟了来。妙玉给宝钗、黛玉品茶的杯子是古玩奇珍，而将前番自己常日吃茶的那个绿玉斗斟与宝玉。这引起了宝玉与妙玉之间一段富有理趣和情趣的对话：

> 那妙玉便把宝钗和黛玉的衣襟一拉，二人随她出去，宝玉悄悄的随后跟了来。只见妙玉让她二人在耳房内，宝钗坐在榻上，黛玉便坐在妙玉的蒲团上。妙玉自向风炉上扇滚了水，另泡一壶茶。宝玉便走了进来，笑道："偏你们吃梯己茶呢。"二人都笑道："你又赶了来蹭茶吃。这里并没

---

① 曹雪芹，高鹗：《红楼梦》，人民文学出版社 1982 年版，第 75 页。

② 穆乃堂《身在佛门，心系红尘——妙玉情感论》一文认为，妙玉与宝玉此次的相会，是出自妙玉的精心设计谋划；妙玉采用了所谓"钓鱼"的战术，以达到与宝玉相会之目的。参见《红楼梦学刊》2007 年第 4 辑。笔者并不赞同这种说法。

你的。"妙玉刚要去取杯，只见道婆收了上面的茶盏来。妙玉忙命："将那成窑的茶杯别收了，搁在外头去罢。"宝玉会意，知为刘姥姥吃了，她嫌脏不要了……宝玉笑道："常言'世法平等'，她两个就用那样古玩奇珍，我就是个俗器了。"妙玉道："这是俗器？不是我说狂话，只怕你家里未必找的出这么一个俗器来呢。"宝玉笑道："俗说'随乡入乡'，到了你这里，自然把那金玉珠宝一概贬为俗器了。"妙玉听如此说，十分欢喜，遂又寻出一只九曲十环一百二十节蟠虬整雕竹根的一个大器皿出来，笑道："就剩了这一个，你可吃的了这一海？"宝玉喜的忙道："吃的了。"妙玉笑道："你虽吃的了，也没这些茶糟踏。岂不闻'一杯为品，二杯即是解渴的蠢物，三杯便是饮牛饮骡了'。你吃这一海便成什么？"说的宝钗，黛玉，宝玉都笑了。妙玉执壶，只向海内斟了约有一杯。

宝玉"世法平等"（慧能所谓"人虽有南北，佛性本无南北"）、"随乡入乡"之说，很契合妙玉内心的禅意。妙玉收藏古玩奇珍的茶具以及对饮茶的高论，既富有情趣，又显示出妙玉的雅致。宝玉与妙玉交接的理味、情趣使他们的心灵起了微澜。

宝玉细细吃了，果觉轻浮无比，赏赞不绝。妙玉正色道："你这遭吃的茶是托她两个福，独你来了，我是不给你吃的。"宝玉笑道："我深知道的，我也不领你的情，只谢她二人便是了。"妙玉听了，方说："这话明白。"

妙玉之言，意在消除自己对宝玉的情意以及宝玉对自己的妄想，正应了那句"此地无银三百两"的谚语。综上所述，世俗世界对栊翠庵的第一次入侵，给这片佛门净土带来了污染，也唤起了妙玉内心隐含的情意。

第四十九回"琉璃世界白雪红梅"，侧面叙述了宝玉去栊翠庵向妙玉乞红梅之事。这是世俗世界第二次对这片佛门净土的入侵。一夜大雪，下了一尺多厚，早晨，天上仍是搓绵扯絮一般。宝玉欢喜异常，忙忙地往芦雪庵走来。他闻得一股寒香拂鼻，回头一看，恰是妙玉门前栊翠庵中十数株红梅如胭脂一般，映着雪色，分外显得精神，好不有趣！宝玉立住，细细赏玩。这可能是妙玉性情的隐喻，她一面在世俗之外，纯白洁净；一面又在世俗之中，艳丽芬芳。这实在是一片既超尘而又艳俗的地方，令宝玉十分崇敬而神往：

到了次日一早，宝玉因心里记挂着这事，一夜没好生得睡，天亮了就爬起来。掀开帐子一看，虽门窗尚掩，只见窗上光辉夺目，心内早踌躇起来，埋怨定是晴了，日光已出。一面忙起来揭起窗屉，从玻璃窗内往外一看，原来不是日光，竟是一夜大雪，下将有一尺多厚，天上仍是搓绵扯絮一般。宝玉此时欢喜非常，忙唤人起来，盥漱已毕……忙忙的往芦雪庵来。出了院门，四顾一望，并无二色，远远的是青松翠竹，自己却如装在玻璃盒内一般。于是走至山坡之下，顺着山脚刚转过去，已闻得一股寒香拂鼻。回头一看，恰是妙玉门前栊翠庵中有十数株红梅如胭脂一般，映着雪色，分外显得精神，好不有趣！宝玉便立住，细细的赏玩一回方走。

宝玉在"芦雪庵争联即景诗"中又落第了，被罚去栊翠庵取一枝梅花来。作者没有正面描写宝玉与妙玉是如何交接的。但从宝玉回来后的言行及其赋诗中，可以读出其中的基本信息。首先，宝玉笑欣欣地擎了一只红梅进来，笑道："你们如今赏罢，也不知费了我多少精神呢。"这传达出他与妙玉相会的惬意。"费了我多少精神"，正透露出他们二人交接的颇费心机，劳神伤情。其次，这枝梅花有二尺多高，旁有一横枝纵横而出，约有五六尺长，其间小枝分歧，或如蟠螭，或如僵蚓，或孤削如笔，或密聚如林，花吐胭脂，香欺兰蕙。这是来自仙界的珍品，人人称赏。妙玉肯送这样的梅花给宝玉，说明他们之间的情意不同寻常。在第六十三回中，作者通过邢岫烟之口从侧面表达妙玉送红梅给宝玉的情意。邢岫烟说，"又怪不得上年竟给你那些梅花"。再次，宝玉《访妙玉乞红梅》诗曰：

酒未开樽句未裁，寻春问腊到蓬莱。不求大士瓶中露，为乞嫦娥槛外梅。入世冷挑红雪去，离尘香割紫云来。槎枒谁惜诗肩瘦，衣上犹沾佛院苔。

蓬莱，乃海外仙山，即指栊翠庵超越于世俗世界之外。表面上，采折梅花是寻春，实际上另有深义，即追寻男女之间的春情。作为世俗之人，宝玉寻春到蓬莱，正是对佛门净土的入侵。大士，是指观世音；嫦娥，即是月中仙子。它们皆指妙玉，表现出宝玉对妙玉之高洁脱俗的仰慕之情。入世、离尘，意指世俗世界的宝玉与佛门净土的离合。"槎枒谁惜诗肩瘦，衣上犹沾佛院苔"。宝玉在问，有谁怜惜我多愁多病之身呢？这隐约透露出妙玉对宝玉的怜惜之情。佛寺之苔粘在宝玉的衣上，佛寺之情印在宝玉的心中，令宝玉难以释怀。

要言之，宝玉此次去栊翠庵向妙玉乞红梅，是世俗世界对佛门净土的又一次入侵；宝玉的有情进一步唤起了妙玉的情意，妙玉之本心再一次受到世俗之欲的污染。

第六十三回"寿怡红群芳开夜宴"，宝玉的生日到了，怡红群芳夜开酒宴，为宝玉祝寿。祝寿，乃俗人之事；出家人应忘却芳辰。但妙玉不甘寂寞，动了凡心，派人给宝玉送了一张粉笺，上写道"槛外人妙玉恭肃遥叩芳辰"。妙玉自称是"槛外人"，即世俗门槛之外的出家人，是根据宋代诗人范成大的"纵有千年铁门槛，终须一个土馒头"的诗句而来。这是提醒她与槛内人宝玉的分别。然而，既然是槛外人，又为何行槛内人之事呢？这实在是"处乎材与不材之间"（《庄子·山木》）。"遥叩"意在拉开距离，但遥者不遥，心意已相近也。槛外（超越世界）与槛内（世俗世界），分别而又相接，所谓"不即不离"。深知妙玉性情的邢岫烟评论妙玉的行为说："僧不僧，俗不俗，女不女，男不男。"

妙玉此次主动出击，一方面是由于其内心的自动；另一方面，宝玉之情的召唤也起了相当的作用，宝玉与妙玉的几次交接，已在妙玉的心中种下情种，她虽然尽力消解，但难以抵挡情欲的诱惑。因此，世俗世界对佛门净土的入侵，显然又有内在因素，即也是由妙玉内在之情招惹出来的，内外结合和互动。这也说明，禅宗重视内心对佛性的自觉反省，而忽视外在力量的规范强制作用，不易于僧尼进入较高的超越世界。妙玉虽修得几分佛性，但未能达到"禅心已作沾泥絮，莫向春风舞鹧鸪"的境界。她不能勘破情欲，做到"任凭弱水三千，我只取一瓢饮"的不动心。① 妙玉主动出击，得到了宝玉的相当回应。宝玉首先斥责接信笺丫鬟的疏心，接着请教深知妙玉性情的邢岫烟，然后

---

① 曹雪芹，高鹗：《红楼梦》，人民文学出版社1982年版，第1299页。

写了回帖"槛内人宝玉熏沐谨拜"，亲自拿到栊翠庵，隔门缝儿投了进去。这无疑进一步加速了妙玉的心动。

第七十六回"凹晶馆联诗悲寂寞"，是妙玉又一次与大观园女儿的交接。《红楼梦》写到此回，贾家渐渐走向衰落，大观园的女儿们将面临衰落的命运。贾母带领众儿女在中秋赏月听笛，只听桂花阴里，呜呜咽咽，袅袅悠悠，发出一缕笛音来，非常凄凉。大家都寂然而坐。夜静月明，且笛声悲怨，贾母年老带酒之人，不免有触于心，禁不住堕下泪来。众人都不禁有凄凉、寂寞之意。此时，湘云与黛玉在寂寞清冷的凹晶馆联诗，最后一联写道：

寒塘渡鹤影，冷月葬花魂。

这实际上具有隐喻的意义。花本是园中女儿们的象征，大观园的女儿们像花一样，青春美丽多彩，但她们不可避免地枯黄、凋落。

妙玉在此种情境下出现，无疑使她内心遭受世俗悲情的浸染。她说，"只是方才我听见这一首中，有几句虽好，只是过于颓败凄楚。此亦关人之气数而有，所以我出来止住"。妙玉接着续联，意在消解湘云、黛玉诗句的凄楚之情，但妙玉同样沉浸于悲伤之情中，而不能止住，"此亦关人之气数而有"。妙玉联道："空帐悬文凤，闲屏掩彩鸳。露浓苔更滑，霜重竹难扪。"这传达出所居之地的孤寂、清冷。"犹步萦纡沼，还登寂历原。石奇神鬼搏，木怪虎狼蹲。"人生道路曲折艰难，遭遇之境险恶、狰狞。"有兴悲何继，无愁意岂烦。芳情只自遣，雅趣向谁言。"人生虽有愁绪、烦劳、芳情、雅趣，但没有知音可以诉说，只能自我排遣，自怜自惜。黛玉"冷月葬花魂"所流露出来的女儿薄命的伤感，也激起了妙玉对自身的悲怜。妙玉才华卓异，情调高雅；圆满皎洁的明月、清冷悠远的笛声、情感浓郁的诗情，最能感动其心，她难以断除世情，"独卧青灯古佛旁"（惜春判词）。

第八十七回"感深秋抚琴悲往事，坐禅寂走火入邪魔"，是妙玉命运的一大转关。妙玉再一次来到世俗世界的大观园。

一天午后，宝玉信步走到蓼风轩，静观妙玉与惜春下棋，妙玉的一着"倒脱靴势"非常精妙。宝玉情不自禁，哈哈一笑，惊动了她们。宝玉一面与妙玉施礼，一面又笑问道："妙公轻易不出禅关，今日何缘下凡一走？"妙玉听了，忽然把脸一红，也不答言。妙玉为何脸红而不答言？首先，妙玉此次走出禅关，是与世俗世界相交接，说明她尘缘未了。其次，佛家讲究因缘和合，妙玉可能自思，难道此次下凡是与宝玉有缘相会吗？对于出家人来说，尘缘未了、执著于缘会皆是要不得的。宝玉觉得造次，连忙赔笑道："倒是出家人比不得我们在家的俗人，头一件心是静的。静则灵，灵则慧。"宝玉尚未说完，见妙玉脸上的颜色渐渐红晕起来。禅宗不仅重视禅定（彻底摆脱世间的种种杂念、烦恼以保持内心的平静），而且把禅定和智慧结合起来，所谓定慧不二。慧能说："我此法门，以定慧为本。"（《坛经》）宝玉对妙玉的称赞，使妙玉在兴奋之余又自思道，自己的内心之情已荡起，又如何能平静呢？宝玉的两次问话，无疑触动了妙玉的心事，召唤起她内心的情意。妙玉痴痴地问宝玉道："你从何处来？"宝玉转红了脸，答不出来。宝玉当然是从尘世中来，带着世俗之情与妙玉相接，觉得自惭形秽，不禁脸红。要之，妙玉与宝玉此次相会，二人皆觉得，槛外与槛内的相即、世俗之情与佛门静慧的不离是不妥的，他们各怀鬼胎，不禁脸红起来。

宝玉为妙玉引路，走近潇湘馆，忽听到黛玉弹琴的声音。黛玉通过琴声抒发了她寄人篱下、红颜薄命的悲情。黛玉与妙玉有许多相同之处。她们皆出身于读书仕宦之家，从小一样是体弱多病，她们的父母早亡，寄居在异乡。她们天生丽质、才华卓荦、品行高洁、恃才自傲。不同的是，妙玉出家，黛玉仍在凡尘；黛玉明里爱着宝玉，妙玉暗中恋着宝玉。她们是槛外与槛内的知音。①

风萧萧兮秋气深，美人千里兮独沉吟。望故乡兮何处，倚栏杆兮涕沾襟。

秋风萧瑟，草木摇落。故乡邈渺，亲人已逝。美人独居异乡，没有知音，不禁伤情。对于妙玉而言，出家之后，只有槛内与槛外之别，再也没有故乡之

---

① 王媛对此有较为详细的分析，参见《论〈红楼梦〉中黛玉、妙玉悲剧性格的共同性》，《河北学刊》2002 年第 4 期。

思；佛门空空如也，没有亲人逝去之悲，也没有不得知音之痛。但黛玉之悲鸣，唤起了出世不深的妙玉的身世之感，槛外人与槛内人心心相印。

> 人生斯世兮如轻尘，天上人间兮感夙因。感夙因兮不可辍，素心如何天上月。

人生虽如同轻尘，随风飘逐，不能自主；但无论天上还是人间，都由宿因（前生的因缘）所定。尘世之人自然看重因缘。黛玉素心如月，执著于她与宝玉的情缘。出家人妙玉虽认为人生因缘的实相是虚无而不要执著，但难以忘怀她与宝玉的情缘。黛玉的忧思很深，君弦太高而绷断。这预示了黛玉悲剧的结局，也隐喻了妙玉为红尘所污的命运。

妙玉回到栊翠庵，屏息垂帘，跏趺坐下，断除妄想，趋向真如。但她的内心已经难以平静。她下了禅床，出至前轩，但见云影横空，月华如水。此是隐喻佛门净土的纯洁宁静，以对照她的不净和躁动。她忽听到房上两个猫儿一递一声地春叫，想起日间宝玉之言，不觉一阵心跳耳热。她连忙收慑心神，走进禅房，仍到禅床上坐下。怎奈神不守舍，一时如万马奔驰，觉得禅床便晃荡起来，身子已不在庵中。有许多王孙公子要求娶她，又有些媒婆扯扯拽拽扶她上车，但自己不肯去。一会儿又有盗贼劫她，持刀执棍地逼勒，只得哭喊求救，口中流沫。妙玉已经走火入魔了。在与宝玉的数次交接中，妙玉的情欲已动，不能脱离色相；但作为出家人，她必须强压内心之欲，尽可能消解之，且不要表现出来。妙玉既为自己的情欲之动而惊喜，又为其情欲之动惭愧痛苦。这种复杂的矛盾冲突终于导致了妙玉的走火入魔。君玉先生《从妙玉的入魔走火谈起》一文引《张氏医通》说明此病的因由："呆修行人，见性不真，往往入于魔境"，"良由役心太甚，神心舍空，痰火乘凌所致"[1]。惜春得知此事而叹息道："妙玉虽然洁净，毕竟尘缘未断。可惜我生在这种人家不便出家。我若出了家时，哪有邪魔缠扰，一念不生，万缘俱寂。"妙玉的走火入魔，一方面说明了世俗世界与佛门净土相即不离而互动，导致了超越世界受到世俗世界的污

---

① 君玉：《从妙玉的入魔走火谈起》，《红楼梦学刊》1981 年第 4 辑。

染；另一方面表明妙玉出世不深，在世俗之情的挑动下，其内心之欲一再被唤起，"情既相逢必主淫"。

大观园的女儿们死的死、伤的伤、嫁的嫁；大观园已经肮脏和堕落，再也不是保护儿女们的乐园了。第一百一十二回"活冤孽妙尼遭大劫"，记述了妙玉最终毁灭的悲剧结局。如果说，妙玉与宝玉的交接所产生的情意是较为纯洁的"意淫"，则这一次是俗不可耐的"皮肤淫滥"①。贾母去世，一大家人去城外铁槛寺为贾母伴灵，只留下惜春守家，大观园更是萧条、冷落、黑暗。妙玉再一次离开栊翠庵，来到大观园，伴惜春过夜。五更时，妙玉自去打坐。此时，盗贼入侵贾府，盗窃了上房的财物后，欺贾府无人，又偷看惜春房内，见有个绝色女尼，便顿起淫心，将要踹进门去。妙玉和惜春掩了灯光，只见几个男人站在院内，唬得不敢作声。包勇及时赶到，打走了盗贼。

妙玉这一惊非同小可，回到寺里，一人在蒲团上打坐，唉声叹气。那蒲团再坐不稳，只觉肉跳心惊。其中一个盗贼，迷恋于妙玉的绝色，胆大妄为。他拿了短兵器，带了闷香，潜进栊翠庵里。他先燃起闷香。妙玉觉得一股香气透入囟门，便手足麻木，不能动弹，口里也说不出话来，心中更自着急，只见一个人拿着明晃晃的刀进来。盗贼把刀插在背后，腾出手来将妙玉轻轻地抱起，轻薄了一会子，便拖起背在身上，越墙而去。可怜一个极洁、极净的女儿，被这强盗的闷香熏住，由着他掇弄了去了。妙玉最终陷入泥淖之中。

欲洁何曾洁，云空未必空。可怜金玉质，终陷淖泥中。

我们在感慨妙玉"无瑕白玉遭泥陷"的悲剧命运时，不能不深入思考造成其悲剧命运的主要原因。

首先，大观园的世俗世界与栊翠庵不即不离，世俗世界数次入侵佛门净土，妙玉也是几次主动进入大观园。这两个世界的互相影响，使强势的世俗世

---

① 《红楼梦》第五回写道："淫虽一理，意则有别。如世之好淫者，不过悦容貌，喜歌舞，调笑无厌，云雨无时，恨不能尽天下之美女供我片时之趣兴，此皆皮肤淫滥之蠢物耳。如尔则天分中生成一段痴情，吾辈推之为'意淫'。'意淫'二字，惟心会而不可口传，可神通而不可语达。汝今独得此二字，在闺阁中，固可为良友。"

界不断地损坏和摧毁佛门净土的超越世界。

其次，妙玉在栊翠庵独自修行，没有得到普遍性佛教组织的保护和约束，其个人的力量相当渺小。她只重视内心的自觉反省，见性成佛，而忽视佛门清规戒律的外在强制作用；例如，她任性出入于大观园的世俗世界，追求赏月、观花、吟诗、品茶的情趣。因此，妙玉身在佛寺，但出世不深，不能进入较高的价值世界，而易于为世俗世界所污染。

再次，佛门净土在世俗世界各种力量的打击下归于幻灭，但外部力量之所以能打进栊翠庵，又显然有内在的因素。妙玉正值青春芳龄，美丽聪慧，才华卓异。她虽不断地修炼，但难以断除心中的情欲，其心灵并未真正的空净。在世俗之情的挑动下，其内心之欲一再被唤起，"情既相逢必主淫"，以致走火入魔，最终沉沦于世俗的"皮肤淫滥"之中。①

要之，禅宗的内在超越性是造成妙玉悲剧命运和栊翠庵毁坏的主要原因。我们可以再举一例。《红楼梦》中的水月庵（馒头庵），受到贾府这个富贵权势之门的保护，不能真正地与世俗世界脱离关系，而且这两个世界是密切地纠缠在一起的。两个世界的互动，尤其是世俗世界的入侵，不断地摧毁这块佛门净土。在第十五回"王凤姐弄权铁槛寺，秦鲸卿得趣馒头庵"中，馒头庵的老尼与王熙凤勾结谋划，骗取钱物，依仗权势，逼迫有情人以死殉情。② 在馒头庵中，有情的秦钟与有意的尼姑智能私会淫欲滥情。

　　且说秦钟、宝玉二人正在殿上玩耍，因见智能儿过来，宝玉笑道："能儿来了。"秦钟道："理那东西作什么？"宝玉笑道："你别弄鬼，那一日在老太太屋里，一个人没有，你搂着她作什么？这会子还哄我。"秦钟

① 我们且不说妙玉与宝玉的有情有义，盗贼掳去妙玉也决不是盗贼有心而妙玉无意。妙玉走火入魔之事传入外界，那些游头浪子听见了，便造作许多谣言。盗贼之掳走妙玉，一方面是她的绝色，绝色不仅指外在的形态，也指内在的风情表现于外；如果妙玉真的内心死寂，也不可能有风情的绝色。另一方面，盗贼知道妙玉的情欲已炽，故敢于妄为。
② 《红楼梦》第十六回："那凤姐儿已是得了云光的回信，俱已妥协。老尼达知张家，果然那守备忍气吞声的受了前聘之物。谁知那张家父母如此爱势贪财，却养了一个知义多情的女儿，闻得父母退了前夫，她便一条麻绳悄悄地自缢了。那守备之子闻得金哥自缢，他也是个极多情的，遂也投河而死，不负妻义。张李两家没趣，真是人财两空。这里凤姐却坐享了三千两，王夫人等连一点消息也不知道。"

笑道:"这可是没有的话。"宝玉笑道:"有没有也不管你,你只叫住她倒碗茶来我吃,就丢开手。"秦钟笑道:"这又奇了,你叫她倒去,还怕她不倒?何必要我说呢。"宝玉道:"我叫她倒的是无情意的,不及你叫她倒的是有情意的。"秦钟只得说道:"能儿,倒碗茶来给我。"那智能儿自幼在荣府走动,无人不识,因常与宝玉、秦钟玩笑。她如今大了,渐知风月,便看上了秦钟人物风流,那秦钟也极爱她妍媚,二人虽未上手,却已情投意合了。今智能见了秦钟,心眼俱开,走去倒了茶来。秦钟笑道:"给我。"宝玉叫:"给我!"智能儿抿嘴笑道:"一碗茶也争,我难道手里有蜜!"

……

谁想秦钟趁黑无人,来寻智能。刚至后面房中,只见智能独在房中洗茶碗,秦钟跑来便搂着亲嘴。智能急的跺脚说:"这算什么!再这么我就叫唤。"秦钟求道:"好人,我已急死了。你今儿再不依,我就死在这里。"智能道:"你想怎样?除非等我出了这牢坑,离了这些人,才依你。"秦钟道:"这也容易,只是远水救不得近渴。"说着,一口吹了灯,满屋漆黑,将智能抱到炕上,就云雨起来。那智能百般的挣挫不起,又不好叫的,少不得依他了。

佛门净土在世俗世界的入侵中,不断地肮脏下去。最终在第九十三回"水月庵掀翻风月案"中,水月庵这片佛门净土被彻底地摧毁:

西贝草斤年纪轻,水月庵里管尼僧。一个男人多少女,窝娼聚赌是陶情。不肖子弟来办事,荣国府内出新闻。

综上所述,佛教本是一种外在超越性的宗教,在中国传统文化内在超越精神的影响下,逐渐从外在超越走向内在超越。《红楼梦》中,尼姑妙玉悲剧命运的深层原因正在于中土佛教(禅宗)的内在超越性。其一,大观园的世俗世界与栊翠庵不即不离,这两个世界的互相影响,使强势的世俗世界不断损坏和摧毁佛门净土。其二,妙玉在栊翠庵独自修行,没有得到普遍性教会组织的保护和约束，其个人力量相当渺小。她只重视内心的自证菩提，见性成佛，忽视佛门清规戒律的外在强制作用。这种修行方式使她难以进入较高的超越世界，而易于为世俗世界所污染。其三，栊翠庵在世俗世界各种力量的打击下归于幻灭，但外部力量之所以能打进栊翠庵，又显然有内在的因素。妙玉正值青春芳龄，美丽聪慧，才华卓异。她虽不断修炼，但仍难以断除心中的情欲。在世俗之情的挑动下，其内心之欲一再被唤起，"情既相逢必主淫"，以致走火入魔，最终沉沦于世俗的"皮肤淫滥"之中。

参考文献：

［1］曹雪芹，高鹗：《红楼梦》，人民文学出版社 1982 年版。

［2］牟宗三：《中国哲学的特质》，台湾学生书局 1974 年版。

［3］郑家栋：《断裂的传统》，中国社会科学出版社 2001 年版。

［4］李明辉：《当代儒学的自我转化》，中国社会科学出版社 2001 年版。

［5］余英时：《中国思想传统的现代诠释》，江苏人民出版社 2003 年版。

二十 "天地之逸气，人间之弃才"①

——论贾宝玉的"名士"人格形态

（一）

关于贾宝玉的人格特征，学人一般认为，宝玉具有叛逆的性格，蔑视封建社会的道德规范，反抗仕途经济的人生道路和男尊女卑的封建礼教。笔者认为，"叛逆性"突出了宝玉性格中反抗和打破世俗惯例的一面，即是"破"，而没有确证宝玉性格中"立"的另一面，因而把宝玉丰富复杂的人格简单化、片面化了；且叛逆性的解释，也不能说明曹雪芹塑造的宝玉人格之历史文化的根据。港台著名学者牟宗三说：

> 曹雪芹著《红楼梦》，着意要铸造此种人格形态，其赞贾宝玉曰："迂拙不通庶务，冥顽怕读文章，富贵不知乐业，贫贱难耐凄凉。"此种四不着边，任何处挂搭不上之生命即为典型之名士人格。曹雪芹可谓能通生命性情之玄微矣……曹雪芹甚能意识及此种生命之本质的意义，故能于文学上开辟一独特之境界，而成就一伟大之作品，此境界亦即为魏晋名士人格所开辟、所代表。②

牟先生认为，曹雪芹对魏晋名士之生命的本质意义有深入的理解和体悟，

① 本文的写作，得到了中央民族大学王秀林博士的帮助，特以致谢。
② 牟宗三：《才性与玄理》，广西师范大学出版社 2006 年版，第 60 页。

故在《红楼梦》里着意塑造了贾宝玉之典型的名士人格。这表明宝玉的人格形态是渊源有自，即来于魏晋名士所确立的人格典范。

关于宝玉的名士人格，学人也有所论及。曹立波教授认为，曹雪芹追慕"竹林"中的名士，尤其是阮籍的名士风采，所以他创作的主要动机是为了刻画名士的形象①。从魏晋名士的角度探讨宝玉的人格形态，突破了传统之叛逆性学说。名士人格有叛逆，但还有更为丰富的内容。名士人格上接魏晋名士的传统，也有更为深沉的历史内涵。

刘义庆《世说新语·文学》谓"袁伯彦作《名士传》成"；刘孝标注释曰："宏以夏侯太初、何平叔、王辅嗣为正始名士，阮嗣宗、嵇叔夜、山巨源、向子期、刘伯伦、阮仲容、王濬仲为竹林名士，裴叔则、乐彦辅、王夷甫、庾子嵩、王安期、阮千里、卫叔宝、谢幼舆为中朝名士。"② 据此，名士人格形态自魏末开始，分为正始名士、竹林名士和中朝名士。那么，魏晋的名士人格具有什么独特的内容呢？

首先，名士所谈者，以老庄玄理为主。老庄的玄理是高于"世智"之上的玄思玄智，这要求谈论者必须具有较高的智悟境界，以体悟玄理。名士善于清谈玄理，且在谈论中重视自己的风姿和趣味，这是对艺术境界的追求。罗宗强先生说："这种带着审美的清谈，既是一种人生享受，又是一个人的文化素养和潇洒风流的表现。"③ 玄思玄智，是形而上的智慧；清谈风采，是艺术的风流。魏晋名士的人格是智悟境界和艺术境界的结合，而并不关涉道德境界。牟宗三先生说："是故，艺术境界与智悟境界乃成为魏晋人雅俗贵贱之价值标准……魏晋人在美趣与智悟上不俗，而在德性上却常是庸俗无赖的。"④

其次，名士，"唯在因显一逸气而名"⑤。什么是逸气呢？逸气即逸出、超

---

① 曹立波：《风流名士，尽显才情——略论〈红楼梦〉的创作动机》、《阮籍对〈红楼梦〉的影响》、《湘云和妙玉在〈红楼梦〉中的间色作用》，这三篇文章皆收入《红楼梦版本与文本》，中华书局2007年版。笔者认为，曹教授把名士过于泛化，实际上，黛玉、湘云、妙玉具有名士气，并不是名士；曹教授也没有深入揭示名士人格的独特内容，且在谈论宝玉的名士人格特征时过于简单化、平面化。

② 余嘉锡：《世说新语笺疏》，中华书局1983年版，第272—273页。

③ 罗宗强：《玄学与魏晋士人心态》，天津教育出版社2005年版，第186页。

④ 牟宗三：《才性与玄理》，广西师范大学出版社2006年版，第56页。

⑤ 同上书，第59页。

离平常的世俗之气，故逸气清而不浊，雅而不俗，奇而不常。世俗皆有确定的通套和惯例，世人沉沦于其中，一切按照成规成矩行事，思不出位。然专显一逸气的名士，精神和言行皆逸出于通套惯例之外，而显露出俊逸的风神，故逸则俊。逸即不固结于成规成矩，而如风飘水流，生动活泼，故逸则风流倜傥，表现出艺术的情趣。逸者，不主故常，思出其位，解放性情而自得自适，故逸则才情高远，洒脱飘逸。逸者也显现出创造性，其学思超出平常之学和世俗之智，而有玄思玄智。牟宗三先生说："是则清逸、俊逸、风流、自在、清言、清谈、玄思、玄智，皆'名士'一格之特征。"①

再次，名士是"天地之逸气"，逸出于世俗的礼法之外，而任放旷达，不守于礼法。例如竹林名士阮籍、嵇康，"越名教而任自然"，与世俗的礼法皆有严重的冲突。名士是"人间之弃才"，名士的智悟境界和艺术趣味，相对于世俗中的仕途经济之道而言，又是空言无用的。因此，名士在世俗中的事功是无所成就的。西晋灭亡后，世人多认为，以清谈之名士治国，是西晋败亡的主要原因之一。

要之，真名士者，是"天地之逸气，人间之弃才"。他们的人格境界，特别表现出艺术和智悟的境界。名士的俊逸、潇洒、风流、清丽，表现出审美的情趣，是极可以欣赏的；名士的玄思玄智，显现出智慧的灵光，是极可以称赞的；名士背离世俗的礼法，超脱现实的功利实用，因而他们在现实中四无挂搭，一无所成，其生命是虚无荒凉的，所以名士又遭到世人的诅咒。牟宗三说："此种'唯显逸气而无所成'之名士人格，言之极难，而令人感慨万端。此是天地之逸气，亦是天地之弃才。"②

曹雪芹深知名士生命的本质意义，他本身即具有魏晋名士的风度，而对名士人格非常钟情。《红楼梦》中，他所塑造的黛玉、湘云、妙玉等形象，皆有名士气，但不是真名士，因为她们只是显露名士人格的某一方面内容。真名士，乃是"专显一逸气"，是整体而统一地展现名士人格的丰富内涵。笔者认为，曹雪芹所着意塑造的是贾宝玉的名士人格形态，以寄托他自己的人格理想

---

① 牟宗三：《才性与玄理》，广西师范大学出版社 2006 年版，第 58 页。
② 同上书，第 59—60 页。

和追求。①

（二）

《红楼梦》第一回神秘地叙述"通灵宝玉"的由来。原来女娲氏炼石补天时，在大荒山无稽崖炼成三万六千五百零一块顽石。女娲用了三万六千五百块补天，只剩下一块未用，便弃在大荒山青埂峰下。此顽石自经锻炼后，灵性已通，因见众石俱得补天，独自己无材不堪入选，遂自怨自叹，日夜悲号惭愧。贾宝玉即是"通灵宝玉"在人间世的幻化，所谓"枉入红尘若许年"。从原身来看，他是女娲炼成而用来补天的，自与人间俗物不同，而有一种超逸的气质，所谓"通灵宝玉"，即富有灵性和智悟；但他又为女娲所遗弃，"无材可去补苍天"，是天地人间的弃才、"蠢物"。

曹雪芹所塑造的宝玉人格，寄托着他自己的人格理想。他在开篇十分感慨地叙述他和宝玉的人生形态：

> 今风尘碌碌，一事无成，忽念及当日所有之女子，一一细考较去，觉其行止见识皆出于我之上。何我堂堂须眉，诚不若彼裙钗哉？实愧则有余，悔又无益之大无可如何之日也！当此，则自欲将已往所赖天恩祖德，锦衣纨绔之时，饫甘餍肥之日，背父兄教育之恩，负师友规训之德，以至今日一技无成，半生潦倒之罪，编述一集，以告天下人：我之罪固不免，然闺阁中本自历历有人，万不可因我之不肖，自护己短，一并使其泯灭也。虽今日之茅椽蓬牖，瓦灶绳床，其晨夕风露，阶柳庭花，亦未有妨我之襟怀笔墨者。②

一事无成、半生潦倒，是名士之虚无、荒凉的人生境遇。违背父兄教育之恩、辜负师友规训之德，是名士违背世俗之礼法的表现。对闺阁女子的深情和敬意，是名士的痴情傻意。生活穷困但仍玩赏晨夕风露、阶柳庭花，且在艺术

---

① 本文主要论述曹雪芹所塑造的宝玉的名士人格，根据《红楼梦》文本前八十回立论。
② 曹雪芹，高鹗：《红楼梦》，人民文学出版社1982年版，第1页。

创造中安身立命，展现了名士的诗意人生。

曹雪芹以《西江月》一词，评述了贾宝玉的品行：

> 无故寻愁觅恨，有时似傻如狂。纵然生得好皮囊，腹内原来草莽。潦倒不通世务，愚顽怕读文章。行为偏僻性乖张，哪管世人诽谤！
>
> 富贵不知乐业，贫穷难耐凄凉。可怜辜负好韶光，于国于家无望。天下无能第一，古今不肖无双。寄言纨绔与膏粱：莫效此儿形状！①

宝玉的性情偏僻、乖张，不合时俗，非常奇异。读书作文、精通世务，本是世俗的通套和惯例；但宝玉不读圣贤书，不写文章，不通世务，富贵不知乐业，贫穷难耐凄凉，因而四不挂搭，四不着边，完全逸出于世俗的价值观念之外。宝玉"天下无能第一，古今不肖无双"，即是人间的弃才，无所成就。

第二回"冷子兴演说荣国府"，叙述了宝玉奇异的个性。首先，宝玉的降生奇特，他一落胎胞，嘴里便衔下一块五彩晶莹的玉来，上面还有许多字迹。其次，他淘气异常，但其聪明乖觉处，百个不及他一个。再次，他说起孩子话来也奇怪："女儿是水作的骨肉，男人是泥作的骨肉。我见了女儿，我便清爽；见了男子，便觉浊臭逼人。"② 世人皆嘲笑宝玉将来定是色鬼淫魔无疑。但曹雪芹借贾雨村之口说：宝玉这种人是天地的残忍乖僻之邪气与清明灵秀之正气相激荡而为人，"置之于万万人中，其聪俊灵秀之气，则在万万人之上；其乖僻邪谬不近人情之态，又在万万人之下"③。若生于公侯之家，则为情痴情种；生于诗书清贫之族，则为逸士高人；生于寒门庶族之庭，则为奇优名倡。宝玉生于公侯之家，是情痴情种，他聪慧灵秀，才情超远，富有玄思玄智，自在万万人之上。宝玉举止飘逸，风流潇洒，具有魏晋名士的风采。他的父亲贾政虽然极端痛恨宝玉的不学无术，但也不能不欣赏其俊逸风流："贾政一举目，见宝玉站在跟前，神采飘逸，秀色夺人；看看贾环，人物委琐，举止荒疏。"④

---

① 曹雪芹，高鹗：《红楼梦》，人民文学出版社1982年版，第50页。
② 同上书，第28—29页。
③ 同上书，第30页。
④ 同上书，第320页。

宝玉的言行不合世俗的规范通套，良多不近人情之态。第五回，秦可卿引宝玉到上房内间歇息。宝玉抬头看见一幅画，画的人物固好，其故事乃是《燃藜图》，这是劝人勤奋苦读书的画，"心中便有些不快"，等看到对联"世事洞明皆学问，人情练达即文章"，忙说："快出去！快出去！"① 这是对读书、洞明世事人情的鄙弃。第十九回，袭人自幼见宝玉性格异常，其淘气憨玩自是出于众小儿之外，更有几件千奇百怪的毛病：一是不喜读书，且背前背后乱说些混话，凡是读书上进的人，他就起个名字叫做"禄蠹"；二是放荡纵驰，任性恣情，最不喜务正，喜欢调脂弄粉，吃女孩子嘴上擦的胭脂。第三十二回，贾雨村要见宝玉，宝玉不愿意。湘云说道："还是这个情性不改。如今大了，你就不愿读书去考举人进士的，也该常常的会会这些为官做宰的人们，谈谈讲讲些仕途经济的学问，也好将来应酬世务，日后也有个朋友。没见你成年家只在我们队里搅些什么！"② 宝玉认为，湘云讲的是"混账话"。第三十六回，宝钗劝导宝玉。宝玉反而生气说："好好的一个清净洁白女儿，也学的沽名钓誉，入了国贼禄鬼之流。"③ 众人皆认为宝玉是如此疯癫，也不再向他说这些正经话了。这是宝玉对仕途经济之世俗价值观念的叛逆。

（三）

宝玉是天地之逸气，清而不浊，逸而不俗。在世俗中，女儿是最清秀的；宝玉对女儿有一种天然的敬意、怜惜和思慕。他认为女儿是水作的骨肉，见了便清爽；女儿是天地间灵秀之气所钟，是生命的精华。他感叹道："老天，老天，你有多少精华灵秀，生出这些人上之人来！"④ 宝玉是情痴情种，对女儿的感情自与世俗之人不同。世人唯知悦色淫乐，调笑无厌，云雨无时，恨不能尽得天下的美女，供自己片时的趣兴欢娱。此是皮肤淫滥之人，但宝玉是所谓的"意淫"。警幻仙姑说：

---

① 曹雪芹，高鹗：《红楼梦》，人民文学出版社 1982 年版，第 70—71 页。
② 同上书，第 444—445 页。
③ 同上书，第 486 页。
④ 同上书，第 673 页。

　　如尔则天分中生成一段痴情，吾辈推之为"意淫"。"意淫"二字，惟心会而不可口传，可神通而不可语达。汝今独得此二字，在闺阁中，固可为良友；然于世道中未免迂阔怪诡，百口嘲谤，万目睚眦。①

　　宝玉之"意淫"的基本含义：喜爱女儿的天生丽质；怜惜女儿的柔弱纤丽；敬佩女儿的慧心灵质；欣赏女儿的雅洁品行；尊重女儿的个性人格。宝玉是平等地与她们结成闺阁良友，违背了世俗"男尊女卑"的道德观念；他是"天分中生成一段痴情"，逸出世俗的淫欲滥情之外，故世人不能理解而予以嘲谤。

　　宝玉的情痴情种，在第五十七回"慧紫鹃情辞试忙玉"里得到相当突出的表现。紫鹃欲试宝玉对黛玉的情感如何就说黛玉明年要回苏州老家去。宝玉听了，开始不相信，也认为不可能。但经紫鹃一番合情合理的解释，像在宝玉头顶上响了一个焦雷。他呆呆的，一头热汗，满脸紫胀，两个眼珠儿直直起来，口角边津液流出，皆不知觉。给他个枕头，他便睡下，扶他起来，他便坐着，倒了茶来，他便吃茶。宝玉简直成了一个傻子、呆人。宝玉一见紫鹃，方哭出来，一把拉住紫鹃，死死不放说："要去连我也带了去。"这时，林之孝家的来瞧宝玉。宝玉一听"林"字，便马上闹起来说："了不得了，林家的人接他们来了，快打出去罢！"同时哭道："凭他是谁，除了林妹妹，都不许姓林的！"②他看见桌子上陈设的一只船，便指着乱叫："那不是接他们来的船来了，湾在那里呢。"宝玉拿着，掖在被中，笑道："可去不成了！"宝玉哭笑无常，成为一个疯癫之人。袭人道："你还不知道他，那傻子每每顽话认了真。"众丫鬟看着宝玉的行止，以为呆里傻气，想笑而不敢笑。

　　《红楼梦》第三十五回：

　　那傅试与贾家亲密，也自有一段心事。今日遣来的两个婆子偏生是极

---

　　①　曹雪芹，高鹗：《红楼梦》，人民文学出版社 1982 年版，第 90 页。
　　②　同上书，第 803 页。

无知识的，闻得宝玉要见，进来只刚问了好，说了没两句话。那玉钏儿见生人来，也不和宝玉厮闹了，手里端着汤只顾听话。宝玉又只顾和婆子说话，一面吃饭，一面伸手去要汤。两个人的眼睛都看着人，不想伸猛了手，便将碗碰翻，将汤泼了宝玉手上。玉钏儿倒不曾烫着，唬了一跳，忙笑了，"这是怎么说！"慌的丫头们忙上来接碗。宝玉自己烫了手倒不觉的，却只管问玉钏儿："烫了那里了？疼不疼？"玉钏儿和众人都笑了。玉钏儿道："你自己烫了，只管问我。"宝玉听说，方觉自己烫了。众人上来连忙收拾。宝玉也不吃饭了，洗手吃茶，又和那两个婆子说了两句话。然后两个婆子告辞出去，晴雯等送至桥边方回。

那两个婆子见没人了，一行走，一行谈论。这一个笑道："怪道有人说他家宝玉是外像好里头糊涂，中看不中吃的，果然有些呆气。他自己烫了手，倒问人疼不疼，这可不是个呆子？"那一个又笑道："我前一回来，听见他家里许多人抱怨，千真万真的有些呆气。大雨淋的水鸡似的，他反告诉别人'下雨了，快避雨去罢。'你说可笑不可笑？时常没人在跟前，就自哭自笑的，看见燕子，就和燕子说话，河里看见了鱼，就和鱼说话，见了星星月亮，不是长吁短叹，就是咕咕哝哝的。且是连一点刚性也没有，连那些毛丫头的气都受的。爱惜东西，连个线头儿都是好的；糟踏起来，那怕值千值万的都不管了。"两个人一面说，一面走出园来，辞别诸人回去，不在话下。

宝玉的呆气首先表现在他自己烫了手不觉得，反而关心女儿的手有没有烫着；自己淋了雨无所谓，而担心女儿淋雨受凉，这是出于对女儿的痴情傻意。其次表现在他看见燕子，就和燕子说话，看见了河里的鱼，就和鱼说话，这是物我合一的艺术境界，在宝玉的心中，燕子、鱼等动物，自具有人的情思。宝玉对女儿的真情挚意以及他以艺术的心灵而关照万物，是不能为一般的俗人所理解的，正庄子所谓"小知不及大知，小年不及大年"，人生境界低的人是不能理解人生境界高的人的。

"满纸荒唐言，一把辛酸泪！都云作者痴，谁解其中味？"宝玉之呆、之痴表现了他对黛玉的真情纯意。他关心黛玉的多愁多病之身，敬佩黛玉的卓异才情和高雅品性，尊重和理解黛玉之多心爱恼的个性。他只以为长聚不散，现在突然听到黛玉将要家去，从此两相分离，而"疾痛迷心"，在疯傻哭笑中流露出对黛玉的一往情深。此"迷心"是心失去理性作用时而呈现出自然而然的情感，是最真最纯的感情。黛玉闻得宝玉如此形容，悲欣交集。曹雪芹有名士气，他痴；宝玉是真名士，他痴。名士的痴情自与世俗的情缘不同，他们为真情而傻而痴，而生而死。这与魏晋名士是同一情调。《三国志·魏志·荀彧传》引何劭《荀粲传》说，魏晋名士荀粲，富有玄思玄智，他的"言不尽意"之辩，是魏晋玄学的基本论题之一。荀粲以为妇人女子者，才智自不足论，以美色为主。他娶了骠骑将军曹洪的女儿，其女美丽绝伦。他专房欢宴，感情甚笃。后来，其女病亡。他不哭而神伤。傅嘏吊唁，问曰："妇人才色并茂为难。子之娶也，遗才而好色，此自易遇。今何哀之甚？"荀粲答曰："佳人难再得。顾逝者不能有倾国之色，然未可谓之易遇。"痛悼不已，岁余亦亡，时年29岁。至葬夕，赴者才十余人，皆同时知名士也，哭之感动路人。根据《晋书·王衍传》记，王衍丧子，悲不自胜。他说："圣人忘情，最下不及于情。然则情之所钟，正在我辈。"这即是魏晋名士荀粲和宝玉的痴。

金钏儿是王夫人的大丫鬟，宝玉有机会亲近交接。金钏儿是一个活泼灵秀的女孩子。第二十三回，宝玉一步挪不了三寸，磨蹭到王夫人上房见贾政。众丫鬟皆抿着嘴笑。金钏儿一把拉住宝玉，悄悄笑道："我这嘴上是才擦的香浸胭脂，你这会子可吃不吃了？"宝玉正陷于畏惧之中，金钏儿却玩笑调皮。第三十回，宝玉在盛暑来到王夫人上房内。王夫人在里间凉榻上午睡，金钏儿坐在旁边捶腿，也乜斜着眼乱恍。宝玉轻轻走到跟前，把她耳上带的坠子一拨，她睁开眼，见是宝玉。宝玉悄悄笑道："就困得这么着？"宝玉把身边荷包里带的香雪润津丹掏了出来，向金钏口里一送。宝玉拉着她手，悄悄笑道："我明日和太太讨你，咱们在一处罢。"金钏儿不答。宝玉又道："不然，等太太醒了我就讨。"金钏儿笑道："你忙什么！'金簪子掉在井里头，有你的只是有你的'，这句话语难道不明白？我倒告诉你个巧宗儿，你往东小院子里拿环哥儿同彩云去。"宝玉与金钏儿的戏谑，表现了金钏儿的聪明伶俐以及宝玉对金钏儿的纯真情意。但金钏儿的戏言触怒了王夫人，金钏儿被撵回家，又羞又气，投井而死。宝玉得知金钏投井自尽后，五内催伤，垂头落泪，心中自是悔恨和怜爱交加，但却无可奈何。

第四十三回，在金钏儿的周年忌日，宝玉心中伤痛，他带领茗烟，私自出城。这一日，贾母特为王熙凤过生日，贾府上上下下非常看重，热闹非凡。但宝玉不顾世俗之礼节，早上悄悄地离开家，出了城。探春等众人言："凭他什么，再没今日出门之礼。"① 宝玉驰马于荒郊野外，心绪凄然。他来到供祭洛神的水仙庵。洛神是曹子建《洛神赋》中的女神，是洛水的神灵。这颇合宝玉的心意。宝玉心中所念的是投井自尽的金钏儿，觉得她也该是一位水神。洛神虽是泥塑的，但有"翩若惊鸿，婉若游龙"之姿态、"荷出绿波，日映照霞"之容颜。这正是金钏儿之美丽姿容的写照。宝玉忆念金钏儿的美丽容颜，怜惜她不幸凋零的青春，悔恨自己的行为给她带来的悲剧，不觉滴下泪来。他在井台上寻出一块干净的地方，在香炉里燃起自己随身所带的两星沉速香，来祭奠金钏儿的亡灵。宝玉对金钏儿的忆念和祭奠，与世俗不同，别有一种清新脱俗的风神。

宝玉与金钏儿之间并没有世俗的皮肤淫滥之情。他对聪慧活泼的金钏儿所表现的是清逸纯真的感情；金钏儿天真顽皮，也无诱坏宝玉之意。但他们的情意不能为世人所理解，因而遭受贬谤和打击：金钏儿羞愤自尽，宝玉也是凄然伤情。这使我们不能不感慨，宝玉的名士人格因为世人所诅咒，故给自己和他人带来了深重的悲剧。曹雪芹在述宝玉祭奠金钏儿亡灵之事时，写得委婉含蓄，低回悲凉，细细地咀嚼着其中的哀婉和伤痛。文字结束之后，仍然悲情袅袅，深切地表现了宝玉对女儿的痴情和感伤。

晴雯的神情有些像林黛玉，体态袅娜，聪慧伶俐，率性任情，心性高远，敢于突破世俗的规范。这与宝玉的名士人格有一定的契合之处。第三十一回"撕扇子作千金一笑"，宝玉在白天与晴雯发生了一场冲突，晚间归来，同晴雯谈及白天跌扇子之事。宝玉笑道："你爱打就打，这些东西原不过是借人所用，你爱这样，我爱那样，各自性情不同。比如那扇子原是扇的，你要撕着玩也可以使得，只是不可生气时拿它出气。就如杯盘，原是盛东西的，你喜听那一声响，就故意地碎了也可以使得，只是别在生气时拿他出气。这就是爱物了。"

---

① 曹雪芹，高鹗：《红楼梦》，人民文学出版社 1982 年版，第 597 页。

可见，宝玉任情随意的艺术情趣，晴雯也有此情性。她笑道："既这么说，你就拿了扇子来我撕。我最喜欢撕的。"宝玉笑着把扇子递与她。晴雯果然接过来，嗤的一声，撕了两半，接着嗤嗤又听见几声。宝玉在旁笑着说："响得好，再撕响些！"宝玉又把麝月的扇子也夺了递与晴雯。晴雯接了，也撕了几半子，二人大笑。宝玉道："古人云，'千金难买一笑'，几把扇子能值几何！"① 宝玉和晴雯在撕扇大笑中自有一种任情任性的自由逍遥。

第七十七回"俏丫鬟抱屈夭风流"，晴雯是"风流灵巧招人怨"，她因谗言诽谤，在病中被撵了出去。宝玉倒在床上大哭，感叹道："你们哪里知道，不但草木，凡天下之物，皆是有情有理的，也和人一样，得了知己，便极有灵验的……这阶下好好的一株海棠花，竟无故死了半边，我就知有异事，果然应在她身上。"宝玉把晴雯的命运与一株半死的海棠花相联系，说明草木也有情有义，更何况人呢？这体现了宝玉的痴情傻意。

晴雯不幸夭亡，宝玉满心凄楚。他在芙蓉花前，祭奠晴雯的亡灵，任情纵意，撰成一篇长文，名曰《芙蓉女儿诔》。诔文追忆了晴雯短暂的悲情人生。宝玉比晴雯为芙蓉花神，清高超逸，芳香绝伦。他赞叹晴雯的品格说："其为质则金玉不足喻其贵，其为性则冰雪不足喻其洁，其为神则星日不足喻其精，其为貌则花月不足喻其色。"但美人自临浊世，即不能为世俗所容，遭受小人的谗言诽谤，而备受打击，最终含冤饮恨而凋零。美人逝去，令人情伤！昨日你我亲昵戏谑，相惜相慕。今日人去楼空，"眉黛烟青，昨犹我画；指环玉冷，今倩谁温？"宝玉哀伤晴雯的不幸命运，天地一哭，万艳同悲；"连天衰草，岂独兼葭；匝地悲声，无非蟋蟀"。宝玉失去红颜知己，深情悲痛；"自为红绡帐里，公子情深；始信黄土垄中，女儿命薄！"

宝玉是一位名士，其祭奠也突破寻常的通套。首先，他不按常规去灵前，而是在清秀的芙蓉花下祭奠晴雯。他想道："如今若学那世俗之奠礼，断然不可；竟也还别开生面，另立排场，风流奇异，于世无涉，方不负我二人之为人。"其次，他的诔文别出机杼，重在表达他自己的真情实意，洒泪泣血，一字一咽，一句一啼，宁可文悲有余，而不求华辞丽藻。再次，宝玉作诔文之目

---

① 曹雪芹，高鹗：《红楼梦》，人民文学出版社 1982 年版，第 435 页。

的，是自述其心志，自娱自悲，而非世人作文之目的是求名、为人观赏称赞。宝玉之作文的风格正是名士作文的风格。魏晋名士陶渊明作文的风格是"自然"：作文是真实地表达自己的情意，《周易·文言》"修辞立其诚"，《礼记·中庸》"诚者，天之道也；诚之者，人之道也"；作文之目的是任性适情，自娱自乐，不为名位，不炫耀学问，不求传世。[①] 陶渊明《饮酒序》曰："余闲居寡欢，兼秋夜已长。偶有名酒，无夕不饮。顾影独尽，忽焉复醉。既醉之后，辄题数句自娱，纸墨遂多。辞无诠次，聊命故人书之，以为欢笑尔。"《五柳先生传》："常著文章自娱，颇示己志。忘怀得失，以此自终。"这样的文章则真率自然，大巧天成。王国维《元剧之文章》曰：

> 元曲之佳处何在？一言以蔽之，曰：自然而已也。古今之大文学，无不以自然胜，而莫著于元曲。盖元剧之作者，其人均非有名位学问者；其作剧也，非有藏之名山，传之其人之意也。彼以意兴之所至为之，以自娱娱人。关目之拙劣，所不问也；思想之卑陋，所不讳也；人物之矛盾，所不顾也；彼但摹写其胸中之感想，与时代之情状，而真挚之理，与秀杰之气，时流露于其间。故谓元曲为中国最自然之文学，无不可也。

王国维从自然的创作态度上，说明了元剧自然风格形成的原因。这种创作态度是不为名位，不求名誉，自娱自乐，真实自然地写景抒情。

（四）

第十七回至十八回，"大观园试才题对额"最能体现宝玉的名士才情和艺术趣味。大观园建成，贾政带领众清客和宝玉来赏玩，且给各处胜景题词。众清客称赞宝玉道："二世兄天分高，才情远，不似我们读腐了书的。"此夸耀中自有相当的真实。"才情远"，是艺术的情韵，宝玉不喜读圣贤之书，但在诗词

---

① 孔子曰："古之学者为己，今之学者为人。"（《论语·宪问》）为人，即写文章是给别人看的，是祈求名誉，这种创作态度，必然会修饰、伪饰自己。不利于自己的，则加以缩小，甚至掩盖；利于自己的，则予以修饰和矜夸。为己，自己而然，自我陶养性灵，自娱自乐。

和对联方面颇有"歪才",其吟咏的多是风花雪月的景物和悠闲自由的生活情趣,有一种远离世俗的超逸韵味。"天分高",是指宝玉天性中有良好的智性、悟性,其智悟的心境自然表现在清言清谈上。

众人来到贵妃第一处行幸之处。前面一带粉垣,里面数楹修舍,有千百竿翠竹遮映,这即是潇湘馆:

> 忽抬头看见前面一带粉垣,里面数楹修舍,有千百竿翠竹遮映。众人都道:"好个所在!"于是大家进入,只见入门便是曲折游廊,阶下石子漫成甬路。上面小小两三间房舍,一明两暗,里面都是合着地步打就的床几椅案。从里间房内又得一小门,出去则是后院,有大株梨花兼着芭蕉。又有两间小小退步。后院墙下忽开一隙,得泉一派,开沟仅尺许,灌入墙内,绕阶缘屋至前院,盘旋竹下而出。

贾政笑道:"若能月夜坐此窗下读书,不枉虚生一世。"他说毕,看着宝玉,吓得宝玉忙垂了头。众人的题额是"淇水遗风"、"睢园雅迹"等陈词。宝玉批评道:"这太板腐了。莫若'有凤来仪'四字。"凤是传说中祥瑞的灵鸟,是后妃的象征,指元春贵妃。《尚书·益稷》:"萧韶九成,凤凰来仪。"萧韶的乐曲奏了九章,凤凰都鸣叫着到来而配合乐声起舞。这匾额题得清新雅致,也很确当,众人都哄然叫妙。宝玉写一联道:"宝鼎茶闲烟尚绿,幽窗棋罢指犹凉。"烹茶鼎炉绿烟袅袅,窗下着棋指头生凉;而茶闲和棋罢之后犹觉烟绿、指凉,是因为窗外有千百竿翠竹遮映。在翠竹掩映的清幽之地,宝玉想的,不是读圣贤之书,而是烹茶、下棋,生活悠闲自在,又清雅超逸。

众人来到稻香村,都十分欣赏这里的田园风光:

> 转过山怀中,隐隐露出一带黄泥筑就矮墙,墙头皆用稻茎掩护。有几百株杏花,如喷火蒸霞一般。里面数楹茅屋。外面却是桑、榆、槿、柘,各色树稚新条,随其曲折,编就两溜青篱。篱外山坡之下,有一土井,旁有桔槔辘轳之属。下面分畦列亩,佳蔬菜花,漫然无际。

众客题额"杏花村"。宝玉说道："旧诗有云：'红杏梢头挂酒旗'。如今莫若'杏帘在望'四字。"众人都道："好个'在望'！又暗合'杏花村'意。"宝玉又冷笑说道："村名若用'杏花'二字，则俗陋不堪了。又有古人诗云：'柴门临水稻花香'，何不就用'稻香村'的妙？"众人哄声拍手道："妙！"宝玉虽在八股文章上没有心得，但在诗词上颇有才情。他的题额清新而不落俗套，富有诗意和玄思。清客的哄然叫妙，有迎合的成分，但更多的是佩服宝玉超凡脱俗的才情。宝玉不喜欢"稻香村"这个地方，表面原因是此地只有农家的简朴，而富贵气象一洗皆尽。深层的原因是此地的自然，实是人工雕凿而成，且雕凿的痕迹突出；人为扭捏雕凿，违背自然的本性，背离任性适情的名士情趣。因此，宝玉不怕严父的呵斥，问道："老爷教训的固是，但古人常云'天然'二字，不知何意？"所谓天然，即自然。宝玉说道："此处置一田庄，分明见得人力穿凿扭捏而成……古人云'天然图画'四字，正畏非其地而强为地，非其山而强为山，虽百般精而终不相宜……"自然无为是老庄玄学的基本思想。《庄子·秋水》所谓"无以人灭天"，即不要人为损伤自然的本性。魏晋名士崇尚自然，反对名教对自然人性的束缚。"名士"宝玉的一番言论正契合魏晋名士的心意，而深为贾政所不满。

众人来到蘅芜苑，看到里面有许多异草奇花，甚觉有趣而不大认识。宝玉皆能认出："这些之中也有藤萝薜荔。那香的是杜若蘅芜，那一种大约是茝兰，这一种大约是清葛，那一种是金登草，这一种是玉蕗藤，红的自然是紫芸，绿的定是青芷。想来《离骚》、《文选》等书上所有的那些异草……"奇花异草乃是天上人间的珍品，它们就如同世上的俊逸之士，具有卓异的品质和秀美的风姿。宝玉了解它们，怜惜它们，与它们心心相印。这自然表现出宝玉超越凡俗的灵心慧质。宝玉在匾上题"蘅芷清芬"四字，其对联是"吟成豆蔻才犹艳，睡足荼蘼梦也香"。蘅芷清芬以"蘅芜"、"青芷"两种典型的异草，指代其他异草，突出了其"清芬"的品格。造语新奇、巧妙。宝玉的对联颇有情趣。上句意为，吟成豆蔻诗后，才思仍然旺盛。豆蔻诗即晚唐诗人杜牧在扬州写的《赠别》："娉娉袅袅十三余，豆蔻梢头二月初。春风十里扬州路，卷上珠帘总不如。"诗中的歌女是豆蔻年华，年轻貌美；在春风十里的扬州路上，两边歌楼舞馆林立，卷上珠帘，皆不如这位歌女的娉娉袅袅之美。这正本现了宝玉的名士艳情。下句是写，在荼蘼花的架下，安然沉睡，梦中也能咀嚼花的芬芳。生活没有烦恼悲愁，自由自在，梦也安适清香。这是名士追求的闲适旷达的生活。

（五）

作为名士，宝玉自有一种超越俗思世智的玄思玄智。《红楼梦》中一再写到宝玉对庄子无为虚静之道的契合与对佛教之空无思想的觉悟。庄子的虚无之道与佛教的空无思想，皆是超越世俗价值观念之上的玄妙道理。宝玉与尼姑妙玉的相知相得，表明他也具有佛门的慧根灵性。宝玉最终勘破世情，遁入空门。

第二十二回"听曲文宝玉悟禅机"突出地表现了宝玉的玄思玄智：

> 漫揾英雄泪，相离处士家。谢慈悲剃度在莲台下。没缘法转眼分离乍。赤条条来去无牵挂。哪里讨烟蓑雨笠卷单行？一任俺芒鞋破钵随缘化！

这是一出《鲁智深醉闹五台山》的戏。智深喝酒打人，而被遣出五台山。从此，他孤身一人，穿着芒鞋，披着蓑笠，捧着破钵，过着云游四方的生活，"赤条条来去无牵挂"。唱戏的一个小旦，扮相颇像黛玉。宝钗心里知道，不肯说。宝玉明白，但不敢说。湘云笑道："倒像林妹妹的模样儿。"宝玉听了，忙把湘云瞅了一眼，使个眼色。宝玉知道黛玉性情高洁且多心易恼，绝不愿意别人拿她与戏子相比。他怕湘云得罪黛玉，故使眼色让湘云不要说。结果是，湘云和黛玉皆生宝玉的气，且她们二人之间也颇生嫌隙。

在众姐妹中，宝玉对黛玉和湘云的感情尤为深厚。他对黛玉之爱有亲情，但更多的是恋情；对湘云之爱有恋情，但更多的是亲情。他欲保护这两份情感：一是他能平等地奉献对黛玉和湘云的怜爱；二是他欲在黛玉和湘云之间调停，让黛玉和湘云和谐相处，不生嫌隙。但实际上，感情是复杂而隐秘的。宝玉对她们俩人的感情无论如何也做不到实际的平等，更不要说湘云和黛玉站在各自的立场也定有亲疏远近的看法；感情又往往是自私的，黛玉和湘云必然会彼此不容。在这样的情境中，宝玉付出了许多心力，注定不能调停成功，反而自己遭受两处的贬谤，且黛玉和湘云之间也颇生嫌隙。宝玉不免心灰意冷，而悟生出玄思玄智。他想到《南华经》中的"巧者劳而知者忧，无能者无所求，饱食而遨游，泛若不系之舟，虚而遨游者也"。宝玉自以为是巧者、智者，在黛玉和湘云之间用心周旋，产生许多机心。但机心一多，自己不虚而频添烦恼也罢，更灰心的是，把事情弄得越来越糟。而世俗所鄙视的那些无能者，无心无意，无作无为，饱食遨游，反而自由逍遥。他又想到《庄子·人间世》中的"山木自寇也，膏火自煎也。桂可食，故伐之；漆可用，故割之。人皆知有用之用，而莫知无用之用也"。山中之木，因有材而遭砍伐；膏油燃烧照明，为其有用，故被煎烧。世俗之人皆知有用的用处，而不知无用乃为大用。世俗所谓的有用，不知给自己带来了多少损伤；而世俗所谓的无用，从超越的观念来看，实际上是有大用。无用之人虚静无为，没有忧愁烦恼，而自由逍遥；《庄子·逍遥游》："无所可用，安所困苦哉！"

"我恼她，与你何干？她得罪了我，又与你何干？"黛玉之言颇唤起了宝玉的玄思。首先，宝玉以自我为中心，把黛玉、湘云与其他众姐妹分开，且又把黛玉与湘云分开，分别对待而不能齐。这是把你、我、她（他）区分开来，自然形成一种对立和矛盾。结果是众姐妹以为宝玉偏爱黛玉和湘云；黛玉认为宝玉偏爱湘云；湘云认为宝玉偏爱黛玉。如何能消解这种纷争呢？只有运用老庄的智慧：超越对立，万物及其物论一齐。《庄子·齐物论》："是亦彼也，彼亦是也。彼亦一是非，此亦一是非。果且有彼是乎哉？果且无彼是乎哉？彼是莫得其偶，谓之道枢。枢始得其环中，以应无穷。"道枢即超越对立，此彼为一，是非齐等，则可以应物无穷。其次，宝玉痴情痴意，尤对黛玉和湘云的感情非常执著。愈是执著，就愈是费心劳力地想占有这份情感；又因担心不能占有，故彼此都想得到对方感情上的证验。但情感复杂隐秘自私，很难得到确证，而相互误会争执，各自产生患得患失、喜怒无常的痛苦。解决之道只有釜底抽薪。按老庄道家的观念，是灭绝情意，内心虚无，喜怒哀乐不入于胸次。根据佛家的思想，世上万事万物的本体是空无，男女的情欲尤是空无。但由本体之空所幻化的外在之相即是色，美丽多彩。

世人往往执著于事物外在的色相，以为它们是实在的，而念念系缚，且由此产生了种种好恶、爱憎和悲喜之情。因此，必须破除执著，不为外在多姿多彩的色相所迷惑，不为本体空无的情欲所遮蔽。

宝玉从他的情感经验中体悟和发挥老庄的玄理和佛家的智慧。但他在理性上力图摆脱这种感情时，仍有相当的依恋和伤感。没有了对女儿的感情，他什么也没有了，是"赤条条来去无牵挂"。宝玉不禁大哭起来，翻身起来至案，遂提笔立占一偈：

> 你证我证，心证意证。是无有证，斯可云证。无可云证，是立足境。

此偈是谈禅，也是说情。你我都想从对方外在的言行和内在的心意中得到感情的证验。结果是，你我不但没有得到感情上的证验，反而频添许多误会和烦恼。看来只有到你我灭绝情意时，才无须证验。到那时，情意灭绝，万境归空，赤条条来去无牵挂，无烦恼和痛苦，自由逍遥，方是人生的彻悟，是人生的立足之境。宝玉最后落在"是立足境"，还是"有"，没有彻底贯彻道家和佛家的虚无观念，黛玉补充两句"无立足境，方是干净"，才是绝对的虚无，"落了片白茫茫大地真干净"。

宝玉又填一支《寄生草》，写在偈后：

> 无我原非你，从他不解伊。肆行无碍凭来去。茫茫着甚悲愁喜，纷纷说甚亲疏密。从前碌碌却因何，到如今回头试想真无趣！

没有我就没有你，任凭他人不理解。这是超越你我他的对立。世俗之人总是局限在你我他的对立中，而生出许多烦恼，不能自由。《庄子·齐物论》所谓"非彼无我，非我无所取"，即万物一齐，超越对立，不分你我，没有彼此；没有你我、彼此之间的区别，也没有以我或者以你或者以他为中心。没有你我他之分别，没有对立，则可任性自由逍遥；人人齐等，没有亲疏远近之分，感情即会平淡，情意自会灭绝，当然没有患得患失、喜怒无常的感情。宝玉深悟，以前忙忙碌碌，在你我他的对立中左右冲突，费心劳力，实在无趣。要之，宝玉的玄思玄智，契合佛教的空观与道家的虚无观。

（六）

作为名士，宝玉是"天地之逸气，人间之弃才"，故令人有无可奈何的感慨，有无限的凄凉。因为这种人生境界是艺术境界和智悟境界的融合，是虚无、荒凉的。从宝玉的玄思玄智与艺术情趣来看，是极可欣赏的。但从其一无所成、一无可用而败坏风俗方面来说，则又是极可诅咒的。宝玉一生始终遭受其父贾政的责骂；贾母和王夫人虽怜爱他，但也对他的不争气而"哀其不幸，怒其不争"；宝钗、湘云等对宝玉的不读书和不通仕途经济之道也较不满，但也无可奈何。第三十三回"不肖种种大承笞挞"，宝玉遭其父亲的痛打，集中体现了他作为逸气和弃才之凄楚的人生遭际。

宝玉被打的原因有三。其一，贾雨村要见宝玉，宝玉不大愿意，半日才出来；见面又委靡不振，全无一点慷慨挥洒的谈吐。他的父亲生了三分气。作为官宦人家的子弟，自然要读圣贤之书，博取功名；且常会会为官作宦的人，谈谈仕途经济的学问，将来好应酬世务。宝玉不喜读书，也不愿结交官宦之人而谈论陈腐的经世济国之道。他说读书求上进的人，是"禄蠹"①。宝玉住进了大观园，每日只和姊妹丫头们一处，弹琴下棋，作画吟诗，描鸾刺凤，斗草簪花。在世人看来，宝玉是虚度年华，荒废学业，不务正业，他的父亲对此很痛恨。其二，宝玉被加上了"淫辱母婢"的罪名。金钏儿是王夫人的大丫鬟，聪明伶俐，宝玉对她自有一种痴情。他们时常相互戏谑玩笑。但这触犯了王夫人平生最忌恨之事，认为金钏儿有诱坏宝玉之意。金钏儿被撵回家，又羞又愤而投井自尽。实际上，宝玉与金钏儿之间本没有世俗男女的皮肤淫滥之情，宝玉对聪慧活泼之金钏儿的感情是清逸纯真的。但从世俗的角度来看，宝玉的行为是大逆不道。王夫人严厉训斥他，贾政气得面如金纸。其三，宝玉在外流荡优伶，表赠私物。优伶，即唱戏的人，为达官贵人所蓄养和戏弄的，地位卑贱。官宦子弟一般不与他们平等地交往。但优伶中的杰出者，也是天地的逸气凝结

---

① 曹雪芹，高鹗：《红楼梦》，人民文学出版社1982年版，第271页。

而成，有一种清高拔俗、非常卓异的才性，且富有艺术的情趣。宝玉本是天地的逸气，同类相应。第二十八回"蒋玉菡情赠茜香罗"，宝玉与蒋玉菡初次相见，就颇有恨晚之意。宝玉甚欣赏和敬佩蒋玉菡的俊美和才华。蒋玉菡也敬佩和仰慕宝玉的品性，二人相交甚欢。蒋玉菡将身系的一条大红汗巾子赠给了宝玉，宝玉也将随身系的大红巾子给了蒋玉菡。贾政得知此事后，气得目瞪口呆。

作为人间的弃才，宝玉的生命在现实世界中无所挂搭，无所成就，而常常与世俗的通套惯例相冲突，他之所以遭到父亲的打骂是不可避免的。曹雪芹带着自己的人生感受沉痛地叙写此事，深重地表现了弃才之人生命运的悲凉和虚无。父亲悲恨交集："今日再有人劝我，我把这冠带家私一应交与他与宝玉过去！我免不得做个罪人，把这几根烦恼鬓毛剃去，寻个干净去处自了，也免得上辱先人下生逆子之罪。"① 他的父亲实在是气急了，他举起大板，咬着牙狠命地盖了三四十下，等到王夫人进来，他更是火上浇油一般，那板子越发下去得又狠又快，还要用绳索勒死宝玉，以绝后患。宝玉早已动弹不得，也无哭喊的声音。母亲连忙抱住哭道："既要勒死他，快拿绳子来先勒死我。我们娘儿们不敢含冤，到底在阴司里得个依靠。"母亲见宝玉由臀至胫，或青或紫，或整或破，竟无一点儿好处，虽然怜惜，但也"哀其不幸，怒其不争"，不觉失声大哭起来，"苦命的儿"、"不争气的儿"。父亲听了此话，不觉长叹一声，泪如雨下。最疼爱宝玉的贾母，不顾天热年高，气喘吁吁地走来，又恨又气，又急又疼，抱着宝玉哭个不停。宝玉的愚顽和违背世俗规范的言行，给祖母、父母带来了深重的痛苦。亲人的痛苦和凄楚，包含了对宝玉的怜爱，也透出对他不才的哀怨。宝钗叹道："早听人一句话，也不至今日。别说老太太、太太心疼，就是我们看着，心里也疼。"宝钗哀怨宝玉不听人言，不务读书科举的正业，也心疼宝玉的被打。宝玉在半梦半醒时，忽觉有人推他，恍恍惚惚听得悲戚之声。宝玉从梦中惊醒，睁眼一看，不是别人，只见她两只眼睛肿得桃儿一般，满面泪光。黛玉虽不是号啕大哭，然这等无声之泣，更是气噎喉堵："你从此可都改了罢！"黛玉的哀痛是十分深切的，"你从此可都改了罢"，也

---

① 曹雪芹，高鹗：《红楼梦》，人民文学出版社 1982 年版，第 455 页。

是对宝玉之背离世俗观念行为的规劝。

总之，宝玉的被打，正是他逸气和弃才之人格的必然结果。他之逸气的情性，是极可欣赏的，因而得到贾母、王夫人以及众女子的喜爱。但他弃才的品性，又遭到世人的怨恨和诅咒。他的命运实在令人感慨万端。

综上所述，曹雪芹对魏晋名士之生命的本质意义有深入的理解和体悟，故在《红楼梦》里着意塑造了贾宝玉之典型的名士人格。真名士者，是"天地之逸气，人间之弃才"。名士的俊逸、潇洒、风流、清丽，是极可欣赏的；名士的清言清谈、玄思玄智，又是极可称赞的。但名士背离世俗的礼法规范，在现实中一无所成，则又遭到世人的唾弃。宝玉的名士人格主要表现在四个方面：其一，宝玉背离世俗的常规常矩，不守礼法，任情放荡；其二，宝玉是情痴情种，魏晋名士所谓"情之所钟，正在我辈"；其三，宝玉有卓异才情，表现出艺术的情趣，有超越俗智之上的玄思玄智，体现了艺术境界与智悟境界的融合；其四，宝玉在读书仕宦上无所成就，其人生是虚无荒凉的，是人间的弃才。

参考文献：

［1］牟宗三：《才性与玄理》，广西师范大学出版社 2006 年版。

［2］余嘉锡：《世说新语笺疏》，中华书局 1983 年版。

［3］罗宗强：《玄学与魏晋士人心态》，天津教育出版社 2005 年版。

［4］曹雪芹，高鹗：《红楼梦》，人民文学出版社 1982 年版。